先秦太原研究

常一民／著

山西出版传媒集团
三晋出版社

太原赵卿墓出土铜方壶

太原赵卿墓出土镬鼎

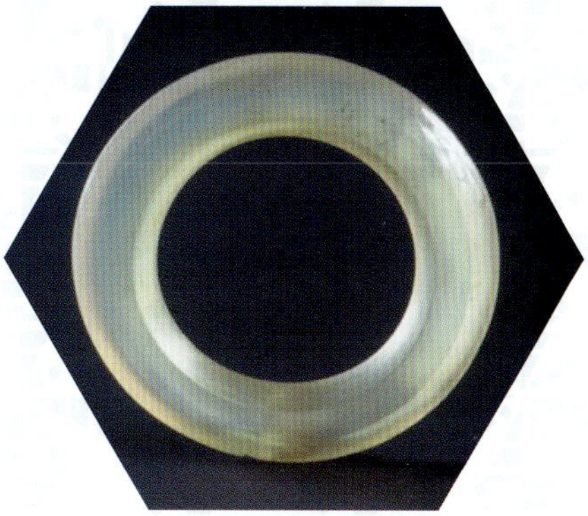

赵卿墓出土玛瑙环

赵卿墓出土车马遗存

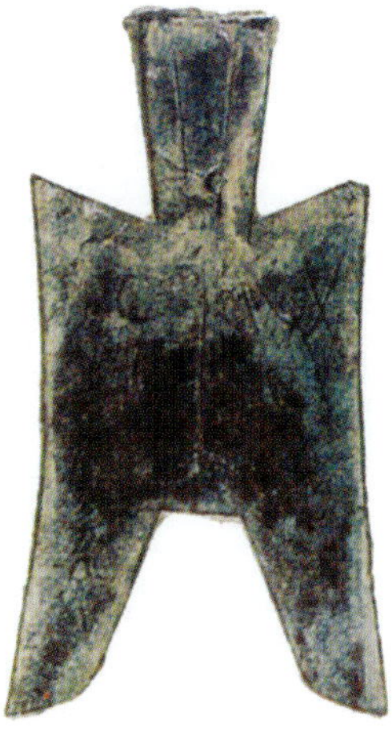

晋阳大尖足布

太原清徐县都沟遗址出土彩陶盆

义井文化斜方格纹彩陶罐

太原光社遗址出土灰陶卵腹三足瓮

太原义井遗址出土三孔圆埙

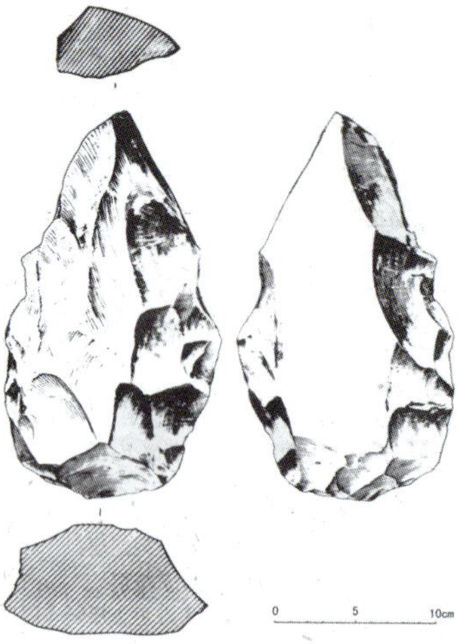

古交钢厂出土三棱尖状器

序 言

同学常一民兄的新著即将出版，令我略作弁言，相知数十年，敢不从命。

一民兄所著书，本来是市里组织的大部头《太原通史》的先秦卷，可能是写法与全书不一致，所以独立出来，作为个人著作出版。记得当初太原市社科院的杨光亮先生负责联络作者，曾经给我打过电话，问我能不能承担先秦卷的写作，我当时一听是这个任务，第一反应就是推辞。因为在我的印象中，太原地区的先秦史文献资料和考古材料实在难以支撑单独一册史书，这么困难的任务，必然是能推就推，能躲就躲。又过了些日子，听说是一民兄接下了这个活儿，我一面是担心，担心他怎么克服那样的困难；一面是佩服，佩服一民兄勇于任事的勇毅，“士不可以不弘毅”，当时脑子里蹦出来的就是这句名言，而这一件写作任务，也确实是“任重而道远”，情境恰切，记忆颇深。

我想，这样的写作任务，硬性分配的可能性很小，毕竟这还是文人圈里的事，高压手段无济于事，凡事都是可以商量的。那么只有一种可能，就是一民兄数十年浸淫于太原地区的考古和历史研究，自认对这个地区有一种责任，有一种使命，诚如当年毛泽东所说的：“天下者我们的天下，国家者我们的国家，我们不说谁说！我们不干谁干！”另外或许还有一种“明知山有虎，偏向虎山行”的挑战心理，以多年积学所得，啃一块硬骨头，不信还有攻不下来的山头？

撰写通史，当然主要是敷陈史事，必得以叙述为主。然而一民兄对于太原史事的积累虽然远多于我，仍是难为无米之炊，无奈叙述改为论说，论说则需要广引各种研究成果，加以评骘取舍，最后形成论断。这个引述、评判、结论的过程，形成很多文字，就构成了一本书的规模。不过，这样的内容确实与通史的性质不符，所以别出单行。

通观全书，引述的研究成果不光是历史学、考古学的范围，还兼及地质学、地理学、民族志、民间传说、神话等众多研究领域，以我的知识储备，远远不能透彻了解这些研究成果的价值，也无法判断一民兄的评骘和论断是否准确，仅仅慨叹其浩如烟海的阅读量，以及汪洋恣肆的引用，却不能赞一词。而今而后，虽至暮年，仍要埋头苦读，以免再遇这样的尴尬。

言及于此，似乎已无剩义，可以终篇了。可是以此交账，仍嫌草草，觉得难以面对一民兄。姑且追随一民兄的论说体，也发一点议论。

太原一地，先秦时期以晋阳而著称。晋阳以围城之战而成名，智伯与韩、魏二家合围晋阳，生死存亡悬于一线之际，赵襄子施离间计，绝地反击，反败为胜，击灭智氏，成就三家分晋的终局。此一战，确为划时代的一战，成为两个时代的分水岭，战前为春秋时代，战后即进入战国时代。

此说不是我自己标新立异，而是学术界研究的结果。我们都知道，春秋与战国的划分在哪一年，在学术界一直是有争议的。多年来的教科书上是以公元前476年为界标，这是以《史记·六国年表》的起始年为依据，那年是周元王元年，并无重大历史事件发生。另一个比较流行的界标是公元前403年，是《资治通鉴》叙述战国史事的起始年，认为周威烈王承认韩、赵、魏三家为诸侯，是开启战国时代的标志。但多数学者认为太晚，这时已经进入战国时代几十年了，时代特征早就不一样了。另外还有数种说法，应以公元前453年之说最有说服力，此年即晋阳围城之战大翻盘导致三家分晋的那一年。三家分晋之后新生的韩、赵、魏三国，在战国时期扮演了重要角色。这一历史事件作为划分两个时代的界标，十分恰当。

我读过2017年出版的《西部考古》第13辑上的一篇文章，作者是路国权，文章题目很长，叫《历史与评述：文献史学关于春秋史的分期和断代研究》，还有个副标题是《考古学和文献史学“二重证据”视角下的春秋史分期断代研究（一）》。这篇文章是专门研究分期断代的，中心是春秋史，但是不可避免地涉及春秋与战国的划分界标。该文对公元前476年、公元前403年以及其他四种观点都做了评述，认为都不妥当，只有公元前453年比较恰当。文云：“公元前453年是韩、赵、魏三家灭智氏，形成三家分晋之势的一年。陈恭禄先生在1940年出版的《中国史(第一册)》一书中指出:'战国时代起于何年,古人意见不同。著者曾以前453年为战国之起始。其年,晋四卿相攻,而余韩赵魏三家,三国雏形于是成立。陈氏在齐,握有政权,篡权仅为时间问题。秦、楚、燕为故国,七国形势具成于斯年也。'韩席筹《左传分国集注》:'知亡而晋分,七国之形成,而春秋之局终矣。'金景芳也认为:'应以韩、赵、魏三家灭智伯而分其地作为春秋战国的分界,即公元前453年。因为古书如《左传》《国语》的下限和《战国策》的上限都划在这里。即便是《史记·六国年表》虽然起周元王,但在序文里,也说"三国终之卒分晋,田和亦灭齐而有之,六国之盛自此始"。司马光《资治通鉴》虽用周威烈王二十三年作为该书上限,也是从韩、赵、魏三家灭智伯而分其地叙起。可见这是历史实际,是不以人们的意识和意志为转移的。只有以此划界,然后才有七雄的战国和五霸的春秋。据《荀子·五霸》(瑞民按:应为王霸)说,五霸为齐桓、晋文、楚庄、吴阖闾、越勾践。那么,如以周元王元年作为春秋战国的分界,则五霸缺一,七雄少三,怎能和客观上的历史阶段性相一致呢?必须指出,《史记·六国年表》起周元王在于"踵《春秋》之后"(见《六国年表序》),《资治通鉴》始周威烈王二十三年在于"谨名分",都是标榜自己是孔子的信徒,而与历史实际无关。我们今天自没有必要重视这套东西。'将公元前453年作为春秋史的迄年和春秋时期与战国时期的分界年代既有重大历史事件作为依据,又不会产生自相矛盾的问题,在诸说之中是最合适的选择。因此,1980年以来越来越多的中外学者选择它作为春秋史的迄年。公元前453年是最适当的划分年代的一年,其余诸说都面临无法回避的自相矛盾。"

春秋和战国的分界为什么这么重要呢?这个历史的节点为什么会引人注目?

实在是两个时代差异太大,一个是温文尔雅,虽有战乱,尚能节制,社会秩序不是在政治权威下得以维持,而是在礼义廉耻支配下保持相对平衡;另一个是崇尚暴力,盛行阴谋诡计,铁血冷酷,互相残杀,丛林法则大行其道。就在距离战国不远的西汉时期,给这个血腥混乱时代命名为"战国"的学者刘向,对这两个时代都有很好的描述。他在《战国策叙录》中说春秋:

“五伯(霸)之起,尊事周室。五伯之后,时君虽无德,人臣辅其君者,若郑之子产,晋之叔向,齐之晏婴,挟君辅政,以并立于中国,犹以义相支持,歌说以相感,聘覲以相交,期会以相一,盟誓以相救。天子之命,犹有所行。会享之国,犹有所耻。小国得有所依,百姓得有所息。”

说战国则是:

“仲尼既没之后,田氏取齐,六卿分晋,道德大废,上下失序。至秦孝公,捐礼让而贵战争,弃仁义而用诈谲,苟以取强而已矣。夫篡盗之人,列为侯王;诈谲之国,兴立为强。是以传相放效,后生师之,遂相吞灭,并大兼小,暴师经岁,流血满野,父子不相亲,兄弟不相安,夫妇离散,莫保其命,湣然道德绝矣。晚世益甚,万乘之国七,千乘之国五,敌侔争权,盖为战国。贪饕无耻,竞进无厌,国异政教,各自制断;上无天子,下无方伯,力功争强,胜者为右;兵革不休,诈伪并起。”

这是两个截然相异的时代,其转捩点就在晋阳一战。

回望历史,重要节点值得纪念。恰好在太原金胜村发现春秋晚期的大墓,编号M251。由于不能确认是赵简子鞅还是赵襄子无恤之墓,遂称为“赵卿墓”。该墓出土的随葬品极丰富,极精美,随葬的车马坑亦规模宏大,都已得到很好的保护,能够展示。目前,赵卿墓即是春秋末晋阳城的符号,晋阳城的象征,也可以看作晋阳一战的实物见证,毕竟出土文物是那场战争之前或之后的器物。睹物思人,思其场景,缅想当年的围城困局、离间奇谋、惊世翻转,能够加深对一个时代、一个城市的认识。

随着晋阳古城的考古工作的逐步深入,春秋时期的晋阳城或许能够显露其面目。期待晋阳古城的考古新发现,特别期待关于春秋晋阳城的新发现。

赵瑞民

2019年秋　草于山西大学寓所

前言

2006年，由太原市三晋文化研究会主持组织撰写《太原通史》，我有幸参加《太原通史·先秦两汉》卷撰述。写作期间，对先秦两汉太原的历史进行了系统梳理，对这一段历史也有了一个全新认识，一些认识或发前人所未发，或拾遗补阙，相关研究成果已经汇入《太原通史·先秦两汉》卷中。囿于通史体例，一些认识总觉得有言犹未尽之感。霍润德、渠传福等师友鼓励我对相关认识补充结集发表，它便是今天呈现给读者的《先秦太原研究》。

纵观太原地区先秦时期历史，一个显著特点，就是处在以燕山长城为重心的北方与以关中、晋南、豫西为中心的中原之间的交流与互动。考古学家苏秉琦在探讨中华文明起源的时候说："华（花）人，龙的传人，中国人的源、根从何而来，中国考古学者经过半个世纪的努力，对于这个问题总算已经找到了解答的钥匙。"那就是中原地区以华（花）为标志的仰韶文化和北方地区以龙为标志的红山文化。"华（花）和龙最早分别出现在距今六七千年间的华山脚下和燕山之北，而两者的根的成长……时间同步，条件相似，追根究底，尽管我们不能说两者开始就是'一家人'，但却可以承认这件事实本身意味着文明的曙光已经出现在东亚大陆了。""晋中盆地虽属于面向欧亚大陆的黄河流域，却是一个相当稳定、独立的考古学文化区，或是这类区的部分地区。"（国家文物局等：《晋中考古·绪言》，文物出版社，1998年。）介于北方区系和中原区系之间，在南北两大区域的文化交流与碰撞中，晋中盆地的远古先民积极参与，为两大文化的融合，为华（花）与龙的结合，起到了重要的桥梁作用。仰韶时代，庙底沟文化溯汾河而上，遗迹流布晋中、晋北，以至内蒙古。龙山时代，红山文化又经晋中，沿汾河谷地南下，在晋南与当地文化相融合，创造了灿烂的陶寺文化，并奠定了最早"中国"的地位。沟通南北，交流东西，这一新石器时代的文化特征，可以说贯通于太原地区先秦乃至以后两千年。

傅斯年在讨论中国历史时说:“在三代时及三代以前,政治的演进,……是东西而不是南北。……三代及近三代之前期,大体上有东西不同的两个系统。这两个系统,因对峙而生争斗,因争斗而起混合,因混合而文化进展”(傅斯年:《夷夏东西说》,《傅斯年全集·第三卷》,湖南教育出版社,2000年,第181—182页。)诚哉斯言。透过太原地区的考古发现,我们可以看出,太原与太行山以东的后岗一期文化、河北龙山文化,乃至于以山东为中心的大汶口诸文化等,都有着广泛的交流与互动。史前传说的帝喾迁实沉于大夏,台骀肇始大原、唐尧都太原、并州名称的来源,包括赵氏一族的原住地与来到太原,很可能都与这一族群的迁徙有关,亦即它们都可能来源于东方。太原地区在距今5000至3000年之间,文化性质总体来说属于北方系统,但东方——远至山东的大汶口文化因素绝对不容忽视。远古时期人类族群的交流与互动,非但是大范围的,而且是不停息的。古人通过以时间换取空间,在文化交流互动中,促进了社会的发展和文明的演进。

进入二十一世纪以来,中华文明起源问题,不同文化区域交流与互动问题,神话传说所包含的历史质素问题等研究领域,成果丰硕。笔者结合太原地区的考古发现和历史传说,指出仰韶文化时代的庙底沟文化可能是传说史上黄帝族团的文化,后岗一期文化可能是蚩尤族团的文化,他们都与太原有着不解之缘。当然这些认识远不是结论,假说的成分占很大部分。之所以提出来,一方面试图回答太原地区的远古人类是否为炎黄子孙,另一方面也是提出问题,藉以引起感兴趣者的讨论。是也非也,留待识者。

本书脱胎于《太原通史·先秦两汉》卷,主要围绕太原地区的历史与文化展开讨论,亦即探讨北接忻州,东连阳泉,西交吕梁,南界晋中,面积6988平方公里,人口430余万的太原市历史与文化。历史上行政区划是不断变化的,可以说代有不同,而史前人们本就没有什么行政区域概念,族群生活更多依赖自然地理环境。太原位于晋中盆地北沿,在史前文化阶段,包括夏商周时期,其文化面貌与盆地迤南的广大区域更为一致。因此,作者在探讨太原地区历史时,会扩及并吸收周边区域的资料和研究成果,如太谷白燕遗址、忻州游邀遗址、祁氏之田等,特别是当太原地区相关资料缺乏时,这里需要特别向读者们说明。

目 录

“打开灵石口，空出晋阳湖”[①]的传说史影

“打开灵石口，空出晋阳湖”是山西著名的民间传说，盛传于太原、晋中一带。说大禹治水前，太原晋中地区曾经是一个很大的湖泊，名叫晋阳湖。大禹为空出湖水，让人们居住，便在晋阳湖周围群峰众壑中选择山体最薄、地势较低的南部为突破口，打开灵石口，排出晋阳湖之水，空出了晋中盆地，人们因此安居乐业。此故事流传久远，因此演绎出诸多相关传说，如：阳曲县有系舟山，传为大禹治水系舟之处；灵石县有王禹村，说为大禹住处；夏门村传为大禹打开晋阳湖南口处。

探讨这个故事的缘起，我们还要从地质时代说起。

山西中部的晋中盆地整体轮廓两端狭窄、中部宽阔。南北长约150公里，东西最宽处约40公里，面积约5000平方公里。盆地略呈北东方向斜列的平行四边形，北部为系舟山，石岭关隆起与忻定盆地相隔；西边为吕梁山；南部为太岳山、韩侯岭隆起与临汾盆地为界；东边为太行山。汾河出太原西山峡谷，入盆地后折转南下，过灵石口入临汾盆地。

太原地区在距今约31亿年太古代时期，由于吕梁山、五台山区域强烈的地质构造运动隆起为古陆块。距今约20.5亿年～18.5亿年的元古代时期发生的吕梁运动，使吕梁山、五台山的太古界地层进一步褶皱和构造复杂化，形成了五台山和吕梁山大陆的基本骨架。古生代的中奥陶世、中石炭世一直到晚二叠世末，太原地区地壳周期性升降运动频繁。从1.34亿年前开始到6500万年前左右，中生代燕山运动使吕梁山、太行山形成基本轮廓。

晋中地区自中生代晚期以来长期处于隆起状态，早第三纪末，喜马拉雅运动波及本区，产生了汾河地堑。上新世末地壳运动剧烈，太原盆地与太原西山明显分离，山

①郝树侯：《太原史话》，山西人民出版社，1961年，第2页。

地上升，盆地相对下降，开始形成斜列于山西中部的呈箕状裂陷盆地，以及吕梁山以西和太行山、太岳山之间的其他小盆地，并于上新世初开始接受了河湖相沉积。更新世时，堆积了巨层的红色黏土—浅红色亚黏土—黄土状亚砂土。更新世早中期，汾河产生了强烈下切，切穿了盆地南沿，湖水干涸。晚更新世末，地势上升，侵蚀加强，边山河流下切，形成了河谷。全新世时，山地继续上升，河流切割作用继续加强，盆地不断下降，冲积扇不断前移，形成了多级扇，盆地中心，汾河左右摆动，随成今日之地形地貌。

从更新世到全新世，晋中盆地属于河湖相地层堆积，相当长的时间段，古湖水量最大时可占据整个盆地。据研究，到先秦时期，湖面面积还占盆地面积的36%，到隋唐时期已不足10%。[②]史前传说中的晋阳湖，历史文献中记载的昭余祁、九泽、祁薮、邬泽、文湖等，实则为地质时代古湖的孑遗。元明以后，这些湖泊逐渐消亡。

将一个自然形成的古湖，附会到大禹身上，和我们远古部族曾经与自然洪水斗争有关。

距今一万年前后，人类已经离开深山密林，选择河流两岸的二、三级台地或泉水周边作为居址。随着时间推移，居住地点逐渐从山坡高地，向开阔低平的台地与平原方向移动。这一时期人类还没有发明打井技术，因此距离水源不远，又有一定高度的地方，是人类最为理想的居住地。依据多年经验，人们看出夏秋涨水总有一个大致界限，在这界限以外的近处，就是氏族生活聚居之地。这样一来，即使有洪水来袭，因为居住高台之上，也就避免了洪水灾患。突然有那么几年，降水量陡然增大，河水暴涨，远超人们对自然的认识。这时候的社会生产已经进入农业种植阶段，生活已是有室有家，不期而至的洪水给人民生产生活造成巨大影响，生命也因之消亡，给人们留下

②根据王尚义教授的研究，先秦时期昭余祁总面积约1800km^2，占太原盆地总面积的36%；北魏时期的邬泽和祁薮的面积约700km^2；隋唐时期邬泽和祁薮的面积约500km^2；唐宋的邬泽面积约300km^2；元代昭余池面积约50km^2。参见王尚义：《太原盆地昭余古湖的变迁及湮塞》，《地理学报》，1997年第52卷第3期。

深刻印象；而这一时期，生产进步，人口增加，已经有相当规模的社会组织。面对洪水，人们组织起来，或加固堤坝，逢高作堰，或疏川导滞，合通四海。这一治理洪水的壮举，也成为华夏民族与洪水搏斗的共同记忆。《诗经》《尚书·尧典》《左传》《孟子·滕文公上、下》等先秦文献中，多有关于洪水和大禹治水的故事记载，就是这一民族记忆的反映。③

与大禹治水的传说故事相近，《左传》还记载了一个台骀治水的故事，而且治理的水域就是汾水。

传说少皞金天氏的后代子孙叫昧，为水官之长，生子允格、台骀。台骀继承父亲的官职，疏通了汾川、洮水，堵住了大泽，带领人民居住在广阔高平的地区。帝颛顼因此嘉奖他，把他封在汾水流域。汾水中游沈、姒、蓐、黄四国就是他的后代。台骀因此成为汾水神祇。④汾河流域也广泛分布为祭祀台骀而修建的庙宇。故有的民间传说认为是台骀“打开灵石口，空出晋阳湖”。

晋中盆地目前发现的新石器时代遗址为仰韶时代早期，距今约七千年，到新石器时代晚期的龙山文化时代，聚落遗址在晋中盆地大量发现，并且多发现于边山地带的台地上。夏商周时期，随着“晋阳湖”（昭余祁）水容量的不断缩小，此消彼长，人类聚

③远古时代人类曾经遭遇大洪水，是世界各民族的共同记忆。对洪水的成因，有各种解释。徐旭生认为洪水大致发生于兖州。而治水传说则是今辉县共水流域的故事在全国的流布。参见徐旭生：《中国古史的传说时代·洪水解》，文物出版社，1961年。而王守功说：“大致在公元前第三个千年的中期，即距今4500多年前，有的研究认为可能还要早些，气温又为一个急剧升高的时期。这一时期，正是龙山文化后期。……地处黄河下游华北大平原上的陶丘，地势相对低洼，是豫东和鲁西地区降水汇聚之地，古代有大野泽，就在定陶附近。另外，陶丘所在地区也是黄河泛滥区。…… 在尧的时期，陶丘所在地区，内涝频繁的黄河洪水，是尧将其政治中心迁移的主要原因。《尧典》《史记·五帝本纪》和《稽古录》中关于尧时期大洪水的记载，可能正是反映了这一气候环境背景。古文献中关于尧将政治中心迁移和大洪水的记载，有其真实的气候环境背景，并非虚构。”王守春：《尧的政治中心的迁移及其意义》，北京大学，《古代文明研究通讯》，总第八期，2001年3月。

④《十三经注疏·春秋左传正义·昭公元年》，中华书局影印本，1980年。

落逐渐随着湖水的退缩向平原推移;战国时代,晋中盆地的大陵(今交城)、中都(今平遥)、邬县(今介休)、祁县等城址与村落就是沿着750米高程线布局。漫长的历史过程中,因气候变化而产生的水患可想而知,人们也一次次与之斗争。台骀渲汾洮、障大泽,窦犫兴修水利等事例,就是人们与水患搏斗的历史反映。而大禹是古代传说中成功治理洪水第一人,在治水故事的流布演绎中,人们把其他有关治水的记忆和传说都附会到大禹身上,于是在全国各地都有了大禹的功绩。《尚书·禹贡》"既修太原,至于岳阳",可以说是这一传说故事的滥觞。

从"打开灵石口,空出晋阳湖"的名称看,这一故事的成型应不早于"晋阳"一名的形成时间,即文献记载的公元前497年,赵简子奔保晋阳城时期。而灵石置县,晚至隋开皇十年(590)。说明"打开灵石口,空出晋阳湖"传说故事的最后形成尚在此时间段以后。

值得指出的是,"晋阳湖"(昭余祁)进入文明时代以来,随着人类攫取和利用自然资源的深度、广度不断提高,加之气候因素影响,湖水进入快速消减期。《尔雅·释地》《周礼·职方》等古籍里都提到昭余祁薮,说它是"十薮"或"九薮"之一,其范围约当今介休以北,平遥、祁县、太谷以西,文水、汾阳以东,方圆数百里,面积之大,可以想见。发展至汉代,王先谦《汉书补注·地理志》中说"陂泽连接,其薮有九,故谓之九泽,总名之曰昭余祁"。说明汉代晋阳湖已由于水浅,泥沙淤积,分割成许多水面较小的湖泊了。北魏郦道元《水经注》只记述了邬泽和祁薮,亦可见分割成的若干小湖泊,大部分已经干涸成陆地,只剩邬泽和祁薮两个湖泊了。至宋元时期就连这两个小湖泊也变成芦苇丛生的浅水沼泽地。明清之际,仅在原湖泊所在地修建人工灌溉渠,虽沿用昭余池之名,但已经完全不是当初晋阳湖的模样了,犹如国家"一五"建设时期,将为太原第一发电厂修建的工业冷却池命名为晋阳湖一般,只能是名存实亡的附会罢了。

太原释名

《诗经》:“薄伐猃狁,至于大原。”这是太原之称见诸文献的最早出处。太,甲骨文作“”。许慎《说文解字》:“大,天大,地大,人亦大。故大象人形。”段玉裁曰:“后世凡言大而以为形容未尽,则作太。”故太有极大之意。《广雅·释诂一》:“太,大也。”先秦典籍中,大即太,太即大,写法虽异,读音及用法相同。故《诗经》所谓大原亦即太原。

“原”字本意为水流的源头。甲骨文作“”或“”,隶为“泉”,像涓涓流水。金文在泉字上再加表示人可居住的崖窟“”(《说文解字》:“厂,山石之厓岩,人可居”)而成“”或“”,隶为“原”。

关于“原”字,《说文解字》有三种写法。其一作“原”,其二作“驫”,皆为“原之本字”。其三作“邍”,“邍”释作“原”,从字源上很难看出嬗变关系,应是人们较早已经形成的认识。《释文》:“原,本又作邍。”章樵注曰:“邍,古原字。”段玉裁说:“后人以‘原’代高平曰邍之邍。”原字除其本意外,还有可供耕种生产之意。《说文解字》“高平曰原,人所登”。[①] 段玉裁注“所谓可食者曰原也。凡陆、阜、陵、阿皆高地,其可种谷给食之处也”。可见“原”字本意即为源泉,加偏旁厂,意为高平有水,人可生产居住之地。新石器时代大多数时间段,人类还没有发明掘井技术。生活离不开水源,农业种植离不开土地,因而新石器时代遗址多分布于距河流不远,又有黄土堆积的二三级台地上;或者有泉水,有黄土堆积的土塬上。[②]故疑“原”字,应是古人对适于人类生产居住地

①先秦古籍中,登字意为手捧盛器走上祭台敬祭。如《诗经·大雅·生民》:“卬盛于豆,于豆于登。”引申为丰收。如《孟子·滕文公上》:“五谷不登,禽兽偪人。”

②“‘原’是黄河中游主要地形,一般是地势较为高昂而上面比较平坦的地方。……从文字记载看,原的名称是在西周春秋时才形成的。但不能因此说原是这时才形成的。关中西部渭河以北有不少的仰韶文化遗址和龙山文化遗址,都发现于河流的原上,就是佐证。”史念海:《历史时期黄河流域黄土的侵蚀与堆积·上篇》,《河山集·二》,三联书店,1981年。

的称谓。先秦时期，黄河中游称“原”之名众多，如原、周原、闲原，清原、九原、大原等。《诗经》“原隰既平，泉流既清”[③]“畇畇原隰，曾孙田之”。[④]虽说描述的是周代景象，但也可窥见远古时期“原”的史影。

太原之名，首见于《诗经》“薄伐猃狁，至于大原”；次见于《尚书·禹贡》“即修太原，至于岳阳”；又见于《春秋谷梁传》：“晋荀吴帅师败狄于太原，”《春秋左传》：“（台骀）宣汾洮，障大泽，以处大原。”史书记载的这几处太原是否都指向今山西省太原地区？异说纷纭。我们试作辨证。

首先说《诗经》中之太原。

“薄伐猃狁，至于大原”出自《诗经·小雅·六月》。诗文描述周宣王讨伐猃狁，主帅尹吉甫文韬武略指挥若定，追逐敌人直到太原地区。该诗写作时代当西周晚期到春秋早期，是太原一名见诸史料的最早记载。此太原当今何地，历史上说法颇多。王玉哲《西周时太原之地望问题》一文概括为平凉（今甘肃平凉）、固原州（今宁夏原州）、镇原（今宁夏镇原县）、汉之五原（今内蒙古五原县）、雍州、太原（今山西太原）、汉之河东（今山西晋南）七说。

七说中，以甘肃说和山西说最为引人关注。

甘肃说又分为平凉、固原、镇原三地，虽有不同，但均在今之甘肃东南部。其所执理由也大致相同，主要以当地有名“原州”者，汉代又有安定郡泾阳县，也和《诗经》之泾阳相同，因此立说。“古之言太原多矣，若此诗则必先求泾阳所在，而后太原可得明也。……《郡县志》：‘原州平凉县，本汉泾阳县地，今县西四十里泾阳故城是也。’然则大原当即今之平凉，而后魏立为原州，亦是取古大原之名尔。计周人之御猃狁，必在泾、原之间。若晋阳之太原，在大河之东，距周京千五百里，岂有寇从西来，兵乃东出

③《毛诗正义·小雅·鱼藻之什·黍苗》，《十三经注疏》，中华书局影印本，1980年。
④《毛诗正义·小雅·谷风之什·信南山》，《十三经注疏》，中华书局影印本，1980年。

者乎？……岂可以晋之大原为周之大原乎？”[5]

其实原州设立于北魏以后，自不足论。至于泾阳，王国维说：“然则秦之泾阳当为今之泾阳县，而非汉之泾阳，以秦之泾阳之非汉之泾阳，益知周之泾阳非汉之泾阳矣。”[6]汉以前泾阳在泾水下游八百里秦川的腹地今泾阳县一带。《诗经》中所提到的太原不在今甘肃泾水上游可知。[7]

而山西说又有河东说和太原说的不同。

王国维《鬼方昆夷猃狁考》论述《诗经》之大原在今山西河东地区，并说青铜器《虢季子白盘》[8]之“薄伐玁狁，于洛之阳”和《诗经·六月》“薄伐猃狁，至于大原”描述的是一次战役的不同阶段。“宣王之用兵猃狁也，起初在泾水之北，六月第三章是也；其继也在洛水之阳，六月四章、虢季子白盘是也。”王氏此言可谓得其情实。若然则太原更在洛阳之东北，今之河东。赵铁寒《太原辨》[9]、王玉哲《西周太原之地望问题》[10]，都力主此说；不过他们认为《诗经》所谓太原应指今山西晋南临汾地区，与王氏稍有不同。

王国维说薄伐猃狁为宣王时事。《后汉书·西羌传》：宣王二十七年，“王遣兵伐太原戎，不克。”《史记·周本纪》：“宣王既亡南国之师，乃料民于太原。仲山甫谏曰：‘民

---

⑤顾炎武著，黄汝成集释，栾保群、吕宗力点校：《日知录集释全校本·卷三·太原》，上海古籍出版社，2006年。

⑥王国维：《鬼方昆夷猃狁考》，《观堂集林·卷二》，中华书局。1959年影印本。

⑦史念海认为《诗经》之大原：“就西周的国势和疆域来说，则泾河上游的解释更有道理。后来设在那里的原州及现在的固原、镇原等县，溯其名称的来由，还是和这个大原有关的。”史念海：《论两周时期黄河流域的地理特征》，《河山集·二》，三联书店，1981年。

⑧西周宣王时器，晚清时期出土于陕西宝鸡。盘形制奇特，器内底铸铭文8行111字，记述虢季子白率军对猃狁作战，大获全胜。周宣王宴飨虢季子白，并赏赐马、弓矢、钺以资勉励。铭文中语句以四字为主，且修饰用韵，文辞优美，行文与《诗》全似，是一篇铸在青铜器上的诗。铭文中“薄伐玁狁”“折首”“执讯”及“是以先行”等句，可与《诗》之《采薇》《出车》《六月》《采芑》等篇所记史实相互征引，具有极高的历史价值。彝器收藏于中国国家博物馆。

⑨赵铁寒：《太原辨》，《古史考异》，（台湾）中正书局，1975年。

⑩王玉哲：《西周太原之地望问题》，《古史集林》，中华书局，2002年。

不可料也。'宣王不听,卒料民。"此太原戎与料民之太原不知何地。至若《后汉书·西羌传》所记穆王西征犬戎,获取五王,遂迁戎于太原;夷王命虢公率六师伐太原之戎,至于俞泉诸事,虽散见于《国语》《古本竹书纪年》与《史记·周本纪》,但《后汉书》未言太原所在,后世论者亦多推测之辞,难以信据。此太原戎是否猃狁一族?两太原是否一地?资料所限,不敢强作解人。

至于说《诗经》中大原为今日之太原地区,首创者为宋朱熹。他在《诗经集注》中说:"大原,地名,亦曰大卤,今在太原府阳曲县。"[11]寥寥数语,不知所据史料为何?案诸《毛传》·《诗谱》等早期注疏,对此太原无所置言。王应麟《诗地理考》亦以今日之太原为《诗经》中的大原。不过王氏所著"全录郑氏《诗谱》,又旁采《尔雅》《说文》《地志》《水经》以及先儒之言,凡涉于诗中地名者,荟萃成编。然皆采录遗文,案而不断,故得失往往并存。如《小雅·六月》…… 又以太原为晋阳,是 狁西来,周师东出,尤乖地理之实,殊失订正。 …… 应麟兼持两端,亦失断制"[12]所论甚是。学者们多不以《诗经》中之大原与今日之太原为一地。

其次说《尚书·禹贡》中的太原。

《禹贡》是一部最早全面系统记载中国古代地理的专著,其成书时代有西周、春秋、战国等不同说法。"写成资料不晚于春秋时期。"[13]其中说大禹"既修太原,至于岳阳"。

我们对所谓大禹治理冀州地理形势稍作分析,看看其中所涉及的这个太原之所在。

《禹贡》说冀州:"既载壶口,治梁及岐。既修太原,至于岳阳。"意为:治水从壶口开始施工,然后就治理梁山和岐山;太原治理好以后,又修到太岳山之南。

《禹贡》冀州主要指今"山西全省,河北的西北境,及河南的北部,辽宁西部。"[14]而

⑪《诗经集注》,世界书局,中华民国三十二年新版。

⑫《四库全书总目提要》,中华书局,2003年。

⑬顾颉刚、刘起钎:《尚书校释译论》,中华书局,2005年。

⑭顾颉刚:《禹贡注释》;侯仁之:《中国古代地理名著导读·第一辑》,学苑出版社,2005年,第7页。

壶口,据《汉书·地理志》:"(河东郡)北屈,《禹贡》壶口山在东南。"壶口山在今吉县西北,南距龙门约70公里。黄河北来至此壶口山,200余米之浩瀚河面骤然收为一束,悬崖直泻,奔放而下,落差达数十米,恰如巨壶之口倾水,故名壶口。而梁为吕梁山,岐即岐山。《读史方舆纪要》:"吕梁山,州(永宁州,即今离石区)东北百里,《禹贡》'治梁及岐',孔氏曰:梁,吕梁山也。俗名'骨脊山',与太原府交城县接界。"《水经注·卷六·文水》云:"文水又东南流,与胜水合,水西出狐岐之山。"可见壶口、梁山、岐山都在今吕梁山中部。大禹治水,即从这一带开始。所以《水经注·卷四·河水》引《魏土地记》说:"梁山北有龙门山,大禹所凿,通孟津河口,广八十步,岩际镌迹,遗功尚存。"

梁岐而下,为"既修太原",姑置不论。而岳阳之岳,向无争论。岳即太岳,指今山西霍州市东之霍山或曰霍太山。岳阳即指霍山之南。王国维据此认为《禹贡》记禹治冀州河水,首壶口,次梁、岐,次太原,次岳阳,次覃怀,次衡漳。而经以恒卫,实自西而东,则所治理的太原一地,当在壶口、梁、岐之东,太岳之西,即汉河东郡地。[15]王玉哲也考据说:"盖《禹贡》述地理,乃自壶口而东至梁、岐,又东至太原,再东至岳阳。则古太原应在壶口东与岳阳之间……如此,则位于壶口东与岳阳间之古太原,必在平阳附近"。[16]

是以晋南地区为《禹贡》之太原。

"其实,禹治冀州并非自西而东。《禹贡》:'冀州。既载壶口,治梁及岐,既修太原,至于岳阳,覃怀底绩,至于衡漳。'很明显,禹治冀州是先自壶口而西,即《孔传》所说,'壶口在冀州,梁、岐在雍州,从东循山治水而西',然后由太原而南,正如张揖所云:'此言既治太原之水,治流而至于太岳之南。太岳在太原西南,上流既治,则下流通利,而入于南河矣。'可见,太原在太岳西(东)北,即不在汉之河东郡而在太原郡。"[17]诚如《晋乘蒐略》所言:"《禹贡》既修太原,治汾水也。尧时黄水壅汾为患,震及帝都(即

⑮王国维:《周菜京考》,《观堂集林·卷十二》,中华书局。

⑯王玉哲:《西周太原之地望问题》,《古史集林》,中华书局,2002年。

⑰于逢春:《太原考》,《兰州大学学报(社会科学版)》,1984年,第二期。

今临汾)。汾源出太原北之管涔山,流入太原境内,南入平阳,禹修太原于既载壶口之后,重帝都也。”因此《禹贡》之太原即为今日之太原。

如果说《禹贡》所谓太原,是否为今日之太原还有争议,那么《春秋经》所载“晋荀吴帅师败狄于大原(大卤),”以及“台骀宣汾洮,障大泽,以处大原”之大原则应指今太原地区。

《左传》所谓大卤,《公羊传》和《穀梁传》都作大原,并注说:“ 此大卤也,曷为谓之大原? 地物从中国,邑人名从主人。唐代《元和郡县志》也说:“中国曰大原,夷狄曰大卤。”是大卤即大原,亦即太原。[18]

而《春秋经》和“三传”所提到的太原一名,还与晋国所发生的一个故事相关,也涉及太原的肇创问题。

公元前541年,晋平公罹患重病,郑国派大臣子产前往晋国探视。晋国大臣叔向告诉子产:“我们国君患病,卜人说是实沈、台骀在作怪,太史不知道他们是谁,请问这实沈和台骀是什么神灵?”子产因此讲到台骀的事迹:“昔金天氏有裔子曰昧,为玄冥师,生允格、台骀。台骀能业其官,宣汾、洮,障大泽,以处大原。帝用嘉之,封诸汾川,

⑱王玉哲认为此“卤”为“周”字之讹。“大卤”原为“大周”之误译。他说:“案‘卤’字金文作‘’(《免盘》),‘周’字金文作‘’(《骍奸簋》),二字古文字形体极相近。自赵宋到清的金石家,如薛尚功(《钟鼎彝器款识》卷九鲁公鼎下)、阮元(《积古斋钟鼎彝器款识》卷四鲁公鼎下)、徐同柏(《从古堂款识学》卷十三)、方濬益(《缀遗斋彝器款识考释》卷三鲁公鼎下)、刘心源(《奇觚室吉金文述》卷四),等等,都把‘周’误认为是‘卤’字。卤、鲁同音,于是本为‘周’国,误为‘鲁’国,本是‘周公’而误为‘鲁公’。一直等到后来发现《矢令彝》,盖铭和器铭文辞全同,唯盖铭‘周公子明保’,器铭作‘公子明保’。这才确认不是卤而是周字。由此,我们可以推想《春秋经》说荀吴败狄于‘大卤’,实即‘大周’之误。此地大概是先周时代周族人聚居之地 ,外族人即以周族的族名称此地,遂有‘大周’之名。周人自己则以此地形势高大广平,因而名曰‘大原’。这就是《穀梁传》所谓‘中国曰大原,夷狄曰大卤(周),号从中国,名从主人’之由来。或以大周与大原两名合之,于是才出现‘周原’之名。所以,‘周原’实即山西的‘太原’。”王玉哲:《先周族最早来源于山西》,《中华文史论丛》,1982年,第3期。

沈、姒、蓐、黄实守其祀。今晋主汾而灭之矣。由是观之,则台骀汾神也。”[19]

此事与“晋荀吴帅师败狄于太原”,均为晋平公十七年事。是年,晋荀吴毁车以为行,败群狄于太原。而后晋侯疾病,郑国子产探望,说出晋侯所以患病,是因为实沈、台骀作祟。而台骀所以作祟,是因为晋占有台骀所封之地,灭其后代沈、姒、蓐、黄,绝其祭祀,台骀因而报复。

关于子产所谓台骀治理的汾、洮二水和大泽,论者多以洮水在晋南,大泽即闻喜董泽,因而认定太原在晋南。如王国维在《观堂集林·周莽京考》中说:“《左传》昭元年《传》:‘宣汾洮,障大泽,以处大原。’……则有汾、洮二水之太原,正汉河东郡地。”钱穆在《周初地理考》中也说:“台骀以处大原,兼带汾、洮,在河东。障大泽,实相当于今之闻喜 。”

洮河,一名洮水河,源出绛县南25里横岭关北侧,长约20公里。因为涉及洮水,就说台骀所处大原在晋南,看似合理,按诸春秋史实,却不尽然。

晋国从武、献之时起,开始进入扩张兼并。此时兼并的主要对象多为相近的同姓诸侯国;襄公时期,晋国逐步发展到全盛时期,表里山河,戎狄多成为晋之附庸,平阳之地多为晋有,少见兼并战争;襄、灵时期,与中原诸侯国连年征战,国力渐衰,狄焰复炽,然所居地盘也以太行山左右,代地为主,晋南为寇之事少见;悼公时期,魏绛和戎;[20]晋平公十七年,已当春秋中晚期,是时晋南之地已为晋有,荀吴“败狄于太原,于是晋之北境至于洞涡、洛阴之间,而邬、祁、平陵、梗阳、涂水、马首、盂为祁氏之邑,晋

⑲《春秋左传正义·昭公元年》,《十三经注疏》,中华书局影印本,1980年。

⑳晋悼公时期(公元前6世纪前叶),晋国破灭赤狄,其余部北逃至今河北怀安、蔚县以西,山西阳高、浑源以东的代地,即后来的代国、代郡所在地。“继赤、白狄或灭或降以后……代之而起者,是以无终为首的众狄部落联盟。无终部建牙于河北省的北部,史称之为‘山戎之国’。山戎被齐桓公所伐,无终遂西徙至山西北部的云中、代郡一带,与北戎合。……由于他们长于战争,所以众狄举之为盟主。”晋悼公四年(前569),无终国君嘉父派代表孟乐到晋国,向魏舒贡献虎豹之皮,希望两国建立和平关系。此即魏绛和戎。

阳为赵之邑矣”。[21]平公后期,用兵对象主要为河北白狄三部与伊川陆浑之戎。昭公二年,荀吴袭鲜虞,灭肥、鼓,晋国周围戎狄靡有孑遗。

揆诸晋国形势,沈、姒、蓐、黄,很可能是平公十七年所灭,且不会在晋南。杜预注《左传》沈、姒、蓐、黄说:“四国,台骀之后。”杨伯峻《春秋左传注》言:“此四国都在晋国境内,已不能指其国境”。[22]而“郭沫若《中国史稿》有图,沈、姒、蓐、黄四字在图中太原地域之上”。[23]近是。如此,则四国很可能属于戎狄族。或者世代居于此地的方国部落。台骀很可能是源于山东大汶口文化的部族,他们经河北,居太原,南下河东,创造了灿烂的文化。[24]

《左传》言:台骀“能业其官,……帝用嘉之,封诸汾川,沈、姒、蓐、黄实守其祀。今晋主汾而灭之矣”。“可以这样认为,晋平公占有台骀故地大原后,主宰了汾河中游,灭掉了台骀后裔,断绝了对台骀的祭祀,而这时平公恰患疾在身,又卜得为台骀作祟,……这一连串的丝丝入扣的事情,时不出年,岂不正证明:晋新主之汾,当年台骀所处之地,正是汉太原郡地,而非汉河东郡地。”[25]颇近情理。

又台骀“障大泽”,大泽不知所在,既称大,应以古汾河流域最大沼泽“昭余祁”当之。《周礼·职方氏》说:“并州:其泽薮曰昭余祁”;《吕氏春秋·有始览》称昭余祁为“燕之大昭”。大昭、大泽,虽不能肯定为同一名称,但与董泽相比,它更当得起大泽之名。

因此说台骀宣汾、洮,障大泽,肇始大原,当今日之太原地区,或者说包括今太原地区,谅非孟浪之辞。

至于《左传》所谓“晋荀吴率师败群狄于大原”中的太原,所指地域为晋中盆地,或主要指今太原地区,自来少有异议。顾炎武《日知录·大原》:“若《书·禹贡》‘既修大

㉑顾炎武著,黄汝成集释,栾保群、吕宗力点校:《日知录集释全校本·卷三十一·太原》,上海古籍出版社,2006年。

㉒杨伯峻:《春秋左传注·昭公元年》,第1219页,中华书局,1981年。

㉓王继祖:《释“太原”之名的含义与起源》,太原晚报2010年9月13日。

㉔说详本书《台部肇始与帝尧初都》。

㉕王继祖:《释“太原”之名的含义与起源》,太原晚报2010年9月13日。

原，至于岳阳'，《春秋》'晋荀吴率师败狄于大原'，及子产对叔向：'宣汾、洮，障大泽，以处大原'，则是今之晋阳。"所言大致不误。

总之，所谓"原"，是古人对适于人类生产生活地方的称谓之一；太原则为原之大者。"汾河中游谷地开朗，是可以有广大的原的。"[26]晋中盆地、临汾盆地、运城盆地都曾被大原之名。因此《诗经》"薄伐猃狁，至于大原"所描述的晋南地区，可以称为太原；而《禹贡》记大禹"既修太原"，《春秋左氏传》记台骀"以处大原"，所描述远至史前时期，其地理范围自然可以包括今太原地区。当然这个时候的太原，包括荀吴败狄于此的太原，既不是一城一邑的专称，也不是一时一地的行政区划名，而是一个大的地理区域之泛称。公元前541年，晋荀吴帅师败狄于大原，太原这个泛称开始向专用名过渡。从赵简子奔保晋阳，到秦昭襄王四十八年（前259）"司马梗北定太原"，从秦庄襄王三年（前246）"攻赵榆次、新城、狼孟，取三十七城"，到"四年，初置太原郡"，太原终于从泛称转变为专用地名、行政建置名，成为山西首府之地，迄今不改。

另需提及，直至战国时，晋南还有称作太原的地名。

《东周策》："秦尽韩、魏之上党、太原。"太原与上党连举，知此太原必位于山西南部，距今长治、长子诸地不远。并且此太原必在当时韩、魏二国疆域之内。又《战国策·赵策四》："秦举安邑而塞女戟，韩之太原绝。"《战国策·燕策二》："秦正告魏曰：我举安邑塞女戟，韩氏太原卷。"（"卷"字《史记·正义》以为即"绝"之意。）此事当周慎靓王三年（前318），五国攻秦不胜之际。魏、韩二国疆域均跨黄河南北。安邑在今运城地区，女戟《史记》《索隐》云："女戟，地名，在太行山之西。"史书说"韩之太原绝"。当时晋之北部（今太原市一带）为赵地；晋南安邑属魏，既云"韩之太原"，则此太原必当韩、魏两国之间，位扼两国交通要道可知。这也间接说明运城地区在古代也有太原之称。

㉖史念海：《历史时期黄河流域黄土的堆积与侵蚀·上篇》，《河山集·二》，三联书店，1981年。

曾经广被于汾河中游辽阔地域的太原一名，最后变成今日太原之专名，而其他称太原的地区逐渐不名。究其缘故：太原自秦列为郡治之后，历汉、唐，迄明、清，两千余年均为山西首府之地，再无他移，盛名日隆，遂成专属。

并州释名

所谓“州”，甲骨文作“”，是在“川”字(甲骨文作)中间加一小三角或小圆圈指事符号，表示河川中央的冲积沙洲。篆文在河川的两岸误加小圆圈，与今日之“州”字已十分相近。《说文解字》：“水中可居曰州……昔尧遭洪水，民居水中高土，故曰九州。《诗》曰：‘在河之州。’一曰州，畴也，各畴其土而生之。”《玉篇》：“九州也，时也，宫也，居也。”“州”之本意乃人民聚居之处，与丘与邑无所分别。今天表示“河心沙洲”意思的汉字写作“洲”，乃因“州”字本义已基本消失，已主要指代行政区划，故在“州”字旁再加“水”，另造“洲”字，以代替“州”的本意。

相传帝尧时期，天下洪水浩荡，怀山襄陵。大禹秉承帝尧命令，浚川敷土，行山刊木，依山川形势，划天下为九州。《尚书·禹贡》的九州为：冀州、兖州、青州、徐州、豫州、扬州、荆州、梁州、雍州。其中没有并州，当时并州地区包含在冀州范围之内。孔颖达《禹贡·正义》说：“东河之西，西河之东，南河之北，是冀州之境。”《吕氏春秋·有始览》也说：“两河之间为冀州。”所谓“河”“东河”说的是古代黄河，地理范围主要指今山西地域，太原地区自然包括在内。

与《禹贡》不同，《周礼·职方氏》记载的九州为：冀州、兖州、青州、幽州、豫州、扬州、荆州、并州、雍州。其曰：“正北曰并州，其山镇曰恒山，其泽薮曰昭余祁，其川虖池、呕夷，其浸涞、易。”古恒山指今河北曲阳，昭余薮在今晋中盆地。《周礼》所言并州包括今河北保定、正定和山西太原、大同等地。

古人又有舜肇十二州之说。古文《尚书·舜典》记载：“(舜)肇十有二州，封十有二山……咨十有二牧”。《舜典》没有记载十二州的具体名字，《史记·五帝本纪·注》说：“马融曰：禹平水土置九州，舜以冀州之北广大，分置并州，燕、齐辽远，分燕置幽州，分齐为营州，于是为十二州也。”《通鉴地理通释》也说：“舜十二州，冀、兖、青、徐、扬、荆、豫、梁、雍、幽、并、营。”十二州中有并州，是汉代人的共识。汉杨雄作十二州箴，其中并州箴曰：“雍别朔方，河水悠悠。北辟獯鬻，南界泾流。尽兹朔土，自昔何为。莫敢不来贡，莫敢不来王。周穆遐征，犬戎不享。爰藐伊意，侵玩上国。宣王命将，攘之泾北。宗幽罔识，日用爽蹉。既不俎豆，又不干戈。犬戎作难，毙于骊阿。太上曜德，其次曜兵。德兵俱颠，靡不悴荒。牧臣司并，敢告执纲。”[①]对汉以前并州历史地理做了高度概括。

尧舜禹时期，中国尚处于文明前夜，社会组织形态为氏部落联盟式军事酋邦，或许已经达到“都邑国家”或“邦国”阶段。其时所谓“中国”最初所指区域只在山西，后来主要指今河南、陕西、山东、山西、河北诸省地域，即所谓的华夏。此外则谓之“蛮方”。在所谓的“中国”域内，以“古城”为中心，分布着数以千计的酋邦。这些酋邦已经具有国家的某些特征，一些大的部落联盟首长或许也得到一定范围内其他部落联盟首长的尊敬，而且大范围的文化间交流与互动频繁。但这时还没有形成商周时期那样的国家，也没有明确的天下共主，更没有较为明晰的行政区划。所谓“州”，只是当时人们对生活聚居地的一种称谓。如九州又名“九囿”“九围”“九隅”“九土”等；史书中除九州、十二州州名外，尚有“夏州”“平州”“原州”“瓜州”“戎州”等；《尚书·禹贡》《周礼·职方》《吕氏春秋·有始览》《尔雅·释地》等书所载之九州名称亦各有不同，所谓十二州名也是逐渐发展而完善。这一切都说明所谓大禹分天下为九州，乃春秋时期人们对尧舜禹时期国家组织形态的推测之辞。[②]是古代中国人按照自然和人文地理条件，将全国划分为若干个区域，因之形成所谓“九州”“十二州”。

汉武帝元封五年（前106）参照古代九州、十二州之制，将全国分为朔方、交趾及冀、幽、并、兖、徐、青、扬、荆、豫、益、凉等十三州。以各州为一个监察区（部），共十三部，每州（部）设置刺史一人用于监察州境的政治情况，其性质与秦代的监御史相当。其中十一部沿用上古十二州之名，习惯称之为十三州刺史。武帝时初设的刺史部尚不是地方一级行政区，只是监察机构。并州刺史部监察太原、上党、云中、定襄、雁门、代

①《艺文类聚·卷第六》，上海古籍出版社，1999年。

郡六郡。[③]至汉成帝绥和元年(前8),刺史更名为牧,州牧从仅有监察之权变成拥有直接指挥各郡首长权利的大员。中国地方行政机构遂由郡、县二级制变为州、郡、县三级制。[④]这一制度在西汉末期至南北朝的数百年间,作为中国地方行政架构的主要形式而不改。并州牧治所主要设于晋阳(太原)城内,并州遂成为太原的主要称谓之一。

并州何以言并,历来众说不一。古时以兼并说和地形说为盛。

(一)兼并说 如《释名》:"并州,并,兼并也。其州或并或设,故因以为名也。"《淮南子·地形训》对于并州的解释与此相同。清代大儒毕元也认为:"唐虞十二州有并州。《禹贡》《尔雅》皆无。并州,盖夏商并于冀也。"《周礼·职方》:"正北曰并州,则周时复设之也。故曰其州或并或设。"因以为名。而《尔雅》释文引《春秋元命苞》云:"并之言并也,阳合交并,其气勇壮,抱诚信也。"虽与前说有所不同,也是根据并字的合并、兼并之意而立说。

(二)地形说 此说最迟在东汉已经形成。应劭曰:"地在两谷之间,故曰并州。亦曰卫水(即滹沱河)、常水(即恒水)之间也。"《太康地记》云:"并州不以卫水为号,又

---

②或以为九州之名,源于九州之戎。参见顾颉刚《九州之戎与戎禹》。而大禹治理九州实有其事,但不像《禹贡》所载范围之广大,而应是介于今河南西部以及豫、陕交界一带。参见郑杰祥,《禹、戎禹与九州之戎》,《中原文物》,1997年,第3期。邵望平《禹贡九州的考古学研究》认为"九州实为黄河长江流域公元前第三千年间龙山文化时期既已形成,后历三代变迁乃继续存在的一种人文地理区系。" "以中华两河流域为基地的中国古代文明既是多源的,又是以中原为中心的:而《禹贡》九州篇正是三代文明这一双重特点的产物与记录。九州篇作者的视角是处于凌驾诸区系之上的中心位置的俯视角,其视野所及之天下正与中华两河流域文化圈相当,其中,九州分野又与各历史文化区大体一致……同时也应注意到,作者的地理知识仅及于商末周初中央王朝所知的'天下',远远未能达到战国时期的水平。'九州'不是战国时代的托古假设,而有三代史实依据,'九州'的存在与变迁应是战国诸雄分野的由来之一 。"文见《九州学刊》,1988年,第2卷,第2期。

③此依顾颉刚《两汉州制考》,《汉书·地理志》所述并州辖郡九,为太原、上党、代郡、朔方,五原、云中、定襄、雁门、上郡。

④顾颉刚、史念海:《中国疆域沿革史·西汉之郡国区划及其制度》,商务印书馆,1999年。

不以恒山为称，而言并者，以其在两谷之间也。”这种观点认为，并，象形文字作两人平行，有并列之意，而并州之土在两河之间，故曰并州。[5]

先儒所论，虽以“并”之字义、山西之地理形势立论，但因对“并”字的本意理解有误，因此略显牵强，难尽人意。

或以为，并州所以得名并，与舜、禹并无瓜葛，太原所以有并州之称，是得之于远古时期的“并人部落”。

“最早记载并人的是《山海经·海内经》。它说：‘炎帝之妻，赤水之子听訞生炎居，炎居生节并，节并生戏器，戏器生祝融，祝融降处于江水，生共工，共工生术器，术器首方颠，是复土穰，以处江水。’是节并为炎帝姜姓之孙，即并人的始祖，术器是节并的玄孙。节并，意即骨节相连的连体人……原始社会诞生的连体人，被视为神奇，而受到人们的尊崇，以后便以并作为氏族名称。……并人与其祖先炎帝一样，起源于陕甘一带。后来并人随着神农氏炎帝中姜姓各支，纷纷东迁山西、河南，姜姓之戎尤其集居于汾水流域。《禹贡》九州之一的并州（《禹贡》恐为《职方》之误）在今山西一带，当因并人的强大部落迁此而得名”。[6]

说“并”得之于并人，“并州”之名得之于并人部族，有一定道理。而说并人得名于连体人节并，其部落为炎帝姜姓，起源于陕甘一带，其事久远，其说怪诞，一时难明。

“并”之见于文字者，乃商代卜辞。

甲骨文并字，原形作“”或“”，金文作“”或“”，甲骨文和金文中“并”字异体很多，一般都将双大并列，或者下有横画亦即两人比肩端立于地，释作“竝”或“并”。竝和并都是古体字，是一字的不同写法，亦即异体字。石楼出土铜戈内一面作“竝”，另一面作“并”，即是最好的旁证。

---

⑤今人亦有持此观点者。如马保春谓：“今晋中太原盆地西有吕梁山，东边是太岳山，正如东西两道天然的屏障。此地名竝、并者，或于此自然地貌形态有关。”文见马保春：《晋国历史地理研究》，第210页，文物出版社，2007年。

⑥何光岳：《炎黄源流史》，江西教育出版社，1992年，第306页。

《说文解字》：并，相从也。竝，并肩而立。“竝”，本为二人正面并肩站立形。“并”为二人侧身并排站立形。甲骨文、金文的“并”字无疑有一个发展和形成的过程；而王永波《并氏探略》一文通过甲骨文、金文矢、大（即人字）和“并”字形体的变化，进而论证并氏为尚箭的东夷夷羿族团，别开生面。

“并字见于甲骨、金文者，形体上尚有诸多诡异变化，如甲骨文之并有双矢和双大并比而立；金文之并除双矢和双大并立之外，更多的则为双天，即两人正面并立。并立的双人除常规人体写实外，人形的头部尚有呈三角形和菱形者，竟是箭矢的形态。……《说文》：‘竝，併也，从二立。’甲骨、金文中的立字也有从矢、从大、从天三种形体。《说文》：‘天……，从一大。’‘立……，从大立一之上。’知天与立皆由大字滋乳而来，故从大之立应早于从天之立。大与矢字的情形较为复杂。从形体上说，矢字最基本的形态为一带笴的箭镞，如射字所从之矢，发展成为带尾羽的整箭。此类矢字与略呈人形、中间竖笔出头之大字，最显著的区别是上部保持镞的形态。较晚的矢字上部虽有出头竖笔，但笴部无一例外地添加一个与箭矢毫无关系的圆点或横画以与大字相区别。有意义的是，相当数量的大字并不具备人体的主要特征而与矢字相同，有些矢字若脱离了特定的词序或伴体，则更应视为大字。古之造字，依类象形，其绘人体必具头、臂、腿三种基本要素。今大字无首，矢字镝非，绝不是偶然的误笔，而应有其内在的原因，也就是说，大与矢应有某种亲缘或讹承关系。矢字添加圆点和横画则是两者分衍过程的反映。《说文》：‘交，交胫也，从大象交形。’‘夷，东方之人也，从弓从大。’甲骨、金文中的交和夷字皆有从矢之体，便是有力的佐证。”

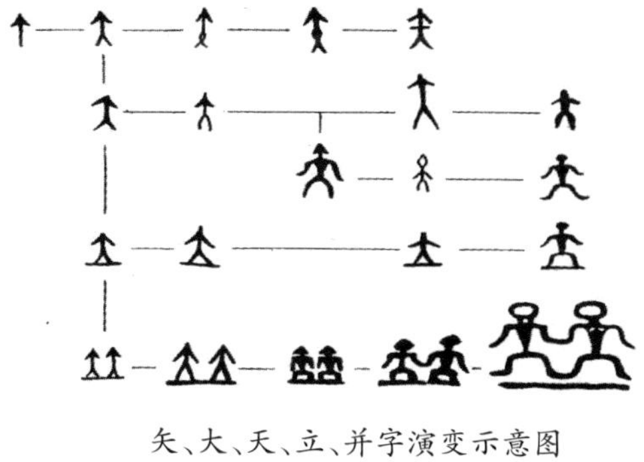
矢、大、天、立、并字演变示意图

“并氏徽识的神化，亦即人格化过程，使大与矢在字体构形上发生了交叉现象，从而影响了以大字为主体的立和天字的形体结构。立字的从矢，天字的矢状人首，可作为这种影响的直接见证，同时亦可作为并氏徽识人格化过程的侧证。”

“并氏既为尚箭之民族，其族源归属便可缘此而定。众所周知，在我国历史传说中，东夷族团素以崇武尚箭而闻名于世。王树明先生认为尚箭民族的中心区域在今鲁北地区，亦即齐地域内。他指出：‘齐地之所以齐字为名，原因齐地先民有尚箭之风，或为尚箭崇武东夷诸部所立邦国最为密集的地区而缘起。’并根据‘羿作弓矢’，‘昔在帝羿……弧矢是尚’，‘羿左臂修而善射’等记载推定，东夷尚箭诸部的代表人物就是神话传说中的射神、夏初‘因夏民以代夏政’的东夷首领有穷后羿。诚如其言，则并氏应为东夷尚箭诸部之成员。”[⑦]殷末纣王时大忠臣比干一族，即为并氏在河南地区的分支。

《夷羿族团的衍变与考古发现辨证》一文进而论定，夷羿族团为新石器时代晚期活动于鲁北大汶口文化分布范围内的一远古部族。夏初，羿“自钽迁于穷石”，即今河南濮阳一带，说明至少在龙山文化晚期，夷羿族团的势力已发展至豫东北地区。夏启破坏“禅让”制度而杀伯益，伯益为东夷集团某一部族的首领（即传说史中的赵氏祖先之一伯益），他的被杀，触犯了夷羿族团的利益。因此，夷羿族团在夏后太康时期开始了对夏王朝的征讨，并一度代替夏王朝统治。夏太康复国后，夷羿族团主要力量开始退往鲁北地区，势力也大大削弱。夷羿族团逐渐瓦解，在鲁北建立起一系列方国。

其中的一个方国就是郱。

《春秋经·庄公元年》：“齐师迁纪、郱、鄑、郚。”杜解：“齐欲灭纪，故徙其三邑之氏而取其地。”《穀梁传》曰：“纪，国也，郱、鄑、郚，国也，或曰迁纪于郱、鄑、郚。”

郱即己或写为“䢿”，殷代铜器有己并爵发现。1952年安阳出土一件己并父丁爵，其后山西又发现一件并氏戈，1983年寿光出土商代铜器64件，其中有铭文者19件，有15件为己并器。

据现有资料，并部族有两支，其中一支居住在山东潍坊一带，没有随夷羿西征而

⑦王永波：《并氏探略——兼论殷比干族属》，《考古与文物》，1992年，第1期。

留在当地。依照山东龙山文化时期邦国林立的社会背景分析，这支并氏亦在当地兴起，并建立了自己的国家。在商代，潍坊一带的并氏为商王朝同盟，曾为对付周围其他势力的威胁而与己国建立联盟。

文献载记，潍坊并氏在临朐一带。“临朐，古骈邑，齐大夫伯氏年封。”大量殷代骈氏铜器在山东寿光出土，当是己、并联合后的遗留。因此，并氏古地应在山东临朐，与己氏联合后，逐步变成己国的一个属邑。

饶有趣味的是，在《春秋经》记载一同为齐师所迁的郱外，还有 䣐与郚，而他们也和郱一样，是生活在潍坊一带的尚箭族团或方国。并、晋则为山西古代主要称谓。[8]他们同处于鲁北也是一件耐人寻味的事情。

甲骨文、金文中无䣐字，假“晋”为“䣐”。

“晋”字在甲骨文、金文中为两矢射日的形状。“晋当为箭，书亦或为箭”，据字形分析，“䣐”为尚箭“射日”部族。[9]

邑吾，甲骨文、金文也无郚字。郚之本字“午”与“矢”同义，故郚与 䣐一样应为崇武尚箭之部族。

郱、䣐、郚均为夷羿族团部族，其中郚、䣐或者没有随夷羿族团西征，与中原交往

⑧王克林《晋文化与后羿族群新探》亦认为并、晋具为尚箭之民族，即后羿一族。但王氏以为后羿一族是经历有时的一个累世相传的北方显赫大族。远在四五千年前，其从黄河流域上游逐渐迁移与中原的帝喾、尧、舜、禹等部族发生了关系。这就提示了夷羿族群于五帝时代或文明之初的夏代伊始，已聚居于晋、陕间的西河，为西夷之人，是商周戎狄的祖先。文见山西省考古学会等：《山西省考古学会论文集(四)》，山西人民出版社，2006年。

⑨《说文解字》：“晋，进也。日出万物进。”今人研究认为其表示尚箭、射日。从古文字学的角度，发现晋字的字体结构，从矢(箭)，确凿无疑，然字之下部所从，甲骨文中有从“日”者，进而考之颇受启示。下从“日”它便揭示了我国古文献中记载的帝“尧使羿……射十日”的神话传说故事。这便透露出晋的本义和性质，当也是尚箭崇武“代夏”的后羿族群中的一支。王克林：《晋文化与后羿族群新探》，山西省考古学会等：《山西省考古学会论文集(四)》，山西人民出版社，2006年。

较少,或是势力太小,不受重视,故其族名不见于甲骨文、金文。后来他们与己部族联合,国都遂成己国一邑,并最终为齐所灭。[⑩]

并氏的另一支随夷羿征夏进入河南。商代建立后,为商之重臣。甲骨文中所记并氏,应属这一支的事迹。并作为氏族名,在甲骨文和金文中称并,与山东大量发现的并器称己并不同,或可说明两支并氏发展中的不同。

从有关记载看,并是殷代一个有名的大部族。其中一部或徙居山西一带。

甲骨刻辞有:己巳,贞竝、(臿)伐舌方,受又。一。竝弗受又。一。《粹》1535。

辞又有商王因派"竝、(臿)""伐舌方"而卜问。

弜乎竝、(臿)。《丙编》96。

辛未,贞其令射(臿)即竝。

从甲骨文可以看出,并与(臿)是一对关系密切,国土相近的方国,故时时派(臿)人到并。

而(臿)方应在殷都西边。北京图书馆藏卜骨有"西(臿)其有疾"。"西(臿)"的西表示方位。《甲编》考释者亦认为:"(臿),殷西地名,其地近羌人"。《通纂》498片卜骨有:"(臿)告曰:(舌)方伐我",同书499、500片都记有(舌)方犯(臿)之事。同时,从(舌)方犯(臿)之事来看,(臿)地不仅在殷之西,其地必近(舌)方无疑。(舌)方的地理位置,目前已为治商史者所公认,大致在今山西、陕西北部一带。由此看来,(臿)确实是商之西北边的一个属国,其地与(舌)方和羌人为邻。

(臿)与(舌)方是近邻,卜辞中又见并与(臿)联合与(舌)方大战,则并氏亦当与(舌)方不远。(舌)方的地理位置已知在今山、陕北部一带,则(臿)应是比较(舌)方更近商王国腹地,而并就更接近商王国腹地。可见并氏必在今山西西部和中北部一带地方活动过。石楼所发现的带并字的铜戈,完全有可能和殷代后期甲骨文中所记与

⑩王守功:《夷羿族团的衍变与考古发现辨证》,北京大学中国考古学研究中心等,《古代文明》(第1卷),文物出版社,2006年。

(舌)联合大战(吉)方的并氏有密切关系。铜戈或许就是参加这场战斗的并氏或其后人所遗留之物。而并氏或其后人之物出土于山西石楼,说明并氏很可能曾经在这一带活动过。

并氏不仅殷商时期活动于这一带,直到春秋时期,仍有并氏后裔留居晋国的蛛丝马迹。据《侯马盟书》提供的线索,晋赵鞅举行的宗盟活动,还有称作并氏的参与。[11]可见春秋时期,并氏在晋国还是一个重要部族。他的居住地很可能就在晋中盆地 。

综合史料,可以看出,并氏应为一尚箭之民族,或为传说史中赫赫有名的后羿族一支。其族原居于山东,至迟到商代,并氏已在今山西省中部一带活动,或许就在今太原、石楼一带。[12]并州之名始见于《周礼·职方》:"正北曰并州。"其范围大致包括今河北保定、正定和山西太原、大同等地。 而古代以并州命名这一带地方,很可能与殷商并氏曾经活动于这一带有关。汉置并州于今日之太原,其后各代间有废兴,所辖范围也大小不同,但太原盆地一带始终是并州管辖的中心地区,而作为并州治所的太原(晋阳)也就成为其主要称谓之一。

铜戈铭文

铜戈

并氏铜戈铭文

⑪《侯马盟书》,239页,宗盟类156.3号,释并为比。山西省文物工作委员会:《侯马盟书》,文物出版社,1976年。而彭邦炯释比为并,参见彭邦炯:《竝器、竝氏与并州》,《考古与文物》,1981年,第2期。

⑫山西简称"晋","晋",或以为箭囊,为尚箭善射之标志,它与并氏一样,具源于夷羿一族。

太原地区的旧石器时代文化

中国是人类发源地之一。山西省又是古人类生活的重要区域。从早更新世的西侯度遗址，到中更新世早期的匼河遗址，再到丁村遗址、许家窑遗址、下川遗址等，一系列旧石器时代文化遗存的发现，为中国建立旧石器时代文化发展序列和研究原始社会演变提供了大批珍贵资料。

太原位于山西省中部晋中盆地北端，东靠太行山，西依吕梁山系，北部有系舟山、云中山，三面群山合抱，中南部为汾河河谷平原，地势北高南低。汾河从管涔山发源，流经宁武、静乐、古交，至上兰村出山口，向南经晋中盆地，出介休霍太山入临汾盆地，到河津汇入黄河。如果说黄河、长江孕育了中华民族的话，那么，汾河就是太原先民的摇篮。

在旧石器时代（以至新石器时代，夏、商、周三代），无论从地理环境因素还是从文化面貌特征来看，晋中盆地的文化特征都有着较多的一致性，因此在谈及太原地区旧、新石器时代乃至夏、商、周时期文化时，我们将兼及晋中盆地周围地区。其地理区域大致为北至系舟山，西及吕梁山东麓，南至灵石霍太山，东到太行山西麓（一定时间还包括忻定盆地）。其行政区划包括今太原市、晋中地区大部和忻州地区、吕梁地区一部分。

考古工作者把属于更新世，以打制石器为主要工具，而基本不知道磨制石器的文化遗存，称为旧石器文化。旧石器文化一般又分为早、中、晚三期。早期大约相当于早更新世到中更新世早中期，年代大约为距今240万年到20万年前后，与此相适应的人类化石是所谓的直立人或猿人；中期大约相当于中更新世晚期，年代大约为距今20万年到5万年前后，与此相适应的是古人或早期智人；晚期大约相当于晚更新世，年代大约为距今5万到1万年，与此相适应的是新人或晚期智人。原始蒙古人种大约就是在这一时期形成，并且成为我们中国人的直系祖先。

中国北方地区的旧石器时代文化，可分为“匼河—丁村系”（也称“大石片砍砸器—大三棱尖状器传统”）和“周口店第一地点—峙峪系”（也称“船头状刮削器—雕刻器传统”）。其中“匼河—丁村系”以西侯度文化和匼河、丁村文化为代表，分布范围大致在山西南部、陕西东部和河南西部。石器器型较大，大三棱尖状器、砍砸器比例较高。“周口店第一地点—峙峪系”以北京周口店第一地点为代表，包括河北阳原小长梁、山西朔州峙峪、辽宁营口金牛山下层等处分布范围，大体相当于河北北部、山西北部和辽宁西南部一带。石器大多数个体较小，类型较复杂，刮削器占绝对优势，并有少数雕刻器。

旧石器时代人类还没有学会打井技术，生活用水完全依赖河流，因此旧石器时代遗址地点多发现于河流两岸的台地上。从20世纪50年代起，汾河流域及其支流两岸的台地上多处发现旧石器地点，太行山西麓也发现了一些旧石器时代晚期遗存。早期石器以大石片砍砸器和三棱尖状器为主，即和所谓的“匼河—丁村系”传统有着更多的一致性。远古先民就是沿着汾河谷地这条天然通道迁徙流布。到旧石器时代晚期，除了“匼河—丁村系”传统的石器文化有所发展外，流域范围内新发现了一些小型石器比例大、种类多，器型以船头状刮削器、雕刻器为主的石器地点。即所谓的“周口店第一地点—峙峪系”传统。此外还发现了细石器文化遗址。晋中盆地地处两大文化区之间，从旧石器时代开始，就表现出了文化的二重性。这一特征经新石器时代与历史时代而不改。

一、直立人阶段的文化遗存

在早更新世阶段（距今约240万年—70万年前后），山西大部分地方继承了上新世的古地理格局，大地多为湖泊所占据。如忻定古湖、临汾古湖等。晋中盆地则为晋中古湖。其他一些小的山间盆地如古交、榆社等地，也都发现了湖相堆积。到中更新世时期，古湖泊逐渐萎缩，古河道逐渐形成。这一时期，气候刚从上一阶段的冰期中恢复过来，以温热湿润为主。表现在动植物上，就是除了温热带的种类外，还出现了喜欢湿热的南方类型。如水牛、东方剑齿象等。这一阶段，古交盆地发现了多处旧石器地点。

古交市地处太原市西北，吕梁山东坡，该地群山起伏，山势陡直，南北高峻，中部低缓。汾河自西北方向流入。大川河、原平河和屯兰河亦为本区主要河流，它们分别由南和西南方向汇集而来，在古交镇附近注入汾河。汾河继而蜿蜒向东，横贯古交市全境，经太原城区向南流去。旧石器地点就发现在这些河岸附近的台地上。有王家沟旧石器地点①、土堂旧石器地点②、后梁旧石器地点③、古交钢厂旧石器地点④等。

后梁旧石器地点为位于古交镇以西约1公里后梁北坡的黄土堆积中。1983年发掘。 堆积层高出附近汾河河面约100米。地层剖面自下而上分为两大层，石器发现于下层微红色亚黏土土层中，共获得石制品459件。原料95%以上为角页岩，其次为砂岩、脉英岩和石英岩等。石制品有石器、石核、石片和石料残件。地质时代为中更新世晚期至晚更新世早期之间，其文化时代相当于旧石器时代早期的较晚阶段。

石器分为砍砸器、刮削器、尖状器和石锤四大类，共计142件。以砍砸器和刮削器为最多，尖状器少且不典型。

---

①王向前、陈哲英：《太原市古交旧石器时代遗存》，《中国考古年鉴》(1984)，文物出版社。关于王家沟地点的石制品，有研究者提出不同看法。如王益人认为，王家沟地点的石制品疑点较多。首先，石制品类型单一，仅发现石核和砍砸器两类，没有发现任何石片和石片石器。其次，发现的石核和砍砸器体积巨大。有的重达30公斤，其上的打片和修理痕迹均在石核或石器边缘，打击和修理的方法单一。其三，其埋藏地层为砾石层，这些“石核”或“石器”上的痕迹不能排除在砾石层中滚动以及受其他砾石撞击形成的可能。王家沟地点石制品类型单一而巨大，修理方法简单—仅仅在砾石边缘打片的特点，均不符合本地区的文化特征。因此，王家沟地点的石制品的文化性质值得怀疑。王益人《太原地区旧石器时代的人类文化遗存》，《太原文史资料—太原建成二千五百年专辑》。

②于振龙、石金鸣：《太原土堂旧石器地点》，《人类学学报》2004年，23(2)146—151。

③王向前、陈哲英：《太原古交后梁之旧石器》，《纪念马坝人化石发现卅周年文集》，文物出版社，1988年。

④王择义、王建：《太原古交工矿区旧石器的发现》，《古脊椎动物与古人类》，1960年，第2卷第1期。

砍砸器是这个遗址的典型工具,共52件。以砾石砍砸器为主,有45件,器形较为硕大、加工粗糙,多在砾石的前端或一侧单面加工,因此分为端刃砍砸器和侧刃砍砸器两型。石片、石核砍砸器7件,均以石片和石核为坯加工而成,石器长度多在100毫米左右。刮削器85件,均为角页岩质,分为单边、双边、多边3个亚型,以及单边直刃刮削器、单边凸刃刮削器、单边凹刃刮削器、双边直刃刮削器、直—凸刃刮削器、双凸刃刮削器、直—凹刃刮削器、三边直刃刮削器,直刃—两边凹刃刮削器等9个子类。多以石片为坯,以正向加工者居多,反向加工者次之,其他组合性加工者较少。刃缘有细小平齐和深凹呈锯齿状之分。尖状器4件,均不典型。 石锤1件。为一角页岩质椭圆形扁平砾石,在其周围边棱上遗有密集的小疤痕。从疤痕特征分析,它并非由自然力作用形成,而是人工砸击结果,在石器制作中,应该是作为石锤使用的工具。

后梁石器地点,这是古交盆地唯一经过科学发掘的旧石器时代遗址,它的发现对研究太原盆地旧石器时代文化具有重要意义。后梁石器地点石核与石片多呈不规则状,石器比例较高,构成了以砍砸器和刮削器为主体,砾石石器和石片石器共存的石器组合与文化特征。由扁平砾石加工的砾石砍砸器为其典型器物,且占有一定比例,显示了后梁旧石器文化的个性。砾石砍砸器,在我国旧石器时代早期如周口店中国猿人地点,匼河以及国外有关遗址中早有发现。这是一种加工方法简单,在早期遗址中常见的工具类型。后梁砍砸器与匼河垣曲盆地以及陕西梁山等石器文化比较,有一定相似处。但和时代稍晚的丁村石器相比,尚有差别。丁村石器硕大,以石片石器为主,以大三棱尖状器为特征,球形器数量丰富,这些性质后梁多不具有。和较晚的古交钢厂等地点比较,既有共性,也有明显不同处。相同点是砍砸器、刮削器均占重要比例,尖状器少而不典型,球形器缺如;不同点是古钢石器硕大,方正的几何形轮廓明显,器身和手握部分多作修理,而后梁地点的刮削器多缺乏固定形态和特征,尖状器不典型,同加工前毛坯形状相似,石器尺寸属于中小型,石核利用率不高。总的看来,石器类型较为单调,加工不十分精细,器形又不甚规整。这些都有待于进一步深入研究。

二、早期智人阶段文化遗存

经过百万年的漫长岁月，人类逐渐发展到了早期智人阶段，考古学称之为旧石器时代中期（约距今20万年—5万年）。这一时期，气候比现在更加温暖，山林中豺狼出没，丘陵和山间盆地草木茂盛，各种食草动物成群结队，河流中鱼虾嬉戏，这些都是古人赖以生存的食物。

这一时期，太原地区的文化遗址发现较少，目前可以肯定下来的就是长峪沟地点。⑤

长峪沟石器地点是太原地区唯一一处旧石器时代中期文化遗存。1983年王向前等人在长峪沟附近的一个砖场采集到石制品7件，有石核、石片、砍砸器、尖状器等类型，另外1件石片直接取于汾河第三级阶地底部砾石层中。其地质时代属于晚更新世早期。这里的石核、石片均不甚规整，砍砸器2件，均由砾石交互加工而成，手握一端多保留砾石面。三棱大尖状器1件，长210、宽100、厚85毫米，除一个侧面遗有部分砾石面外，其余均为片疤覆盖，器身横断面为正三角形，三条边棱的修理以单向加工为主。该标本与丁村及古交钢厂地点三棱大尖状器非常相似。

20世纪70年代初，贾兰坡等根据华北地区发现的旧石器时代文化遗址特征，将以大石片砍砸器—三棱大尖状器为特点的石器遗存划分为“匼河—丁村系”文化系统，分布范围以黄河中下游的山西、陕西、河南三省交界的三角地带为主。时代最早的是西侯度遗址，其次是地质时代属中更新世早期的匼河遗址、蓝田遗址以及三门峡水沟和会兴沟等石器地点。这些遗址或地点发现的石器，品类及打制特点，尤其是三棱大尖状器和厚大尖状器，都具有厚大、三棱的特点，石器随着时代的推移有由粗到精的变化。太原地区旧石器时代早期、中期的文化遗存与“匼河—丁村系”有较多的一致性。它们主要发现在汾河流域及其支流，是汾河流域除丁村遗址外又一个大型旧石

⑤或认为古交钢厂、交城范家庄、静乐风程山等遗址为旧石器遗址中期文化。参见山西省考古研究所《山西考古四十年》第25页，山西人民出版社，1994年。盖汾河流域发现的这些旧石器地点，石制品均非发掘所得，研究者只是根据石制品性质确定其时代。因此有中更新世晚期和晚更新世早期的不同看法。总的来看，早期研究确定时代倾向于晚更新世早期，随着研究的深入，特别是丁村旧石器遗址早段的确认，有将这些地点往中更新世晚期靠拢的倾向。

器时代遗址群。这些地点的石制品与丁村遗址乃至整个汾河流域的旧石器文化既有共性,又有明显不同,对于研究汾河流域旧石器时代人类文化有着十分重要的意义。

三、晚期智人阶段文化遗存

大约在距今5万年前后,地质时代进入晚更新世,人类体质也发展到晚期智人阶段。在这一阶段,世界上几大人种逐渐形成。目前世界各种族形成时所处的确切地区境况还不是很清晰,不过,到距今约1万年即最后一次冰期的末期,各种族在全球已有一个为今人所公认的大致分布。高加索人种分布在欧洲、北非、东非和中东,并正在深入到印度和中亚;黑种人分布在撒哈拉沙漠(那时的水源较现在充足)和沙漠以南一带;而俾格米人和布希曼人分布在非洲的其余地方,还有一部分俾格米人即小黑人,生活在印度和东南亚的森林地带;印度、东南亚广阔地带和澳大利亚则为澳大利亚人种所占据;分布在东亚和南北美洲的是蒙古人种。中国境内发现的人骨化石和原始蒙古人种的体质形态特征具有更多的一致性。现在一般认为,中国大陆是蒙古人种主要发祥地的一部分。[⑥]

这一时期,气候变得异常干冷,自然环境比较恶劣。然而人类发展到这一阶段,适应或者说克服环境不利因素的能力已大大加强。在艰苦的环境中生活,人类更坚强,文化发展更快。表现在考古学上就是旧石器时代晚期遗址的大量发现。太原盆地发现的遗址主要有石千峰细石器地点[⑦]、大发旧石器地点[⑧]、西长凝遗址[⑨]、凤凰崖石器制造场[⑩]等。

石千峰细石器地点位于古交市区西南的石千峰一带。1980年山西省考古研究所根据王择义生前提供的线索,在石千峰一带的北石沟、花梁、吉峰沟、新华村、窑儿头、大脑上等地发现了多处旧石器时代晚期细石器文化遗存,其中以石千峰西南1公里的花梁山坡地带最为密集。采集到石制品101件,主要以燧石和角页岩为原料,其次是脉石英和石英岩。类型有石核、石片和石器。采集品以细小石器为主体,加工修理主要采用间接法。综观石器性质和打制技术,特别是典型细石器技术传统的代表性器物如楔状、锥状石核和石核式刮削器的存在,说明石千峰石器与下川文化关系较为密切。这是太原地区发现的唯一一处细石器地点群。它的发现是继1979年蒲县薛关遗址发现后,在吕梁山系发现的又一个细石器地点,是探讨这一地区古文化发展的重要线索。

四晌洼旧石器遗址位于古交市西,2003年发掘。地质时代为晚更新世晚期甚至更晚,文化时代为旧石器时代晚期。发现石制品119件,以角页岩为主,其中有石核、

⑥人种的分化是近四五万年以内,人类发展到新人阶段才开始发生的。从中国发现的古人类化石及旧石器文化遗址的研究来看,蒙古人种的起源时间大致也不会比这个时间更早。近半个世纪来,特别是在中华人民共和国成立以后,在我国陆续发现了许多属于旧石器晚期的人类化石。其中周口店山顶洞人和广西柳江人的化石是研究旧石器晚期人种属性的重要材料。对于山顶洞的3具头骨,魏敦瑞指出他们分别代表3个不同的人种类型:101号男性老人颅骨,具有原始蒙古种兼有旧石器晚期的欧洲人种特征;102号女性颅骨代表美拉尼西亚人种;103号女性颅骨属于爱斯基摩人种。并引申出山顶洞人是外来人种而不是中国人的祖先。几十年来,国内外学者对魏敦瑞的看法发表过不少不同的意见,但都没有做过详细的研究。中华人民共和国成立后,我国的人类学者对山顶洞人的种属问题重新做了研究,提出了与魏敦瑞不同的看法。其中,代表性的意见认为:3例山顶洞人颅骨在一系列体质特征上具有共同性,有些特征是更新世晚期新人化石所共有的原始性;有些特征则接近现代蒙古人种中的中国人、爱斯基摩人和美洲印第安人;另外一些特征如阔鼻、低眶,虽然与现代蒙古人种不完全一致,但却可以在新石器时代的颅骨上找到承袭的踪迹。因此,山顶洞人是形成中蒙古人种的一个代表。用山顶洞人共生动物化石测得的放射性碳素年代距今约19000千年,所测得的这个年代比以往估计的"十万年左右"缩短了很多。如以山顶洞人的年代测定为依据,那么,现代蒙古种系的形成时间比原来设想的要晚近多了。总之,从更新世晚期人类化石的发现和研究,反映出我国在蒙古人种的起源和发展过程中占有很重要的地位。华南、华北广大地域是蒙古人种主要发祥地的一部分,是有明显的古人类学根据的。参见潘其风、韩康信《我国新石器时代居民种系分布研究》,《考古与文物》1980,2期。

⑦王向前、丁建平:《太原古交区石千峰一带的细石器》,《山西文物》,1982年第1期。

⑧高星、尤玉柱:《山西榆次大发旧石器地点》,《人类学学报》,1991年第10卷第二期。李壮伟、王志刚:《山西榆次大发地点的旧石器》,《人类学学报》,1992年第11卷第四期。并见山西省考古研究所:《山西旧石器时代考古文集》,山西经济出版社,1993年。

⑨吴志清、孙炳亮、陈哲英:《山西榆次贾鱼沟旧石器的发现》,《史前研究》1985年1期。国家文物局主编的《中国文物地图集·山西分册(下)》名为西长凝遗址。

⑩王向前、陈哲英:《太原古交发现旧石器时代石器制造场》,《人类学学报》1984年第3卷。王向前、陈哲英:《太原古交旧石器晚期遗存的发现》,《史前研究》1984年第4期。

石片、石器等。文化层分为上下两层。其中下文化层、以石核、石片为主，有少量石器，石制品由南向北呈倾斜状分布；一些石核和石片可以拼接复原成原始石料。说明原始人初来这里时，地形还是倾斜的，他们在这里选取石料、制作胚料，打制并使用石器。生活了一段时间后，他们离开了这里，黄土慢慢堆积覆盖了他们的生活遗迹。不久又一批古人来到这里，他们带着在其他地方制作的石器在此生活，留下了种种遗迹，是为上文化层。上文化层以石片和石器为大宗，石器类型以刮削器为主，另有薄刃斧、斧状器、石锤等。从上文化层中多为成型石器且大致呈水平状分布来看，这一地点应是人类从事与刮削器、薄刃斧等有关劳动的地方。最终又被废弃，遗址上又为黄土所覆盖。

四、远古人类的生产生活

依据晋中盆地发现的石器地点，结合中国其他地方考古研究成果，可以确定，太原地区的远古人类主要生活在山高林密、禽兽遍野的环境中。他们每个单独的个人几乎没有力量抵御野兽，根本不可能生存下来。人们靠采集野生植物和捕捉动物过着朝不保夕、勉强糊口的生活。为了生存的需要，必须结合成群体，以群体的联合力量来弥补个人力量的不足。这种原始群大约是十几人到几十个人为一个单位，这就是人类最早的社会组织。这种群体是以血缘关系为纽带组成的，内部松散，不很稳定，群与群之间也没有多少经济联系。

在原始群里，所有成员共同协作，共同制造和使用工具，共同防御野兽和猎取食物。由于一切产品都是集体创造，所以产品也平均分配，共同享用。[12]刮削器、砍砸器、尖状器既用以砍伐和修理木质或骨质工具，又是捕猎的重要工具，大尖状器用来挖掘植物的块根。他们大概靠群力猎取各种大型野兽，也捕捉各种小动物或采集各种野生植物的果实和根、茎作为补充食物。

远古人类的社会集体是比较松散的，只有母系血统可能起一定的作用。原始人的早期阶段，两性关系杂乱，各种配偶只是临时的，既有兄弟与姐妹的婚配，也有上下辈之间的结合。所谓“昔太古尝无君矣，其民聚生群处，知母不知父，无亲戚兄弟夫妻男女之别,无上下长幼之道”。可以看作原始社会初期人类两性关系的写照。

当时的人们已经学会用火,而且可能学会了控制火、管理火,长期保存火种不灭。火的使用是人类继生产出第一个石器后的又一个划时代事件。有了火,原始人摆脱了茹毛饮血的生活,改善了健康状况;人类可以战胜严寒,从而分布到更广阔的地区;人类可以利用火光照明,驱赶野兽,保护自身安全,甚至可以利用野兽对火的惧怕,利用火的威力来驱赶围攻野兽。

猿人们的生活是极其艰苦的。困难的生活折磨着他们,致使他们的寿命都比较短。在周口店发现的40多个个体中,约有三分之一活不到14岁就死去了。但是由于他们发明了群体的组织,有了简单的工具并已知用火,通过集体的劳动和斗争,顽强地改造着自然,也改造着自己的体质,向早期智人阶段迈进。

太原地区早期智人阶段人类文化遗存目前仅发现长峪沟石器地点。从长峪沟出土的石器,结合相邻地区如襄汾丁村遗址、阳高许家窑遗址的发现看,早期智人经过几十万年的发展,积累了相当丰富的劳动经验,劳动工具的制作技术有了很大改进,

---

⑫“在看待这种人类早期社会时,还应该对当时的所谓‘平等’现象,再作思考。人类出现后,因其生存能力强于古猿,繁衍速度一定较快,出现了一个个群体(氏族),各群体为争夺或保护维持自身生存的资源,必定发生战斗。由于当时的生产能力(狩猎或采集)有限,必须联合行动,在群体内部会依体力和智力的强弱而出现首领。就整个群体而言,因几乎没有剩余食物,相互的关系自然是相对平等的,但在享用食物方面,也会因其所获的多寡,存在着差异。至于对其他群体,只要发生争夺资源之战,只会杀戮对方,而不会收为本群体的成员。在这种情况下,如就含有若干群体的人类总体而言,其野蛮程度当要超过以后的文明时代的任何时期。当年恩格斯从建立未来的、平等的共产主义社会的理想出发,便相信黑格尔的‘否定之否定’的三段论理论,以为未来的共产主义社会既然是平等、和谐的,人类的最初社会就一定也是这样的‘黄金时代’。其实黑格尔的三段论是按其辩证法的理论体系,再截取了一些事物发展过程中的局部段落的现象而设想出来的。只要细想天下事物的已知情况,其实都是从低级向高级的发展,哪有普遍存在的正反合过程的?看来,一百多年前摩尔根、恩格斯所作人类早期社会的论述,应作整体性的修正。”参见俞伟超:《考古学体系与人类历史进程关系的新思考》,《古史的考古学探索》,文物出版社,2002年7月第1版,第27页—41页。

类型更多,加工更精细。许多石器经过第二步加工,特别是石球的发明。这一切进步使人类可以获得更多的食物。随着采集狩猎经济的发展,劳动中按年龄分工的出现,人类思维的进步,原始人群逐渐排斥了杂乱的性交关系,发展为比较固定的血缘群团,又称血缘公社或氏族公社。一个血缘群团,既是一个生产生活单位,又是一个内部互婚的集团。其内部排斥了祖辈和小辈之间、双亲和子女之间互为夫妻的行为。而在同一辈分之间,既是兄妹也是夫妻,即年龄相近或同辈之间的男女互相婚配。⑬

太原地区发现的智人阶段石器地点,人群社会组织应该处在这一阶段。随着血缘群团规模的扩大,群团数量也有所增加。人类的体质相比于猿人,脑盖较薄,脑容量较大,智力有了明显提高。其体质特征和欧洲、非洲乃至西亚的早期智人明显不同,已显示出蒙古人种的某些特色。

关于早期智人,自从20世纪60年代诞生了分子生物学以后,人们对人类起源问

---

⑬对于这一观点,有学者提出不同看法,如俞伟超认为"一百多年前摩尔根所说人类婚姻最初曾经过血缘群婚和亚血缘群婚(普那路亚)两个形态的论点,既无实例可寻(含残痕),又不合于人类最初的群体就是氏族·部落的理论分析,亦应加以否定。……在人类刚出现时,一定人口稀少,全球的考古发现,也表明万年以前的人类遗迹数量很少,而其遗迹又难以表明当时群体结构的情况,故现今对人类早期社会的认识,都只是依据一些19世纪以来人类学调查中所见晚近存在的原始部落情况而做出的理论推测。何时能得到可作具体说明的材料,根本无法预测。但为了建立史学和考古学的体系,似又无法躲开。于是,在20世纪80年代以前,苏联和中国的一些学者,就往往假设人类最初的群体结构是类似动物群一样的原始群,实行血缘群婚、亚血缘群婚;大约在5万年或10万年前,氏族制出现,实行族外对偶婚。但一当人类起源问题的认识发生了转折性的新变化后,能人、直立人、尼人已被排挤出真正人类的范畴,那个时期是否实行群婚制,至少在研究人类活动时也就可以先不考虑。换言之,所谓的血缘群婚和亚血缘群婚,已失掉了存在的时间范畴,不必再加讨论。至于直立人和尼人打制的一些石器同人工制品非常相似的问题,也应该放在另外的科学领域中去研究。对研究生物进化史来说,能人、直立人、尼人及其制作工具的能力,无论如何应该继续研究,不过毕竟已是人类历史范畴以外的事情了。"俞伟超:《考古学体系与人类历史进程关系的新思考》,《古史的考古学探索》,文物出版社,2002年7月第1版,第27页—41页。

题开始了一种全新研究。新学说根据遗传基因研究，了解到从猿到人的转变取决于古猿群体在遗传结构（基因库）上的变化，从而对“劳动创造人”这个著名论断提出挑战。⑭遗传学家分析现代各大洲人类胎盘细胞线粒体中的DNA，根据推算出的基因变异速度，推测现存人类是在20万年前形成并开始向外扩散，当今各大洲各人种都是大约20万年前非洲女祖先的后裔。这个假说后来被通俗地称为夏娃学说。而更早从东非形成的能人、直立人等，扩散到欧洲和亚洲的人科类物种，因多次冰期的寒冷等原因，在全球各地早已绝灭。夏娃后代中的一部分在大约13万年前来到东亚，取代了这里的原居民，即中国的直立人和早期智人，然后发展成现代人。⑮

大约从四五万年前开始，我们的祖先从早期智人进化到晚期智人阶段。在中国境内发现了大量晚期智人化石。从发现化石的测量看，虽然还存在着个别的原始特征，彼此之间也不尽相同，但体质形态上总体特征已和现代人大体相近，已经具备了

⑭龚缨晏：《关于劳动创造人的命题》，《史学理论》1994年2期，19—26页。

⑮李逆熵：《寻找夏娃——现代智人起源的辩论》，《二十一世纪》，总第十九期，85—96页，香港中文大学中国文化研究所，1993年10月号。俞伟超：《图腾制与人类历史的起点》《考古学体系与人类历史进程关系的新思考》《古史的考古学探索》，文物出版社，2002年。虽然诸多遗传学证据支持非洲起源假说，但对最终揭示现代人类起源和迁移问题，仍需要更多化石方面的确凿证据来支持，需要解释考古学、古人类学方面的质疑。如澳大利亚国立大学索恩（Alan Thorne）等人研究显示，现代人类有可能由不同地区的古人类分别演化而来。英曼的新发现质疑了目前学术界流行的“走出非洲”理论。他们提出名为“地区连续性”的现代人类起源新理论认为，起源于非洲的直立人在过去150万年间不断迁徙到非洲以外的其他地区，并形成不同分支，这些分支通过混血繁衍，在10万到15万年前分别在非洲、欧洲、东亚和西亚等地进化为现代人。吴新智先生从北京猿人与现代中国人共同具有的一些形态特征，中国各处人类化石之间从北京猿人开始便没有大的时间间隔等论证中国的直立人和早期智人、晚期智人是连续进化的。智人最可能是由本地区的早先人类发展而来的。参见吴新智《关于东亚现代人起源的问题》，中国考古学会、山西省考古学会、山西省考古研究所：《汾河湾——丁村文化与晋文化考古学术研讨会文集》，山西高校联合出版社，1996年。

大多数蒙古人种的基本特征。[16]

这个时期的人类，打制石器的风格已经因种群的不同而有所区别。如古交风凰岩石器制造场更多地传承了“大石片砍砸器—三棱大尖状器”传统；而榆次“大发旧石器地点”则属于“船头状刮削器—雕刻器传统”。这个传统是中国华北两大旧石器文化传统之一，其文化特征是石器大多数个体较小、类型较复杂，刮削器占绝对优势，并有少量雕刻器，缺乏大三棱尖状器和石球。小型石器被认为用来切刮皮肉，是狩猎经济的使用工具。研究显示“典型细石器文化”可能是在小石器传统的基础上发展起来的；而“典型细石器文化”则是新石器文化发展的前奏。“大发旧石器地点”既有小石器文化传统的特征，又有细石器文化的因素，而“石千峰细石器地点群”则是典型的细石器文化。这些石器地点的石器打制方法和石制品相较于早期智人表现出明显的进步性：在石器制作中普遍修理台面，能用间接打击法生产出细长石片，还能用压制法加工石器；石器种类更加多样化，如各种类型的刮削器、尖状器、雕刻器、石钻等。这些石器技术的进步和类型的分化，反映了狩猎经济的进一步发展。在石器工艺明显进步的同时，骨角器也大大发展起来，种类有锥、针、鱼叉、刀、铲等，它们是用锯、切、削、

⑯李辉、宋秀峰、金力：《人类谱系的基因解读》，《二十一世纪》网络版2002年7月号。东亚地区人群主要分为汉藏语系、阿尔泰语系、侗台语系、苗瑶语系、南亚语系以及南岛语系六个系统，其中汉藏语系无疑是很重要的。……汉藏语系群体的祖先最初来源于东亚的南部，在约2万到4万年前，一个携带Y染色体M122突变的群体最终到达了黄河中上游盆地，然后在约1万年前，由于粟谷农业的出现，新石器文化开始在这个地区发展起来。人口的增长使群体必须扩增新的居住地，这样在约5000—6000年前出现了两个语族的分野。其中一个亚群，被称为前藏缅语族群体，离开黄河流域，向西及向南迁移，最后在喜马拉雅山脉南北居住下来。这次迁移就是沿着著名的“藏缅走廊”进行的，这条通道始于黄河上游地区，向西到达青海省，向南到达喜马拉雅山脉。其中景颇语支一直向南，穿过喜马拉雅山脉到达今天的缅甸、不丹、尼泊尔、印度东北及云南省的北部。在与一支来自中亚或西南西伯利亚带有YAP突变的群体发生大范围混合后，藏语支向喜马拉雅进发并最终扩散到整个西藏。缅彝及克伦语支向南到达云南西北部，最后到达越南、老挝及泰国。在这5000年中，另一语族，即汉语族主要向东向南扩增，最后在中国各个地区居住下来。

磨、钻等方法制成。表明智人们使用的工具更加多样化,技术也更加先进。

这个时期的人类,已经有了比较固定的石器制造场所,能够制造比较复杂的石器,磨制骨器甚至磨制石饰品,但还不知道磨制石器,也不知道烧制陶器。他们善于打猎,但还不知道把野兽驯养成为家畜,他们会采集植物果实,但不知道种植方法。他们已经有了审美观念,制作出穿孔石珠、穿孔兽骨、穿孔海蚶壳等用于佩戴。他们有比较固定的生活居住场所和死亡埋葬地,对亡者放置简单的装饰品并经过一定的埋葬仪式,说明已经有了灵魂观念。山顶洞人对死者的埋葬情况也说明,人类社会组织已经进入母系氏族公社初期阶段。即以女性首领为主,组成一个血缘集团。⑰集团内以生产资料公有制为基础,过着集体生产、共同消费的经济生活。氏族社会内,人人平等,简单的社会分工以年龄和性别区分。男性以狩猎和制造工具为主,而女性则

⑰对此也有不同看法。如俞伟超认为"已知人类在漫长的生活过程中,只在后来形成的畜牧或游牧部落中,因为生活流动性强,许多管理事务往往由妇女担当,出现了一些女首长的事例,但男首长并不少。如从与人类亲缘关系较近的猿、猴的情况看,非洲黑猩猩和中国广西的白顶猴,其群体的首领都是雄性的;而且,在狮、虎等动物群中,也是以雄性为首领的。这当然同生物自然属性赋予雄性的能力有关。人类既由古猿进化而来,为什么人类会一反原来状态而实行'母权制'呢? 显然,这是因为混淆了'母系'或'父系'这两种不同的概念而做出错误推测。所谓'母系'或'父系',本指氏族或家族或家庭的传承关系是依女方世系还是男方世系而定。在人类早期,实行本氏族以外的对婚制,男子到外氏族婚配,与之婚配的女子并不永久固定,因而子女往往只知其母而不知其父,其氏族的传承只能依女方世系而形成'母系'传承制度。但这个氏族的生产、战争、祭祀、结盟等重大活动,并非必由女子率领。在人类出现的初期,生产是狩猎和采集,其狩猎必由男子率领。战争则更是如此。对于这种早期群体来说,狩猎和战争应当是最重要的活动,这些活动既由男子率领,群体的首领为什么不是男子呢? 19世纪以来大量人类学调查中所见母系氏族的首长,不正是以男子为主吗?在历史演进的过程中,"母权制"只是少量存在的现象,男子掌握生产、军事、结盟等活动的指挥权,才是最普遍的"。俞伟超:《考古学体系与人类历史进程关系的新思考》,《古史的考古学探索》,文物出版社,2002年7月第一版 。斯塔夫里·阿若斯也认为:"在旧石器时代早期,妇女采集水果、坚果、谷物,挖掘块根植物和昆虫,而男子捕捉小动物和鱼类。由于采集经济在当时居于主要地位,男子和妇女之间无多大差别。但是,随着工具的改进,男子能组织起大规模的狩猎团体,杀死大动

从事采集、炊煮等工作。氏族内部禁止通婚，实行氏族外婚制，所以许多互相通婚的氏族就组成了部落。

旧石器时代，集团首领权力受到严格限制，那时还不存在由制度确立、为大家公认的强制性权力。熟悉宗教仪式的老人被大家推举为司仪，而狩猎本领出众的年轻人则当选为狩猎集团首领。但最重要的是，所有这些首领都不是运用权力，而是通过自身影响来完成自己的职责，因为当时还没有任何制度，规定有谁可将自己的意志强加于其他人。

在氏族部落内部，每一个成员都要对他人承担责任，也都享有同样的权利。他们在寻找食物、避风躲雨、防御敌人等过程中相互帮助。部落与部落之间因争夺狩猎、捕鱼场地而发生争斗。不过，因为旧石器时代社会缺乏维持大规模战争所需要的人力物力，所以即使有争斗也是小规模的。大规模的战争直到人们发明了农业、生产率大大提高、人口相应增多时才成为可能。总之，旧石器时代社会组织的实质是协作，家族和氏族部落间都是相互协作的团体，他们共同为生存而进行艰苦的奋斗。

相互协作不仅存在于社会活动中，而且也存在于经济事务中。氏族中无论男子和妇女都分别掌握适合自己性别的知识和技能。旧石器时代早期，妇女采集水果、坚果、谷物，挖掘块根植物，而男子捕捉动物和鱼类。由于采集经济在当时居于主要地位，男子和妇女之间无多大差别。但是，随着工具的改进，男子能组织起大规模的狩猎团体，杀死大型动物，而妇女却仍然在居住地附近，采集、照料孩子和烧煮食物。男子作为食物供给者的地位因之而提高。原始人对自己和社会基本不抱历史的、发展的态度。他们以为，将来将与现在相同，就像现在和过去一样。在他们头脑里没有变

物，而妇女却仍留在住地附近从事采集、照料孩子和烧煮食物。这就大大提高了男子作为食物供给者的地位。也许正是由于这一点，再加上他们在狩猎过程中体力大增、变得好斗、狩猎本领高强，男子在旧石器时代末期占据了对妇女的统治地位，就像今日盛行于澳大利亚土著居民中的情景。”参见董书慧、王昶、徐正源译：《全球通史·从史前史到21世纪》第七版，北京大学出版社，2005年。

化的观念，也不存在任改变现有制度和习俗的想法。在他们看来，天地万物，包括他们自己、他们的生活、文化，都是神祇创造出来的，而且将一成不变地发展下去。各民族关于远古创造的神话，都惊人地相似。这些神祇创造自然环境、安排供狩猎的动物、繁殖人类，并教会人类各种技艺并遵守各种风俗习惯。

总之，随着社会组织的扩大，人类交流的深入，生产工具的进步，劳动技能的提高，人类对自然界客观规律的认识逐渐提高，生活水平显著提高，人口数量迅速增加并向外扩散，并出现了明显的地方性差异。到旧石器时代末期，先进的石器制作技术发展演变，达到了新的高度。人类即将告别以采集和狩猎为生活来源的旧石器时代，步入以农业种植为主，采集狩猎为辅的新石器时代。[18]

而太原地区作为旧石器时代遗址的主要发现地区，在中国这一人类文化的发展和演进中，无疑起到了重要作用。

纵观太原地区旧石器时代文化遗址的特征，主要表现在：其一，旧石器地点主要分布在汾河及其支流的三级台地以上或附近，全部为露天遗址，没有洞穴遗址；其二，砍砸器在石器组合中占有重要地位，这一特点和中国北方南部的“匼河—丁村系”相同，而与中国北方北部地区小型石器系统相去较远；其三，处于中国北方旧石器时代两种不同文化体系的中间地带，太原地区的旧石器文化与属于北方南区的丁村相比，又有一些差异。如：丁村文化石制品中砍砸器不发达，是所有石器类型中最为粗糙者；太原旧石器石制品中，砍砸器占有较大比重，丁村文化中，人们已经掌握和运用双面石片打制技术，并有一定数量的双阳面石片工具；但在太原旧石器地点，用双阳面制作的石器基本不见。其四，太原位于山西地堑中部，汾河谷地又是人类迁移扩散的通道，处在旧石器时代中国北方南北两大文化区的衔接地带，对两种文化的交流作用可谓举足轻重，在中国北方旧石器时代考古以及古人类研究中地位之重要也可见一斑。

---

⑱ [美]L.S. 斯塔夫里·阿诺斯著，吴象婴等译：《全球通史》第七版，第一编第二章《人类——食物采集者》，北京出版社，2006年。

太原地区新石器时代的氏族聚落与文化

一、考古发现

晋中盆地新石器文化考古调查始于20世纪20年代。当时李济为寻找夏文化在太原一带做过短暂调查。抗战时期,日本人和岛诚一在晋中盆地从事古迹调查,发现仰韶时代文化遗存多处。[①]20世纪五六十年代,伴随着中国的经济建设,考古工作主要以调查、重点遗址的小规模发掘为主,考古发现陆续见诸报道。杨富斗介绍了祁县梁村仰韶文化遗址的发现,[②]范文杰、戴尊德报道了义井遗址发掘,[③]高寿田报道了光社遗址的发现情况,[④]此外梁宗和、酒冠五等也在晋中盆地调查和发掘了一些新石器遗址。晋中盆地大规模考古工作开展于1980年。全国第一、第二次大规模有计划的文物普查,也发现大批新石器遗址。1980、1981年,国家文物局、山西省考古研究所和吉林大学考古专业组成的晋中考古队,发掘了太谷白燕遗址。此期间考古队在娄烦、汾阳、孝义、离石和柳林诸县展开调查,对汾阳杏花村等遗址重点发掘,并发表《晋中考古》报告。太原市文物管理委员会也曾调查发掘娄烦童子崖、山城峁遗址。1987年晋中考古队调查发掘忻州游邀遗址,发表《忻州游邀考古》报告。此外,山西省考古研究所等相关单位发掘了太原义井、清徐县都沟、五台县阳白和石楼县岔沟聚落遗址等。

---

①陈星灿:《中国史前考古学史研究(1895—1949)》,第270—271页,三联书店,1997年。

②杨富斗等:《山西祁县梁村仰韶文化遗址调查简报》,《考古通讯》,1956年第2期。

③范文杰:《义井遗址调查所见》,《文物参考资料》,1958年第7期。戴尊德:《太原义井村遗址清理简报》,《考古》,1960年第8期。

④ 寿田:《太原光社新石器时代遗址的发现与遭遇》,《文物》,1957年第1期。

通过这些调查发掘和分析研究，大致厘清了晋中地区新石器时代文化序列和谱系。

考古学家苏秉琦将中国新石器时代考古学文化划分为六个大区，其中晋中盆地属于“以长城地带为重心的北方地区”，并在中原古文化和北方古文化的发展中起到了纽带和桥梁作用。[⑤]作为北方文化区，有的学者又把它划分为晋中北与冀西北区，[⑥]或者“指以晋中盆地为中心，包括西面的吕梁山地和东面的太行山西麓。南以霍太山为界，北取忻定盆地。”[⑦]这些划分基本符合太原盆地新石器时代文化分布情况。因此在谈论新石器时代文化时，笔者将以太原地区为中心，兼及周边地区一些相关重要遗址。

晋中盆地目前发现最早的文化遗存是以童子崖房2为代表的仰韶时代早期遗址，其文化特征更多接受河北后岗一期文化[⑧]和晋南枣园文化影响。仰韶时代中期遗存以典型的庙底沟文化为主，具有部分本地特色。仰韶时代晚期以后，文化独立性增强，更多具有北方新石器文化特征，特别是龙山时代，这种特征更加明显。综合分析晋中盆地新石器时代文化遗存特性，可将其分为五期。[⑨]绝对年代大致在距今6500—3900年之间。

二、文化分期与谱系

第一期

---

⑤苏秉琦、黄殷璋:《关于考古学文化的区系类型问题》,《文物》,1981年5期。苏秉琦:《谈“晋文化”考古》《华人·龙的传人·中国人——考古寻根记》,辽宁大学出版社,1994年。

⑥韩建业:《中国北方地区新石器时代文化研究》,文物出版社,2003年第20页。

⑦山西省考古研究所:《山西考古四十年》,山西人民出版社,1994年第64页。许伟:《晋中地区西周以前古遗址的编年与谱系》,《文物》1989年4期。

⑧新石器时代中晚期考古学文化。因首先发现于河南安阳后岗而得名。陶器以鼎、壶、钵为基本组合。中心分布区为太行山以东的黄河下游地区。晋中地区同时期文化也深受其影响。参见张忠培、乔梁:《后岗一期文化研究》,《考古学报》,1992年第3期。

⑨韩建业:《中国北方地区新石器时代文化研究》,文物出版社,2003年,第53—61页。也有的学者划分为二期十一段。参见许伟:《晋中地区西周以前古遗存的编年与谱系》,《文物》,1989年第4期。或划分为五期。参见国家文物局、山西省考古研究所、吉林大学考古学系:《晋中考古》,文物出版社,1998年。

晋中盆地目前发现的新石器文化遗址，最早当推距今6500年左右的娄烦县童子崖遗址，其属于新石器时代晚期较早阶段——仰韶时代早期。娄烦西街、阳曲县泥屯村、太谷上土河和祁县梁村等地都有所发现。

童子崖遗址位于太原西北方向的娄烦县。童子崖村在涧河北岸，东距县城仅1.5公里。遗址分布在村北土丘上，地势北高南低，范围约35000平方米。1982年晋中考古队调查发掘。[⑩]遗址大致经历了四个发展阶段。其中以编号F2为代表的第一阶段遗存属于仰韶时代早期文化遗存。房址2为半地穴式，破坏严重，仅东墙壁保存一小段高0.3米的残壁。墙壁和地面均抹草拌泥，并经烧烤，地面形成一层厚0.03米青色硬壳。陶器质地有夹砂和泥质两种。夹砂陶质地粗酥，多为红褐色和浅灰色。泥质陶质地细腻，胎较薄，多为浅灰色和红色。器表施绳纹、弦纹，有的为素面。器类有鼓腹罐、圜底钵等。此外，还采集到折唇口陶壶残片。

以娄烦童子崖房2组为代表的考古学文化，典型器类有敛口绳纹瓮、旋纹罐、旋纹盆、红顶钵、弧腹盆、小口折唇或直口平底壶、鼎等。泥质陶一般红色，夹砂陶多褐色，以素面为主，见旋纹或绳纹，有红色网纹、条带纹彩陶。调查试掘资料显示，这批遗存的年代为仰韶时代早期，大致和半坡文化东庄村一期、庙底沟文化翼城北撖三四期、后岗一期后段相当。绝对年代为公元前4500—4200年。[⑪]

关于本地区仰韶时代早期遗存的性质，有学者认为，晋中上土河之遗存基本没有小口尖底瓶和大头细颈壶，“文化面貌与后岗类型比较接近，而与半坡类型的东庄村一期相差较远”。更有学者进一步认为上土河陶器之壶、钵、鼎“与正定南杨庄、武安赵窑以及濮阳西水坡等地后岗一期文化同类器非常相似，可以暂归入后岗一期文化

---

⑩国家文物局、山西省考古研究所、吉林大学考古学系：《晋中考古》，文物出版社，1999年。晋中考古队：《山西娄烦、离石、柳林三县考古调查》，《文物》，1989年第4期。

⑪本书新石器文化绝对年代参考了韩建业《中国北方地区新石器时代文化研究》的研究成果。

范畴”，[12]还有学者认为“没有理由把该地区遗存归入半坡类型或后岗、下王岗类型中的任何一个，而是应当有专门的名称。……不妨就因其名为‘鲁家坡类型’”。[13]总的来看，本期文化特征和后岗一期有较多一致性，但也受到晋南地区枣园文化因素甚至半坡文化的影响，而呈现出当地特色。是否可以划分出一个区域类型，还需要新的发现和研究。至于这一文化的前身，很可能是后岗文化、枣园文化等发展至此相互融合的产物。其更早的来源应当是裴李岗文化、磁山文化、老官台文化等。

值得指出，仰韶时代早期，中原地区并立着三支考古学文化，即后岗一期文化、半坡文化和庙底沟文化。[14]此时的东西两支文化比较强大，相互间不断渗透和影响。而庙底沟文化早期相对较弱，不断吸收东、西两支文化先进成分，待发展到北撖三四期时，[15]迅速地强大起来，开始以晋南盆地为中心向四周扩张。其中一支甚或多支通过黄河及汾河，溯河而上到达晋中盆地后，以其为支点继续向北推进，一直到达大同盆地、桑干河流域和内蒙古中南部。晋中地区仰韶时代早期文化遗存特征表明：以后岗一期文化为代表的部族，西过太行山，进入山西中部后，与沿汾河北上的枣园文化为代表的部族在晋中盆地交汇、融合。这是河北地区与山西地区新石器文化的首次大规模远程交流，也是中原新石器文化通过晋中盆地和北方新石器文化交流的滥觞。从此以后，晋中盆地这种连接东西、交融南北文化的特征一直延续到历史时期，并在东魏北齐时达到高潮。

童子崖遗址第一阶段，属于仰韶时代早期，时间大约距今6500年。这一时期，气

---

⑫张忠培、乔梁：《后岗一期文化研究》，《考古学报》，1992年第3期。

⑬韩建业：《中国北方地区新石器时代文化研究》，文物出版社，2003年9月第1版，第86页。

⑭对于黄河流域新石器晚期文化的类型认识，学术界看法不一。或认为仰韶文化代表的是首先发现于河南仰韶村的彩陶文化。其可分半坡、庙底沟、后岗等类型。或以为仰韶现在可以是一个时代的代表。半坡、庙底沟以及后岗等都是具有自身特点的考古学文化。本书在分期中就把仰韶作为一个时代标志。

⑮属庙底沟文化遗址，发现于山西翼城县。

候虽可能有过冷暖波动,但总的状况是温暖湿润,十分适宜农业发展。在中原地区,后岗一期文化、庙底沟文化和半坡文化发展繁荣,遗址数量较新石器时代中期有显著增加。太原地区发现这一时期的考古文化,也是这一发展趋势的必然结果。

这一时期,人类社会已进入母系氏族社会的繁荣阶段。在晋中盆地山间河谷两岸的台地上,三三两两散居着原始聚落。这些聚落一般选择在距离水源较近、地势较高、向阳背风的台地上建设。如童子崖遗址就坐落在涧河北岸的黄土台地上,东泥屯遗址坐落在泥屯河与季节性河流交汇处的台地上。聚落的面积一般在数万平方米之间。当时的聚落已经有一定规划,居住区、墓地与制陶作坊都被布置在一定的区域内。在聚落内,明确地划分出几个不同的居住区,每一个居住区都有一个中心广场,一座大型房子,一些中小型房子。以小型房居多,面积约10平方米。房子多为半地穴式,所有房子的开门都面对着中心广场。每一个聚落内居住着一个或几个氏族成员,这几个氏族可能是一个氏族分出的几个女儿氏族,或互相通婚的几个氏族,或是几个氏族联合而成的胞族。几个这样的聚落则组成一个个的部落。农忙季节,妇女率领全体氏族成员一起劳动,男子砍伐树木、开辟土地,女子松土整地,掘洞点种,收获时期也是妇女带领。劳动产品集体储存,归氏族全体成员所有。

农业种植是人们食物的主要来源。当时种植的农作物主要是粟类。粟又称禾、粱、谷子、小米等。 黄土高原是最早人工培育粟类作物的地区。研究者指出太行山特别是它的东麓,很可能就是粟类作物的发源地。[16]粟类耕作简单,成熟期短,易于保存,是新石器时代北方居民的主要食物。我们今天普遍种植的小麦则发源于另一个古代文明中心——西亚两河流域,直到公元前2000年前年才传到中国。进行农业生产,需要砍伐林木、开垦土地、点种收割,所需工具远较采集经济为多,而且也更复杂。考古发现表明,新石器时代的生产工具仍然以石器为主,而且是打制石器和磨制石器共存,随着时代的进步,打制石器越来越少,棱角清晰、刃口锐利、整体抛光的磨

⑯石兴邦:《下川文化的生态特点与粟作农业的起源》,《考古与文物》,2000年第3期。《太行山地区与粟作农业的起源》,《中国农史》,2002年第21卷第1期。

制石器越来越多。生产工艺广泛采用切割法加工，穿孔石器从极少量到显著增加，穿孔方法从原始的刮、挖、啄等发展到管钻。石制品种类也明显增多。用于生产的工具有石铲、石刀、石凿、石锄，以及骨铲、骨匕和陶刀、陶刀、陶纺轮等。木器应该也是人们日常使用的工具。在人类发展史上，木器应该是发明最早，并广泛使用的一种工具，直到现在，木质工具仍然是人类赖以生存的生产生活用具。我国古籍多有上古时代先民使用木器工具的记载。如"蚩尤之时"，人民"剥木以战"；"神农氏"曾"斫木为耜，揉木为耒"；到"黄帝、尧、舜"时期，又"断木为杵，掘地为臼"。因此有研究者提出了木器时代人类发展阶段说。[17]只是因为木质工具难以保存，所以在早期的考古中很少发现。

除种植以外，当时的人们还从事蓄养、渔猎、纺织、缝纫、冶陶等活动。男子主要从事渔猎、冶陶，也部分地从事种植活动。广阔的丛林草原与河流是人们渔猎的理想场所，渔猎所得马鹿、獐子、黄羊、野猫及河鱼、河蚌等，是人们食物的重要来源。妇女则是种植、采集、蓄养和纺织缝纫活动的主要承担者。原始农业就是妇女在采集实践中逐渐发明的。家畜蓄养是人们在狩猎过程中的又一项发明。当时蓄养的动物有狗、猪、鸡、牛等。人们通常所说的"六畜"，这时候已具其四，且都是在中国这片广袤大地上成功驯养。至于羊的饲养则在距今5000年前后从中西亚传入西北，然后传入中原。中国人饲养马的历史更晚到殷商时期，是从中亚传播而来。[18]

童子崖遗址一期时的古人，生活较新石器时代早中期的先民们有了很大进步。人们已经有了固定居所，半地穴式房子冬暖夏凉。衣服以兽皮为主，麻类纤维也是人们服装的原料。食物有谷类、肉类和蔬果等。食物加工除原始的烧烤、石煮外，还使

---

⑰任凤阁、阎瑞生：《论木器时代之存在》，《陕西师范大学学报（哲学社会科学版）》，1985年1期。

⑱ 或以为龙山文化时代可能已经有了家马。参见周本雄：《中国新石器时代的家畜》，《新中国考古发现与研究》，文物出版社，1984年，第194—198页。薄吾成：《中国家畜起源论文集》，天则出版社，1993年。

用陶器蒸煮;而使用陶器蒸煮食物,可谓新石器时代居民的一大进步。[19]蒸煮工具有加砂陶罐、盆形甑、陶鼎等。盛饭用泥质红顶钵,盛储则有敛口瓮、旋纹盆等。可以说,衣食住行,远在6500年时,太原的先民已初具模样。

第二期

20世纪80年代以前,本期遗存仅限于零星调查和发现。自80年代起,山西省考古研究所与吉林大学经过广泛、细致的调查和试掘工作,发现了大量庙底沟文化时期的遗址和地点。其中太原、文水、祁县、太谷、离石、方山、娄烦、孝义、交城、汾阳分布地点较多,内涵也较为丰富。

本期遗存:彩陶多为白衣黑彩,以圆点、弧边三角和钩叶纹为主要构图要素,晚段方格纹和窄带纹发达。非彩陶器物器表多饰线纹、细绳纹,旋纹,余为素面。典型器类有双唇口尖底瓶、葫芦口平底瓶、卷沿曲腹彩陶盆、叠唇素面盆、敛口曲腹钵、弦纹夹砂罐、敛口瓮等。时代大致相当于庙底沟文化中期及稍晚阶段,绝对年代为公元前4200年—公元前3200年。

本期遗存无疑属于成熟的庙底沟文化范畴。这类遗存与本地区仰韶早期遗存没有直接继承关系,显然来自外地。陶器组合及特征与陕晋豫地区的陕县庙底沟遗址第一期出土器物比较,绝大部分都能对应,典型器类和芮城东庄村类型也非常相似,难辨伯仲。不过这里的庙底沟文化遗存里常见夹砂素面罐,新出双錾绳纹罐或瓮,缺少釜、灶,彩陶未见鸟纹图案等现象,与陕晋豫地区的庙底沟文化有所差别,也与周围地区如白泥窑子、开端庄、庙底沟和大河村等遗存不尽相同,在庙底沟文化中自具特色。

发端于山西晋南的庙底沟文化,在庙底沟文化中期,即成熟的庙底沟文化时期或略早,便开始向四周扩展与传播。在由南而北发展的过程中,黄河、汾河及其支流起到了通道作用。晋中盆地周缘台地及吕梁山地的河谷两侧台地,是此类文化遗址分布的主要地点。他们发展到此地后,积蓄力量并继续向北推进,直达桑干河流域和河

⑲宋兆麟:《史前烹饪技术》,西安半坡博物馆《史前研究》,三秦出版社,2000年。

套地区。其中一支有可能遵循着后冈一期文化西进的路线折而向东，进入河北省北、中部地区。晋中盆地在庙底沟文化向北向东推进过程中起着十分重要的作用。

庙底沟文化是山西新石器文化向外传播最广、影响最大的考古学文化。这一文化传播的力度和方式，与此前其他文化传播方式截然不同，几乎就是强加式的征服和替代，各地传统因素往往居于次要地位或全部被迫中断，这是史前时期绝无仅有的一次文化大更替，其规模、方式和结果对后世影响都是空前的。一些研究者将这一文化比附为古史传说中的黄帝时期，并以阪泉之战、涿鹿之战来说明庙底沟文化对外扩张的形态；有关话题本书的“我们是炎黄子孙”有专门讨论。

距今6200年前后，气温继续回升，这一过程经历时间长达1000年。其间气温一度上升到全新世以来的最高点。华北地区大部分时间内，是以栎等阔叶树为主的森林草原环境。黄河中、下游仰韶时期诸文化发展进入最繁盛阶段。中原文化向北方高纬度、高海拔地区的迁徙也达到高潮。在这一契机下，源于晋南地区，以折唇口尖底瓶、弧边三角彩陶盆及夹砂罐为主要特征的庙底沟文化发展壮大，并迅速向外扩张，文化影响北逾长城，西至青海湟中，南过长江，东及海滨。

仰韶时代早期，晋中盆地新石器文化已经受到它南边邻居的影响，到这一时期，更是全盘接受了庙底沟文化因素，文化面貌和晋南地区几无二致。考古调查表明，属于庙底沟文化的遗址，比以娄烦童子崖遗址为代表的仰韶时代早期遗存大量增加，几乎遍及晋中盆地所有地区。如娄烦西街，阳曲思西、东青善，汾阳段家庄，汾阳杏花村等。

晋中盆地作为庙底沟文化的主要分布区，社会发展基本和庙底沟文化中心区域相当。当时居民制作生产工具的材质没有多少变化，仍以石料、木头和陶土为主，不过制作质量则有很大提高，生产工具种类和制作工艺有了新的发展。如石铲，也叫耒耜，长度多在20厘米左右，体形扁薄，正面呈三角形或椭圆形，柄部有明显的安柄痕，其形状和我们今天使用的铁锨相类，功用也近似，是当时最为有效的耕植工具。又如石刀，分单孔和双孔，主要用来收割谷类，在考古遗址中大量出土。它们的大量发现，说明当时农业种植已很繁盛。此时不仅种植谷物，还栽培芥菜、白菜类蔬菜。同时，庙底沟文化居民还推进了家畜饲养业。普遍饲养的动物有猪，其次是狗，再次是鸡和牛。彩绘图案中流行的鱼、鹿、蛙、鸟、嘴衔鱼人面等纹饰，墓葬中使用骨镞、骨鱼叉和鱼骨作为死者的随葬品，都反映了渔猎经济也是他们生活来源的重要方面。采猎用的主要工具是弓箭、投掷棒和石锤。捕鱼除使用插鱼法、围鱼法外，还使用网捕法。需要指出的是，性别分工在这一时期出现了明显变化。整个社会生产中，男子较妇女占据更重要的地位，起着更大的作用。农业生产中，男子已较妇女担当了更多的职能，同时独占了渔猎部门，并且是手工业劳动的主要担负者。考古发掘的男性墓葬中，陪葬有铲、斧、锛、凿和镖、镞等整套农业、手工、渔猎工具。说明男子中已涌现出一些相当富有的兼职手工匠人，也暗示着社会组织正在发生着变化。

较之于晋中盆地仰韶时代早期居民，庙底沟文化时期，居民生活水平有了明显进步。他们居住的房子多为半地穴式或地面式，平面一般呈方形。房屋南面伸出一斜坡式门道，迎门一侧均设置竖穴式圆形大灶坑。门道、室内地面、灶坑和墙壁内外均平整地涂抹了草拌泥。在屋墙和房内一些地方，挖洞栽立支撑屋顶的主柱，墙壁为木骨泥墙。到庙底沟文化中晚期，出现了双间房、三联间房、四联间房和排房等。这不只是房屋建筑技术的进步，更反映了家庭和社会组织的进步。这个时候，人们的衣着除传统兽皮、草编以外，布织服装更多地成为日常生活的必需品。从出土的纺轮、骨针等遗物可知，当时制作衣服的布或者用原始织机织成，或者用骨针编织而成，人们用精细的骨针缝制衣服。除服装以外，人们还佩戴装饰品，考古发现最多的是陶环，发笄则由石料和骨料做成。

庙底沟文化是以彩陶文化发达而著称的考古学文化，而陶器的烧制是新石器时代又一代表性创举。如果说石器和木器的发明还是以自然界的石块、木棒作为原料，是一种物理变化，那么陶器的发明则是新石器时代人类史无前例的创造，是一种名副其实的化学反应。一堆泥土经过人们的贴制、整形，变成了自然界中从来没有过的器类。而不同原料经过搅拌、烧制，则完成了一次凤凰涅槃般的蜕变，幻化成自然界中一个新的物类——陶。陶器更多地与人们的日常生活如熟食、汲水、食物盛放等息息相关。它的出现极大地改善了人们的生活质量。从某种意义上说,将新石器时代称作陶器时代更能代表这一时期的文化特征。早期陶器可能为露天烧制,到庙底沟文化时期的陶窑,已经发展为竖穴窑。陶窑由火口、火膛、火道、窑箅及窑室组成,窑室面积一般不足1平方米。陶器的烧成温度为900-1000℃。烧制之前,人们经过选料、和泥、盘筑泥条,制成陶器的粗坯,再经修削、拍打或压磨,乃至在轮盘上修整器形或口沿,待器坯晾干。细泥陶制品器坯晾干后,还经精细打磨、装饰纹饰,最后入窑烧制。这种制陶技术,考古学称为慢轮制陶。[20]烧制陶器的工作,最初主要由妇女担任。而到庙底沟文化时期,已经逐渐转变为男子烧制了。考古发现制作陶器的工具多陪葬于男子,应该是这种转变的说明。陶器主要用于人们的日常生活。用作饮食类的主要有钵、盆、碗、盘、杯等;用作炊类的有灶、釜、甑、鬲、鼎等;用作存储器有瓶、缸、瓮和罐等。饮食器、取水器多为细泥陶制品,彩绘图案也主要装饰在这一类器物上。加砂陶器以蒸煮器、存储器为主,多饰篮纹、绳纹。和童子崖遗址所代表的仰韶时代早期比较,陶器质量的提高和种类的增加十分明显,这无疑大大提高了人们的生活质量。而且陶器上彩绘图案和纹饰的使用,说明了人们日常生活中精神生活的丰富与对美的追求,体现了原始社会人类物质和精神生活的状态。

此时的晋中盆地,可以说凡适宜于古人类生活的地方,基本上都已经有聚落存在。所谓适宜,首先是要有一个取用方便的水源。和所有自然界动物一样,水是影响人类生活的重要因素,即使到今天,人类依然在为水资源的匮乏而苦恼。仰韶时代的人类还没有学会掘井技术,生活用水只能依靠地表水。而且当时的人类已经开始了定居生活,所以比起其他动物,对固定水源的依赖性更强。然而"水能载舟亦能覆舟",洪水来袭,对于没有多少防御能力的古人来说,简直是灭顶之灾。经历了不知多少次惨痛的教训,人们终于懂得选择既容易取水,又不为洪水困扰的地方生活居住。

⑳考古学把仅修整器形或口沿的加工陶器的轮盘,称为慢轮,用它加工陶器的工艺,叫慢轮制陶。把在陶轮上成型陶器的工艺,称作快轮制陶。考古资料指明,只是到庙底沟类型晚期才产生快轮制陶技术,而且,仅是以此制作为数极少的小型器皿。

大致说来,山谷河流交汇处的二三级台地上是古人首选地点,其次要选择有适宜种植土壤堆积的地带。作为农业社会,肥沃的土壤自然是生产的必须,而避风向阳也在古人选择居址考虑范围之内。以娄烦县娄烦镇新石器遗址调查为例,在涧河北岸,从童子崖村到山城峁12公里长范围内,分布着5处新石器遗址。现在这里也只分布着8个村落。又如清徐县,沿西山边麓不到16公里长的范围内,就分布着8处新石器遗址。占到现在村庄数的一半,多数遗址甚至和现有村庄相重合。如果考虑到一些遗址遭受破坏的情况,[21]数量应该更多。由此可见,距今五六千年的仰韶文化时代,在晋中盆地,分布着大小不一的众多聚落。[22]这些聚落有的很分散,有的相对集中。聚落中,有的面积很大,如清徐县马峪遗址,面积达23万平方米;有的面积较小,仅数千平方米。徐顺湛根据河南省、陕西省仰韶时代聚落群分布的规模,认为可以划分为四个等级,社会组织则家族、氏族、部落、部落联盟或者说是酋邦国家。[23]戴向明认为晋南庙底沟文化聚落群分为4级甚至5级。[24]晋中盆地聚落分级情况应该与之相近,应在4级左右。在山间河谷的台地上,一排排经过规划的房屋围绕着中心广场组成村落,村子中心是一座或数座面积较大的建筑,大型房子皆为方形,可能是氏族(或部落)首长的住室或氏族(或部落)议事场所。中型房子绝大部分也是方形,小型房子以方形为主,还有少部分圆形。这种小型房子、中型房子、大型房子和整个村落分别对应着

㉑如清徐县上固驿村,自然条件完全符合新石器遗址存在条件,笔者在调查中了解到,地表取土达3米余。是否曾有新石器时代居民在此居住生息,恐怕永远是一个谜了。不过,由于这些遗址都是调查资料,不能肯定所有遗址都包含此阶段的文化因素。

㉒有学者据对姜寨聚落的研究认为,姜寨经常性的居民,当有450到600人之多。陕西华县经较全面调查,发现年代大致相同的半坡文化遗址5处。如依对姜寨估算的人口为基数,则知当时华县人口约为2500人。太原盆地居民人口可据此略而知之。

㉓许顺湛:《再论黄帝时代是中国文明的源头》,《考古与文物》,1997年第4期。《五帝时代研究》,中州古籍出版社,2005年。

㉔戴向明:《庙底沟文化的聚落与社会》,北京大学中国考古学研究中心、北京大学震旦古代文明研究中心:《古代文明(第3卷)》,文物出版社,2006年12月第1版,第15页—39页。

核心家庭、扩大家庭、大家族、氏族四级组织 。村落周围挖有壕沟,村子附近分布着公共窑场、公共墓地等。地穴或半地穴式房屋内居住着一个个家庭,女性是家庭的主人。女子死后,财产由氏族集体继承,实际由其子女们集体继承。个人的衣物和装饰品有些用于随葬,有些归女儿使用,男子死亡以后,他的衣饰则由外甥继承。若干个这样的有血缘的家庭组成一个氏族。氏族内禁止通婚,实行族外群婚,即一个氏族的同辈男子做另一氏族同辈女子的丈夫。每个氏族都民主选举自己的首领,负责管理日常事务。氏族首领通常由女性担任,世袭按母系血缘计算。氏族是一个有机的整体,成员间完全平等,共同劳动,平均分配。[25]“个人的安全依靠他的氏族;血缘关系是相互扶助的强有力的因素;对任何一个人的欺辱就是对他的氏族的欺辱。”[26]几个这样的氏族组成一个个部落。一些部落又组成部落联盟,部落与部落联盟的酋长都由选举产生。一个部落联盟,具有一定的领土及部落名称,有基本相同的语言,具有相同或相近的宗教信仰与崇拜。部落或联盟的重要事情由部落或联盟会议最终决定。当然,首领在其中起着较大的作用。

生产力的发展,社会组织的进步,带来了生活质量的改善,使得仰韶时代居民寿

㉕对于这一点,也有不同认识。如张忠培先生研究了大汶口文化刘林期的考古材料后认为,1.在家族和社会劳动分工中,男子已担任主要职能,或在生产中起主要作用。他们中间出现了一些具有专业特长的劳动能手,这些人占着较多的财富,享有较高的社会地位。妇女在某些生产领域中还起着重要作用,但从总体上说,她们在生产劳动中的地位,已退居第二位了。2.家族已明显地分为富裕的和贫困的。私有制进一步发展了,贫富分化还未能导致财富集中在少数人手中,同时,贫困的人数较少,多数人的经济状况,都在中等以上水平。3.存在着一夫一妻婚姻。妇女在家族和社会中,基本上和男子处于相等的地位,而在家内经济生活中,或许还拥有更多的发言权或支配权。不过作者也说:在史前黄河流域存在不同谱系的考古学文化,每一谱系考古学文化的发展道路都有其自身特点。因此,对任一谱系的考古学文化的历史阶段的认识,都只能是具体的,自然难以代替对黄河流域史前历史的整体研究。参见张忠培:《黄河流域史前合葬墓反映的社会制度的变迁》,《华夏考古》1989年4期。《仰韶时代——史前社会的文明繁荣与向时代的转变》,《中国考古学九十年代的思考》,文物出版社,2005年7月 。而晋中盆地关于新石器时代的考古发现和研究远不够我们明确认识其社会发展阶段。

㉖马克思:《摩尔根<古代社会>一书摘要》,人民出版社,1928年。

命较以前有所提高。据研究,仰韶时代居民人均寿命为20.3—20.8岁。成年人的平均寿命34岁左右。以陕西元君庙为例,大多数人的死亡年龄都在50岁以下,50岁以上者只有少数几个。没有发现60岁以上材料。和我们今天相比较,似乎显得相差很大,但在当时已经是很大的进步。我国在20世纪初人们平均寿命也才36岁。劳动强度大、环境艰难、生活水平低下和疾病肆虐,是对人类健康的最大威胁。在生产生活过程中,人们已积累了一些医疗知识,用来防治疾病。考古发现人骨中有桡骨及颅骨陈旧性骨折愈合的例子,结合我国处于原始社会阶段少数民族使用中草药治病的事例可知,"神农尝百草,始有医药",应该是当时人们具备一定医疗护理知识的说明。

这时候,世界上几个大的人种类型已经形成,蒙古人种也已经形成了几个大的支系。人类学家通过对仰韶文化遗址数百具骨架的研究认为:它们都属于蒙古人种;和近代蒙古各支人种比较,则与太平洋支的南亚人种系、远东蒙古人种系接近。其接近程度以南亚人种系较多,而与蒙古人种大陆支的中亚西亚系相去较远。大概在原始时期,华南、华北都住着我们的祖先,后来居住在华北的先民不断与北方来的民族融合或同化,体质特征起了变化,南方居民则仍保持着原来的特征,因而仰韶文化人们的体质特征接近于近代南方人。

第三期

大约到距今5200年,中原各地新石器时代文化分化的趋势开始加强,在晋中盆地周围,几乎同时出现一些新的考古学文化。如:马家窑文化、海生不浪文化、大司空文化、秦王寨文化等。在这一背景下,太原地区新石器时代先民的表现尤为突出,义井文化脱颖而出;它一改庙底沟文化的传统,积极同外部进行交往,但却保持着独立性,第一次走上独立发展的道路,为以后的文化时代奠定了坚实的基础。

义井文化遗存以太原义井探方1、太谷白燕灰坑99和汾阳杏花村灰坑11为代表。太原矿机、清徐都沟、娄烦庙湾、娄烦童子崖、孝义临水和榆次源涡遗址等也发现有此时段遗存。年代大约在公元前3200年—公元前2800年之间。

由于晋中地区所处的地理位置,其仰韶时代晚期遗存的文化成分十分复杂。吕梁山地的尖底瓶和宽沿盆明显是“西王村类型”和“半坡晚期类型”的文化因素，不过尖底瓶仅发现于吕梁山地东麓黄河沿岸，可能是半坡晚期类型或西王村类型溯黄河北上，向河套地区传播或扩张过程中的遗留，晋中盆地较大范围则不见它的踪影。红色棋盘格纹和网纹彩陶等与西面的甘青地区、北面的河套地区的彩陶图案非常相似。红色或紫色的垂线纹和蝶须纹，包括折腹钵及素面夹砂罐，又与东面的大司空文化几乎完全一致；同时本地的因素也非常突出。小口壶、钵、夹砂罐等陶器组合发展演化轨迹清楚，尤其是典型器小口壶，数量极多，颇有特色。尖底瓶是仰韶文化的代表性器物，在陕晋豫等仰韶文化分布地区司空见惯，而本地区只流行小口壶，显然在功用上取代了尖底瓶的作用。此外本地区的彩陶也别具一格，尤其是所谓以“义井文化”为代表的彩陶，有着强烈的地方风格；因此有研究者将这一类遗存命名为“义井文化”。

太原地区，属于义井文化的遗存大量分布，考古调查中，每每发现具有义井文化特征的陶片。以太原市万柏林区义井村发现的义井遗址为代表。

遗址位于义井村西的台地上，背靠西山，东临汾河谷地，遗址面积约150万平方米。20世纪50年代发现，60年代和90年代初曾多次调查。做过两次小型试掘。发现文化层厚度为2—3.44米，虽然可分三层，但各层出土遗物基本相同，应为时代大致相近的同一文化遗存。

义井遗址发现的文化遗存有圆形灰坑、瓮棺墓葬及陶器、石器、骨器等。

遗迹发现最多的是灰坑。灰坑是考古工作者对古人利用凹坑填埋垃圾物而形成遗迹的形象称呼。史前灰坑多是由窖藏坑，地穴式房子遗弃后，倾倒垃圾形成，是考古断代和研究古代人类经济生活的重要资料。义井遗址发现的灰坑都是圆形，坑口较底部略小，坑壁略呈弧形。如灰坑2，南北残长4.35米、东西宽约1.6米、深2.2—2.55米。坑底部不平整，西壁坑底有两个椭圆形小浅坑，西壁距坑底1.55～1.58米处有二小圆洞(似柱子洞)，洞中填深灰色土。坑底北端有一小窑洞；南壁有一个台阶形小窝，这些小坑都由人工挖成。像这样的灰坑就有可能是义井人的一个窖藏坑。坑内堆积较厚，土色复杂，有黄褐土、灰土、黄淤土和黑黄色花土(中间掺有木炭灰屑)

等。各层中出土物基本相同，出土遗物有篮纹、绳纹、素面灰红陶片、彩陶片、少数未烧成的泥坯片及残石器、陶刀、圆盘形陶器、残骨笄等。义井出土一个二音孔陶埙，陶埙发出的三个音也构成两个音程，一个小三度和一个完全四度。[27]义井遗址还发掘瓦棺墓葬1座，是用两个粗砂质灰陶罐相对组成。罐内填满深灰色松土，内有小孩骨架1具，头向朝东，下肢骨折叠一起。

遗址出土陶器有泥质灰陶、夹砂灰陶、彩陶三类。泥质灰陶发现最多。纹饰有篮纹、绳纹、附加堆纹、点纹、方格纹和彩陶等，但以素面为多，篮纹次之。彩陶花纹一般是红陶画红彩，少数是灰陶画红彩。彩陶通常在器外表，浸刷一层黄色或白色陶衣。纹饰有方格纹、斜方格纹、菱形纹和涡旋纹等。器物有敛口罐、钵、碗、盆、甑、纺轮、陶刀、陶镰、环、圆盘形陶器、圆形小陶饼、陶熏、圈足器残片等。瓮棺葬陶罐，为夹砂粗灰陶质，敛口、圆腹、平底，腹两侧各有两个半圆形齿轮状耳。出土的石器大多数残，器型有斧、刀、杵、锤、纺轮、敲砸器、研磨器、环、球和砺石等。骨角器种类有箭头、锥、针、簪、加工胛骨等。义井出土的骨箭头，可以分成三种样式：一种横剖面呈菱形，双面有脊，铤部不明显；一种横剖面呈梯形铤部残，尖部为三菱形，两面削平；还有一种横剖面近似梯形，铤部扁圆，无锋。遗址还发现了一个经过加工的胛骨，边沿和表面局部都能看到磨过的痕迹，在一短边的边沿钻成一个半圆形孔。

1984年9月，山西省考古研究所在太原矿山机器厂发掘了两座瓮棺墓葬，也属于义井文化遗存。

太原矿山机器厂儿童墓葬为一长方形竖穴土坑墓，头向北，墓圹长80厘米、宽45厘米、深45厘米。葬具由2件夹砂罐对接组成，平置于墓内，内存小孩骨架1副，骨架主干保存较好，年龄约在1岁左右。作为葬具的2件器物均已破碎，修复复原可见2件器物大同小异。陶罐为夹砂灰陶，系泥条盘筑捏制而成，口沿部似经过慢轮修整。口径27.2厘米、底径15.3厘米、高37.5厘米。

㉗许顺湛：《黄河文明的曙光》。中州古籍出版社，1993年，第251页。

以陶罐埋葬死者，是古代先民葬仪文化的一种形式。仰韶时代最为流行，并且主要用来埋葬孩童。陶罐上往往还钻一个小孔，被认为是供灵魂出入的孔道。它反映了先民的一种宗教观念。而葬具与埋葬方式的异同，则反映了时代与文化的异同。类似于太原矿山机器厂埋葬儿童的陶罐，在太谷白燕遗址、孝义临水遗址H1、阳曲遗址都有发现。从一个侧面也反映了义井文化在太原盆地的分布情况。不同的文化遗存代表着不同的考古学文化，不同的考古学文化，则代表着不同体系的社会集团。“义井文化”就是太原先民继承庙底沟文化传统，与周边诸如海生不浪文化、马家窑文化，尤其是大司空文化互动，融会而创造出来的独具特色的考古学文化。这种文化的创造，和晋中盆地沟通南北，交汇东西的地理优势密切相关。

仰韶时代，作为新石器时代晚期文化，已在多处地点发现了金属制品——铜器。如姜寨的铜片及铜管状物，红山文化的冶炼遗存及铜制品，榆次源涡镇的铜炼渣和马家窑文化经过冶炼并由合范浇铸而成的青铜刀子。犹可注意的是源涡镇的铜炼渣，[28]严文明教授根据发表的材料，指出源涡镇遗存的文化性质，基本同于太原义井文化遗存。[29]可以说，晋中盆地虽然目前还没有发现属于仰韶时代晚期的铜器，但我们绝对不排除发现的可能性。义井发现的加工胛骨也特别值得我们关注，这个胛骨在一短边边沿钻成一个半圆形孔，边沿和表面局部也都经过磨制。利用甲骨占卜是中华早期文明的一个显著特点，义井胛骨虽然还不能完全确定其用途，但结合其后忻州游邀遗址龙山文化中发现的大量卜骨看，其作为占卜的意图是很明显的。由此也可看出晋中盆地的史前文化，在中国文明发展进程中所起的作用。

我们前边谈到，仰韶时代居民的住房有地穴式、半地穴式和地上建筑等。大致说

㉘1942年，在山西省榆次县源涡镇仰韶晚期的地层中，发现了一块粘在陶片上的铜渣。经化验测定，铜渣含铜率47.67%，含硅26.81%，含钙12.39%，含铁8%，当是冶铜所剩的炉渣，参照冶铜有关数据，可知冶炼的是红铜。其年代距今约5200年。参见侯毅：《山西通史·从黄河流域的考古发现看中国古代民族社会与铜石并用文化》，山西人民出版社，2001年。

㉙严文明：《论中国的铜石并用时代》，《史前研究》，1984年1期。

来，早期穴居式较多，晚期地面建筑更加发展。房子可分为大、中、小三种类型，小型房屋居多，一般面积在15平方米左右；房子由屋顶、斜坡式门道、灶坑和居住面等部分组成；中型房屋面积在40平方米左右；大型房屋面积达300平方米，研究者认为已经具有原始殿堂性质。这一时期先民们在居址上的一大创造是窑洞式居址的发明。太谷白燕房址501、灰坑99等窑洞式居址是目前中国所见最早的窑洞，[30]是晋中盆地义井文化的先民为中华民族特别是北方地区民众生活作出的又一贡献。基于它在北方黄土高原的建筑和居住优点，所以很快就传播到晋南、甘肃东北部、宁夏南部等地。到龙山时代，它已经成为晋中盆地先民的主要居址。

"义井文化"阶段，婚姻制度已经由族外婚发展到对偶婚，即一个男子在许多妻子中有一个比较固定的"主妻"，一个女子在许多丈夫中有一个比较固定的"主夫"。对偶婚家庭里，男子从妇而居，所生子女属于女方所在的氏族。这种婚姻仍是比较松散的暂时性的结合，是向一夫一妻制过渡的婚姻形态。当时的子女已初步意识到谁是他们的生父。随着家庭结构的变化，农业和手工业发展，母系氏族制度也逐渐走到它的末期，一种新的社会形态——父系氏族社会随着时间的推移孕育发生。

第四期

亦即晋中盆地庙底沟二期文化时期。[31]该期遗址在太谷、汾阳、石楼、娄烦以及忻州等地均有发现，经过发掘的代表性遗址有太谷白燕、汾阳杏花村、石楼岔沟等。

本期陶器分夹砂和泥质，多为灰陶。泥质陶盛行横篮纹，夹砂陶仍以绳纹为主，

㉚翼城枣园发现的唯一一座房址，研究者认为它可能是一个弧形顶的窑洞式居住处。但和其遗址内涵时代相同的垣曲宁家坡、古城东关等地发现的房址却是一种半地穴式圆形居址。因此对它的性质还需要更多的考古新发现佐证。参见山西省考古研究所：《翼城枣园》，科学技术文献出版社，2004年。又：吾师傅淑敏先生最早对史前窑洞遗迹进行分期研究，认为石楼岔沟窑洞为晋南龙山文化第三期。参见傅淑敏：《山西龙山文化土窑洞的分期》，《山西大学学报》，1989年第1期

㉛或称为白燕二期文化。参见罗新、田建文：《庙底沟二期文化研究》，《文物季刊》1992年2期。

附加堆纹常见。偶见红色条带纹彩陶。典型器物有绳纹或篮纹深腹折沿罐、高领罐、大口罐、单耳罐、高领壶、斜腹盆、敛口曲腹盆、直口折腹盆、豆,并有器颈部或口沿外箍多周附加堆纹的直壁缸、大口瓮、敛口瓮等。新出折腹斝、盆形鼎、高领折肩壶、盘口盆等。数量较多的细泥彩陶盆、壶颇具特色,它们多为橙黄色陶,饰紫红色条带镶以黑边。这是晋中地区目前所见最早的彩绘陶,它与空足三足器的出现具有同样重要的划时代意义。另有两侧带缺口的石斧、陶刀、石或陶环、骨匕等。陶器以手制为主,个别器物底部有轮制痕迹。绝对年代在公元前2800年—公元前2500年间。㉜

晋中地区庙底沟二期文化遗存至少包含三种不同的文化因素:第一种以夹砂罐和小口篮纹壶为代表,是本地区前段遗存的延续;第二种以釜形斝和盆形鼎、盘口盆为代表,这些器物与河南陕县庙底沟遗址第二期遗存、襄汾陶寺等同类器物相同,是晋南庙底沟二期文化的因素;第三种以彩陶壶、长颈壶、短颈壶为代表,这类器物与山东大汶口文化晚期的同类器物相似,应是东来的文化因素。新出的双鋬手斝式鬲是受釜形斝的影响产生出来的,以高领为特征的夹砂罐则多见于晋中以北地区,如河套地区和冀西北地区。㉝

相对而言,晋中地区的庙底沟二期文化,尤其后一阶段,受外来文化影响程度很大。前一阶段的深腹罐、瓮等器类多是义井文化的发展和延续;而后一阶段却新出现盆形鼎、折腹斝、素面高领折肩罐、盘口盆等特征鲜明的器物。盆形鼎应当是临汾盆地形成陶寺文化之前从晋南传入。折腹釜形斝和陶寺类型同类器基本相同,素面高领折肩罐和陶寺文化同类器极为接近,不排除从临汾盆地传入的可能;但问题是临汾盆地此类器也是突然出现的。这类器物的出现可能和东方文化的强烈影响有关。只

㉜有研究者将晋中盆地的庙底沟二期文化划分为晋中小区,并且认为本区只存在早期遗存,绝对年代在公元前2800—2600之间。参见郭智勇:《山西庙底沟二期文化遗存分期与分区研究》,郎保利:《而立集——山西大学考古专业成立三十周年纪念文集》,科学出版社,2009年。

㉝许伟:《晋中地区西周以前古遗存的编年与谱系》,《文物》,1989年第4期。

可惜由于联系山西和山东地区的河北省中南部地区此时段文化面貌不甚清晰，限制了对这种影响过程的进一步研究。此类器先到晋中或差不多同时期到达晋中和临汾盆地，都是可能的。[34]

第五期

晋中地区龙山时代遗存大致也可分为早、晚两期，绝对年代在公元前2500年—1900年间。早期以离石乔家沟灰坑1、汾阳杏花村灰坑317和太谷白燕第三期遗存为代表，晚期以忻州游邀灰坑291、灰坑193、灰坑326等单位的遗存为代表。[35]

早期陶器分夹砂和泥质两大类。夹砂陶中含有一些较大的砂粒，陶质坚硬，占全部陶器一半之多。泥质陶以灰陶为主，红陶次之，另有一定数量的红褐胎黑皮陶，见于尊、豆、器座等。纹饰以绳纹为主，篮纹次之。绳纹多饰于夹砂陶器，篮纹多饰于泥质陶器。陶器制法有轮制、模制，除空三足器为模制外，其余多为轮制。炊器有鬲、甗、釜灶、甑等。双鋬鬲的形态一般为矮领，口微侈，三足分立直接贴附于领部之下，底部凸弧，形成所谓“斝式鬲”。单把鬲在这一地区较少见，形态同罐形斝相似。储存器有侈口绳纹深腹罐、绳纹鼓腹罐、篮纹大口宽肩尊、篮纹小口平底壶、敛口瓮以及镂孔器座、覆碗式器盖等。饮食器类发现较少，仅见宽沿浅盘豆，盘内黑色磨光，盘外饰

㉞仰韶晚期之末，中原地区的文化面貌有了一次脱胎换骨的革命，来自黄河下游地区的文化因素沿黄河西进，在晋、豫交界的黄河两岸地区与当地的西王村三期文化发生融合，以空三足器的诞生为标志进入了庙底沟二期文化，并且迅速向周围其他地区扩散。与此同时，北部地区红山文化的因为所在地沙漠化等原因在仰韶晚期逐步向内地迁移，并且与所经区域的当地文化发生了碰撞与融合。红山文化的一支经过河北北部进入河套地区和山西北、中部，当这一支文化南下经过霍太山区进入临汾盆地时，与那里的庙底沟二期文化相遇，一个足可以称之为文明的火花产生了，这就是著名的陶寺文化。这一次的文化交流成就了陶寺遗存的辉煌，虽然交流、汇聚的时间较短，又涉及庙底沟二期文化时期，而且也不是河北固有传统向山西地区的传播或渗透，但却与当时最具有活力的几乎所有部族均有关系，是继庙底沟文化之后又一次地域广大、规模宏大的文化大融合，中国古代文化由此进入另外一个新阶段。

㉟宋建忠:《山西龙山时代考古遗存的类型与分期》,《文物季刊》,1993年第3期。

竖篮纹和附加堆纹。

晚期陶质仍以夹砂灰陶和泥质灰陶为大宗,有少量泥质红陶、褐陶及黑皮陶。纹饰以绳纹、篮纹为主,附加堆纹也占有一定比例,篮纹以斜向和横向为主,缺少早期的竖向特征。陶器制法与早期相同,大型器物多分段制作,套接成器,再经慢轮修整。器物类别、数量及形态特征同早期相比有较大变化。炊器中的双鋬鬲仍占主要地位,且数量也有增加,底部三足间距缩小,有的已经消失;单把鬲趋于消失,斝为折腹圜底,甗上部为方唇、敛口、深腹盆形状,下部同鬲相似,底部圆弧,内壁有腰隔。此期还发现残盉,矮领,口微侈,弧腹斜收,长流。储存器中的夹砂绳纹罐近于消失,大口尊、盆、敛口瓮等急剧增多。饮食器类的钵、碗、豆等也有明显增加。

晋中地区龙山时代文化遗存,由于有其自身特点和分布范围,已构成一个单独的文化类型,研究者或以白燕类型名之。[36]该类型的主要特点是双鋬鬲非常盛行,且形态同其他地区的区别较大。双鋬鬲矮领较直或微侈,三足肥大,足上部高耸成肩;早期底部凸弧,三足分离,晚期三足聚合。单把鬲少且形态也不同于其他类型同类器。斝、甗、盉形态独特,数量较多,是这一类型的另一特点。到龙山晚期,这类遗址数量更多、遗址面积更大。在晋中盆地周邻地区,如晋南陶寺、陕西延安、内蒙古河套地区、河北蔚县及邯郸涧沟、河南汤阴白营等地,都有晋中双鋬手斝式鬲不断向外扩张渗透的踪迹。这些地区的双鋬手斝式鬲都应是晋中地区龙山时代遗存的流布。

晋中盆地龙山文化晚期遗存同晋南龙山文化晚期、河北龙山文化晚期,即所谓黄

㊱又有研究者认为河北、山西、陕西三省北部地三北地区龙山考古学文化面貌具有高度的一致性,这种一致性是以双鋬耳为特色的鬲、斝、盉、甗、盆、罐、甑等器物构成的陶器群作为主要标志。忻州游邀遗址处在三北地区的中心,文化遗存丰富,内涵单纯,并且该遗址早、中、晚三期代表了三北地区龙山时期双鋬陶器群遗存的全部发展过程。因此,应将三北地区龙山时期的双扳陶器遗存称为"游邀文化"。许永杰、卜工:《三北地区龙山文化研究》,《辽海文物学刊》,1992年第1期。还有学者将发现于汾阳杏花村的龙山时代遗存称为杏花文化。张忠培:《杏花文化的侧装双鋬手陶鬲》,《故宫博物院院刊》,2004年第4期。

河中下游中原文明特征相去较远，而与内蒙古南部，即所谓北方地区龙山文化晚期的文化因素大体一致，应属一个文化区系。这一区系的文化属性直到夏商时期仍然基本相同。

三、庙底沟二期到龙山时代的聚落与文化

庙底沟二期文化是以发现于河南陕县庙底沟遗址为代表的一种考古学文化。文化遗迹主要分布于山西、河南、陕西等地。对其文化属性，学者们意见不一，或以为它是一个独立的考古学文化时代，或以为它是仰韶文化到龙山文化的过渡阶段，或认为它是龙山文化的早期阶段。晋中盆地庙底沟二期文化发现较多，经过考古发掘的有清徐都沟、娄烦山城峁、太谷白燕、汾阳杏花村、石楼岔沟等遗址。

都沟遗址位于清徐县马峪乡都沟村西约100米。遗址东临季节河。面积约9万平方米，文化层厚0.5—1米。断崖上暴露遗迹有灰坑、墓葬。采集有龙山文化白燕类型夹砂灰陶绳纹筒形罐、泥质灰陶篮纹敛口盆、篮纹折肩罐；东周泥质灰陶高柄盘豆等残片。2001年发掘，共发现灰坑16座、窖穴5座、陶窑2座、少量夯土遗迹。出土了一批比较典型的新石器时代遗物；灰坑分为三类。第一类为典型的袋状坑，口大底小，底部较平坦，出土陶器比较丰富。第二类为喇叭口的袋状灰坑，灰坑保存较好，形制典型，内部经专门捶打，推测其功能为窖穴。第三类为大型灰坑，由于被明清土洞墓打破，破坏严重。从残存情况看，有台阶、壁龛、柱洞及平整的地面，推测作为聚落的中央大房子使用。窖穴在遗址中部发现较多，与以往发现的同时期窖穴类似，先挖竖穴再掏横洞，地面经捶打而变得坚硬光滑，应为存储物品的仓库。陶窑发现2座，均残，仅存火门、火膛及少量火道，规模不大，从地层上看应与聚落时代相当。都沟遗址出土的陶器大部分是夹砂灰陶、泥质灰陶，也有少量泥质褐陶及夹心陶；纹饰以绳纹、篮纹为主，也有剔刺纹、划纹、附加堆纹、旋纹等；从器型上看有罐、盆、钵及少量的异形陶器。罐上的附加泥条从三道至一道不等，罐的最大腹径和唇的变化与太谷白燕类型一至三期相同。只是遗址当中没有发现鬲等三足器的踪迹，仅有一件斝的残足，器形较原始。关于都沟新石器文化年代，从遗物、遗迹上判断，当经过仰韶时代庙

底沟文化时期、庙底沟二期文化、龙山时代文化早期几个阶段，其主要遗存是庙底沟二期文化。都沟出土的陶鼓，形制与襄汾陶寺发现的陶鼓有相近处，只是更加原始。关于陶寺文化，学者们多以古史记载的唐尧相联系，在清徐一带流传着许多有关唐尧的传说，是后人的附会还是有其历史的素地？这个问题，我们留在太原肇始与帝尧初都中讨论。

娄烦河家庄遗址也是一处以庙底沟二期和龙山时代文化为主的大型史前聚落遗存，2000年9月太原市人民政府公布为市级文物保护单位。

遗址位于娄烦县娄烦镇河家庄村东北约100米的台地上。南北相对高差约有30米。东西长约240米，南北宽约200米，分布面积约4.8万平方米。遗址分为两个阶段。

第一阶段遗迹发现房址和灰坑各1座，内涵与童子崖第四阶段相同。房址1为半地穴式，已残。东西长4.7米，南北残宽1.4米，原应为方形或长方形。墙壁保存最高处0.8米。门道位于南壁正中，宽1.1米，长0.2米。地面和壁面曾经过烧烤，上抹一层厚0.02米的白灰。

第二阶段遗迹只发现灰坑，有圆形袋状、圆形直筒状和圆形锅底状三种。遗物中的陶器有夹砂和泥质两种质地。灰陶最多，褐陶其次，有极少量黑陶。绳纹施用普遍，弦纹一般加压在绳纹上，有少量素面磨光的泥质陶器。口沿内外壁多经打磨或留有慢轮修整痕迹。器类中具有代表性的是高领带实足根的鬲，其他有上部作敞口盆形的鼎、斝、小口广肩罐、盆、瓮、豆等。还有陶垫、石刀、石铲、骨凿、骨铲以及卜骨等遗物。

2011年全国第三次文物普查，考古工作者在遗址断面上又发现9处白灰面房址，定为F1—F9。房址分布在遗址的西、北、中部，南北最远相距约100米，东西最远相距约200米，高度落差约45米。其中F3位于对子沟东侧断面，底宽3.25米，残高1.75米，白灰层厚约5毫米，房底中部有一灶坑；F4位于F3北约10米的断面上，残长约2.9米，白灰层厚约5毫米。此外，遗址南部发现一处文化层，文化层采集有东周时期泥质、夹砂灰陶绳纹罐残片。地表采集有新石器时代泥质、夹砂灰陶篮纹罐残片；夏商时期的泥质灰陶绳纹罐残片、夹砂灰陶绳纹鬲足等遗物。

何家庄遗址面积大、遗存丰富,[37]在娄烦涧河周围发现的几处同时代遗址中处于中心位置,应该属于中心聚落。只是大部资料都是调查所得,考古发掘面积太小,不足以对遗址做更深入讨论。对其全面认识只有期待于将来的考古发掘。

总之,距今4000—5000年间,太原地区考古学文化发展到了一个新的阶段。遗址数量增加,大型遗址时有发现。这时候,华北地区的植被变为以栎、松、蒿为主的针阔叶混交疏林草原,发现较多适宜于草原环境的斑鹿、牛、鼢鼠、羊等种类。表明气温下降,估计年均气温大体与现代接近。干凉的气候迫使西北和北方的居民大规模向东南和南方迁徙,进一步加快了各地文化的冲突、融合、发展和社会变革。黄河流域龙山时代诸文化中,形成了一些大的部落联盟,原始城堡也在多处发现,一些遗址中还发现了小型铜器。

龙山时代发现的铜器包括手工工具、装饰品、个别生活用品和乐器,可以说人类已经进入了典型的铜石并用时代。[38]这一时期的铜器绝大多数为红铜,也有少数青铜和黄铜。这些青铜或黄铜制品,实际上是由铜锌共生矿或铜锡铅共生矿经原始方法冶炼而成,还不是有意制造的合金。出土器物有锥、刀、匕、斧、镯、指环、铃、镜等,大都是一些梳妆类生活装饰品、乐器和小件工具。晋中盆地龙山时代文化遗址中没有发现铜器;不过和它同时期,并有广泛文化交流的红山文化晚期遗存、陶寺文化等都发现了铜质器具,时代更早的榆次源涡镇还发现了铜炼渣,所以我们不能排除这里发现铜器的可能性。当时的生产工具仍然以石器为主。此时的石器几乎都属磨制,切割法和管钻法已得到广泛应用,石器种类和形态也更加多样化,可以说达到了石器制作和应用的顶峰。在生产用具发展变化的同时,武器的发展更为显著。主要武器是

㊲笔者在调查中,短短几个小时就发现了9座白灰面房址。据当地群众讲,他们在田间耕作中,时时发现遗迹遗物,像这样的白灰面房址毁坏不知几许。

㊳在中国,铜石并用时代从仰韶时代晚期开始。而龙山时代已是铜石并用的晚期阶段。参见严文明:《论中国的铜石并用时代》,《史前研究》,1984年第1期。

石镞和石钺，还有少量的矛。石镞作为一种远射武器的代表，一方面说明人们在狩猎经济中效率更高；另一方面，还说明战争在这一时期更为频繁，更加剧烈。晋中盆地龙山时代的生产工具发掘报道资料较少。以清徐都沟遗址为例，石质工具有斧、刀、铲、锛、凿、纺轮、磨盘、棒、鹤嘴斧、球、锤、研磨器等。石料为砂岩、灰绿岩、石灰岩。使用了琢、磨等工艺。其他工具有陶刀、陶环、陶垫、陶抹子以及骨制的凿、锥、簪、针、镞等。汾阳杏花村遗址还发现了压制的燧石镞。

这时候的农业更加发展，出现了犁耕。如果说仰韶时代是锄耕农业的话，那么龙山时代就是犁耕农业。所谓犁耕，就是以犁作为翻土工具。人们在生产实践中，将石锄、石耒、木锄、木耒改造成石犁、木犁，人力牵引犁地。这种耕作方法大大加快了翻土时间，提高了生产效率。大量农业收割工具的发现，说明当时的农业收获量有了显著增加。而石镰和蚌镰的发现，说明人们在收割时，将原来摘取禾穗变成连杆收割。这不仅提高了劳动效率，也为牲畜提供了更多的饲料。龙山时代牲畜饲养已普遍存在，主要有、牛、羊、猪、狗等。农业、畜牧业的发展，为人们提供了富足的食品，也使得更多的人有能力从事其他行业，手工业因之更为发达。轮制陶器已普遍流行，而且很多陶器都是使用快轮制陶技术。玉器制作工艺的先进、品类的增加都是前一时代不可比拟的。冶铜业、建筑、漆木工、纺织和酿酒等工艺都有了很大进步。洞式房屋从仰韶晚期发明以来已经成为晋中先民的主要居址，并且使用石灰作为居室建筑材料。不但美化了居室，而且增加了室内卫生。掘井技术和筑城技术是这一时期的又一重要发明。掘井技术的发明，使人们可以不依赖地表水源，极大地拓展了生存空间。

这一时期男子的劳动由狩猎和捕鱼转向农业、家畜饲养业和手工业，占据了原来女子从事的经济领域，成为氏族主要经济活动的承担者，处于主导地位。由于经济地位的变化，父权制逐渐取代了母权制，婚姻形态由对偶婚向一夫一妻制过渡。社会以男子为中心分裂为若干个大家族，继而分裂为若干个一夫一妻制的家庭，产生了父系家长制。妻子从夫而居，世系按父系计算，财产由父系继承。苏北刘林的考古发掘表明，早在仰韶文化时代，墓葬中男左女右的埋葬方式已成定制，当然这种定制还不能看成是后来的男尊女卑，当时的男女地位还是平等的。父系氏族公社时期，[39]人们的生产和生活不再以氏族为单位，而是以一夫一妻的家庭为单位，氏族的作用日益削弱。与此同时，随着社会生产力的发展，人们的劳动产品除用于消费之外有了部分剩余，氏族内部产生了贫富分化，私有制开始产生。反映在这个时期的墓葬中，死者随葬品多寡悬殊。说明当时不仅出现了私有制，还出现了贫富两极分化的现象。由于人们占有的私有财产多寡不同，人与人之间的原始平等性逐渐消失，不平等关系——也就是阶级对立关系逐渐形成。不过当时社会仍是以氏族公社为主体的社会。共同利益和血缘纽带把公社成员维系在一起，他们共同商量氏族内诸如首领选举、生产、分配、战争、和解等一切大事。死后仍然埋葬在氏族公共墓地。几个这样的氏族公社组成一个部落，以后又发展成部落联盟。父系家族有族长，氏族有氏族酋长，部落有部落首领，部落联盟也有共同首领，部落或部落联盟首领一般采用民主方法推荐，在相当长的时期内，都是选举贤能有德者担任。这种民主选举首领制度，古文献称之为禅让制。到阶级社会产生前夕，这种制度逐渐遭到破坏，首领的继位方法，实际上是在激烈争夺中进行。这个时期，部落之间或部落联盟之间经常因掠夺而发生战争。因此，在氏族部落或部落联盟中都要设置军事领袖，设置氏族大会、氏族议事会为领导机构，以决定大事，组织指挥战争。这种制度被称为"军事民主制"。随着社会发展，战争频仍，需要效率更高的机构来领导、组织民众，国家——这一人类文明的结晶也就应时而生了。

龙山时代的人种已经具有现代东亚人种的大部分特征。据河南陕县庙底沟遗址二期文化人骨测量，[40]这里的居民有着中等头长和较高的颅高，中等上面高和较阔的面宽，中鼻型和中眶型。从晋西南陶寺墓地发现的人骨观察，陶寺居民具有偏长的中颅型和较高的颅高，面高中等，中鼻型和中眶型等面部特征。[41]可以看出，龙山时期的

㊴关于中国父系氏族社会形成的时间，学术界看法不一。但龙山时代为父系氏族社会，则是比较统一的认识。

㊵韩康信等：《庙底沟二期文化人骨的研究》，《考古学报》，1979年2期。

居民较之仰韶居民体质上有了明显变化，特别是在鼻型等方面，已更多地具有了现代东亚人种的特征。对于龙山时期居民体质特征的变化，一般认为主要是适应自然环境而形成。龙山时期居民鼻型的变化，可能同当时的气候变凉有关，是适应气候变化的结果；但也不排除人类因文化交流所带来的基因交流。如前所述，龙山时期，气候逐渐向干凉的方向发展，北方和西北地区的文化有向黄河中游移动的迹象。西北地区居民在较早时候就已基本具备了现代东亚人和华北人的特征，并从龙山时代早期开始，向关中地区移动。这种大移动，无疑带来了各地人类基因的大混合。因此，龙山时代黄河中游居民体质特征的变化，反映的可能是主要来自北方地区人类基因大移动和大混合的结果。

总之，从新石器时代晚期开始，晋中盆地史前文明进入发展和繁荣时期。这一时期原始农业已经步入成熟阶段。到新石器时代末段——龙山时代，史前文化交流、融合，史前农业发展、繁荣。关于农业的发明，我国古代早期文献中多有记载，其中以周人先祖弃，亦即后稷较为突出。《诗经·鲁颂·閟宫》："是生后稷。降之百福。黍稷重穋，稙稚菽麦。奄有下国，俾民稼穑。有稷有黍，有稻有秬。"稷本意为粟粱类谷物，后是早期王的称谓，后稷就是稷后，是发明管理农业之王。《国语·鲁语上》："昔烈山氏之有天下也，其子曰柱，能殖百谷百蔬；夏之兴也，周弃继之，故祀以为稷。"《山海经》中也有关于后稷与农业关系的传说。《山海经·大荒西经》记载："帝俊生后稷，稷降以百谷。稷之弟曰台玺，生叔均。叔均是代其父及稷播百谷，始作耕。"

后稷为周人始祖，周人或发源于汾河谷地，[42]后崛起于渭河平原，其先祖弃在农业上的功绩被反复吟诵。按《尚书·尧典》等史书记载，后稷和禹、契同时，大概都是尧舜时代之人，大致相当于距今4000多年前的龙山时代。龙山时代及其以前，汾河流域不但有大量的考古文化遗存，还有黄帝、唐尧、台骀等诸多人物事迹的史前文化传说。两相印证，更能突显山西包括晋中盆地在史前文明中的作用。

㊶潘其风：《我国青铜时代居民人种类型的分布和演变趋势》，《庆祝苏秉琦考古五十五年论文集》，文物出版社，1989年。

㊷关于周人的起源将在后文中详论。

我们是炎黄子孙

一 、关于传说时代

传说时代指的是文字发明之前,人们口耳相传的远古历史阶段。世界上许多民族和国家,都曾有过自己的传说时代:印度远古历史称之为“吠陀时代”。古希腊有“荷马时代”,是欧洲古史传说时代,又称为英雄时代。我国藏族有世界闻名的“格萨尔王”长篇史诗,生动记述了藏族上古时代和中古时代的历史。中国历史学家也使用传说时代描述中国历史的一个阶段。先秦史学家徐旭生专著《中国古史的传说时代》。白寿彝主编的《中国通史》对我国古史传说时代作了分期:“按照古史传说,五帝时代又可分为两大阶段:黄帝至尧以前是第一阶段,尧及其以后是第二阶段”。[①]

至于如何正确对待古史传说,徐旭生、苏秉琦《试论传说材料的整理与传说时代的研究》一文中谈道:“在历史初期的人民,离开神话,就没有法子思想;离开神话的方式,就没有法子表达他们的见闻。掺杂神话固然足以证明他们的文化发展,尚未脱离黎明时期,我们如果把那些神话认为历史经过的真实,固然未免过于天真,但是从另外一个观点看起,它那掺杂神话的性质,还足以证明它是真正古代遗留下来的传说,并不是后人伪造的假古董。必须要把这一部分半神话、半历史的传说整理清楚,才可以把我们黎明时期的历史大略画出轮廓,才可以把我们的史前史同真正的历史中间搭上一座联络的桥梁。……一部理想的中国上古史必须是根据全部可用的文献、传说和遗物,三种材料综合运用,适当配合写成的。”[②]

当然,古史传说,因为记述的是文字产生以前的历史,所谓的文献,已经是成百上千年以后对传说古史的记述。因为传说的讹变、语音和方言的不同、文字的舛异及好

①白寿彝、苏秉琦:《中国通史第二卷序言》,上海人民出版社,1994年。

②徐炳昶,苏秉琦:《试论传说材料的整理与传说时代的研究》,杜正胜编《中国上古史论文选集》,华世出版社,1979年,第95、96、99页。

古者的增饰、整齐等等缘故,造成了传说之间的矛盾甚至看上去荒诞不经。正如顾颉刚提出的"层累地造成的古史说",以为"时代愈后,传说的古史期愈长,……传说的中心人物愈放愈大"。[③]因此对史前传说的考证与辨伪是必不可少的工作。

中国"传说时代"所包涵的时间范围说法多有不同。[④]徐旭生《中国古史的传说时代》考证了有巢、燧人、神农、女娲、五帝等所谓的古史系统,认为"从现在的历史发展来看,只有到殷墟时代(盘庚迁殷约当公元前1300年),才能算作进入狭义的历史时代。此前约一千余年,文献中还保存一些传说,年代不可考,我们只能把它叫作传说时代"。[⑤]苏秉琦《重建中国古史的远古时代》一文中对这一问题做了精辟论述。他说:"古人有所谓三皇五帝之说。但具体哪是三皇哪是五帝,则往往有不同的说法。要之三皇或类似三皇的说法应属后人对荒远古代的一种推想,并非真实的历史传说,而五帝则可能实有其人其事。"[⑥]"五帝的时代究竟属于考古学上的哪个时代,现在虽然还无法定论,但也不是毫无边际。……从有关夏纪年的各种说法与碳14年代的比照来看,从夏人活动区域的考订与考古学文化分布范围的比照来看,从夏的典章制度与考古学文化内涵的比照来看,从夷夏关系、夏商关系与考古学文化的比照来看,二里头文化更像是夏文化。假如这个判断没错,那么五帝时代的下限就应该是龙山时代,五帝时代之始,战争连绵不断,《五帝本纪》说'天下有不顺者,黄帝从而征之……迁徙往来无常处,以师兵为营卫',他先是打败炎帝,接着又擒杀蚩尤。这种情况只有在社会财富有所积累,社会分化日趋尖锐的情况下才会发生。从考古文化来看,这是仰韶后期即大约相当于公元前3500年以后的事。所以五帝的时代上限应并不早于仰韶时代后期。"[⑦]许顺湛《五帝时代的考古学研究》则将这一时期大致划定在距今4000到6000年之间,并且以考古学上的仰韶文化、龙山文化、大汶口文化、红山文

③顾颉刚:《与钱玄同先生论古史书》,《古史辨》第一册,上海古籍出版社,1981年。
④王玉哲:《中华远古史》,上海人民出版社,2000年版128-141页。
⑤徐旭生:《中国古史的传说时代》,中国文物出版社,1985年。
⑥苏秉琦:《重建中国古史的远古时代》,《史学史研究》,1991年第3期。
⑦苏秉琦:《重建中国古史的远古时代》,《史学史研究》,1991年第3期。

化等相对应。甚至主张这一时期已经不是传说时代,而是历史时代。[⑧]大致说来,以炎黄作为传说时代上限有较为一致的看法。至于下限,早期研究者多以殷商时期当之,就是今天还有一些学者,特别是国外学者,仍以殷商作为中国信史的开端。随着近年来偃师二里头文化、东下冯文化等考古发现与研究的不断深入,夏朝不再作为"传说"时期越来越为史学界所认可。以夏禹以前作为传说时代的下限也逐渐成为多数研究者的共识。

太原地区新石器时代的结束大致在公元前19世纪,已经跨入中国历史第一个朝代——夏朝的纪年。而以夏禹以前作为传说时代下限,按照考古学时代划分,属于龙山文化时代,上越千年,则属于仰韶文化时代。就是说,传说时代的历史和新石器时代文化有一部分是相互重叠的。这样看来,中国所发现的数以万计的新石器时代遗址,中国考古学界所命名的诸多考古学文化,其中的一些很可能就是古史传说中炎、黄、唐尧的文化遗存。而根据考古发掘和研究成果,结合文献传说,从而搞清楚哪些遗存属于黄帝,哪些遗存属于帝尧,则是考古工作者和历史研究者不可推卸的责任。正如徐旭生、苏秉琦所希望的"一部理想的中国上古史必须是根据全部可用的文献、传说和遗物,三种材料综合运用,适当配合写成的"。[⑨]

二、炎黄传说的流布及其与太原盆地考古文化之关系

中国人号称炎黄子孙,黄帝和炎帝是华夏族形成以后公认的始祖,而传布最广、影响最大的是黄帝。

较早提到黄帝的文献为《左传·僖公二十五年》"遇黄帝战于阪泉之兆"。《国语·晋语》说:"昔少典娶于有蟜氏,生黄帝、炎帝。黄帝以姬水成,炎帝以姜水成。成而异德,故黄帝为姬,炎帝为姜。"司马迁不朽巨著《史记·五帝本纪》中,首先记述的就是黄帝。他"尝西至空桐,北过涿鹿,东渐于海,南浮江淮"实地考察,"长老皆各往往称黄

⑧许顺湛:《五帝时代研究》,中州古籍出版社,2005年,《序》第4—5页。

⑨徐炳昶,苏秉琦:《试论传说材料的整理与传说时代的研究》,杜正胜编《中国上古史论文选集》,华世出版社,1979年。

帝、尧、舜之处，风教固殊焉，总之不离古文者近是”。[10]可见远在汉代，黄帝传说已有广泛传播。虽然说“学者多称五帝，尚矣。然尚书独载尧以来；而百家言黄帝，其文不雅驯，荐绅先生难言之”。[11]但他仍然认为：“而予观春秋、国语，其发明五帝德、帝系姓章矣，顾弟弗深考，其所表见皆不虚。书缺有间矣，其轶乃时时见于他说。非好学深思，心知其意，固难为浅见寡闻道也。”[12]表现出一代史学巨匠的远见卓识。据文献记载，黄帝族系大约起源于姬水一带，[13]和住在姜水[14]的炎帝族世代互通婚姻。黄帝为少典之子，母有蟜氏，“姓公孙，名曰轩辕”，国号“有熊”。《史记·五帝本纪·索隐》说：“少典者，诸侯国号，非人名也。”说出了神话传说的实质。古代文献所记载的黄帝、炎帝、蚩尤、唐尧、虞舜等远古帝王其实都是他们所代表的氏族、部落或者部落宗神的称谓，或者说是他们所代表的氏族、部落首领的统称；而文献所记载的那些史迹则是他们氏族、部落的史迹。黄帝氏族的活动区域，据研究大致在陕西、河南、河北、山东、甘肃、山西等地。[15]《易·系辞》《世本·作篇》等各种文献都盛称黄帝时期有许多发明创造：属于生产技术方面的有穿井、作杵臼、作弓矢、服牛乘马、作驾、作舟等；属于物质生活方面的有制衣裳、旃冕、扉履等；精神文化方面则有作甲子、占日月、算数、调历、造律吕、笙竽、医药、文字等。

和黄帝传说大致相当的还有炎帝。

炎帝，又说为赤帝，传说他也是少典氏和有蟜氏所生，就是说他和黄帝一样同出

---

⑩《史记·五帝本纪》，中华书局标点本，1959年。

⑪《史记·五帝本纪》，中华书局标点本，1959年。

⑫《史记·五帝本纪》，中华书局标点本，1959年。

⑬姬水不详所在，或以为姬水即渭水。参见刘起釪：《姬姜与狄羌的渊源关系》，《古史续辨》，中国社会科学出版社，1991年。

⑭多以陕西岐水当之。刘毓庆独辟山西屯留说。参见刘毓庆：《上党神农氏传说与华夏文明起源》，人民出版社，2008年，第37—43页。

⑮许顺湛：《五帝时代研究·五帝专论》，中州古籍出版社，2005年。刘起釪：《姬姜与狄羌的渊源关系》，《古史续辨》，中国社会科学出版社，1991年。

于少典氏和有蟜氏两个通婚的氏族。黄帝居姬水流域,故为姬姓,炎帝居姜水流域,故为姜姓。传说炎帝以火德王,故称炎帝。炎帝部落初居于西北高原一带,后来东进,和黄帝部落发生争战。炎帝氏族的一部分继续在西北部发展,姜、羌等族都是其后裔;一部分沿黄河南岸迁移到河南东北部和河北中南部,与当地文化融合发展,形成一个强盛的氏族,传说中的蚩尤很可能就是这个氏族的代表。蚩尤一族在发展过程中和兴起于晋南地区的黄帝族系发生多次争战,失败后,一部分向南迁徙至江汉地域,一部分向东发展到山东一带。值得指出的是,战国以前的传说中,神农和炎帝是两个人。《史记·封禅书》引《管子》:"神农封泰山,禅云云;炎帝封泰山,禅云云。"汉代以后,人们将神农与炎帝综合成一人。从此,在传说中炎帝即神农,神农即炎帝。[16]

黄帝和炎帝在古史传说中影响最大的莫过于炎黄之战。

《史记·五帝本纪》记载这一战事说:"轩辕之时,神农氏势衰,诸侯相侵伐,暴怒百姓,而神农氏弗能征,于是轩辕乃习用干戈,以征不享,诸侯咸来宾从……炎帝欲侵凌诸侯,诸侯咸归轩辕。轩辕乃修德振兵,治五气,抚万民度四方,教熊、罴、貔、貅、貙、虎,以与炎帝战于阪泉之野,三战,然后得其志。"[17]又有涿鹿之战。《逸周书·尝麦》说:"昔天之初,诞作二后,乃设建典,命赤帝分正二卿,命蚩尤于宇少昊。以临四方,司□□上天末成之庆。蚩尤乃逐帝,争于涿鹿之河(或作阿),九隅无遗。赤帝大慑,乃说于黄帝,执蚩尤,杀之于中冀。"[18]所谓赤帝即炎帝,"二后"指的是炎帝和蚩尤。从文献记载中我们知道,开始的时候,天下主要由炎帝和蚩尤统治,后来炎帝和蚩尤发生冲突,并在涿鹿争战,炎帝处于劣势。炎帝求救于黄帝,他们联合起来共同与蚩尤作战,终擒获蚩尤并将他杀死在冀州中部。关于这两次战争的先后,乃至于阪泉之战与涿鹿之战,是两场战争还是一场战争的分化?历来存在不同看法。《后汉书》在上谷郡涿

---

⑯神农与炎帝的关系,刘毓庆先生有详细考证。刘毓庆:《上党神农氏传说与华夏文明起源》,第11-35页,人民出版社,2008年。

⑰《史记·五帝本纪》,中华书局标点本,1959年。

⑱《逸周书·尝麦》。黄怀信:《逸周书校补注译》,西北大学出版社,1996年。

鹿县下注曰:"《帝王世纪》'黄帝所都,有蚩尤城、阪泉地、黄帝祠。'……于瓒按:《礼五帝位》云:'黄帝与蚩尤战于阪泉之野,不在涿鹿,(涿鹿)是伐蚩尤之地'。"清人梁玉绳《史记质疑》认为阪泉之战即涿鹿之战。近人钱穆也肯定阪泉之战即涿鹿之战,又提出阪泉在山西解县盐池附近的说法。文献记载阪泉之战的地点,还有太原阳曲,河北保定、涿鹿等处。远古茫昧,史料缺乏,通过文献研究搞清阪泉与涿鹿之战可能是缘木求鱼。

炎、黄传说大体如此。他们仅仅是传说的历史,还是有几分历史内核?他们和我们太原先民又有哪些关联呢?历史研究所不能解决的,通过考古发现是否可以得到新的认识?正如苏秉琦所指出的:"考古学的最终任务是复原古代历史的本来面目。除了传说材料,史前时代没有确切的文献记载可供依据,建立史前时代信史的任务自然就落在考古学家的肩上。"[19]近年来,研究者结合文献传说和考古发现,在探索史前史方面取得了丰硕成果。[20]许顺湛很早就注意到了炎黄传说和仰韶文化之间的关系,并撰写了大量文章。专著《五帝时代研究》对黄帝族团的活动范围、起始年代及社会组织等都做了有益探讨。他说:"我把黄帝时代的年代框架界定在距今6000年前后至距今5000年前后,基本上与仰韶文化中晚期相对应。关于仰韶文化,我在不少文章中都有论述,认为与炎黄文化相对应。因此,谈到黄帝时代的考古学文化,首先,就得考虑到仰韶文化,仰韶文化聚落群的重点地区和中心地区很清楚,对今后进一步研究黄帝时代文化,提供了极为重要的考古学资料。"[21]并认为仰韶文化庙底沟类型和大河村类型是黄帝族团的文化。杨亚长著文《炎帝、黄帝传说的初步分析与考古学观察》,将炎黄、颛顼等神话人物视为氏族组织、原始部落,而不作某个具体的人

⑲苏秉琦:《关于重建中国史前史的思考》,《华人·龙的传人·中国人—考古寻根记》,辽宁大学出版社,1994年。

⑳韩建业先生对炎黄文化与史前考古潜心探索,其成果汇集于与杨新改的大作《五帝时代——以华夏为核心的古史体系的考古学观察》。其对黄帝、炎帝、蚩尤等传说与考古文化的比附,可以说让我们看到了史前历史的端倪。

㉑许顺湛:《中国历史上有个五帝时代》,《中原文物》,1999年,第2期。

物理解。[22]孙祖初先生在研究仰韶文化半坡类型时说:“半坡文化晚期至庙底沟文化时期,是秦岭南北两侧古代居民向周边地区迁移的重要时期。从芮城东庄村到蔚县三关、从陕县庙底沟到淅川下王岗,承半坡文化继而发展起来的庙底沟诸文化,沿汾河—桑干河、丹江—伏牛山的二条文化迁移与融合线路不正与徐旭生所主张的黄帝和炎帝的东进路线完全一致吗?”[23]

总体来看,以仰韶时代关系密切的半坡文化、庙底沟文化和后岗一期文化(事实上,目前学术界一部分学者仍然将这三种文化通称之为仰韶文化,并分别为半坡类型、庙底沟类型、后岗类型)与古史传说中的炎黄时代相比附,是研究者较为一致的看法。具体说来,就是以半坡文化对应炎帝一族文化;以庙底沟文化对应黄帝一族文化;以后岗一期文化对应蚩尤一族文化。因为无论从时间、空间还是从社会发展阶段看,仰韶文化和炎黄传说都是最为契合的。

首先从地域来说,半坡文化的分布范围,西至陕西西部渭水上游,东达太行山西侧,南到郑州附近,北至河套前套。后岗一期文化的分布以河南北部、河北中南部为主,影响所及北达河套地区,西至太行山以西的汾河流域,南至郑州,东达山东胶东半岛。至于庙底沟文化的分布范围,不但覆盖了半坡文化的大部分区域,而且有所扩大。庙底沟文化以黄河中游渭、洛、汾流域为中心,影响所及:东至江苏邳县刘林、大墩子遗址,西至甘肃武山石岭下、临洮马家窑、秦安大地湾遗址、青海民和核桃庄遗址,南至长江汉水流域,河南淅川下王岗、湖北京山屈家岭遗址,北至北京昌平雪山遗址,河北正定南杨庄遗址,内蒙古清水河白泥窑子等地。苏秉琦“所谓仰韶文化对周围的影响(北到河套、南到江汉、东到京广路以东、西到渭河上游),基本上就是庙底沟类型的分布范围,仰韶文化对周围的影响,实质上就是庙底沟类型的影响。是仰韶文化后期裂变的结果,所以是文明的火花,即距今六千年前后由裂变而产生的文明火

㉒杨亚长:《炎帝、黄帝传说的初步分析与考古学观察》,《史前研究》,1987年第4期。
㉓孙祖初:《半坡文化再研究》,《考古学报》,1998年第4期。

花”。[24]

据古代传说,炎帝族团的发展以陕西南部为基地,沿黄河南岸向东发展。《史记·五帝本纪》《正义》引《帝王世纪》说炎帝“初都陈,又迁鲁”。陈在今天淮阳境内。炎帝以后,姜姓大多在河南南部以及山东境内。其中一支在炎黄之战后,向南发展到今天湖南一带,而留在原地的一支向西南发展,和当地民族融合,形成后来的羌族。《淮南子·主术训》中说:炎帝神农氏“其地南至交趾,北至幽都,东至阳谷,西至三危,莫不听从”。虽然有夸大的成分,但作为影响来看待,还是有几分真实性。

黄帝族团则以渭河、汾河流域为中心,沿太行山向北、向东发展。打败蚩尤以后,黄帝族又从河北大平原扩展至中原地区。中心区域大致在今之陕西、河南、河北、山东、甘肃、山西等省。[25]黄帝之后,凡姬姓氏族,大多在黄河北面的晋南、豫北及冀中南一带。《左传》记载:“虞、虢、焦、滑、霍、杨、韩、魏,皆姬姓也。”[26]其中霍、杨、虞、魏、韩等均不出今山西。而黄帝一族影响所及“西至空桐,北过涿鹿,东渐于海,南浮江淮”。[27]司马迁的记述和我们今天考古学所发现的仰韶文化分布地区何其相似乃尔。

再说蚩尤——中国古史传说中更具神话色彩的人物,传说他也出自炎帝一族,姜姓,为九黎族部落首领,活动于今河北、山东、河南、山西、安徽、湖北等地区。据说他有兄弟81人,能呼风唤雨,以金作兵器,常以兵作乱。他们勇敢善战,威震天下。黄帝联合炎帝部落与蚩尤大战于涿鹿,蚩尤战败被杀。蚩尤死后,升天为星宿。传说九黎族战败之后,南下与苗蛮部落杂居融合在一起,南方苗、瑶民族即以蚩尤为其祖先。传说蚩尤曾在东方活动,是东方夷人的首领。《逸周书·尝麦解》“命蚩尤于宇少

㉔ 苏秉琦:《文化与文明——1986年10月5日在辽宁兴城座谈会上的讲话》,《辽海文物学刊》,1990年第1期。

㉕ 许顺湛:《五帝时代研究》,中州古籍出版社,2005年。丁清贤:《从中原地区仰韶文化的考古学现象看阪泉之战及其影响》。黄石林:《中国古史中的黄帝时代》,《炎黄会典·文论卷》,吉林文史出版社,2002年。

㉖《十三经注疏·春秋左传正义》,中华书局影印本,1980年。

㉗《史记·五帝本纪》,中华书局标点本。

昊,以临四方”。严文明推测说:“这段话说明,蚩尤原起于少昊之墟即曲阜一带,后来向北向西发展,才与华夏族的黄帝相遇,被黄帝杀之于中冀”。[28]关于“九黎”,研究者认为:“春秋时仍有黎国,曾为赤狄潞氏所灭,晋灭潞而复立之,可能是九黎之后。其地在今山西黎城、潞城、长治、壶关一带。另外,汉之魏郡有黎阳,在今河南浚县境;东郡有黎县,在今山东郓城县西,这些地名也可能由九黎而来。如然,蚩尤就是古代活动于今鲁西、豫北直到山西东南的氏族部落之代称了。”[29]而以河北为中心的山东、山西、河南四省交汇之地,正是本书前边所说的后岗一期文化主要分布区。山东的蚩尤传说应该是后岗一期文化东播的反映。至于长江中游的蚩尤传说,学者们则以炎黄之战后九黎一族南迁解释。研究者认为,长江流域新石器晚期文化中被称为边畈类型的考古学文化遗产,与同处于与长江中上游的大溪文化谱系不同,“鼎是边畈类型的主要传统器物,这与大溪文化以釜为炊器(极少见鼎)的文化传统有着质的区别。在中国新石器时代,面向海洋的以鼎为特征的文化始终与面向内陆腹地的非鼎文化相区别。”[30]而与边畈早期一类遗存最为近似的文化遗存,是远在千里之外的后岗一期文化。其主要器物中诸如足根压印圆窝纹的釜形鼎、红顶钵,成组的条纹彩陶钵、旋纹罐,口沿外附加一圈泥钉的大口尖底罐等,均是后岗一期文化的典型器。这极可能是后岗一期文化的人们南向移居的结果。[31]苗黎集团南迁的传说与后岗一期文化为蚩尤族文化,在考古学上的发现也是如此巧合。

再从时间上看。古史传说中,诸多传说人物虽然有很多扞格不通或荒诞不经处,但仔细梳理考订,还是有较为一致的说法。

㉘ 严文明:《东夷文化的探索》,《文物》,1989年第9期。

㉙ 田昌五:《华夏文明的起源》,新华出版社,1993年第25页。

㉚孟华平:《论大溪文化》,《考古学报》,1992年第4期。

㉛韩建业:《涿鹿之战探索》,《中原文物》,2002年第4期。

中国有炎黄之战和黄帝、颛顼、帝喾、唐尧、虞舜五帝的传说，[32]且炎帝早于黄帝，为大多数史前研究者所认可。大禹为夏之先，其上为虞舜，再其上为唐尧，是研究者较为一致的看法；而黄帝在颛顼、帝喾之前也得到多数学者的认同。研究者认为，“五帝分别是不同时期的族团名称、族团领袖世袭名称。他既是具体人，也是一个族团，如果这个概念不弄清楚，对五帝时代是无法研究的。”[33]而作为一个族团，一般而言都会延续一段较长的时间，更何况是五个声名显赫的族团。因此从黄帝到虞舜，其间经过一个较长的时间应是情理之中的事。关于夏代开国，无论文献还是考古测年，都在公元前21世纪初。五帝的时间就应该由此上溯。许顺湛依据纷乱的传说文献，爬罗剔抉，参酌损益，推定一个五帝时代的大致年代框架：“帝舜一世50年，约为公元前2150-前2100年；帝喾十世（包括尧）400年，约为公元前2550年-前2150年；颛顼九世350年，约为公元前2900-前2550年；黄帝十世1520年，约为公元前4420-前2900。”[34]如其所论，我们以距今5000-7000年之间的中原地区作为炎、黄两个主要氏族的时空范围来考察应该没有大错。

纵观中原地区的新石器时代文化，处于距今4000年–4500年[35]之间，是所谓的龙山文化时代。此时期各地区文化关系错综复杂，虽然各文化间交流频繁，但独立性也十分突出，呈现出万国林立的景象，和古史传说的炎黄时代无论时间还是文化分布都有较大的距离（应该是唐尧、虞舜时期）。而在距今4500年到5000年之间，河南西部

㉜文献记载五帝说法颇多。刘起釪先生《几处组合纷纭错杂的“三皇五帝”》一文罗列6种之多，并对其形成做了翔实考证。正如他所说，“‘五帝说’所涉及的那些人物，则主要是我们祖先从母系氏族公社的盛期之后，到父系家长制的部落联盟盛期及其解体时，由各族始祖神，到各族的杰出首领，到实行军事民主制时期的军事首长人物”。参见《古史续辨》，中国社会科学出版社，1991年。

㉝许顺湛：《五帝时代研究·序》，中州古籍出版社，2005年。

㉞许顺湛：《五帝时代研究·序》，中州古籍出版社，2005年。

㉟本文所谓各考古学文化的绝对年代，只是一个约略数字。事实上，各考古学文化因地域不同，兴盛、衰亡的时间相互交错，可达数百年。

洛河流域、陕西东部渭河流域、山西西南部汾河流域是文化因素较为一致的庙底沟二期文化。和炎黄的传说比对，虽然在核心区域上比较一致，但在时间跨度上还有一定距离。距今5000—7000年间所谓的仰韶时代，中原地区有着大致相近的文化内涵，研究者称之为仰韶文化。[36]当然，在这个大致相近的仰韶文化分布区内，因地域、年代的不同，文化的分化在所难免。以黄河中游渭、洛、汾流域仰韶文化中心区域为例，在距今5000—5500年之间为西王村类型或称半坡晚期类型；到距今5500—6000年之间，则是庙底沟类型、史家类型[37]；距今6000—7000年之间，渭水流域为半坡文化；晋西南地区为东庄类型、枣园文化；河北为后岗一期文化。

特别值得我们关注的是距今5500—6000年之间发源于山西晋南地区的庙底沟类型，亦即我们所称的庙底沟文化。关于庙底沟文化，苏秉琦说："庙底沟类型遗存的分布中心是在华山附近。这正是和传说华族发生及其最初形成阶段的活动和分布情形相像。所以，仰韶文化的庙底沟类型可能就是形成华族核心的人们的遗存；庙底沟类型的主要特征之一的花卉图案彩陶可能就是华族得名的由来，华山则可能是由于华族最初所居之地而得名。"[38]兴盛时期的庙底沟文化，"分布范围北达内蒙古南部，

㊱或将其分为三个文化系统，1.陕西渭河流域、豫西和晋南地区的老官台文化—仰韶文化系统；2.以豫中为中心的裴李岗—大河村文化系统；3.以冀南、冀中和豫北地区的磁山—后岗文化系统。即使将三者独立为不同的文化，研究者仍然承认他们彼此间有许多共性因素。

㊲关于史家类型，或认为其仍属于半坡类型，或将其归入庙底沟类型，可见他们之间相近的程度。参见王小庆：《论仰韶文化史家类型》，《考古学报》，1993年第4期。

㊳苏秉琦：《苏秉琦考古学论述选集》，第188页，文物出版社，1984年版。苏秉琦先生虽然认为庙底沟文化居民是华族形成的核心，但他认为黄帝族团与红山文化有关。他说"考古发现正日渐清晰地揭示出古史传说中'五帝活动'的背景。五帝时代以五千年为界可以分为前后两大阶段，以黄帝为代表的前半段主要活动中心在燕山南北，红山文化的时空框架，可以与之对应"。参见苏秉琦：《中国文明起源新探》，三联书店，1999年6月第1版，第161页。

西到陇东一带，南及汉水流域，东越河南中部。庙底沟文化因素的传播更远达数百、上千里之外，黄河流域及周边地区文化面貌空前相类，这种大一统的局面在我国新石器时代是绝无仅有的”。[39]这个绝无仅有的统一局面与传说中的黄帝时代，在时间和空间上又是如此巧合。韩建业在研究中也发现了这种历史传说与考古发现的契合，他依据王湾三期及其前身谷水河类型，以及庙底沟二期文化为夏文化及先夏文化，由庙底沟二期经仰韶文化西王村类型上溯至庙底沟类型，由老虎山文化在内蒙古中南部经阿善三期、海生不浪类型上溯至白泥窑子类型，在晋中经白燕类型、义井类型上溯至白泥窑子类型，从而推定庙底沟类型为黄帝文化。[40]

仰韶时代庙底沟文化为黄帝族团文化遗存。如果我们这一推论和历史真相相去不远，那么仰韶时代半坡文化，就应该为炎帝族团的文化遗存。半坡文化和庙底沟文化有许多相同或相近的文化内涵，两者基本上平行发展但前者偏早后者偏晚。后来渭水流域的半坡文化很快衰亡，而庙底沟文化在中原得到了最大程度的繁荣和发展，这与古史传说中的炎、黄二帝同源，黄帝战胜炎帝取而代之十分吻合。

以半坡文化对应炎帝族团的文化，以庙底沟文化对应黄帝族团的文化，后岗一期文化对应蚩尤族团的文化，这些还可以从炎黄之战的考察中得到证明。

传说中的炎黄之战有炎黄三战，黄帝五十二战等，战争的细节可能永远也搞不清楚，但通过考古文化的分析，还是可以厘清战争的缘由及大致过程。

从大约公元前5000年开始，黄河流域的气候进入温暖湿润的所谓全新世大暖期鼎盛阶段，这给人类提供了一次极好的发展机遇。整个黄河流域中游地区，古文化开始了一次较大变革。老官台文化、磁山文化、裴李岗文化，各地区考古学文化在母体内相继孕育，产生了更加生机勃发的原始族团。到公元前4800年左右，半坡文化、后岗一期文化以及庙底沟文化的前身——枣园文化，都已经形成并逐渐向外扩张。

㊴宋建忠、薛新民：《北撖遗存分析——兼论庙底沟文化的渊源》，《考古与文物》，2002年5期。

㊵韩建业：《涿鹿之战探索》，《中原文物》，2002年第4期。

发源于汾河下游的枣园文化在这一时期有了较大发展，遗址数量有所增加，活动范围逐渐向西南部扩张。他们在陕西渭水下游与强大的半坡文化发生碰撞和冲突，这种冲突以陕西临潼发现的零口遗址表现最为清晰。零口遗址一期属于老官台文化白家村类型（或称白家村文化），没有发现枣园文化一期的遗物，说明枣园人还没有进入这一地区。到枣园文化二期时，这里已经属于枣园文化的分布范围。枣园文化二三期之交，零口地区又为半坡文化的居民占据。进入半坡文化后期史家类型阶段，受到由枣园文化发展而来的庙底沟文化逼迫，半坡文化逐渐式微，逐步向西退缩，在陇东一带短时间驻足，最终还是被如日中天的庙底沟文化所取代。

这种部落间文化的彼此取代，应该是伴随着冲突和争夺的过程，任何一方都不会将自己的领地拱手相让，于是就有了战争。

20世纪50年代，考古发现的华县元君庙、华阴横镇村墓地以合葬墓著称，并且以二次葬为主，属于半坡文化二期，亦即枣园文化二三期之间。研究者多以母系氏族社会盛行的一种葬俗对待；但是如果我们把它放在黄河东西两岸两个部族为争夺生存空间而发生的战争，亦即传说中的炎黄之战这一背景下看待，则会有不同的认识。诚如研究者所指出的，这些死者所以能埋在一起，是因为彼此亲密的关系，他们属于同一氏族，或家族、或胞族，但谁又能确定埋在一起的死者不是一次冲突中死去的成员呢？年龄不同、绝大部分死者为男性，更凸显他们因战争死亡的可能。此外，作为同一时期的半坡文化，华县元君庙、华阴横阵的墓葬多合葬，陪葬品往往为多人使用一套或几套的实用器，难以分辨所有者。与此相对应的泾渭地区和陕南地区半坡文化墓葬，多数为单人葬，随葬华丽的彩陶和长颈蒜头壶等器物。这种区别，不正说明了战争地域与和平地域的不同？

这一时段战争的结果是以半坡文化（炎帝）部族的胜利结束。枣园文化的居民退出了渭河流域，被迫回到晋南老家；然而半坡文化的居民也没能进入晋南、豫西地区，两个部族形成对峙局面。在彼此的争斗和碰撞中，枣园文化吸收了半坡文化的先进因素（彩陶、尖底瓶等开始在晋南地区流行），不断发展壮大。

在此期间,半坡类型扩展到陕西大部乃至于鄂尔多斯地区西南部,并进而朝人烟稀少的东北方向继续拓展;与此同时,后岗一期文化也向西发展。二者在内蒙古中南部、晋中以及冀西北一带碰撞并融合,形成仰韶文化鲁家坡类型。反映在晋中则是娄烦童子崖遗址、阳曲东泥屯遗址和太谷上土河等后岗一期文化遗存的发现。若从细部来说,鲁家坡类型中后岗一期文化的因素似乎要更强烈一些,这大概就是传说中炎帝和蚩尤冲突,蚩尤略占上风的史影。

枣园文化发展到庙底沟文化(黄帝)之后,[41]实力大增,加快了向外扩张的步伐,其中一支再一次向渭水流域进发,战火也再一次在炎黄两个文化最为接近的部落间展开。这一次西进,庙底沟文化部族采取了循序渐进、步步为营的策略。

陕西华县泉护村、华阴西关堡都发现了庙底沟文化的大型聚落遗址。它不仅是这一时期战争的后勤补给地,更是战后驻防的堡垒。战争的结果以庙底沟文化部族的胜利告终,他们占据了半坡文化的腹心地区,失败者被迫向西退却。[42]

对于这一传说中的"炎黄大战",钱穆考证说:"黄帝又与神农'战于阪泉之野',阪泉在山西解县盐池上源,相近有蚩尤城、蚩尤村以及浊泽,一名涿泽,即涿鹿矣。然则黄帝故事,最先传说只在河南、山西两省,黄河西部一隈之圈子里,与舜、禹故事相差不远。司马迁自以秦汉大一统以后之目光视之,遂若黄帝足迹遍天下耳。此就黄帝传说在地理方面加以一新解释,而其神话之成分遂减少,较可信之意义遂增添。将来若能与各地域发掘之古器物得一联络,从此推寻我民族古文化活动之大概,实为探索古史一较有把握之方向。"[43]涿鹿之战是否阪泉之战,我们暂不讨论;而谓黄帝故事,最

㊶时间约当东庄类型时期。东庄类型系以芮城东庄村仰韶遗存和翼城北撖一期至三期为代表的考古学文化遗存,是庙底沟文化的前身。时代介于半坡类型和庙底沟类型之间,是半坡类型东进并与当地土著文化融合的结果。如此正可解释炎、黄同源且其兴盛期早晚有别的说法。

㊷山西省考古研究所编著《翼城枣园·第十章枣园遗址主要遗存的年代归属源流》,科学出版社,2004年。

㊸钱穆:《国史大纲》上册第10页,商务印书馆,1901年第1版。

先传说只在河南、山西两省，黄河西部一隅之地，和今日我们所发现的庙底沟早期文化分布无出二致，运城、临潼一河之隔，正是庙底沟文化和半坡文化的交汇地，足见先生之远见卓识。

值得指出的是，庙底沟文化居民在向西扩张的同时，对周围也施加了强烈影响。其中一支沿汾河谷地北上，在晋中、内蒙古中南部形成白泥窑子类型，大大扩充了庙底沟文化的实力；东南使豫中、豫西南地区遗存也带上了浓厚的庙底沟文化色彩；向东北使原属后岗一期文化的冀西北和晋北区文化演变为地方特征浓厚的马家小村类型，表明黄帝族系的触角已伸至涿鹿一带，但蚩尤的势力尚未退出；向东影响最小，显然与后岗一期文化族团的顽强抵制有关。这时太行山两侧表面上的和平共处，或许正是黄帝和蚩尤两个族团经多次较量后而暂时势均力敌的表现。

公元前4000年左右，庙底沟文化与后岗一期文化的对峙局面终于宣告结束。这一时期，冀西北遗存已演变为庙底沟文化白泥窑子类型，河北平原地区的文化发展受到严重破坏。除磁县钓鱼台等少数遗存与庙底沟文化近似外，大部呈现出萧条景象，显示出战争对远古文化的破坏，亦可见冀西北的涿鹿一带包括太行山东麓已归属黄帝族团。后岗一期文化所代表的部族，一部被迫南迁，抵达江汉东部地区者，留下了边畈早期一类遗存，最终形成黎苗集团。[44]《后岗一期文化研究》一文论及后岗一期文化、半坡文化、庙底沟文化这一远古时期不同文化的大动荡、大变迁时说："一方面是半坡—庙底沟文化在整个黄河中、上游地区的广泛分布，一方面是后岗一期文化从河套、张家口、汾河流域的迅速消失，最后当庙底沟文化出现在太行山东侧后，黄河以西地区便不复见后岗一期文化及其后裔的踪影。……庙底沟文化所呈现的特征表明其同后岗一期文化在谱系上的区别是不言而喻的。即使是豫北冀南地区接替后岗一期文化的'大司空村类型'，从其彩陶装饰风格、陶器基本组合等内容来看，显然同后岗一期文化关系甚少，而很可能是庙底沟文化在这一区域的后裔。黄河以西地区后岗

㊹韩建业、杨新改：《涿鹿之战探索》，《五帝时代研究》，学苑出版社，2006年12月，第1版。

一期文化分布变化的事实表明，后岗一期文化在这一地区逐步被半坡及庙底沟文化所取代，各地后岗一期文化后的诸文化类型，同后岗一期文化都不具有谱系上的联系。”[45]这一现象或许是黄帝大败蚩尤于涿鹿的考古学注解。

我们大略考察了距今6500年至5500年间中原地区几只主要考古学文化间的兴衰，从中看到古史传说中阪泉之战（炎黄之战）和涿鹿之战（黄帝蚩尤之战）的史影。无独有偶，仰韶文化遗址彩绘陶器上多次发现的鱼鸟争战图，也从另一个方面反映了这场争战的情形。

彩绘陶器以1978年河南汝州阎村仰韶文化遗址出土的陶器夹砂红陶缸最为典型。陶缸器表绘有一只白鹳衔着一尾鲢鱼，旁边竖立一柄石斧，斧柄上画有一个“×”形符号，此即考古界所称“鹳鱼石斧图”。严文明认为画有“鹳鱼石斧图”的陶缸应是某个部落酋长的瓮棺。他说：“在酋长的瓮棺上画一只白鹳衔一尾鱼，决不单是为了好看，也不是为着给酋长在天国玩赏。依我们看，这两种动物应该都是氏族的图腾，白鹳是死者本人所属氏族的图腾，也是所属部落联盟中许多有相同名号的兄弟氏族的图腾，鲢鱼则是敌对联盟中支配氏族的图腾。这位酋长生前必定是英武、善战的，他曾高举那作为权力标志的大石斧，率领白鹳氏族和本联盟的人民，同鲢鱼氏族进行殊死的战斗，取得了决定性的胜利。在他去世之后，为了纪念他的功勋，专门给他烧制了一个最大最好的陶缸，并且打破不在瓮棺上作画的惯例，用画笔把他的业绩记录在上面。当时的画师极尽渲染之能事，把画幅设计得尽可能地大，选用了最强的对比颜色。他把白鹳画得雄壮有力，气势高昂，用来歌颂本族人民的胜利；他把鲢鱼画得奄奄一息，俯首就擒，用来形容敌方的惨败。为了强调这场战斗的组织者和领导者的作用，他加强描绘了最

鹳鱼石斧图

㊺张忠培、乔梁：《后岗一期文化研究》，《考古学报》，1992年第3期。

能代表其身份和权威的大石斧，从而给我们留下了这样一幅具有历史意义的图画。”[46]在仰韶时代考古学文化上，鱼纹主要流行于半坡文化，以关中地区最为常见。鸟纹主要流行于庙底沟文化，以豫西地区最为常见。而“鹳鱼石斧图”不但将代表两个部族的物类画在一幅图面上，而且极力渲染了鸟的胜利。这不正是庙底沟文化战胜半坡文化——也就是黄帝族团战胜炎帝族团的真实写照吗。[47]

太原盆地考古遗存和炎黄时期历史传说也多有契合。

后岗一期文化、庙底沟文化在太原盆地分布情况，本书新石器时代太原的部族与文化已予讨论。总体来看，后岗一期文化目前仍是太原盆地发现最早的新石器时代文化，遗址数量少，聚落面积也较小。继后岗一期文化之后崛起的是庙底沟文化，无论遗址数量和聚落面积都有了显著增加。前文说明，后岗一期文化可能是蚩尤一族的文化，庙底沟文化可能是黄帝一族的文化。太原地区关于这两个族团的史前传说也很丰富。六朝人任昉记述蚩尤传说时说：“秦汉间说，蚩尤氏耳鬓如剑戟，头有角，与轩辕斗，以角抵人，人不能向。今冀州有乐名蚩尤戏，其民两两三三，头戴牛角而相抵。汉造牛角戏，盖其遗制也。太原村落间祭蚩尤神，不用牛头。今冀州有蚩尤川，即涿鹿之野。汉武时，太原有蚩尤神昼见，龟足蛇首，首疫，其俗遂立为嗣。”[48]所谓蚩尤戏，就是角抵：两人或多人将一腿弯曲抬起，一脚着地，相互对抵，两脚先着地者败。时至今日，太原盆地的居民在闲暇之时仍相抵游戏。《述异记》还提到“太原神釜冈中，有神农尝药之鼎存焉”。[49]神釜冈的具体位置，我们今天已不可知，但阳曲县轩辕庙遗址尚存。明洪武《太原县志》“阪泉庙，在（阳曲）县东北六十里罕山西北。旧经引春秋晋文公卜遇黄帝战于阪泉之兆，故立庙于此，有唐大和六年修庙碑，今废。国

⑯ 严文明：《〈鹳鱼石斧图〉跋》，《文物》，1981年第12期。

⑰ 赵春青先生研究了仰韶时代的鸟鱼图，描绘了以鸟为图腾的族团和以鱼为图腾的族团，从东西对峙，到相互交战，但又难分高下，从相互交战，到鸟族胜利，再到鸟鱼和睦相处的过程。参见赵春青：《从鱼鸟相战到鱼鸟相融》，《中原文物》，2000年第2期。

⑱ 任昉：《述异记》卷上《丛书集成初编》，中华书局，1985年，第1、2页。

⑲任昉：《述异记》卷下《丛书集成初编》，中华书局，1985年，第20页。

朝洪武四年，改称阪泉之神”。[50]阳曲县至今还流传着轩辕道、黄帝战蚩尤等地名和传说故事。山西流传有绪的傩戏也应引起我们的关注。傩戏源于远古时代，是一种既娱神又娱人的巫歌傩舞。黄河流域曾经是傩文化的主要发源地，山西晋南、晋东南、晋中都有傩戏遗踪。列为国家非物质文化遗产名录的寿阳县傩戏《爱社》舞蹈曲目《轩辕战蚩尤》，演绎的就是远古时九黎族首领蚩尤据守河北涿鹿，其生性残暴，经常残害百姓。轩辕黄帝为安民除暴，令士卒扮作二十四家冤鬼头，迷惑敌人，冲锋陷阵，最终战胜蚩尤，保住社稷的故事。[51]学者考证，冀字金文就是一个头戴牛角舞蹈的象形字，联系到古冀州所指主要是今山西地区和河北西部，而现存傩戏中一部分仍以远古时代黄帝与蚩尤战争为题材。今天湖南、贵州等地文化中较多地保存了傩戏的情况，不由让我们猜测，傩戏也许和蚩尤族系有着较深的渊源。这些黄帝、蚩尤等文化民俗和传说，虽然不能肯定说它就是黄帝、蚩尤时期居民的遗风流韵，但考虑到后岗一期文化、庙底沟文化在太原盆地的传播情况，却也不能断然排除这种可能性。进一步说，不但是太原盆地仰韶时代的文化遗存和蚩尤族团、黄帝族团有着千丝万缕的联系，而且，晋南豫西地区的西王类型—庙底沟二期类型、晋中的义井类型、白燕类型、庙底沟二期早期类型、内蒙古中南部的海生不浪类型—阿善三期类型等所代表的部族，都和黄帝族团有关，或者是一个族系的分化。

考古学家邹衡在讨论光社文化及其文化区域出土的天鼋与天兽族徽铜器时说：“周族中还有一个著名的氏族，徽号叫或，即‘天’。从这些天兽器中，人们会很容易联想到：《史记·五帝本纪》记载黄帝与炎帝在阪泉之野作战时，正好是用了6只不

---

[50]《永乐大典》卷五二〇三第二页，中华书局，1986年。又，明万历《太原府志》：“阳曲县 轩辕庙 一在阪泉山，一在南关。”万历《太原府志》，山西人民出版社，1991年。

[51]窦楷《山西傩戏简论》，庹修明主编《傩文化与艺术》。作者引老艺人王志恭回忆，说寿阳傩戏《爱社》系其四爷王府勇从涿鹿一带学会传回本村。也许《爱社》是从涿鹿传来。但六朝任昉《述异记》已记载太原地区有蚩尤戏；窦文记述《爱社》流行于寿阳平头镇沟北村一带近二百年。足见寿阳傩戏远非老艺人所说传之涿鹿，还应该是山西远古流传的傩戏遗风。

同图腾的军队：熊、罴、貔、貅、貙、虎。《大戴礼记·五帝德》谓黄帝教熊、罴、貔、貅豹、虎以与赤帝战于阪泉之野'稍有不同。难道这完全是巧合吗？"[52]而光社文化正是20世纪50年代太原尖草坪区光社村发现的青铜时代文化。郭沫若释天黿为古轩辕，邹衡以其和炎黄阪泉之战相联系，都认为他们是传说中黄帝族团的后裔。[53]这些遗迹遗物在晋中盆地等处的发现，从另一方面说明了古代关于炎黄、蚩尤等传世故事有着一定程度的可信。

总之，中原地区仰韶时代诸考古学文化，对中国上古史中黄帝、炎帝等族团传说历史的形成，起到了重要作用；或者说，上古史中的一些传说故事，很可能就是庙底沟文化、后岗一期文化、义井文化等考古学文化所代表的远古族团的史影。而涿鹿之战确立了庙底沟文化在华夏集团的主导地位，使黄帝等族团，或者说中原地区仰韶时代的考古学文化成为古代中国的认知核心，对中国古代文明的起源、形成和发展都有深远影响。就太原地区来说，无论是考古遗存还是历史传说，也都说明在距今5000至7000年之间的仰韶文化时代，太原地区的原始居民积极地参与了这场人类历史上前所未见的大发展大变革，并在其中起到重要的作用。

㊾邹衡：《论先周文化》，《夏商周考古学论文集（第二版）》，科学出版社，2001年。

㊿关于天字族徽铜器的发现情况及其与黄帝的关系，我们在本书《太原地区先周文化因素讨论》中讨论。

台骀肇始与帝尧初都

一、太原的分野与参商不相见

古代史志在叙述一地建制沿革时，通常都要说到分野。如《史记·天官书》："天则有列宿，地则有州域。"明嘉靖《太原县志·卷一》专列分野一章，并记曰："太原属河北冀州，为参井所临之次。"

所谓分野，是指星空区域和地面州国之间的对应关系，就是把天上的星宿分别指配于地上的州国，或者说根据地上的区域来划分天上的星宿。就天文说，称作分星；就地面说，称作分野。分野大约起源于春秋战国，最早见于《左传》《国语》等书，大体以十二行次的位置与地面上州、国相对应，战国以后也有以二十八宿来划分分野的。以后又因十二行次与二十八宿互相联系，从而两种分野也在西汉之后逐渐协调互通。

中国上古时代是以农耕为主的社会，农业生产要求准确的农时季节，所以天象观测就成为一件十分重要的事情。人们要知道季节、时间，都得仰观日月星辰。"日出而作，日入而息"，作息时间表画在天上，某种程度上可以说人人皆知天文。正如明季思想家顾炎武所说："三代以上，人人皆知天文。'七月流火'，农夫之辞也。'三星在户'，妇人之语也。'月离于毕'，戍卒之作也。'龙尾伏辰'，儿童之谣也。"由此可见古代天文知识的发展和普及。应该说三代之前，中国人对天文历法已经有了相当深入的研究。

所谓十二次，是中国古人为观测日、月、五星运行和节气变化，把黄道附近一周天自西向东划分为十二个部分，称为十二次。十二次的名称依次是：星纪、玄枵、娵訾、降娄、大梁、实沈、鹑首、鹑火、鹑尾、寿星、大火、析木。《左传》《国语》等书中已有这些名称记载，它们被用来记述岁星（木星）的位置。一般认为，十二次的创立起源于对木星的观测，它的时代大约在春秋时期或更早。《国语》中记伶州鸠的话说："武王伐殷，岁在鹑火。"据中国天文学家张钰哲近年关于哈雷彗星轨道的研究，认为武王伐纣应为公元前1057年。当时岁星确实正在鹑火之次，所以伶州鸠的这个说法应是周初时的实际观测。如果这个结论可靠的话,那么,十二次的创立时代也有可能推至殷末周初。

再说二十八宿。古人观测日、月和金、木、水、火、土五星运行,以恒星为坐标系。经过长期观测,古人选择了黄道、赤道附近二十八颗恒星为坐标,称二十八宿。又以二十八宿为主体,把黄道、赤道附近的一周天按照由西向东的方向分为二十八个不等分。因此上,二十八宿也就意味着二十八个不等分的星空区域。二十八宿从角宿开始,自西而东排列为:

东方苍龙七宿　角亢氐房心尾箕

北方玄武七宿　斗牛女虚危室壁

西方白虎七宿　奎娄胃昴毕觜参

南方朱雀七宿　井鬼柳星张翼轸

东方苍龙、北方玄武、西方白虎、南方朱雀,这是古人把每一方的七宿联系起来想象成四种动物,叫作四象。

古人又以战国时的十二个国家分别对应十二次、二十八宿。如《晋书·天文志》记载十二州为兖州、豫州、幽州、扬州、青州、并州、徐州、冀州、益州、雍州、三河、荆州十二州,分别由郑、宋、燕、吴(越)、齐、卫、鲁、赵、魏、秦、周、楚十二古国对应。应当指出的是,分野中以星宿对应州国,也有一个发展完善的过程,而且各种史书所记不尽相同。

古人所以要设立分野,是为了通过天上星宿变化来预测地上祸福。古代占星术认为,地上各州郡邦国和天上一定区域相对应,某一天区发生的天象,预兆着各对应地方的吉凶。如某星主风雨,某星主水旱。某星进入某宿,则该宿在地上的分野区域就会有相应的反应。《国语·周语下》:“岁之所在,则我有周之分野也。”韦昭注:“岁星在鹑火。鹑火,周分野也,岁星所在,利以伐之也。”由于天上星宿与地上州郡有对应关系,所以古人著作中常常用星宿借指地方。王勃《滕王阁序》“豫章故郡,洪都新府。星分翼轸,地接衡庐”,李白《蜀道难》“扪参历井仰胁息,以手抚膺坐长叹”,杜甫《赠卫八处士》“人生不相见,动如参与商”,等等。

杜甫诗中的参与商，说的是二十八宿中的参宿和心宿。其中参宿一般认为是晋的分星，又有太原属于昂星和毕星的说法。《汉书·地理志》："赵地昂毕之野，西有太原、定襄郡。"明万历《太原府志》："故论晋之天为天关，地为北戒，太原所属正在参、井之交。"[①] 说法不尽相同。对于这种情况，洪武《太原志》讨论说："班固取三统历配十二次，其言最详。有费直《说周易》、蔡邕《月令章句》，所言颇有先后。……三说皆不同。《唐·天文志》载一行之言曰：'诸儒言星土者，或以州或以国，废置不同，疆场舛差。是守甘石遗术，而不知变通也。'"盖古代分野，以天上星宿对应地上州郡，本身就是人为划分的，因时代、学术流派的不同，造成不同的划分对应。而州郡的地理疆界也因时代的变革而不同，这样天上地下的对应也就出现了不同的说法。如太原古属冀州，后属并州，春秋属晋，后属赵国，秦以后，或为州郡，或为邦国。疆域因时而变，其与天上分星的对应，自然也就有了说法的变异。

我们谈论分野，一方面应该看到它反映了天人合一的思想，值得研究，另一方面也应该认识到分野多用于占星术，以预测人间祸福。依我们今天的眼光看，没有多少科学依据，因此也就没必要去计较那些说法的异同。引起我们关注分野的，是史书记载分星形成过程中的一个传说故事。这个故事出自《左传》，它所记述的故事和山西、和太原关系极大。

故事发生于公元前541年，晋平公罹患重病，郑国派子产前往晋国探视。晋国大臣叔向告诉子产说"我们国君患病，卜人说是实沈，台骀在作怪，太史不知道他们是谁，请问这实沈和台骀是什么神灵？"子产于是说道："昔高辛氏有二子，伯曰阏伯，季曰实沈，居于旷林，不相能也。日寻干戈，以相征讨。后帝不臧，迁阏伯于商丘，主辰。商人是因，故辰为商星。迁实沈于大夏，主参。唐人是因，以服事夏、商。其季世曰唐叔虞。当武王邑姜方震大叔，梦帝谓己：'余命而子曰虞，将与之唐，属诸参，其蕃育其子孙。'及生，有文在其手曰：'虞'，遂以命之。及成王灭唐而封大叔焉，故参为晋

①《（万历）太原府志》，山西人民出版社，1991年。

星。由是观之,则实沈,参神也。昔金天氏有裔子曰昧,为玄冥师,生允格、台骀。台骀能业其官,宣汾、洮,障大泽,以处大原。帝用嘉之,封诸汾川。沈、姒、蓐、黄,实守其祀。今晋主汾而灭之矣。由是观之,则台骀,汾神也。”[②]

子产提到的实沈、高辛氏,商丘、大夏,唐叔虞以及台骀、金天氏、大原等人名、地名,与山西,与太原有着莫大的干系,并且涉及“叔虞封唐”、传说时代东西文化交流,亦即所谓夷夏相争等重要课题,需要认真研究。

“叔虞封唐”问题书下文详论。先看实沈和阏伯之争。

文献上关于实沈和阏伯的记载很少,主要就是他们互相争斗的故事。他们争斗的旷林,或以为地名,所在地不详;或以为指的就是旷野。[③]总之,具体地点不清。而商丘,或说在豫北或说在豫东,一般认为即今之河南商丘市。关于大夏,则说法较多,主要有河南、山西之说。刘起釪《由夏族原居地纵论夏文化起于晋南》从文献上论定夏人先居晋南,后迁河南,底为确论。唯将陶寺文化视为先夏文化,还可商榷。韩建业《唐伐西夏与稷放丹朱》论定庙底沟二期文化为先夏文化,可以信从。在此意义上说,庙底沟二期文化的分布范围,就应是大夏的分布范围。晋南是庙底沟二期文化的策源地,自然是大夏的中心区域。与之相邻的晋中盆地是庙底沟二期文化早期分布区,[④]自然也属大夏范围。庙底沟二期文化之所以退出晋中盆地,则与子产所讲的故事相关。

子产提到的高辛氏,是历史上一个赫赫有名的人物,一说他即五帝之一的帝喾。《竹书纪年》说:“帝喾高辛氏,生而骈齿,有圣德。初封辛侯,代高阳氏王天下,使瞽人拊鞞鼓,击钟磬,凤凰鼓翼而舞。元年,帝即位,居亳。十六年帝使重帅师灭有郐,四十五年帝赐唐侯命。”[⑤]《史记·五帝本纪》:“帝喾高辛者,黄帝之曾孙也。帝喾娶陈锋

② 杨伯峻:《春秋左传注》,中华书局,1981年。

③ 杨伯峻:《春秋左传注·昭公元年》,中华书局,1981年,第1217页。

④ 本书《太原地区新石器时代的氏族聚落与文化》。

⑤王国维:《古本竹书纪年辑校·今本竹书纪年疏证》,辽宁教育出版社,1997年,第42页。

氏女,生放勋。娶娵訾氏,生挚,帝喾崩,而挚代立,不善,而弟放勋立,是为帝尧。”对于史书记载的帝喾高辛氏,王国维考证殷墟卜辞中的高祖夒、《山海经》中的帝俊,即所谓帝喾,系商人先祖之最显者。[⑥]徐旭生不同意帝俊即帝喾,他说:“如果真正注意到古代社会的错综变化,就不难看出帝俊、帝喾、高辛、帝舜四个名词很可以代表四个不同的人或氏族。……我现在不知道在皇甫谧的脑子里面,帝喾和帝俊是否是一个人,我总可以确凿地说:在写《大荒经》和《海内经》的人的脑子里面,帝俊、帝喾、帝舜的确是三个人。”徐旭生也不同意帝喾高辛氏的说法。他说:“《五帝德》篇说他的氏族叫高辛氏,我们遍考可靠的古书,一点线索也找不出来,……我们现在可以老实地说:两个名词中间是否有关系,我们完全无法知道。所以古书上谈及高辛氏的事情,我们并不能随便把它们算在帝喾的账上。”[⑦]

高辛氏与帝喾的关系,恐怕一时难以厘清;但他们所处时代和地域,则比较清楚。就时代而言,文献记载中帝喾高辛氏活动时间大致在黄帝、颛顼以后,帝尧之前,距今约4600年前后。[⑧]比对考古学文化,则在大汶口文化末期或龙山文化时代早期。就活动区域而言,田继周认为“帝喾始居于高辛(今河南商丘东南境),故为高辛氏,后都于亳(今河南偃师),死葬狄山之阴(今河南清丰县境)。这表明,他也是活动在黄河下游的一个部落或部落集团的首领。”[⑨]许顺湛考证:“可以这样说,帝喾族团活动的地域,河南是其中心,……除了在河南境内之外,他还到过山东。”[⑩]徐旭生认为“至于高辛氏,我们觉得它大约居住东方。”刘起釪在考证三皇五帝时说,“颛顼、帝喾虽原出东方,但却在东西各族长期交揉融合之后,作为维系各族成为有血缘关系的两

⑥王国维:《观堂集林·卷九·殷卜辞所见先公先王考》,《王国维遗书》,上海古籍出版社,1983年。

⑦徐旭生:《中国古史的传说时代》,文物出版社,1985年,第71、72、89页。

⑧许顺湛:《五帝时代研究》,中州古籍出版社,2005年,第25、26页。

⑨田继周:《先秦民族史》,四川人民出版社,1996年,第109页。

⑩许顺湛:《五帝时代研究》,中州古籍出版社,2005年,第92、93页。

大枝的宗神而出现”。[11]

看来，高辛氏是活动在黄河下游的一个族团部落，[12]后来他们中间的一些子系族团起了争斗，因此一部转移迁徙往河南商丘一带，因而阏伯成了河北的分星（神祇）。一部分迁到山西中南部，实沈便成了晋的分星（神祇）。总之是从黄河下游的东方辗转到了黄河中游的西方，并和当地文化融合，从而创造了灿烂的史前新文化。这一现象与山东大汶口文化晚期大量西进，并对豫中、晋中、晋南等地史前文化产生重要影响有关，也和子产所讲的第二个故事“台骀渲汾、洮，障大泽，以处大原”有关。

二、台骀肇始大原

台骀最早见诸史籍是作为汾水之神出现的。汾水为山西境内第一大内河，是山西的母亲河，《元和郡县图志》，“骀神祠在曲沃县西南三十六里，汾神也。”《太平寰宇记》：“其祠盖晋都绛时所立，在今曲沃县西。”[13]《太平广记》引《河东记》“晋阳东南二十里汾水旁有台骀庙”。《洪武太原志》“台骀庙，在县南一十五里晋泽之南。……《晋阳杂记》曰：‘祠在泽南，春秋尝修祠事，节度使卢钧不欲名之，改为汾州祠。晋高祖天福六年，封昌宁公。’宋世改封灵感元应公，赐额曰宣济庙，有景祐四年通判并州事掌禹锡所撰碑。”[14]明万历《太原府志》：“台骀庙，（五台）县东南八里许紫罗山上。元至大

⑪刘起釪：《几次组合纷纭错杂的“三皇五帝”》，《古史续辨》，中国社会科学出版社，1991年。

⑫韩建业认为颛顼和帝喾族系大约分别对应豫东鲁西皖西北地区的大汶口文化中晚期和末期遗存。他说“王国维从五个方面考证《山海经》中的帝俊即帝喾，可谓确论。帝喾是唐尧、商契、周稷之祖，又有与其妻羲和、常羲生日月的传说，地位十分显赫；所居之亳在曹县，冢在濮阳，总之离不开豫东鲁西。介于华夏、东夷两大集团之间。《国语·鲁语》说‘帝喾能序三辰以固民’，《大戴礼记·五帝德》说他‘历日月而迎送之’，说明帝喾（帝俊）对日月运行、天文历算有很大贡献，这或许是其生日月传说的由来。颛顼和帝喾族系大约分别对应豫东鲁西皖西北地区的大汶口文化中晚期和末期遗存，不见得能够包含整个大汶口文化，更不可能对应整个东夷集团”。参见韩建业、杨新改：《五帝时代——以华夏为核心的古史体系的考古学观察》，学苑出版社，2006年，第160、161页。

⑬《元和郡县图志》，中华书局，1983年。

⑭《永乐大典》卷五二〇三卷第三页，中华书局，1986年。

年建。”台骀作为汾水之神，似乎没有多少疑问。[15]王继祖《释“太原”之名的含义与起源》认为“当年台骀宣汾障泽，肇始之大原，正是今之太原无疑”。顾炎武《日知录·大原》“（台骀）宣汾洮，障大泽，以处大原，则是今日之晋阳”。[16]

如此看来传说中的台骀是作为金天氏后代，活动于汾河、洮河流域，亦即山西中南部；而他最初活动地域则应该追溯至文献传说中金天氏的活动地区。

中国古籍之中，有许多关于“少昊金天氏”的记载，称呼有“少昊青阳氏”“少皓”“少皞”“少皋”等。传说中“少昊”的时代跨度很大，或神或人。傅斯年认为“太昊、少昊皆是部族名号，不是个人私名，在古代记载上本甚明白。所谓伏牺氏、金天氏者，亦非能名之于一人者。”[17]本书前文谈到炎黄之战，曾引用《逸周书·尝麦解》，其中说到黄帝与蚩尤大战：“命蚩尤于宇少昊，以临四方。……乃命少昊清司马鸟师，以正五帝之官，故名曰质。”这个少昊清就是和炎黄传说大致同时的人物，研究认为少昊是中国古代传说时代较早时期东方部族的代表之一。石兴邦《我国东方沿海和东南地区古代文化中鸟类图像与鸟祖崇拜的有关问题》一文，通过国内外特别是环太平洋地区有关鸟崇拜的研究指出：“淮河以北沿渤海周围的山东、辽东以及接壤的朝鲜半岛地区为一鸟文化崇拜区，这一地区鸟文化发展最为典型，文献记载和考古资料能联系起来。从大汶口文化到龙山文化，有丰富的鸟形陶塑和花纹装饰，并有明晰的演变过程和规律。四千多年前进入历史民族文化层积时代后，由于这里是东夷族的地区，故文献称当地部族为鸟夷。”他说：“少昊是保存鸟崇拜最典型的氏族部落……太昊、少昊氏族部落，居住在沿渤海湾地区，即山东、辽东和朝鲜半岛，因为以鸟为图腾，所以历史上

⑮或以为台骀在陕西。《诗经·生民》在谈到后稷稼穑时说到“即有邰家室”，因牵涉到周族的源流，所以聚讼不断。王克林研究认为“周祖后稷后居的骀地。据《诗·大雅·生民》后稷‘即有骀家室’。《史记·周本纪》：‘尔后稷，播时百谷，封弃于骀。’历来史家都以其地在今陕西省武功县为是。其实这一骀地，是周人后世由东向西迁徙后的地名层化之所致，此犹晋人都绛，徙都后有故绛，新绛或绛，和楚都之郢等同例。而早期的骀应在晋南的汾、浍流域。”参见王克林《姬周戎狄说》，《考古与文物》1994年第4期。

⑯顾炎武著，黄汝成集释：《日知录集释全校本》上海古籍出版社，2006 年。

⑰傅斯年：《夷夏东西说》，《傅斯年全集·卷三》，217 页，湖南教育出版社，2003年。

又称这一带的古代居民为鸟夷”。[18]

顾颉刚《鸟夷族的图腾崇拜及其氏族集团的兴亡》一文，系统梳理了中国古文献中有关鸟夷传说资料，指出传说中的太皞、少皞、皋陶、伯益、帝喾、殷契、帝挚等都是鸟夷的宗神，有关他们的传说最初都起源于东方。[19]不过顾氏认为所谓“少昊金天氏”中的“金天氏”，是西汉经学家刘歆按照五行学说伪造的名号并掺入《左传》的，他说：“刘歆又给少昊硬配上：‘金天氏’一个称号，使得他的金德色彩更加浓厚。”[20]“这个整齐的名氏已造成了，如何插入古书里呢？好在《左传》是他们的势力范围，可以随意增订的，他们便在昭元年传内淡淡地着了一笔：‘昔金天氏有裔子曰昧，为玄冥师，’又在昭二十九年传中写上：‘少皞氏有四叔，曰重、曰该、曰修、曰熙，实能金、木及水。使……修及熙为玄冥，世不失职，遂济穷桑。’让这两段文字，以‘玄冥’一名的联络，遥相呼应。”[21]“刘歆即这么定了，又搀入《左传》昭元年，‘少昊金天氏’一名就成为东汉以下的人们的历史常识。”[22]按照顾颉刚的看法，“金天氏”是刘歆伪造出来的，与少昊没有多少关系。因此要探寻台骀的来源，就不仅要看他和少昊的关系，还要看封他到大原的所谓“帝”，以及与玄冥昧之间的关系。

传说中，昧是作为水官玄冥出现的。关于玄冥，《左传·昭公十八年》：“禳火于玄冥 、回禄 。”杜预注：“玄冥，水神。”《汉书·扬雄传上》：“帝将惟田于灵之囿，开北垠，受不周之制，以终始颛顼 、玄冥之统。”颜师古注引劭曰：“颛顼、玄冥，皆北方之神，主杀戮也。”汉张衡《思玄赋》：“前长离使拂羽兮，委水衡乎玄冥。”《礼记月令》：“（孟冬、仲

⑱石兴邦：《我国东方沿海和东南地区古代文化中鸟类图像与鸟祖崇拜的有关问题》，《中国原始文化论文集》，文物出版社，1989年。

⑲顾颉刚：《鸟夷族的图腾崇拜及其氏族集团的兴亡》，《古史考·帝系的偶像》，海南出版社，2003年。

⑳顾颉刚：《鸟夷族的图腾崇拜及其氏族集团的兴亡》，《古史考》，海南出版社，2003年。

㉑顾颉刚：《五德终始说下的政治与历史》，《古史辨》，《中国上古史研究讲义·世经》，中华书局，1998年。

㉒顾颉刚：《鸟夷族的图腾崇拜及其氏族集团的兴亡》，《古史考》，海南出版社，2003年。

冬、季冬之月）其帝颛顼，其神玄冥。”《楚辞·九叹·远游》：“就颛顼而陈词兮，考玄冥于空桑。”《淮南子·时则训》：“西方之极，自昆仑绝流沙、沈羽，西至三危之国，石城金室，饮气之民，不死之野，少皞、蓐收之所司者，万二千里。北方之极，自九泽穷夏晦之极，北至令正之国、有冻寒积冰、雪雹霜霰、漂润群水之野，颛顼、玄冥之所司者，万二千里。”各种记载中，玄冥都是作为颛顼辅佐出现，可见他们之间关系的密切。玄冥为司水之神，也正和台骀渲汾、洮，障大泽被封为汾水之神相符。而颛顼就是子产所讲故事中的所谓“帝”，[23]其为上古传说中的五帝之一。《史记·五帝本纪》：“帝颛顼高阳者，黄帝之孙而昌意之子也。……帝颛顼生子曰穷蝉。颛顼崩，而玄嚣之孙高辛立，是为帝喾。帝喾高辛者，黄帝之曾孙也。高辛父曰蟜极，玄嚣父曰黄帝。自玄嚣与蟜极皆不得在位，至高辛即帝位。高辛於颛顼为族子。”[24]如此说来，他不但和玄冥有关，而且和我们前文所说迁实沈于大夏的帝喾高辛氏有关。太史公在《史记·历书》中还说：“少皞氏之衰也……颛顼受之。”[25]这句话引自《国语·楚语下》，说明颛顼和少昊也是有联系的。谈到少昊和颛顼关系的，还有《山海经·大荒东经》。其曰：“东海之外大壑，少昊之国，少昊孺帝颛顼于此。”[26]少昊孺养颛顼，是传说史中比较一致的看法，说明颛顼和少昊两个族团曾经有过密切的联系。这样看来，虽然金天氏被冠在少昊头上，可能是刘歆等为着王莽的篡位而伪造的；但台骀和昧（玄冥），和颛顼，进而和少昊的关系则有着历史内核。既然少昊、帝喾、颛顼、玄冥以及帝喾、实沈等这些传说中的

㉓服虔、杜预皆以帝为颛顼。据雷学淇所辑《世本》黄帝生昌意，昌意生高阳，是为帝颛顼。则颛顼与金天氏，仅一辈之隔，而昧为金天氏之远子，台骀又为昧之子，故孔颖达疑之，《疏》云：“臣世多而帝世少。史籍散亡，无可检勘。”其实，古代传说，言人人殊，不足深究。参见杨伯峻：《春秋左传注·昭公元年》，中华书局，1981年，第1219页。

㉔《史记·五帝本纪》，中华书局标点本，1959年。

㉕《史记·历书第四》，中华书局标点本，1959年。

㉖袁柯：《山海经校译·卷十四》，上海古籍出版社，1985年，第245页。

人物，或者是东方传说中的帝王、宗神，或者和东方族系有着密切的联系，[27]那么我们说台骀源于东方也就不是向壁虚造，而是有一定的历史根源了。

当然，由于是远古传说，所以这些人物上天入地，或神或人，并且他们之间的关系或父子，或子孙，存在着许多混乱和夹缠不清的问题。田昌五在讨论了高阳氏与高辛氏、颛顼部和皋陶部、伯益部等远古部落领袖之间错综复杂的关系以后就说："这些以及类似的事例说明，在中原大地上，原来各不相同的氏族部落群体后来经过冲突而互相融合了。在黄、炎、蚩尤之间进行战争的时候，它们还是各不相同的氏族部落群体，到颛顼和共工大战之后，它们开始走到一起来了。我们知道，原始时代的部落战争常常以平和结盟而结束，而平和结盟的结果一般都会形成新的社会共同体。华夏族就是这样产生的。"[28]中国"在三代时及三代以前，政治的演进，由部落到帝国，是以河、济、淮流域为地盘的。在这片大地上，地理的形势只有东西之分，并无南北之限。历史凭借地理而生，这两千年的对峙，是东西而不是南北。……三代及近三代之前期，大体上有东西不同的两个系统。这两个系统，因对峙而生争斗，因争斗而起混合，因混合而文化进展"。[29]傅斯年所讨论的主要是三代历史，其实在三代之前的新石器时代晚期又何尝不是如此。本书前文谈到的后岗一期文化在晋中盆地的发展与退出；庙底沟文化在晋中盆地的发展及对河北的占领、对大汶口文化的影响；庙地沟二期文化早期退出太原；临汾盆地山西龙山文化中包含大量的东方文化因素，等等，都是这一文化交流和融合的见证。表现在古史传说中，则是与东方民族关系密切的实沈成

㉗杨宽《鲧、共工与玄冥、冯夷》考证了鲧、共工、实沈、台骀、玄冥与冯夷等传说分化演变的过程后说，"鲧、共工、玄冥、冯夷等本皆殷人东夷河伯神话之分化。"东夷之神话却和山西、和太原产生了如此紧密的联系，从另一方面也说明了东夷与山西在远古时期交往的史实。参见杨宽：《鲧、共工与玄冥、冯夷》，《杨宽古史论文选集》，上海人民出版社，2003年。

㉘田昌五：《中华文化起源志》，上海人民出版社，1998年，第89、90页。

㉙傅斯年：《夷夏东西说》《傅斯年全集·第三卷》，湖南教育出版社，2000年，第181—182页。

为晋之分星，台骀成为汾水之神，以及唐尧初都太原，后迁平阳，并在晋南大地创造了灿烂的陶寺文化。而晋中盆地作为联系东西方的通道，为中华民族的形成和发展做出了自己的贡献。

三、唐尧都太原

唐尧初都太原，明确提出的是东汉末期经学家郑玄。他在《毛诗·国风·唐谱》注中说："唐者，帝尧旧都之地，今日太原晋阳是。尧始居此，后乃迁河东平阳。"[30]前郑玄约百年的史学大家班固在《汉书·地理志》"晋阳"条下自注："故《诗》唐国，周成王灭唐，封弟叔虞。龙山在西北。……晋水所出，东入汾。"[31]应该也是认为尧都太原的。据我们研究，明确提出帝尧都太原者，郑玄是第一人。此后《水经·晋水注》《左传·杜预注》《后汉书·郡国志》《括地志》《初学记》《元和郡县图志》，等都认为唐尧曾都晋阳。太原地区有关唐尧的方志记载、民间传说与城址、祠庙遗迹更是大量存在。如《元一统志》："太原始自台骀，实沈、陶唐、叔虞迭治之后，流风善政，犹有存者。"[32]明洪武《太原县志》"陶唐城，在县南三十六里。旧经云：陶唐氏自涿鹿徙居于此，俗又谓之姚城村，今废。"[33]明万历《太原府志》载"祁县二帝行祠，县东十五里，祀尧、舜，春秋时建。……清源县，帝尧庙，县东三十里尧城都，元至正年建"。清源县尧城（陶唐城）与帝尧庙的记载尤可引起我们的注意。据清光绪八年《清源乡志》图，尧城近方形，设东、西、南、北四门。城内有东西和南北两条街将城区分为四片。1986年，山西大学考古专业对清徐尧城进行了调查：南北长532—538米，东西宽386—389米。地表现存残墙数段，残长约500米，基宽10—12米，顶宽约4米，最高约6.2米。版筑，夯层厚21厘米，残存北城门，门洞深5米，高6—7米，原有门楼。为太原市重点文物保护单位。"从墙体夯筑手法分析，该城当为明代所建。"[34]

㉚《十三经注疏》，中华书局，1980年。
㉛《汉书·地理志》，中华书局，1962年。
㉜李裕民：《山西古方志辑佚》，山西人民出版社，1984年。
㉝李裕民：《山西古方志辑佚》，山西人民出版社，1984年。
㉞《山西文物》，1987年7期。

根据方志和其他文献，尧城建筑年代应该更早。尧城中最大的建筑群为尧庙，位于城区西北部，坐北朝南，传说修建于帝尧所居茅屋之地。现存建筑有帝尧殿、娘娘殿、狐仙楼等。其中帝尧殿，始建年代不详，明正统年间重修，后多次增补修葺。大殿面宽、进深各五间，四周有围廊。重檐歇山顶，上檐施双翘斗拱，下檐施单翘单昂斗拱。殿顶用小斗拱五跳组成八角藻井，不用梁架，故称“无梁殿”，为山西省少见的木结构古建筑之一。系清徐县级重点文物保护单位。[35]

唐尧都太原是传统史学界比较一致的说法。自明季顾炎武提出叔虞封唐之地在晋南而非太原[36]以后，对叔虞封唐进而对帝尧都太原说法梳理和探讨的论著不断涌现。[37]刘起釪《由夏族原居地纵论夏文化始于晋南》中说：“至于唐的所在，过去曾有过三个错误的说法：(1)《汉书·地理志》太原郡晋阳县下云：‘故《诗》唐国。周成王灭唐，封弟叔虞。’郑玄《诗谱·唐谱》即承此说云：‘唐者，帝尧旧都也，今日太原晋阳是。’下文把其地有晋水也说成是今太原的晋水。《括地志》并州晋阳县亦沿此说。(2)《地理志·注》引臣瓒说：‘唐，今河东永安。’(3)《晋世家》‘唐叔虞’，《集解》引《世本》曰：‘居鄂。’按当时晋北为夷狄地，夏人力量达不到霍县以北，受封的唐自当在晋南。《晋世家·正义》引《括地志》云：‘故唐城在绛州翼城县西二十里。’这是正确的。《晋世家》明载‘翼，晋君都邑也’，又历叙晋公室活动皆在翼。顾炎武《列国兴废说》也说‘成王封叔虞于唐，始都翼。’可知唐的地点在翼，即今晋南的翼城。”[38]邹衡《晋始封地考略》中

㉟太原文物名胜录编辑委员会：《太原文物名胜录》，文物出版社，1999年。

㊱顾炎武著，黄汝成集释，栾保群、吕宗力点校：《日知录集释全校本·卷三十一》，上海古籍出版社，2006年。

㊲如卫文选《尧都考》，《山西师院学报》，1981年第3期。马斗全：《唐叔虞封地在今永济考》，《晋阳学刊》，1982年第4期。陶正刚：《晋国早期都城“唐”地考》，《三晋文化学术研讨会论文专集》，山西古籍出版社，1999年。王克林：《陶寺文化与唐尧、虞舜——论华夏文明的起源》，《从唐叔虞之封论周族的起源》，并见《华夏文明论集》，山西人民出版社，2006年。

㊳刘起釪：《古史续辨》，《由夏族原居地纵论夏文化始于晋南》，中国社会科学出版社，1991年。

说："我们说天马—曲村为唐地，并非把晋之始封地仅仅局限于此。……今知西周初期的晋文化遗址，主要分布在翼城、曲沃二县境内，又比较集中在翼城县的翔山以西，曲沃县的汾河以东，浍河以北，翼城、曲沃二县的崇山以南，东西长约30公里，南北广约15公里的长形地带，在此范围内大概也就是晋始封地的中心所在。"[39]这一论断随着晋侯墓地发掘研究资料的公布，已被越来越多学者所认同，叔虞所封之唐在晋南而非太原已成定论。

不过，学者们论定的叔虞所封之唐在晋南，乃商末周初事。这个唐虽与唐尧有所关联，但时代相差千年以上。明确了叔虞所封之唐在晋南，并不能说明唐尧是否初都太原。对此问题，我们还须从文献记载和唐尧所处时代的考古发现来探究。

尧，又称唐尧，是中国传说史中的贤君圣王。司马迁《史记·五帝本纪》说："学者多称五帝，尚矣。然《尚书》独载尧以来。"[40]传为中国最早史籍的《尚书》，已经有了关于尧的记载。不过《尚书》在记述尧舜等史迹时，开宗明义"曰若稽古"，道出了那些史迹都是根据传说得来，唐尧的历史还是要归到传说时代。

传说中的唐尧名放勋，姓伊祁，黄帝之后。尧父为帝喾，母为陈锋氏女。帝喾为黄帝曾孙，在位70年，卒后由尧之异母兄挚即位。挚在位9年，为政不善，禅让于尧。尧即位以后，举荐德才兼备的贤者，使部族紧密团结，做到"九族既睦"；又考察百官政绩，区分高下，奖善罚恶，使政务井然有序；同时又协调各部落之间关系，教育老百姓和睦相处，因而"协和万邦，黎民于变时雍"。[41]当时的中国，天下安宁，政治清明，世风祥和。太史公因此称颂："其仁如天，其知如神。就之如日，望之如云。富而不骄，贵而不舒"。[42]

传说尧的时代，首先制定了历法，这样，劳动者就能够依时按节耕种劳作，不致耽

㊴邹衡：《晋始封地考略》，《邹衡夏商周考古学论文集（续集）》，科学出版社，1998年。
㊵《史记·五帝本纪》，中华书局，1982年。
㊶《尚书正义》，《十三经注疏》，中华书局影印本上册，总第119页。
㊷《史记》卷一《五帝本纪》。

误农时。尧的时代,又是传说中洪水泛滥时期。“汤汤洪水方割,荡荡怀山襄陵,浩浩滔天”。[43]尧对此非常关切,他征询了四岳的意见,先让鲧治理洪水。鲧治水9年不成,此后才有了大禹凿龙门,三过家门而不入的美谈。帝尧传说中最为人称道的,是他传贤不传子。尧在位70年,认为自己的儿子丹朱凶顽不可用,于是和四岳商议,对以孝行著称的虞舜,妻之以娥皇、女英,授之以百官政务,处之于险恶环境,多方考察后,禅位于舜。禅位28年后尧弃世。

尧作为上古传说中的圣帝贤君,在封建时代受到普遍认同。孔子赞美尧说:“大哉,尧之为君也! 巍巍乎,唯天为大,唯尧则之。荡荡乎,民无能名焉。巍巍乎,其有成功也。焕乎,其有文章。”[44]因着人民对清明政治、圣帝贤君的渴望,尧的事迹传说也广泛流布,各地纷纷和帝尧攀亲:或者说是出生地,或者说是埋葬地,建都之地就有山东定陶、鄄城、菏泽说,河北唐县、隆尧说,山西太原、平阳说等,尧帝祠庙所在多有,宋人罗泌就说“尧舜之祠,天下不胜多矣”。[45]

20世纪20年代,以顾颉刚、钱玄同等学者为代表,吸收西方近代社会学、考古学方法,用历史演进观念和大胆疑古精神,对中国古代历史和典籍展开深入的疑古辨伪工作。对于唐尧,他们认为《尚书》中的《尧典》不可靠,该篇出现在战国时期。尧、舜的故事出现在东周末年,尧、舜、禹的关系和禅让故事,都是逐渐编造完善的。童书业在《“帝尧陶唐氏”名号溯源》中说:“自从西汉末年的古文家秉着他们的安汉公摄皇帝王莽的意旨,本着他们的‘正乖谬,一异说’的精神,惨淡经营,造出了一个整个的古帝王名号系统——太昊炮牺氏——炎帝神农氏——黄帝轩辕氏——少昊金天氏——颛顼高阳氏——帝喾高辛氏——帝尧陶唐氏——帝舜有虞氏——伯禹夏后氏来,把《史记》的残缺乖谬(?)的古帝王名号系统的命……革了;因着新汉(东汉)两代帝王的威权,得到了世人的公认,于是“帝尧”的头和“陶唐氏”的脚安牢了,永远

㊸《尚书正义》,《十三经注疏》,中华书局影印本上册,总第122页。

㊹《论语注疏·泰伯第八》,《十三经注疏》,中华书局影印本。

㊺罗泌:《路史·余篇·卷六》,中华书局《四部备要》本。

联成一体了。”[46]刘起釪考证说：“其实古代‘帝’字指上帝。‘帝某’总是指某一天神。恩格斯指出：‘每个氏族都起源于一个神。’‘帝尧’就是这样一个部落的宗祖神。尧原与唐毫无关系，但与‘陶’则是同音异字。也即同于‘窑’。……尧字在甲骨文中像人顶着陶器的土坯去烧，而陶及窑是已成缶器的陶坯在窑穴里，它们构形不同而取义相同，可能成字有先后之异，总之这三个字原是一个字。远古氏族由蒙昧时代进入野蛮时代，是由制陶术开始的。制陶技术随着野蛮时代由低级、中级进入高级而日益精进。大概当时有制陶术比其他民族更优的某一族，既以窑神做了他们的氏族神，又如恩格斯所说的用这一想象的祖先做了他们氏族的名号…… 那时当是陶氏族成了有名氏族。它的承用宗祖神的杰出首领担任着部落或部落联盟的首领，一如恩格斯所说的，‘而部落首长的氏族则起源于一个更显赫的神。’因而他的名望也更高贵。围绕着他流传着一些美好的传说，到儒家‘按往旧造说’时，就把这一神性的首领完全净化为历史上的德望最高的圣王”。[47]

诚如上论，中国远古传说中的许多人物都是来自神话中的，并非实有其人。如夏朝的建立者大禹，禹字古写像草中之蛇或以手持蛇形，显然只是姒姓的标志；但这种情况是世界文明起源中的通例，非独中国古代为然。中国文明起源的历史就隐含在这一片扑朔迷离的传说和神话之中，只有通过文献记载的考订，考古文化的研究，特别是二者的结合、比对，才有可能在茫昧的古史传说中寻找到一丝历史的真谛。

唐尧传说故事所处的古代社会发展阶段，正是氏族部落联盟父系家长制度的濒临解体时期，也是国家形成的初期阶段。这一时期，中国社会处在“万邦林立、战乱频仍的历史环境中，具有规模小且彼此差别不大、独立性强、存在时间较短、城乡分化尚不甚明显等特点，呈现出城市初期所特有的面貌。但它们都与居住区相结合，属内涵复杂的永久性居民点，是具有多种功能的城邑，属城市范畴”。[48]唐尧时期的社会形态

㊻吕思勉、童书业：《古史辨·七·下编》，上海古籍出版社，1982年。
㊼刘起釪：《古史续辨·古史词条四则》，中国社会科学出版社，1991年。
㊽许宏：《先秦城市考古学研究》，北京燕山出版社，2000年。

及其城址遗存，当不出这一范畴。

揆诸文献，尧都临汾盆地说，因史料记载早，当地有关传说故事丰富，而倍受研究者重视。在临汾盆地，距今4600—3900年间，广泛分布着一种龙山时代的考古学文化遗存，研究者称为陶寺文化。陶寺遗址位于汾河东岸，塔儿山西麓，襄汾县陶寺村南，是一处重要的以龙山时代文化遗存为主的史前遗址。发现有城址、观象台、居住址及墓葬群等。出土有铜器、陶器、木器、石器、玉器和骨器等。文化遗存分早、中、晚三期。陶寺城址总平面呈圆角长方形，东西长约1800米，南北宽约1500米，面积近280万平方米，由不同时期的3座城址构成。早期小城东西长约1000米，南北宽约800米。中期大城在早期小城的基础上扩建而成，是我国迄今为止所发现的史前最大城址。中期小城位于中期大城南城垣外，即中期大城垣外的东南部，面积约为10万平方米。据发掘报告，城内有宗教祭祀区和贵族墓地。紧靠大城垣东垣偏北处是一处贵族墓地，墓地以南是宗教祭祀区。中期大城内除贵族居住区和宫殿区外，还有居民区和仓储区等。陶寺还出土一批被学者们称为有“王者之气”的文物，如大型墓葬中随葬的龙盘、鼍鼓、特磬、土鼓、彩绘木案、俎、匣、盘、豆、彩绘陶器、玉石钺等，更有可以称为文字的朱书文字扁壶。发掘者认为：“陶寺城址是我国尧舜禹时期的一座都邑性城址。它的存在，表明当时社会已经突破了氏族部落阶段而进入了初期国家阶段”。[49]

从聚落形态角度看，高规格的宫殿建筑、宗教建筑和与天文历法有关的建筑设施，应当是“王都”级聚落所具备的标志性建筑要素。显然，陶寺已具备了早期文明化社会的一些基本要素，应该说是目前我国规模最大、显现文明化程度最高的史前聚落。“陶寺文化的社会具有部落联盟古国即中国早期文明初期国家的性质”。[50]而这个

㊾梁星彭、严志斌：《陶寺城址的发现及其对中国古代文明起源已经的学术意义》，《中国社会科学院古代文明研究中心通讯》第3期。

㊿王克林：《陶寺文化与唐尧、虞舜——论华夏文明的起源》，《文物世界》，2001年第1、2期。

国家阶段，和我们前述传说帝尧所处的社会形态和地理位置又是如此重合。因此临汾下靳墓地的发掘者说："临汾古为平阳，史有尧都平阳之说。《汉书·地理志下》：'河东土地平易，有盐铁之饶，本唐尧所居，诗风唐、魏之国也。'又师古注引应劭曰：平阳，'尧都也，在平河之阳。'《后汉书·郡国志》：河东郡平阳，'尧都此。'注云：'《晋地道记》曰有尧城'。《帝王世纪》：'帝尧，陶唐氏，……以火承木，都平阳，置敢荐之鼓。'《山西志辑要》卷二平阳古城下：'在临汾西南，尧都平阳。'如上述所记，帝尧所都之平阳应在今临汾市西南一带"。[51]

临汾盆地陶寺文化为传说中的陶唐氏——唐尧文化遗存。那么陶寺文化或者说唐尧文化又来源于哪里？它和我们太原盆地的考古学文化以及文献传说又有什么联系呢？

临汾市下靳墓地是陶寺文化中心区发现的重要墓葬区之一，因陪葬大量玉器而为研究者关注。宋建忠认为"从对下靳和陶寺墓地的情况看，临汾盆地存在着一个以玉石礼器为主要陪葬品的文化中心，此中心形成的具体过程还有待进一步的深入研究。这个中心大量消费和使用玉石礼器来源问题尚不清楚，究竟是交换或再分配而来的产品传播，还是引进的技术传播，还需更深入的探讨，但我们认为后者的可能性更大。如果这样，那就是说在陶寺文化范围内存在着一个玉石器工业中心，这个中心所依赖的技术传统不是源于当地，而是舶来于黄河下游地区的大汶口文化乃至江淮地区的薛家岗文化"。[52]

何驽多年来致力于陶寺文化遗址的发掘和研究。他在《陶寺文化谱系研究综论》一文中指出："陶寺文化作为一个都邑文化，以陶寺城址为依托，其主枝来自（当地的）庙底沟二期文化晚期，并结合其他一些来源复杂的文化因素，形成陶寺文化早期的文

---

[51]山西省临汾行署文化局、中国社会科学院考古研究所山西工作队：《山西临汾下靳村陶寺文化墓地发掘报告》，《考古学报》1999年第4期。

[52]宋建忠：《山西临汾下靳墓地玉石器分析》，北京大学中国考古学研究中心、北京大学震旦古代文明研究中心《古代文明》第2卷，文物出版社，2003年。

化面貌。”[53]考古学家苏秉琦在谈起陶寺文化时曾经说过：“陶寺大墓殉葬成套的庙堂礼乐器、漆木器，反映了比红山文化更高一级的国家形态。圆腹底斝、鬲原型可追溯到内蒙古中南和冀西北，彩绘龙纹与红山文化有关，扁陶壶序列的近亲只能到山东大汶口文化寻找，俎刀更要到远方的浙北杭嘉湖去攀亲。……从中原区系的酉瓶和河曲地区的三袋足鬲的又一次南北不同文化传统共同体结合所留下的中国文字初创时期的物证，到陶寺遗址具有的从燕山北侧到长江以南广大地域的综合体性质，表现出晋南是‘帝王所都曰中，故曰中国’的地位。”[54]诚如斯论，陶寺遗址早、中、晚各期都有一些外来的文化因素，尤其是出土于贵族大墓的诸如高领折肩壶、折肩罐、折腹盆、大口缸、陶鼓、鼍鼓、钺、厨刀、琮等礼器类器物与其上的纹饰等，明显具有大汶口文化和良渚文化晚期的东方文化风格。“陶寺出土陶器中，能在大汶口文化中、晚期找到相似器形的至少有十种以上，包括一二类墓中作为礼器出现的厚胎夹粗砂圜底缸、几种壶、尊、大口罐等；居住址出土的尊、簋、单把杯等。另一些承自本地庙底沟二期文化的器类，如早期墓中的盆形鼎（仅出于早期第一组）、觚等，原本也来自大汶口文化。……相映生辉的彩绘陶器和彩绘漆木器，构成陶寺文化的显著特征。……陶寺早期彩绘在本地尚找不到它的直接来源，但大汶口文化中、晚期的彩绘同陶寺颇多接近，大汶口晚期墓曾出土沿面和圈足底缘涂红的陶豆、把口沿涂红并在肩部或上腹一周绘出三个大红圆点的背壶、双鼻壶和深腹罐等，陶寺早期随葬的大口罐和陶豆最普遍最富特征的装饰手法与之如出一辙，成为陶寺文化受到大汶口文化强烈影响的又一证据。”[55]不但是一些器物和山东大汶口文化有紧密的联系，就是陶寺文化出土的竹鼠遗骸据研究也是从大汶口文化传来的。“竹鼠今天分布于江南多竹地区。今天的江南多竹地区的人们，也很喜欢捕食竹鼠食用。而陶寺遗址所在的临汾盆地，在龙山

---

[53]何驽：《陶寺文化谱系研究综论》，《古代文明》第三卷，文物出版社，2004年。

[54]苏秉琦：《中国文明起源新探》，三联书店，1999年，第123、133页。

[55]高炜、张岱海：《汾河湾旁磬和鼓——苏秉琦先生关于陶寺考古的论述》，宿白主编《苏秉琦与中国当代考古学》，科学出版社，2001年，第666页。

文化时期虽然可能有竹鼠栖息,但根据对该文化层中花粉的研究,当时这里的植被为温暖带落叶阔叶林,并不是亚热带植被。因此竹子在这里虽然有可能生长,但数量应当很少,因此竹鼠在这里不可能很多。原来土著在这里的人群,不可能有吃竹鼠的爱好。……笔者认为,陶寺遗址的先民食竹鼠的爱好,表明这里的居民不是原来的土著人群,而是从黄河下游的多竹地区迁徙来的。”[56]对陶寺遗址出土的夔鼓,王守春通过古代地理气候条件的考察认为“作为龙山文化后期的陶寺遗址中的夔鼓,很可能这里的夔鼓文化是从黄河下游地区的人群向这里迁移而带来的。能将一种文化从一个地区带到另一个地区而被保持和延续,必须有数量很多的人群,才能保持原来的文化特色。如果数量较少的人口迁移,原来的文化将会消失,而被所迁移地区的文化所同化。陶寺遗址夔鼓文化的存在,表明龙山文化时期,从鲁西地区向临汾地区有较大规模的移民活动。”[57]至于迁徙原因,王守春说:“大致在公元前第三个千年的中期,即距今4500多年前,有的研究认为可能还要早些,气温又为一个急剧升高的时期。这一时期,正是龙山文化后期。……地处黄河下游华北大平原上的陶丘,地势相对低洼,是豫东和鲁西地区降水汇聚之地,古代有大野泽,就在定陶附近。另外,陶丘所在地区也是黄河泛滥区。…… 在尧的时期,陶丘所在地区,内涝频繁的黄河洪水,是尧将其政治中心迁移的主要原因。《尧典》《史记·五帝本纪》和《稽古录》中关于尧时期大洪水的记载,可能正是反映了这一气候环境背景。古文献中关于尧将政治中心迁移和大洪水的记载,有其真实的气候环境背景,并非虚构”。[58]

文献和考古资料的发现,都把山西远古文化和山东大汶口文化联系到一起,让我们看一看所谓的大汶口文化。

56王守春:《尧的政治中心的迁移及其意义》,北京大学《古代文明研究通讯》总第八期,2001年3月。

57王守春:《尧的政治中心的迁移及其意义》,北京大学《古代文明研究通讯》总第八期,2001年3月。

58王守春:《尧的政治中心的迁移及其意义》,北京大学《古代文明研究通讯》总第八期,2001年3月。

大汶口文化是分布于我国海岱地区的一种原始文化。因发现于山东泰安、宁阳两县交界的大汶口遗址而得名。其文化分布东起黄海之滨,西到鲁西平原东部,北至渤海南岸,南及今安徽淮北一带,河南省也有少部分这类遗存的发现。大汶口文化经历了长期的发展过程,分早、中、晚三期。时间距今约6300—4600年。大汶口文化中期以后,随葬石铲、石斧、石锛等生产工具的主要是男性,而随葬纺轮品的则主要是女性。这说明男子已成为社会生产,特别是农业生产的主要担当者,而妇女则从事纺织等家务劳动,社会已经从母系氏族公社阶段发展到父系氏族公社阶段了。一般认为大汶口文化时期私有制已经确立,一夫一妻制已得到巩固,应处于父系氏族社会末期阶段。有人甚至认为墓内随葬品悬殊,并已出现文字,应是奴隶社会的初级阶段。栾丰实《太昊和少昊传说的考古学研究》研究推定,兴盛于公元前4300年—公元前2600年,以泰山地区为中心的大汶口文化为太昊、少昊族团的文化遗存。而大汶口文化“经过长时间的积累,自仰韶时代晚期(即大汶口文化中期)开始,海岱文化区的发展速度加快,并很快在全国各大区系文化中居于领先地位。其以居民迁徙、文化传播、文化影响等形式表现出来的对外扩展,触角涉及半个中国,影响的外围到达辽东、辽西、山西、陕东、湖北、江西、浙江一线”。[59]考古发现和文献记载都说明陶唐氏系大汶口文化的部族之一,他们最初活动在山东定陶一带大汶口文化分布区内。此后他们中的一部分人群从黄河下游定陶一带迁徙流布,最后落脚于临汾盆地,并成为当地的统治者。迁徙原因可能和我们前边论及的洪水有关。而部族迁徙和文化传播所表现出来的对外扩展,应该伴随着战争。

《逸周书·史记解》记载说:“昔者西夏,性仁非兵,城郭不修,武士无位,惠而好赏,屈而无以赏。唐氏伐之,城郭不守,武士不用,西夏以亡。”文中的“唐氏”,应即我们所谓的陶唐氏。它的初居地在黄河下游,前文已多次谈及。而“西夏”的主要居地,“笼统来说不出晋南和豫西,实际上当为起于晋南而迁至豫境。晋南才是夏人真正的老

[59]栾丰实:《海岱地区考古研究》,《前言》,山东大学出版社,1997年。

家,故其地有'夏墟'之称。结合考古学文化来看,以豫西为分布中心的二里头文化总体上属夏文化无疑,具体当属少康中兴之后的晚期夏文化;此前的王湾三期文化后期为早期夏文化。由此前溯,王湾三期文化前期及其前身谷水河类型就属于先夏文化的范畴。又因为谷水河类型主要是庙底沟二期类型东向推移的结果,故庙底沟二期类型应当是更早的先夏文化,亦即以'西夏'为主体的遗存"。[60]而庙底沟二期文化是以晋南为策源地,并以临汾盆地、运城盆地和豫西为主要分布区的新石器文化。在晋西南(运城盆地),这种西夏(庙底沟二期)文化,发展变化最后在豫西形成二里头文化—夏文化。在晋南(临汾盆地)发现的主要遗址,"除乔山底F2偏晚处于东关六段外,其余所发现庙底沟二期文化遗存均为早期"。[61]也就是说,在临汾盆地,只有庙底沟二期文化的早期遗存,此后这里的文化一变而成陶寺文化。[62]如果说"庙底沟二期类型是'西夏'人的文化,那么其在临汾盆地被陶寺类型早期的代替,反映的不正是自东而来的陶唐氏对夏人的征服吗?战争的结果可能是夏人主体被赶出临汾,并被迫移居豫西,而部分人留在原地受侵略者统治。或许这就是西周武装殖民制度的滥觞吧!此一推论也正与一般所说陶寺类型早期属陶唐氏遗存的观点相符。"[63]这一陶唐氏遗存中

---

⑥⓪韩建业:《唐伐西夏与稷放丹朱》,《北京大学学报》哲学社会科学版,2001年4期。

⑥①郭智勇:《山西庙底沟二期文化遗存分期与分区研究》,郎保利主编《而立集—山西大学考古专业成立三十周年纪念文集》,科学出版社,2009年。

⑥②对陶寺文化早期的谱系,目前仍存在不同意见。或认为属于庙底沟二期文化晚段,或认为属于陶寺文化早期。不过观点虽然不同,但都认为陶寺文化早期与庙底沟二期文化晚期之间存在着巨大差异。韩建业进一步讨论说"陶寺M3002和M3015为代表的遗存一般被归为陶寺类型早期,绝对年代约在公元前2600—前2200年。它的文化因素主要可分为两大部分:斝、筒形罐、釜灶、扁壶等主要日常陶器种类为继承当地庙底沟二期类型第2期而来,而高领折肩壶、折肩罐、折腹盆、大口缸、陶鼓、鼍鼓、钺、厨刀、琮等器类,以及陶、木器上的彩绘,大小墓的严重分化等多同表现'礼制'相关的因素,和庙底沟二期类型第2期风格迥异,而与以大汶口文化晚期以至于良渚文化为代表的东方地区的文化面貌相当吻合。这就清楚地表明,陶寺类型的形成是东方文化西移,并与当地文化融合的产物。同时,社会的上层人物应以东方"殖民者"为主,他们力图维护原有文化传统和'等级制度'。

⑥③韩建业:《唐伐西夏与稷放丹朱》,《北京大学学报》哲学社会科学版,2001年第4期。

大量高等级器物以及彩绘陶木器、大小墓分化严重等文化因素，与当地庙底沟二期文化风格迥异，却与大汶口文化为代表的东方文化相吻合。非但如此，这一文化遗存在和周边文化联系微乎其微的情况下，却与晋中盆地太谷白燕晚期遗存关系最为密切。[64]

韩建业的论述令人耳目一新。太原地区庙底沟二期文化的过早消失、实沈与台骀、唐尧都太原传说等问题，都因"唐伐西夏"的推定有了合理解释。当然这一东西两大族系的文化交往乃至战争，并不是始于唐尧时期，也不仅仅局限于这一次。正如前文所述，早在仰韶时代早期，这种战争和交流已经开始。如果说滥觞，前节黄帝与太原传说中提到的蚩尤从太行山东麓发展，西渐之太原地区，才是真正的滥觞。迄后实沈因争斗而至山西，台骀因治水而处大原，一战争、一生产，交相辉映，构成了人类文化交流的两大主流。而且这一现象在太原地区的历史中反反复复，成为太原文化的一大特色。（东夷族西迁历史其来久远。它和赵简子一族的起源也有着密切联系，本书《赵氏源流及其与太原关系疏证》。）

再看他们迁徙的路线。

文献中又有唐尧部族活动于今河北省唐县、望都等地的记载。《后汉书·郡国志》唐县条注引："《帝王世纪》曰：'尧封唐，尧山在北，唐水西入河，南有望都山。'"《元和郡县图志》唐县条："古唐侯国，尧初封于此，今定州北有故唐城，是尧所封也。"望都县条下记曰："本汉中山国。以尧山在北，尧母庆都山在南，登尧山见都山，故以望都为名。"[65]徐旭生也说："陶唐氏旧城应该是今河北唐县、望都一代。"[66]此一时期，该地区分布的考古学文化为中原龙山文化后岗类型。对此文化，"现在可以肯定的是，豫北冀南的龙山文化同样是大汶口文化与当地土著文化相结合的产物。要不，后岗类型中所含有的大汶口文化因素如陶鬶、陶甗，鸟头式足鼎之类，是无法解释的"。[67]看来

---

⑭韩建业：《晋西南豫西西部庙底沟二期——龙山时代文化的分期与谱系》，《考古学报》，1996年，第2期。

⑮《元和郡县图志·卷十七》，中华书局，1983年。

⑯徐旭生：《中国古史的传说时代》，文物出版社，1985年。

⑰田昌五：《中华文化起源志》，上海人民出版社，1998年，第167页。

唐尧一族曾经迁徙到了河北西北部，不久这个古族又离开河北，西徙太原。[68]至于西迁路线，韩建业说“陶唐居地的情况要复杂得多，有山东、河北、山西诸说。山西说因见于《左传》等先秦典籍而倍受重视，但其本身又早有晋南临汾‘平阳’说和晋中太原‘晋阳’说的分歧。独皇甫谧主张从晋阳徙平阳，倒也许离事实最近。山东、河北说虽明确出现于汉代，但也不容忽视。应劭认为唐县和平阳均为尧之居地，或许有着更早的出处，因此存在陶唐氏由河北迁山西的可能。再联系尧为喾子，以及高辛氏居东方的说法，则陶唐氏的始居地就可能确在东方。这样从山东附近伊始，经河北、晋中，终抵晋南，就构成陶唐氏由东徂西的一条可能之路。”[69]何光岳认为“从唐县、望都一带出发南下行唐，沿滹沱河过井陉，途经太原，再进入平阳”。[70]王继祖认为唐尧率其部族西徙太原的路线，似不应为“沿滹沱河过井陉，途经太原”，而是“由太行山东部的平缓地带，沿着滹沱河溯流西进向高处迁徙，穿越了太行峡谷，进入了今山西省境，在今盂县又沿滹沱河支流乌河、温川河，汾河支流杨兴河（这几条河古代水量远比今日大），继续向西南跋涉，终于来到了汾河中游的河谷地带，今太原盆地”。[71]《晋中地区西周以前古遗存的编年与谱系》一文在讨论太原盆地龙山时代早期新出现的一些文化因素时说道：“第三种以彩陶壶、长颈壶、短颈壶为代表。这类器物与山东大汶口文化晚期的同类器物相似，应是东来的文化因素。迄今为止，发现于河南淮滨、郸城、商水、周口、平顶山、禹县、偃师，山西陶寺以至太谷白燕等地的大汶口文化遗存或相关遗物，清晰地显示出大汶口文化自东向西这样一条西渐的路线。”[72]迁徙的具体路线

---

⑱迁徙原因，我们认为和《左传·昭公元年》记载的“昔高辛氏有二子。伯曰阏伯，季曰实沈，居于旷林，不相能也。日寻干戈以相征讨。后帝不臧，迁阏伯于商丘，主辰，商人是因，故辰为商星；迁实沈于大夏，主参，唐人是因，以服事夏、商”这一历史故事有关。本章第三节晋的分野已经讨论。

⑲韩建业：《唐伐西夏与稷放丹朱》，《五帝时代》，学苑出版社，2006年。

⑳何光岳：《炎黄源流史》，江西教育出版社，1992年。

㉑王继祖：《试论唐尧初都太原》，《太原日报》，2003年，1月17日。

㉒文见《文物》1989年第4期。

如何？远古茫昧，可能一时难以搞清，而从河北经太行山山间孔道到达太原盆地，则是不争的事实。太原盆地发现的考古学文化充分说明了这一点。

太原盆地距今5000至4500年间的考古学文化，即本书《太原地区新石器时代的氏族聚落与文化》所划分的第四期、第五期文化。这一时期的考古学文化，有庙底沟二期文化早段，山西龙山文化白燕类型、游邀文化等。其中庙底沟二期文化早段、山西龙山文化白燕类型和大汶口文化、陶寺文化有着千丝万缕的联系。

庙底沟二期文化、山西龙山文化白燕类型，包括清徐都沟遗址的考古发现，本书《太原地区新石器时代的氏族聚落与文化》已有介绍，并讨论了其文化渊源与谱系。我们说晋中地区庙底沟二期文化"早期遗存至少包含三种不同的文化因素：第一种是以夹砂罐和小口篮纹壶为代表的本地区前段遗存的延续；第二种以釜形斝和盆形鼎、盘口盆为代表，这些器物与河南陕县庙底沟遗址第二期有关遗存、襄汾陶寺的同类器物相同，是晋南庙底沟二期文化的因素；第三种以彩陶壶、长颈壶、短颈壶为代表。这类器物与山东大汶口文化晚期的同类器物相似，应是东来的文化因素。新出的双鋬手斝式鬲是受釜形斝的影响产生出来的，以高领为特征的夹砂罐多见于晋中以北地区，如河套地区和冀西北地区"。[73]"相对而言，晋中地区庙底沟二期文化，尤其是后一阶段受外来文化影响的程度很大。前一阶段的深腹罐、瓮等器类多是义井文化的发展和延续。而后一阶段却新出现盆形鼎、折腹斝、素面高领折肩罐、盘口盆等特征鲜明的器物。盆形鼎显然应当是临汾盆地形成陶寺类型之前从晋南传入。折腹釜形斝和陶寺类型同类器基本相同，素面高领折肩罐和陶寺类型的同类器极为接近，不排除从临汾盆地传入的可能。但问题是临汾盆地的此类器也是突然出现的。这类器物的出现可能和东方文化的强烈影响有关。只可惜由于联系山西和山东地区的河北省中南部地区，此时段的文化面貌不甚清楚，限制了对这种影响过程的进一步研究。此类器先到晋中或差不多同时期到达晋中和临汾盆地，都是可能的"。[74]白燕发掘者也认

---

⑬许伟：《晋中地区西周以前古遗存的编年与谱系》，《文物》，1989年第4期。

⑭韩建业：《中国北方地区新石器时代文化研究》，文物出版社，2003年。

为“白燕遗址一至三期的发展自成体系。虽然第二期和第三期之间文化面貌差别较大,但有些器物是连续演变的。总的看来,第一期的文化面貌与南部的黄河流域有许多相似之处;第二期既是前一期的尾声,又出现许多新的因素:F2和F14出土了大量的细泥陶器,它的陶质、器形和纹饰不仅是这个遗址中其他时期所不见的,也是同一时期的其他单位所不见的。这些细泥陶中有些具有明显的东方大汶口文化的因素。’第三期与北部的河套地区以及河北境内的壶河流域有共同的文化因素。这反映了晋中地区新石器时代在发展过程中与其他文化的联系也在发生着变化”。[75]

清徐都沟遗址,是太原市21世纪初发掘的新石器时代晚期遗址,为我们研究尧都太原提供了珍贵的实物资料。发掘者总结说:“第三期陶器组合较复杂,文化面貌也趋于多样化,这是本期最主要、最特别之处。如细泥陶中高领宽肩壶T111②:2(与)具有明显东部大汶口文化因素的折肩壶相似;三期陶豆Ⅱ区GH2:2与河北省境内壶河流域有共同特征的泥质敛口豆相似等;基本可以反映出其文化的多样性。至于本地考古学文化的流向,由于受到土鼓类陶器的启示,我们自然想到了陶寺遗址。都沟遗址第三期遗存与陶寺早期有许多共性。第一,陶寺早期有大口折沿罐,筒腹侈沿罐、敞口盆、矮把豆、碗、钵、土鼓、斝等,未见扁壶、彩绘龙盘、泥质单耳罐等,出现了小罐,单耳杯等新器类。它们之间器类上存在很多共性。第二,陶寺早期的土鼓分为两型,制作精美;都沟遗址中出土的土鼓原始,不分型,较单一。它们之间的渊源关系还是较明确的,都沟的土鼓应是其重要的源头。第三,都沟遗址第三期生产力发展的水平与陶寺早期是无法比拟的,尤其是陶寺大墓所反映的氏族内部的财产、权力的分化,在都沟遗址第三期还未见到。以上三点可以对都沟遗址族属的去向做出比较合理的判断就是:都沟遗址的族属在陶寺文化早期之前由于某种原因南迁至临汾盆地,逐渐发展壮大起来”。[76]

---

⑮ 晋中考古队:《山西太谷白燕遗址第二、三、四地点发掘简报》,《文物》,1989年第3期。

⑯ 山西省考古研究所、清徐县文物管理所:《清徐都沟遗址发掘简报》,石金鸣主编《三晋考古》第三辑,山西人民出版社,2006年。

以都沟遗址为代表的部族南迁临汾盆地，应该是沿着汾河谷地前行，这在洪洞侯村考古发现中有所表露。发掘者说："侯村类型除与陶寺文化中心区域相似的主要因素外，还融合了来自晋中地区的一些文化成分，表明在龙山时期晋中与晋南两大区域之间的文化交流和传播中侯村类型起着重要的媒介作用。"[77]苏秉琦看到侯村出土器物以后说："侯村遗址独具特征的陶器组合不仅扩大了陶寺文化的研究范围，而且反映出晋南与晋中地区文化交流融合的趋势"。[78]

一系列考古发现，充分说明文献记载中有关尧都太原说有其远古的史影。以都沟遗址为代表的帝尧部族，曾经在太原地区繁衍生息，并且创造了灿烂的文化。[79]某种程度上甚至可以说，帝尧"先都晋阳，后迁平阳府"。在晋南与晋中地区文化交流融合的趋势中，晋中盆地因其特殊的地理位置，对帝尧族系的形成起到了重要作用，促进了中国古代文明的发展。还是用已故考古学泰斗苏秉琦的论断作为这一章的总结："一系列新文化因素在距今5000—4000年间，又沿汾河南下，在晋南同来自四方（主要是东方、东南方）的其他文化再次组合，碰击出陶寺这支文明的火花，遂以《禹贡》冀州为中心奠定了'华夏'的根基"。[80]

---

⑰ 山西省考古研究所、洪洞县博物馆：《洪洞侯村新石器时代遗址调查、试掘报告》，杨富斗主编《三晋考古》第二辑，山西人民出版社，1996年，第220-224页。

⑱ 杨富斗、薛新民：《苏秉琦先生与晋文化考古》，宿白主编《苏秉琦与中国当代考古学》，科学出版社。

⑲ 都沟遗址为配合大运高速公路建设而进行的考古发掘，在发掘地点选择上受到很大限制，考古收获可想而知。据了解，清徐县、阳曲县都有与都沟遗址时代相近，但面积更大、遗存更丰富的遗址发现。相信随着考古工作的开展，有关唐尧部族的文化面貌将更加清晰。

⑳ 苏秉琦：《关于重建中国史前史的思考》，《考古》，1991年12期。

太原地区的夏时期文化
——东太堡文化

一、关于夏文化

中国历史上有一个夏朝，是国人几千年来的普遍认知。史学巨著《史记》专列《夏本纪》，作为中国历史上第一个君主政权的开端。较早文献如《尚书·召诰》记曰"我不可不监于有殷，亦不可不监于有夏"。《诗经·大雅·荡》也说"殷鉴不远，在夏后之世"。说明远在西周时期人们就认为周以前有商，商以前有夏。商人后裔追述其先人事迹的《尚书·汤誓》《诗经·商颂·长发》诸篇中都有关于夏朝的明确记载。春秋中叶的《叔夷钟》《秦公簋》铜器铭文等都提到了禹，并歌颂了其治水功绩。战国、秦汉时代诸子和其他著作往往都有关于夏朝历史的论述。

不过，因没有发现同时代文献记载，也没有发现夏代文字，商代文字中也没有发现关于夏朝的直接记录，连公认的"夏"字都没有，因此即使中国"夏商周断代工程"将夏代立国和灭亡时间精确到公元前2070—公元前1600年，并且列出夏王世袭序列——禹、启、太康、仲康、相、少康、予、槐、芒、泄、不降、扃、堇、孔甲、皋、发、桀，质疑之声还是不绝于耳。[①]特别是一些国外学者，他们或者怀疑夏的存在，或者将夏定为传说时代。如日本人成家彻郎说："我考虑以下情况，认为所谓的夏王朝实际并不存在，在商以前并不存在国家，王朝名'夏'，据文献记载其最初出现于公元前6世纪以后产生的物中，另外'夏'这一字形是进入汉代以后才出现的。先秦文献'夏'原来是'夒'字，'夒'在殷墟甲骨文中是作为商族最崇拜的远祖之一来处理的。……在殷墟甲骨文中让我们认为商王朝是推翻其以前存在的国家而成立的卜辞从未发现。甚至在西

①陈星灿、刘莉：《夏商周断代工程引起的网上讨论纪实》，北京大学古代文明研究中心《古代文明研究通讯》总第9期。

周金文中，让我们认为在商之前存在国家这一论述也未发现。即使假设夏存在，但因没有同时代的文字资料，所以也不能对其实际年代进行探讨。”[②] 罗兹·墨菲《亚洲史》虽然在提到夏朝时说：“约公元前1600年，第一个有据可考的中国王朝—商建立在华北平原黄河大拐弯处主要龙山居民点集中的同一地方或其周围或附近。不管夏是否是一个实在的国家或王朝，夏这个名称一直被使用。……夏可能仍是晚期龙山—仰韶文化最后发展阶段的合适名称。”[③]杨宽认为“夏史之传说本亦‘下土之神’之神话组合而成，有夏本即下国，夏后本即下后，亦即后土社神”[④]，“夏史大部为周人依据东西神话辗转演述而成者”；陈梦家认为夏史乃全从商史中分出。[⑤]二人均从不同角度否认有夏一代的存在。白寿彝主编的《中国通史》则将夏列入传说阶段。

造成这一现象的主要原因在于资料缺乏和认知方法的不同。[⑥]两千多年以前孔子就感叹：“夏礼，吾能言之，杞不足征也……文献不足故也，足则吾能征之矣。”秦火以后，夏代史料更是凤毛麟角。研究夏史，除却对文献的重新认识以外，一个重要途径是通过地下考古发掘，把实物资料和文献上有关传说记载结合起来综合研究，才有可能解决夏史的问题。

1916年，王国维发表《殷卜辞所见先公先王考》和《续考》，通过殷墟出土卜辞证明《史记·殷本纪》所记商王世系的可靠，从而证明《殷本纪》的可靠；而殷的先公适当夏王朝之世。既然司马迁对殷先公的世次还很清楚，那么他对《夏本纪》中夏王朝世系

② 成家彻郎：《读<夏商周断代工程1996—2000年阶段成果报告（简本）>》，彭振坤、吴锐等编《古史考·第九卷》，海南出版社，2003年。

③罗兹·墨菲著，黄磷译：《亚洲史》，海南出版社、三环出版社，2004年，第124页。

④ 杨宽：《中国上古神话传说综论》，《先秦史十讲》，复旦大学出版社，2006年。

⑤陈梦家说“窃疑夏之十四世，即商之十四世，而汤武之革命，不过亲族间之争夺而已”。参见陈梦家：《商代的神话与巫术》，《燕京学报》，第491页。

⑥陈淳，龚辛二：《二里头、夏与中国早期国家研究》通过对河南偃师二里头遗址发掘以及夏文化研究的回顾，从认知方法、考古学范例、文献运用等方面，剖析了中外学者在中国早期国家研究特别是夏朝存在与否认知中存在歧见的原因。指出中外学术传统上的差异，和中国学者因缺乏国际交流所造成的研究方法的滞后等问题。

及有关史迹记载也不会没有根据。夏朝的存在,通过考古学与文献学相结合、比对,初露端倪;而如何从考古学上确认夏王朝的文化遗存,就成为研究者的重要课题。

所谓"'夏文化'应该是指夏王朝时期夏民族的文化"。[⑦]《夏本纪》中的夏朝,疆域范围大致包括黄河、淮河以及长江中下游在内的大半个中国。所指可能是以华夏部落联盟为主体包括各方国,即所谓"夏有万邦"的疆域。在这个广阔的疆域内,既有夏民族的文化遗存,也有诸如"北唐戎""先商""东夷""三苗"等部族的遗存。而夏王朝时期夏民族遗存,学者多以河南西部和山西南部的二里头文化当之。

二里头遗址位于河南洛阳偃师二里头村,1959年发现。时代约距今3800—3500年,相当于中国历史上的夏、商时期。二里头遗址发现了大型宫殿基址、大型青铜冶铸作坊、制陶、制骨遗址,与宗教祭祀有关的建筑以及400余座墓葬,出土了成组的青铜礼器和玉器。最近几年,二里头遗址陆续有重要发现,找到了遗址中部的井字形街道、勾勒出城市布局的基本骨架;出土了包括大型绿松石镶嵌龙等高等级器物,是探索夏文化的重要遗存。

山西也是探索夏文化的重要区域。

位于夏县的东下冯遗址总面积约25万平方米。遗址内发现有灰坑、房屋、墓葬、水井、沟槽、陶窑等遗迹。遗物有石、骨、铜、陶等生产工具、生活用具和兵器、乐器。青铜镞、凿和石范的出土,表明当时已经进入青铜时代。遗址时代约当公元前1900—公元前1500年。东下冯遗址与豫西地区二里头文化遗存大同小异,被一些学者称为二里头文化东下冯类型。[⑧]这里鬲多鼎少,蛋形三足瓮颇具特色。这一特点和我们将要讨论的太原盆地夏时期文化极为相近。

---

⑦夏鼐:《谈谈探讨夏文化的几个问题》,《夏鼐文集·中》,社会科学文献出版社,2000年。

⑧对于东下冯遗存的文化性质,学术界有不同看法。或认为属于二里头文化东下冯类型,或认为属于一支独立的考古学文化,即东下冯文化。

二、"东太堡文化"

太原盆地夏时期文化遗存较为丰富,学者称其为"东太堡文化"⑨,得名于太原小店区东太堡及其附近狄村、许坦等村落的考古发现。其以高领鬲、敞口斜直腹甗、蛋形瓮、敛口斝、碗形豆等为主要文化特征。遗存分布较为密集,与周围的二里头文化、先商文化、夏家店下层文化相比多有不同,是一支独具特色的考古学文化。由于工作开展较少等原因,研究者对于太原地区"东太堡文化"遗存的分布范围还存在不同看法。⑩从目前资料看,"东太堡文化"南以霍太山为界,与东下冯文化分峙;东至太行山一线,与先商文化系统相邻;北至忻定盆地,北沿与大同盆地边沿、蔚县盆地相望;西

---

⑨关于太原盆地夏时期文化,学者们先后以光社文化、二里头文化晋中类型、东太堡文化、朱开沟文化光社类型、白燕文化、尹村一类遗存、下七垣文化白燕类型、白燕类遗存、杏花文化等名词称之。观点虽有不同,但在山西中北部地区确实存在着一种文化面貌、特征及性质不同于其周边任一地区的独特的夏时期考古学文化,则是学者们的共同认识。宋建忠说"晋中地区夏时期的遗存是不能归属于它们之中任何一个文化的;同时它也不能包含任何别的文化。这样就只有一种情况了——那就是晋中地区夏时期考古遗存是一个新的文化。关于这个文化的命名,由于最早发现此类遗存的遗址是太原东太堡(1953年发现),1980年又从该遗址采集到一批能代表此类遗存的典型器物。因此,我们建议将这个文化称为东太堡文化"。参见宋建忠《晋中地区夏时期考古遗存研究》,山西省考古学会、山西省考古研究所《山西省考古学会会论文集(二)》,山西人民出版社,1994年。由于东太堡一带的夏时期遗存多非科学发掘所得,学术意义自然大打折扣。

以"东太堡文化"代表太原盆地的夏时期遗存,只能是我们在没有确立典型遗址之前的权宜之计。

⑩如侯毅认为"北至北郊光社村一带,南到金胜晋源之交,汾河以东集中在狄村、东太堡至许坦的山前台地上,汾河以西集中在金胜村周围"。所论仅为太原市附近的夏时期遗存。宋建忠认为东太堡文化范围"东可能达太行山西麓一线,西抵黄河沿岸的吕梁山区,北部可能忻定盆地的北端,南面至灵石一线,东南则在榆社——左权一带"。武俊英认为:其范围南以霍太山为界与东下冯文化分峙,东在太行山一线与先商文化系统相邻,北有大同盆地连接桑干河与蔚县盆地相望,西入吕梁山大致借汾河水系和黄河水系相区分。分布区包括了晋中的太原盆地、晋北的忻定盆地以及晋东南的长治盆地。其文化在与二里头文化、先商文化、夏家店系文化的争夺、交流中占有一席之地,形成了雄踞一方的考古学文化。

入吕梁山，大致介于汾河水系和黄河水系之间。分布区包括了晋中盆地、忻定盆地以及长治盆地，而以晋中盆地为中心。

1958年，太原南郊许坦村民在农耕时发现古墓葬十五六座。墓葬距地表深约2米，其中5座用石片砌成棺椁形状，四周用自然石块砌成墙，上面用大石片覆盖，底部未铺石块，长约2米，宽、高各约50厘米。死者均为仰身直肢单人葬，头向西南。随葬陶器有鼎、甗、鬲、罐、钵、盆、杯等，计50余件。[11]许坦墓葬遗存是当地村民发现并经考古人员调查采集回收。鬲、甗、盆等器物绳纹具有龙山时期粗、乱、深的特点，同时，素面单耳杯和锥刺纹罐也很难同龙山时期遗物相区别。可见这批器物还有一些龙山时期遗风；但从鬲、甗、鼎、豆等典型器物的形态看，无疑又开了夏时期陶器风格的先河。所处时代约当夏初期，是太原地区目前所见夏时期最早的文化遗存。

1975年，许坦村北约1公里的狄村东南侧平整土地时又发现一批陶器。现场虽已破坏，但陶器出土地点清出一具人骨残骸。而且据发现者说，陶器出于距地表一二米深的土中，出土时排列较为整齐，分上、下两层，两层相距约30厘米，共有鼎、斝、鬲、甗、豆、罐、角、盆等器物20件。由此可知，这批陶器应当出自一座或至多两座墓中，应是同一时期遗存。对比典型陶器可以看出，罐形鼎、甗、单耳罐等器物，同东下冯第二期同类器有许多相同之处，其年代也应同东下冯第二期。

早在1953年，太原东太堡砖厂取土时就曾发现灰陶鬲、甗、罐等完整陶器及磨光石斧、骨器等，可以说是太原地区最先发现的夏时期遗存。1980年又发现土坑竖穴墓1座。出土陶器14件，器形有斝、甗、鼎、鬲、豆、爵、罐等。[12]东太堡村出土的14件陶器虽非发掘品，但陶器出于同一墓中，属同时期遗存应无疑问。我们通过类型学比较可以看出，这批器物与狄村所出土陶器在风格上有很大相似性，但某些器物形态又有逻辑上的发展。如甗、斝等三足器，足部细长高耸，足根部凹槽捆绑痕迹明显，具夏

---

⑪高礼双：《太原市南郊许坦村发现石棺墓葬群》，《考古》，1962年9期。

⑫山西省考古研究所：《太原狄村、东太堡出土的陶器》，《考古与文物》，1989年第3期。

代晚期典型风格,因此这批陶器在时代上要晚于狄村陶器。出土的盆形鼎同东下冯三、四期盆形鼎在盆部形态上有较大相似性;双錾手卷沿深腹盆与东下冯三、四期同类器及白燕四期深腹盆共性也很大。据此可断定,这批陶器年代约与东下冯第三期相当,也许能延续到四期偏早阶段。[13]

东太堡村东南约2公里的南坪头村,文物调查中也发现一处夏时期文化遗址。遗址面积约2万平方米,文化层厚0.5—3.5米。断崖上暴露有灰坑。采集标本有罐、豆、盆、鬲和石凿、骨器残片。陶器纹饰有粗绳纹、附加堆纹、篮纹等。

东太堡及相邻的许坦、狄村、南坪头等村庄周围,方圆4—5平方公里范围内一系列夏时期文化遗存的发现,说明这里应是一处人类活动的重要区域。由于这类遗存最初发现于东太堡村,且不同阶段遗存都有所发现,因此研究者以"东太堡文化"代表太原地区的夏时期文化遗存。然而由于遗址多非科学发掘,大大降低了它的研究价值。随着社会发展,当时出土遗物的地点已多为高楼大厦覆盖,一处处重要的文化遗址,未经全面考古发掘,转而被毁弃破坏,损失无可挽回。保护现存遗址(如南坪头遗址),加以系统调查、科学发掘,在当前城乡快速发展与地区考古工作相对滞后的形势下,显得尤其迫切和重要。

如上所指,太原市附近夏时期遗存虽发现较早、数量较多,但考古工作多为非系统调查和抢救性发掘。与太原地区相近的忻州游邀和太谷白燕都是两处经过大型考古发掘的古文化遗址,其中夏时期文化遗存与太原地区夏时期文化有许多相近之处,对了解太原夏时期先民的文化不无帮助。

游邀遗址面积约20万平方米。可分为早、中、晚三期。晚期遗存为夏时期。夏时期遗迹有房址、灰坑、陶窑、墓葬等。房址为圆形直壁半地穴式;灰坑以圆形和椭圆形的直壁坑为主;陶窑均为竖穴窑;墓葬均是小型土坑竖穴墓。遗物以陶器为大宗,器形有斝、鬲、甗、盉、瓮、罐、盆、壶、豆、尊等。斝的数量多、形体大、形制多样,极具特

⑬宋建忠:《晋中地区夏时期考古遗存研究》,山西省考古学会、山西省考古研究所《山西省考古学会会论文集(二)》,山西人民出版社,1994年。

征。鬲也具有一定特色。

游邀遗址晚期遗存除延续中期的一些文化因素外，出现了一些新器物如鬶、鼎、簋等。一些器类形制也有了较明显的变化。如瓮类器中新出现圜底下附实足，斝类器中新出现了体形瘦高的杯形斝，以及盉的新变化等，说明游邀晚期遗存既与其中期相衔接，又是中期向晚期发展的一个新阶段。游邀晚期遗存明显区别于龙山文化而近于二里头文化和东下冯类型的整体风格。二里头文化或东下冯类型文化，无疑已进入夏代纪年，因此我们可以将游邀遗址确认为山西中北部进入夏代纪年最早的大型文化遗存。[14]

白燕遗址位于太谷县小白乡白燕村东南乌马河北岸台地上。是一处从新石器时代晚期开始，延续至夏、商，并有极少量西周晚期遗存的大型文化遗址。其中第四期遗存分为早、晚两段，遗迹有房址、陶窑和灰坑。遗物以陶器为大宗，器型中，炊器以鬲为主，甗、斝次之，另有极少量甑、矮足深腹罐和鼎；盛贮器有盆、簋、罐、敛口三足瓮、小盆形钵、敛口钵、四足方杯等；酒器为角流爵。

白燕第四期文化遗存的形成过程，受到周邻地区文化，尤其东下冯文化影响；但它所继承的主流文化，是以正装双鋬手高领鬲为代表的杏花文化。[15]年代上应相当于二里头文化第三期、第四期。[16]

迄今为止，晋中盆地经过较大规模发掘、属于“东太堡文化”的遗存有太谷白燕、汾阳杏花村等。但经过调查、采集或小型试掘的遗址却不下数十处，主要有太原许

---

⑭忻州考古队：《忻州游邀考古》，科学出版社，2004年。山西省考古研究所：《山西考古四十年》，山西人民出版社，1994年。

⑮张忠培认为杏花文化与白燕第四期文化之间尚有缺环。参见张忠培：《杏花文化的侧装双鋬手陶鬲》，《故宫博物院院刊》，2004年第四期。它们的缺环是否就是以许坦、狄村为代表的太原盆地夏时期早、中期遗存，资料所限，尚难讨论。

⑯国家文物局、山西省考古研究所、吉林大学：《晋中考古》，文物出版社，1999年。《文物》1989年第3期。

坦、狄村、东太堡、光社、金胜村，娄烦罗家曲、何家庄，汾阳市杏花村、峪道河、北垣底、宏寺[17]，孝义市薛会、柳湾煤矿二十九亩地，榆社县台曲等地。这些遗址基本覆盖了晋中盆地，同时在文化面貌上又有极大的相似性，大略能够反映出晋中盆地夏时期考古学文化面貌。

晋中盆地夏时期文化遗存可分为早、中、晚三期。早期遗存，是直接继承本地龙山时期的传统陶器，又融入一些新的器型及风格发展而来。器物组合以鬲、甗、斝、三足瓮、深腹盆、盆形豆、侈口罐为主。高领鬲和空足三足瓮的出现，是夏时期遗存与龙山晚期遗存相区别的界标。而三足器袋足较肥，足根较短且多无凹槽痕迹，也是一个很明显的早期特征；中期在早期基础上，向典型的夏时期陶器风格发展，不再看到龙山时代的遗风。器物组合与早期相同，只是形态上有一定变化：如足根变长且多有凹槽等捆绑痕迹，整体较为瘦长。新出现浅盘细把豆、单耳罐、扁足罐形鼎、单把罐形鼎、爵、长颈罐、小口圆腹罐等。这些器物虽不多见，但给整个器物群增添了不少新的色彩，给人以全新的感受；晚期在整体风格上同前期有较大的共性，充分显示出了夏时期陶器特色。陶器组合不变，以鬲、甗、斝等为组合的器物群继续占有明显的主导地位；而浅盘细把豆、扁足鼎、爵、四足方杯等受外来影响的器物仍时有发现，继续构成太原盆地陶器群的一个特色。此外，本期除典型高领实足根鬲外，还有一些侈沿矮领实足根鬲，已显示出商鬲的部分特色。

纵观“东太堡文化”陶器，高领鬲、单把鬲、甗、斝、蛋形三足瓮、盆形鼎、盆形豆、侈口罐、折肩罐等一系列文化属性构成了晋中盆地夏时期遗存——东太堡文化的主要特征，高领鬲和空足三足瓮更是本地区夏时期最具特色的器物。

蛋形三足瓮是“东太堡文化”典型器物之一。有迹象表明，在龙山时代末期，蛋形三足瓮就出现在内蒙古中南部到太原盆地的广大区域内，而夏时期则是它的鼎盛阶段。其在东下冯类型和先商文化漳河型中均有较多发现，追其源头均应在晋中盆

⑰马升，段培庭：《山西汾阳宏寺遗址调查》，《文物季刊》，1996年第2期。

早 期	许坦遗存，汾阳峪道河w2:1三足瓮 为代表的部分遗存，峪道河H1，游邀H2等单位遗存
中 期	狄村遗存，东太堡1953年出土部分遗存，孝义二十九亩地 采集陶器，杏花村H313、游邀H129等单位遗存
晚 期	东太堡1980年出土的陶器，白燕四期 部分遗存，榆社台曲遗存等

太原盆地夏时期主要遗存分期表

地。无论晋中盆地还是内蒙古的发现，蛋形三足瓮大多作为瓮棺葬葬具使用。假若这种器物最初的功能确实仅仅是葬具，那么这种瓮的形态本身便具有某种特定的含义，即应是当时人们一定的宗教意识的反映。考古资料显示，晋中盆地夏代的三足瓮大致有两条演变轨迹：在汾河沿岸或以东地区，可能由于受高领鬲的影响，瓮足经历了由漏斗状空足到乳状空足再到锥状半空足，最后变为尖锥状实足的演变过程；在吕梁山区或黄河沿岸，瓮足始终保持空足的特点相对稳定发展。山西柳林高红灰坑1、陕西清涧李家崖及绥德薛家渠、山西洪洞永凝堡等地所见的三足瓮，便是后一系统空足三足瓮的后裔，它们与周文化有着较为明显的联系。

高领鬲是东太堡文化的又一代表性器物。在晋西南的东下冯文化 、晋中地区夏时期遗存及河套、晋东北的夏时期遗存中，都是以高领鬲作为它们的文化表征，不过器物的细节特征上还是存在着一些差异。东下冯文化的高领鬲全无鋬手，与之搭配的还有较多的单把高领鬲。河套及晋东北地区夏时期遗存的高领鬲，基本上都是正装双鋬手高领鬲，同时又无东下冯遗址那样的单把高领鬲。晋中地区夏时期遗存的高领鬲中，除正装双鋬手、无鋬手者一类外，还存在一定数量的侧装双鋬手高领鬲。侧装双鋬鬲在迄今的考古发现中仅见于太原地区。器物类别上的差异，反映了它们所承继的主流文化的不同。

龙山时期，处于北方长城沿线中段的三北地区（包括晋中北、冀西北、内蒙古中南部及陕北地区），文化面貌有着较强的一致性。进入夏时期后，这种相对统一的文化格局产生了分化：山西中北部地区逐渐形成了以高领鬲、敞口斜直腹甗、蛋形三实足瓮等为代表，自具特征的“东太堡文化”；而内蒙古及陕北地区则先后形成了以正装鋬手鬲、盉、敛口甗、双耳罐、折肩罐、单把鬲等为代表的大口二期文化和以蛇纹鬲、敞口甗、带纽罐等为代表的朱开沟文化，同时，冀西北地区也形成了自身的文化特色。这种分化，使得原本统一的文化格局不复存在，但因源自同一个大的亲缘文化区，又令它们在各自发展中存在着广泛的渗透和影响。

晋中盆地夏时期遗存和朱开沟文化有着广泛交流。朱开沟文化以内蒙古自治区鄂尔多斯市为中心，南边大体以陕北地区经吕梁山至晋中北部一线而与晋中盆地夏时期文化相接。是一处距今4200—3500年，横跨原始社会晚期到商代前期的考古学文化。其中二、三、四段属夏时期遗存。[18]以花边鬲、高领鬲、蛇纹鬲、单把鬲、敛口甗、蛋形三足瓮、单耳罐、双耳罐、镂孔高圈足豆等为典型器。可以看出其与晋中盆地器物有许多共同之处，然而还有相当比例的器类不为晋中盆地所具有。两者不属于同一文化。至于两者之间相似器类，是交流的产物还是各自发展的结果，尚难定论。但可以肯定的是，两者在相邻的几处考古学文化中交流最为广泛。本书前文在讨论晋

---

⑱学者们对朱开沟遗址的文化分期及属性看法不一。王乐文将朱开沟遗址的发现分为甲类遗存和乙类遗存，认为“朱开沟甲类遗存的年代当在龙山时代晚期的偏晚阶段至二里头文化二期前后”。乙类遗存即朱开沟文化“可分为早、中、晚三期。早期是其起源与形成阶段，大致相当于夏代晚期（二里头文化三、四期）；中、晚期进入早商时期（二里岗下层至二里岗上层晚段）”（《北方文物》2006年第3期。）吕智荣将朱开沟遗址以蛇纹鬲为代表的遗存分为四期，并认为第一期遗存的时代下限大约在二里岗下层商文化偏早阶段，而上限或者稍早，到了二里头文化四期年代的范围之中，即约相当四期偏晚阶段。第四期则晚到殷墟商文化二期。参见吕智荣《朱开沟文化相关问题研究》、《华夏考古》2002年第1期。韩建业则认为朱开沟遗址早期遗存时当二里头文化早期。参见韩建业：《中国北方新石器时代文化研究》，文物出版社，2003年，第154页。

中盆地龙山时代晚期文化时曾经提道:“晋中盆地龙山文化晚期遗存同晋南龙山文化晚期、河北龙山文化晚期,即所谓的黄河中下游中原文明特征相去较远,而与内蒙古南部即所谓北方地区龙山文化晚期的文化因素大体一致,应属一个文化区系。”朱开沟文化和东太堡文化的相似性,正是这一文化趋势的显现。

东太堡文化和先商文化漳河型也有一定交流。先商文化漳河型是一支分布于河北省南部漳河中游邯郸、磁县等地区的夏时期考古学文化。漳河型陶器以三足器和平底器最为流行,典型陶器为高领鬲、甗、花边深腹罐、扁足鼎、盆形豆、折腹盆,其他还有大口尊、蛋形三足瓮等。不难看出,这些器类中的鬲、甗、盆形豆、三足瓮,也是晋中盆地的典型器;但漳河型其他典型器则不为晋中盆地所有,同时晋中盆地的斝在漳河型中也少见,它们分属两个文化当无异议。鬲、甗、斝、三足瓮是晋中盆地的传统器物,在龙山时代均能找到源头,但这些器物在漳河型分布区域内则是无源之水;同时,漳河型早期又晚于晋中盆地的早期遗存。由此看来,漳河型中的这些器类只能源自晋中盆地的同类器。如果将这些器类看成是漳河型的文化主流,那么漳河型的源头应在晋中盆地,起码是其源头之一。

晋西南地区东下冯类型陶器以单耳罐、深腹罐最为常见,鬲、甗、鼎居次要地位,而且鬲是从第二期逐渐增多,斝则更少见;其他数量较多的器类还有大口尊、小口尊、双鋬深腹盆等。由于东下冯遗址的地理位置介于晋中盆地以鬲、三足瓮为代表的东太堡文化区和豫西以夹砂深腹罐、大口尊为代表的二里头文化区之间,因此东下冯夏代遗存同时含有这两地的文化因素,文化交流自是不言而喻。相对而言,晋中盆地对东下冯类型的影响更为强烈,如东下冯类型中的蛋形三足瓮、甗,而东下冯类型对晋中盆地的影响则是温和、微弱的。

二里头文化的典型陶器是以圜底深腹罐、双鋬罐、单耳罐等夹砂罐类和扁足鼎、盆形甑、大口尊、小口尊、高粗圈豆、爵、四足方杯等为代表,这同以鬲、甗、斝、蛋形三足瓮等为主的晋中遗存大相径庭,毫无共同之处;但两者之间分别发现有极少量的对方器物,如晋中发现的扁足鼎、爵、四足方杯,二里头发现的鬲、甗、蛋形三足瓮等,似乎表明两者之间有文化的双向交流，不过事实上，就连这种交流也很可能是通过漳河型或者东下冯类型的中介来实现的。[19]因此，它们之间的关系就显得微乎其微。

总体而言，太原地区夏时期文化遗存——“东太堡文化”，是在继承本地传统文化的基础上，融合并吸收外来文化因素而发展起来的，它是一支与周边诸文化长期并存又独立发展的考古学文化。许坦以石片垒砌棺椁的形制，开北方地区石砌墓葬的先

东太堡文化类型	二里头文化类型	东下冯类型	漳河型	朱开沟文化
早期	一期	一期		早期
中期	二期	二期	早期	中期
晚期	三期	三期	中期 晚期	晚期
	四期	四期		

相邻诸文化分期对应表

⑲或以为这种交流是通过汾河河谷实现的。太行山西麓，晋西南分布着二里头文化东下冯类型。东下冯类型以北，则分布着所谓“光社文化”，也有人称之为“白燕文化”“东太堡文化”等，这一区域发现有较多二里头文化的典型器。如山西太谷白燕遗址平底盆H119:1、H392: 39，M14:1四足方杯，当通过东下冯类型传播至此；堆纹斝F1: 23当源于东下冯类型(42)。太原狄村、东太堡光社文化遗址，均发现有二里头文化的典型酒器角；狄村的敞腹盆形鼎、东太堡的宽沿盆形鼎近于二里头文化东下冯类型的同类器。同时，该区域又有夏家店下层文化的因素，如山西太谷白燕遗址T127③D:1桶腹鬲，属夏家店下层文化典型器。太原西北的娄烦罗家曲的陶爵、庙湾的陶簋以及太原以北的忻州游邀遗址的碗形豆、敛口斝当源自东下冯类型。而冀西北蔚县一带夏家店下层文化三关遗址墓地YSGH2071:7蛋形瓮，则源于山西太原的光社文化。太行山以西地区夏王朝文化对夏家店下层文化的传播通道，自东下冯类型向北，沿汾河河谷经汾阳、太谷到达太原，继续沿汾河河谷经娄烦到达宁武一带进入桑干河流域，然后沿桑干河谷东进入冀西北的夏家店下层文化壶流河一带。（参见徐昭峰、李丽娜：《夏商之际王朝文化北向传播的通道及背景探析》，《中原文物》，2009年第5期）

河(分布于东北夏家店下层文化使用石椁石棺葬,春秋战国时期,这一墓葬形式广泛分布于长城南北一线广大地区,作为戎狄文化的一个特征而与中原地区不同)。“东太堡文化”有着浓厚的地方色彩,并给予其周边文化以强烈影响。空三足瓮在此地的发展序列,就是对东下冯类型影响的一个见证;扁三角足鼎、细把残盘豆的存在,说明其通过先商文化漳河型而与东面的岳石文化有着某种联系;而豫北冀南先商文化中某些陶鬲也应是晋中陶鬲的继承者。故先商文化中的某些因素应是由晋中盆地夏时期遗存派生而来。如果说二里头文化对漳河型和东下冯类型施以强烈影响的话,那么“东太堡文化”对这两个文化的影响同样强烈。在此意义上,甚至可以说“东太堡文化”同二里头文化一样有着同等重要的地位:两者具有浓厚的地方传统色彩,均具有很强的生命力,均占据一方并形成了明显的文化中心。一般认为豫西晋南地区属夏文化,那么至少夏文化相当一部分因素来自东太堡文化。可见,东太堡文化不仅对先商文化的形成与发展起到了举足轻重的作用,也在夏文化的发展中扮演着重要角色。如果我们承认“东太堡文化”是传统史学上认为的北方族群创造和使用的文化,就可以说,作为中华文明史开端的夏、商王朝文化,是吸纳了相当程度的北方族群文化而发展起来的。

关于夏文化的起源,学术界看法不同。许多学者认为夏文化起源于豫西,向西北发展而有东下冯文化。还有一些学者认为二里头文化是从晋南龙山文化发展而来的:“二里头一、二期陶器的变化说明,该类型的一期文化的来源,显然是来自西边或孕育于晋南龙山文化(或陕、晋、豫多源的龙山文化)中。”我们前边已经谈到晋南庙底沟二期文化、陶寺文化和晋中盆地的远古文化有着广泛的交流,晋西南很可能是先夏文化的发源地。如此说来,在中原远古文化的形成和发展中,不仅“东太堡文化”,晋中盆地的远古文化很早就在其中发挥了重要作用,这种作用可以说其来有自、源远流长。

后人因此又有大禹都晋阳的说法。《史记·封禅书》《正义》引《世本》云:“夏禹都阳城,避商均也。又都平阳,或在安邑,或在晋阳。”《帝王世纪》也说:“(禹)都平阳,或在安邑,或在晋阳。”《水经注·涑水注》则仅云:“安邑,禹都也。”……关于禹都平阳,徐旭生怀疑《世本》“又都平阳,或在安邑,或在晋阳”是宋衷的注文。曲英杰则认为这几句话是张守节对所引《世本》的释文。禹是治水英雄,又是夏朝的奠基者,因此中国很多地方都有关于禹的传说,禹都晋阳传说就可能因此产生。大禹系舟山的传说、“打开灵石口,空出晋阳湖”的传说,都是由此传说孳乳而出。

商代太原

商朝历史和夏朝一样，曾经遭到历史学家的质疑。20世纪上半叶，殷墟遗址大规模发掘，出土的甲骨文印证了司马迁《史记》所载商王世系的可靠。随后偃师二里头、河南郑州商城、湖北盘龙城、四川广汉三星堆等大量考古发现和研究成果公布，使商朝的历史文化逐渐清晰。现在我们知道，商人是一个以玄鸟为图腾的部族。《诗·商颂·玄鸟》曰："天命玄鸟，降而生商。"《史记·殷本纪》记载"有娀氏之女名简狄，吞玄鸟之卵而生契"。商的始祖契曾助禹治水，有功而受封于商，以后就以"商"来称其部族。从契至汤，该部族曾八次迁徙，到商汤时在伊尹的辅佐下打败夏桀，建立商朝后，以"商"为国号。其后裔盘庚迁殷（今河南安阳西北）后，又以"殷"称之，或"殷商"并称。到末代君王商纣王于牧野之战被周武王击败而亡，共经历17代31王。商朝立国年代史书记载不一，"鼎迁于商，载祀六百"是一个约略说法。中国夏商周断代工程认为商朝取代夏朝的时间约前1556年，至前1046年1月20日被周武王所灭，共510年①。商朝立国500多年间曾五次迁都，五个都城中四个都在河南省境内。目前在河南偃师市、郑州市、安阳市都发现了都市规模的遗址。商代文化遗存在河南、河北、山东、山西，甚至陕西等地都有大量发现。

商人灭夏前是夏王朝的一个方国，到灭夏时已经发展成足以和夏王朝相抗衡的强大部族。据记载，商汤以前至契曾八次迁徙。学术界将商人先公先王的这一段历史称之为"先商"，将"始祖契到成汤灭夏之前以商人为主体的人群所创造和使用的考古学文化"②称为"先商文化"。关于"先商文化"分布范围以及起源问题，史书记载简

①夏商周断代工程专家组：《夏商周断代工程1996—2000年阶段成果报告·简本》，世界图书出版公司，2000年。

②张立东：《先商文化浅议》，《中国商文化国际学术讨论会论文集》，中国大百科全书出版社，1998年。

略且矛盾。历史上有西方说、东方说、北方说、东北说、晋南说,等等。[③]考古学上也有河北龙山文化雪山型、保北型、王油坊类型、漳河型、辉卫型、下七垣文化等为“先商文化”的讨论。[④]其中下七垣文化或曰先商文化漳河型,则和晋中盆地的远古文化有着千丝万缕的联系。

一、晋中盆地的先商文化因素

先商文化漳河型,中心分布地区为河北省滹沱河与漳河流域之间的沿太行山东麓一线。关于其来源,邹衡认为先商文化漳河型的来源并不是单一的,它应该有三个主要来源:一是河北省的河北龙山文化涧沟型;二是山西省的河北龙山文化许坦型;三是山西省的夏文化东下冯型。

邹衡所谓河北龙山文化许坦型,就是本书前边谈到的“东太堡文化”早期遗存。文中在讨论“东太堡文化”的交流与影响时曾说到,先商文化漳河型的典型陶器鬲、甗、斝、三足瓮等也是晋中盆地“东太堡文化”的传统器物,而且在龙山时代均能找到源头。可见它们也是漳河型的源头。果真如此,那么晋中盆地的“东太堡文化”就是先商文化漳河型源头之一。邹衡在讨论河北龙山文化许坦型与光社文化时,将发现于山西中部的许坦、东太堡、狄村、光社以及娄烦何家庄等地的考古遗存分为四类,并且认为第一类遗存应为河北龙山文化许坦型,时代下限不晚于夏文化早期;第二类的年代约当夏文化晚期至早商时代;第三类不晚于“殷墟文化”早期;第四类的年代约相当于“殷墟文化晚期”。各类别间文化因素有一定的连续性。第二到第四类遗存可以通称为光社文化,它们同商文化有比较密切的关系。[⑤]由于晋中盆地太原地区光社文化早期同先商文化漳河型有某些相似之处,而从许坦型河北龙山文化过渡到光社文化又比较清楚,因此,先商文化漳河型中的部分文化因素也可能来源于晋中地区的河

③朱彦民:《商族的起源、迁徙与发展》第一章第二节,商务印书馆,2007年。

④张立东:《先商文化的探索历程》,《三代文明研究(一)》,科学出版社,1999年。沈勇《商源浅析》,《文物春秋》,1990年第3期。

⑤邹衡:《试论夏文化》,《夏商周考古学论文集》,科学出版社,2001年。

北龙山文化许坦型。[6]李伯谦也注意到了这一文化现象，他将先商文化漳河型与辉卫型一类遗存通称之为下七垣文化，并且说："如果把下七垣文化及其周边围地区早于它的龙山期文化作一通盘考察，我们便不难发现，位于太行山西麓的龙山期文化与其关系则更为密切。……这也许暗示出下七垣文化的主流是继承晋中龙山期文化逐渐发展而形成起来的"。[7]

文献记载也透露出先商文化源自山西的证据。

《诗·玄鸟》："天命玄鸟，降而生商，宅殷土茫茫。"《诗·商颂·长发》："有娀方将，帝立子生商。"天命玄鸟降下来和有娀氏发生关系而生商。——说明商族先祖以玄鸟命氏，即以鸟作为部族图腾。古商字写作""""，字上部像凤鸟之冠状，说明商族和以鸟为图腾的东夷集团，亦即我们在前文讨论过的大汶口文化——太皋、少皋族系关系密切（中国古代一大集团，和我们太原关系密切的赵氏之祖伯益，史书也说他是因母亲女修吞食燕卵而生，说明赵氏和殷商，和远在山东一带东夷少皋族群之间，在远古时期是有一定联系的）。说商族的起源和东方夷人有关，考古学和文献也有佐证；然而商族的来源并不是单一的，它的另一个主要来源，就是文献记载和商族关系密切的"戎"。《尚书·康诰》"殪戎殷"；《国语·周语》下引《泰誓》"戎商必克"，可见戎和商在古人心目中有时就是一回事。戎夷合体是为殷商，所以古籍上有称其为"戎殷"或"戎商"。这个"戎"应该就是商族的母姓一族——有娀氏。关于"戎"，《淮南子·地形训》："有娀在不周之北。长女简翟，少女建疵。"高诱注："有娀，国名也。不周，山名也。娀读如嵩高之嵩。"《淮南子·天文训》："昔者共工与颛顼争为帝，怒而触不周之山。"高诱注："不周山，在西北也。"可见娀应该就是戎，是在西北地区。而《史记·殷本纪》载"殷契，母曰简狄，有娀氏之女。"对此，《史记·正义》释曰："按《记

⑥邹衡：《关于夏商时期北方地区诸邻境文化的初步探讨》，《夏商周考古学论文集》，科学出版社，2001年。

⑦李伯谦：《先商文化探索》，《庆祝苏秉琦考古五十五年论文集》，文物出版社，1989年。

云》:'桀败于有娀之墟',有娀当在蒲州也。"更具体地指明有娀的地望是在今天山西省境内。商族有名的先王之一王亥,传说为玄冥之子,古籍多记其事。《古本竹书纪年》记载:"殷王子亥,宾于有易而淫焉。有易之君绵臣杀而放之。是故殷主(上)甲微,假师于河伯以伐有易。"有易或以为即有狄。河伯的原住地据考在今山西省太原以西的岚县和内蒙古河套地区托克托一带。漳河流域也有关于河伯的传说。这些地方正是邹衡所谓的光社文化分布区域或其影响所及的地区。[8]考古和文献资料表明:先商文化与山西境内的古代文化无疑有着密切关联。

非唯如此,商族之所以名商,很可能和发源于山西晋中盆地的漳水有关。

关于商族得名缘由,一种说法是该族"肇牵车牛,远服贾",因很早开始从事商业贸易活动,长于商贸,故得名商。然而在甲骨文中,商字不见与商贸活动有所关联,反而多表示人名、族名、地名、水名等。王国维就认为"商之国号,本于地名"。[9]研究者进一步认为地名之商和滳水、漳水有关。殷墟卜辞中有30多条提到滳水或者商水,且多和祭祀有关,可见滳水是商人十分崇敬的一条河流。对于滳水,前人很早就已经注意到了它和商人的关系。葛毅卿《说滳》考证:"甲文之滳或即后日之漳乎。漳水发源于晋,横亘豫北冀南,其地为昔商族徘徊之所,滳或因商而得名也。"杨树达《释滳》引用《说文》释商为"章省声";《匡谬正俗》"商字旧有章音";《水经·河水篇》中的"商河"郦道元注"一曰小漳河"等,说明古代商、章通用,进而认为"滳水盖亦今河南省境内之水,以字音求之,盖即今之漳水也"。[10]不过对于滳水是否为漳水的问题,李学勤、郑杰祥等都提出了不同意见。[11]罗琨《卜辞滳水探研》详细考证滳水为商人曾经的首

⑧邹衡:《试论夏文化》,《夏商周考古学论文集》,科学出版社,2001年第2版。

⑨王国维:《观堂集林·说商》,中华书局,1959年。陈梦家不同意王国维的看法,认为商"地名名商,本于族名名商,而族名之商实本于人名之商"。参见陈梦家:《商代的神话与巫术》,《燕京学报》,第20集。

⑩杨树达:《杨树达文集》之五,《积微居甲文说》,上海古籍出版社,1986年。

⑪李学勤:《殷代地理简论》认为应是发源于山西的沁水。郑杰祥:《商代地理概论》认为应是发源于山西的清水。

都——朝歌附近的淇水之后，总结说："殷墟甲骨文中的滴水当为周代文献中常见的淇水，由于是殷都附近重要河流之一而常见于卜辞，更因为它承用了商族的母亲河——漳水的古名，所以其神守在商人中有着重要的地位。"[12]对此孙淼《商族起源地与商族名称的由来》一文中更明白地说："商族的起源地与商族名称的来源，均应出自漳水流域"。[13]

学者们所谓的漳水，即文献所载清漳水和浊漳水，是山西晋东南地区的主要河流之一。河道全长237公里，流经山西省晋中市、阳泉市、长治市等，经平顺县入河北，最后汇入海河。《禹贡》："底绩覃怀，至于衡漳。"此漳即指漳水。漳河支流众多，其中清漳水和浊漳水是漳河的两条主要干流。《汉书·地理志》："鹿谷山，浊漳水所出，东至邺入清漳。大黾谷，清漳水所出，东北至邑城入大河。"《水经注·卷十》："浊漳水出上党长子县西发鸠山，漳水出鹿谷山，与发鸠连麓而在南。"两水的发源地，一个位于太行山西麓榆社县北柳树沟，一个在和顺县大嵰山，流域都已跨入晋中盆地。漳河流域分布着大量史前文化遗址，其中东太堡文化或认为属于夏时期文化的一个地方类型；而晋中盆地的"东太堡文化"正是学者们所谓的先商文化源头之一。更为巧合的是，距离两条河流源头不远的太谷县白燕村，考古工作者发现的大型文化遗址——白燕遗址，文化遗存不仅包涵仰韶文化、山西龙山文化，而且还包涵东太堡文化、商代文化。

二、商代文化遗存

白燕遗址的文化遗存，发掘者将其分为六期。其中第五期即为商时期。发现遗迹主要为灰坑，灰坑的用途还有待进一步研究，不过一些灰坑可能作为储藏处或房子使用，后来废弃成了垃圾坑。如灰坑47为近圆形袋状灰坑，坑壁及坑底均平整光滑，坑内填质地较硬的灰黄土。出土1件完整的陶甑，坑底西南部紧挨坑壁埋葬3具完整

---

⑫罗琨：《卜辞滴水探研》，北京大学文博学院编《考古学研究（五）》上册，科学出版社，2003年。

⑬孙淼：《商族起源地与商族名称的由来》，殷墟博物苑、中国殷商文化学会：《殷墟博物苑苑刊（创刊号）》，中国社会科学出版社，1989年。

的措置叠压的中青年骨架,3具骨架均有被砍杀痕迹,推测为埋葬牲人的祭祀坑。

白燕遗址第五期出土遗物以陶器为主,纹饰以绳纹为主,新出现饕餮兽面纹、云雷纹等纹饰。器型有鬲、甗、甑、斝、鼎、簋、盆、豆、钵、单把鋬口罐、小口绳纹罐、中口折肩罐、敛口三足瓮、夹砂红陶缸等。[14]从地层关系和陶器变化看,可分为四个发展阶段。一段相当于二里岗文化上层早段。陶器同前一阶段有密切联系,主要器类都存在着一脉相承的发展演进关系。本段开始流行的单把鋬口罐特色鲜明,一直延续到第三段。第二段时代当二里岗文化上层晚段。陶器类别与前段相同。值得注意的是,部分侈沿深腹鬲的口部绳纹被抹掉,并参照商式翻缘小鬲修整加工,形成一种介于绳纹口侈沿深腹鬲和商式翻缘小鬲之间的"中间型"鬲。第三段时代当殷墟文化第一期。绳纹口侈沿深腹鬲锐减,"中间型"鬲数量剧增,成为大型鬲的主体。第四段时代当殷墟文化第二期。"中间型"鬲依然盛行不衰,陶器主体成分仍然是前段的延续;但也集中出现了一些以往不常见的因素,如无实足跟袋足鬲、柱状实足跟鬲、颈饰附加堆纹的夹粗砂陶鬲及宽侈沿鼓腹簋等。[15]

白燕遗址五期文化时代大致为商代早期至晚期前段,依据发现遗物碳十四测定并经树轮校正,年代为距今3525—3235年,达到商朝积年的一半以上,可说是晋中盆地具有商代文化特征的代表性遗址。

白燕遗址而外,晋中盆地考古发掘的商代遗址还有汾阳杏花村遗址和灵石旌介墓葬等。

汾阳杏花村遗址与白燕遗址的直线距离约10公里,是太原盆地少数经过科学发掘、包含有商代遗存的之一文化遗址。

遗址位于吕梁山脉东南,汾阳市杏花村东,面积约15万平方米。遗址堆积连绵不断,年代跨度长,内涵丰富。文化遗存包括仰韶时代庙底沟文化、龙山时代杏花文

---

⑭晋中考古队:《山西太谷白燕遗址第一地点发掘简报》,《文物》,1989年第3期。
⑮许伟:《晋中地区西周以前古遗存的编年与谱系》,《文物》1989年第4期 。

化、夏时期文化、商代文化等。发掘者将商代遗存分为两个阶段，第一段遗迹仅发现灰坑，出土遗物有方唇深腹联裆鬲、敛口泥质灰陶瓮、饰弦纹和十字镂空的泥质灰陶簋残座等。时代相当二里岗上层。

杏花村遗址商代重要遗存是二段遗迹，发现多座灰坑和一批墓葬。时代和白燕遗址四段相当，即殷墟文化第二期，其中一部分墓葬的时代可能晚到殷墟文化晚期。

杏花村遗址墓葬虽遭到极大破坏，但由于它是晋中盆地唯一经过考古发掘的大型商代墓葬，无疑有着重要的学术价值，对研究晋中盆地殷商时期文化有着重要意义。墓葬葬式基本同于殷墟商人墓，只是没有殷墟商墓随葬陶器的组合形式。遗址中出土的代表性器物——陶鬲，可以明显看到不同的来源：一种具有典型商文化特征，文化因素显然来自东方的商文化区。另一种是本地传统风格和以本地传统风格为主，又吸收一定商文化因素而产生的中间型陶鬲。此外遗址还发现少量与前两处风格明显不同的陶鬲，吕梁山腹地柳林高红遗址出土器物则与之如出一辙，说明商代杏花先民和吕梁山高红遗址为代表的文化族群也有一定的交往。

杏花村遗址这种文化特征表明，以杏花村遗址为代表的晋中盆地居民同商文化有着密切关系。如前所述，自先商时期开始，商人就和太原盆地居民有着紧密的源流关系，至二里岗时期，商人扩大和深入了对晋中盆地居民的文化影响。杏花墓地存在浓厚的商人葬俗现象，当是沿着上述轨迹发展的结果。而另一方面也可看出，根植于晋中盆地的这种文化遗存，虽然受到商文化的强烈影响，并且吸收了以吕梁山高红为代表的部分文化因素，但仍顽强地保存着自己的文化特征，构成一种自成特色的考古学文化遗存。

杏花村墓地出土的商式鬲、传统型鬲，在灵石旌介商墓也有发现。

灵石旌介因1976年出土30多件精美的青铜器引起考古工作者关注。1984年，又发现了2座古墓，编号墓1、墓2。以墓1为例。墓葬为南北向土坑竖穴，一椁三棺，正中男性墓主人仰身直肢，两侧各有一面向墓主人的侧身葬女性。墓葬北部棺椁之间殉人，头西脚东，侧身面向墓主人。墓底正中腰坑殉狗两只、牛头一个，铜矛6件。随葬品共计51件，多置于墓主人的头、脚部位。计有鼎2、斝1、簋1、尊1、罍1、卣2、觚4、爵10、戈2、镞4、兽形管状器1、弓形器2；玉鱼、玉璜、玉鸟各一、玉管3件；骨管、石镰、陶鬲、鼓各一件。[16]

旌介商墓时代当殷墟晚期，出土的大多数青铜器上都有铭文和族徽，铭文以一字居多，族徽中最多，释为鬲或丙。[17]铭鬲的青铜器在山东、陕西、河南、河北等地都有发现，数量达百余件，多为商代器物，少数可到西周早期。可见鬲族在当时是一个重要的方国。《续殷文存》记载一件铸有鬲族族徽的铜鼎，长篇铭文叙述了作器者随王征井方，在师受到商王赏赐而为父丁作器。鬲族首领能奔走在商王左右，随王出征并接受商王赏赐，说明鬲族和商王朝关系密切。灵石旌介出土的青铜器从文化风格来看，可分为两类。其中占主导地位的青铜器如爵、罍、尊、簋、斝和玉璜、玉鸟、玉鱼等，与殷墟晚期墓葬出土的同类器物几乎完全一样，具有典型商文化风格。说明活动在这里的族群和中原商文化有着密切交往，总体上属于商文化系统。而另一类器物如弓形器、羊首刀、兽首管状器等少见或不见于殷墟，具有北方系青铜文化风格。特别是在葬俗上三棺共一椁，两棺共一椁男女合葬的现象，绝不见于殷墟。表现出它们与商王朝或商文化的距离，即他们应是以商文化为主体，融合当地及其他青铜文化的某些因素而形成的一个地方类型。结合墓葬特征和青铜器铭文，我们推测"鬲"族与商王朝属于密切关系的邻邦。墓葬主人很可能就是鬲国贵族或国君；而灵石一带应是商代晚期鬲族方国所在地。

值得注意的是，作为旌介村大墓墓主人陪葬者的几座小墓，随葬陶鬲与杏花村墓地出土的商式鬲和中间型鬲相同。这也许说明杏花村遗址居民应是在旌介村墓主人所代表的贵族统治之下，晋中一带也应属鬲国范围。

灵石旌介出土青铜器中，还有一些铸有天元、羌、辛、戈、邑等族徽、铭文，说明这

⑯海金乐、韩炳华：《灵石旌介商墓》，科学出版社，2006年。

⑰对此铭文，释法不一。海金乐、韩炳华释为"丙"，认为是商朝十干族之一——丙族。参见海金乐、韩炳华：《灵石旌介商墓》，科学出版社，2006年。

些铜器的主人可能也是活动于山西一带的方国首领，起码与鬲国有一定联系。

此外出土铜簋底上一个骡形动物图案，引起了学者们的关注。陶正刚先生将其释为马，并与文献所载马羌相联系。考古学家张颔考订其即为文献上所谓的"嬴"，即骡子："大体可以得出这样的印象：驴和骡本北狄或西戎所有，可能在春秋战国之际传入燕、赵等国，逐渐进入内地，但在秦汉时还不是十分普遍。然而，如果我们把视野扩大到考古资料，所见就有很大的不同。……窃以为根据簋的发现，应该把驴、骡传入内地的历史至少提到殷商晚期"。⑱

在太原尖草坪区光社、忻州连寺沟、吕梁山等地发现的商代遗址和墓葬，同样也值得关注。

光社遗址位于尖草坪区光社村南侧黄土层台地上，1954年考古调查时发现，1956年小范围发掘。遗址为不规则长方形，面积约1万平方米。地面散见各种器类的碎陶片、残破石器等。经发掘获得陶器、石器、骨器等遗物。灰坑非常稠密，大部厚达3米以上，有的灰坑内发现有白灰面，表面薄而匀，涂于草拌泥上。陶器中鬲的数量最多，约占总数的一半还多。陶鬲皆饰绳纹，鬲足皆为锥状实足根。除鬲之外，陶器中的生活器皿还有甗、罐、杯、盆、盘、豆、杯、钵等；蛋形三足瓮是光社遗址出土的代表性器物。生产工具有陶纺轮、石刀、石铲、石斧、石锛、石凿等，骨器有针、锥、卜骨等。共发现卜骨11片，计有灼无钻3片，有钻有灼8片，大部是牛胛骨，正、背面均经刮削加工；钻窠大小并不一致，窠槽内也不规律，并显有刃状器挖削痕迹，正面有卜兆，无文字。学者们对光社遗址的文化时代看法不一。发掘者认为"它大约是带有地方性的新石器时代晚期文化，也可能相当于龙山文化的晚期，或者接近于商代文化"。⑲邹衡先生将晋中盆地发现的龙山晚期到夏商时期考古遗存称之为光社文化，并且认为它

⑱张颔：《"嬴簋"探解》，《文物》，1986年第11期。也有人认为应是马，是历史上马羌的族徽。山西省考古研究所：《1979—1989年山西省的考古发现》，《文物考古工作十年》，文物出版社，1990年。

⑲解希恭：《光社遗址调查试掘简报》，《文物》，1962年第4、5期。

代表的是一支广及"黄河两岸的晋西北,陕东北直至河套地区",或者至少是影响所及的考古学文化。推其时代:白灰面、石刀、石环等约当龙山晚期;蛋形三足瓮、扁平石铲、猪肩胛骨卜骨等约当夏时代晚期;细绳纹鬲、有肩石铲以及三角划纹簋、方肩罐口等则当殷墟时期;[20]此外,遗址东北部发现零星陶片,有红陶、彩陶、条纹陶等,很明显属于仰韶文化时代。

1966年,位于太原地区以北的忻州连寺沟村南羊圈坡发现商代墓葬,出土一批青铜器,有铜爵、铜觚、铜鼎等。早在民国二十七年(1938),连寺沟村东约半里的牛子坪沟崖上发现同一类型青铜器。部分遗失,部分中华人民共和国成立后,后被太原文物商店收购。计有铜鼎1件、铜瓿、铜斝、铜爵、铜簪各1件。

吕梁山一线的石楼县后蓝家沟、桃花庄、二郎坡、贺家坪、义牒,永和县下辛角、柳林县高红、保德县林遮峪等地多处发现商代晚期遗址、墓葬。石楼县城关公社肖家塌发现的一件铜戈,戈内一面有铭文"竝",另一面也有相近铭文。据研究所谓的"竝"字,即并字。太原别名并州,则和青铜戈的族属并氏有着莫大的关系。[21]

2009年,吕梁山柳林高红遗址调查和发掘一处商代遗址,并被评为十大考古新发现。出土器物表明:石楼、永和、高红等地的文化遗存,既有商代文化的典型器物,又有属于北方草原的青铜文化,即鄂尔多斯青铜文化系列。它们是一支以晋陕交界的黄河两岸高原地带为中心区域,和商文化并行发展而又互相影响的考古学文化。这支文化和晋中盆地以杏花村为代表的商时期文化族群,有着密切联系,甚至一度还曾侵入晋中盆地。或以为"在太原、娄烦地区发现了光社文化,其中第三、四类的年代大体相当于早商晚期—晚商时代,与商文化的关系甚为密切,且同夏家店下层文化有一定的联系。这些都和(吕梁山一带)铜器墓葬的情况相同。总之,这批铜器墓葬所代表的考古学文化同光社文化在分布地域、年代以及同其他文化的关系各方面既然有

⑳邹衡:《关于夏商时期北方地区诸临境地区考古学文化的初步探讨》,《夏商周考古学论文集(第二版)》,科学出版社,2001年。

㉑彭邦炯:《竝器、竝氏与并州》,《考古与文物》,1981年第2期。

这些共同点，说明它们之间有着必然的联系，因此，我们认为，这二者应该就是一回事。”[22]可备一说。

晋中盆地商代文化遗存，从商代早期到殷墟晚期都有不同程度的发现，而且自成特色，有研究者称它为“白燕五期类型”。[23]并依据典型单位地层学和器型学，结合各地区文化特征，将晋中盆地商代文化遗存分为五个发展阶段，即以太谷白燕遗址五期为代表所划分的1—4段，以及杏花村墓地部分陶器为代表的第5段，时代相当于二里岗文化上层早段至殷墟文化晚期。[24]其“分布范围包括汾河中游的太原盆地和滹沱河流域的忻定盆地及周边地区。”[25]其年代依据白燕五期地层数据，约为公元前1600年—公元前1200年。

晋中盆地早商时代文化即白燕五期遗存，是由当地夏时期文化白燕四期遗存，融合其他文化因素发展而来的。早商文化的陶鬲谱系可分三个序列：第一是绳纹口侈沿深腹鬲，第二是商系翻缘鬲，最后为介于二者间的“中间型”鬲。三支陶鬲稳步发展，构成了早商时期晋中地区考古学文化谱系上的重要特征。这三种陶鬲平行稳定的发展过程，显示了晋中盆地早商文化的几个特点：第一，晋中地区未能直接沦为商人殖民统治区，仅是文化间接渗透关系；第二，富有特色的土著文化开始部分吸收、融合商文化因素，互利合作因素特征明显；第三，夏时期文化因素沿惯性地左右着土著文化，与商文化冲击相抗衡，并且具有排他性。胡建、郎保利、赵曙光先生在研究山西

㉒ 邹衡：《关于夏商时期北方地区诸临境地区考古学文化的初步探讨》，《夏商周考古学论文集（第二版）》，科学出版社，2001年。

㉓胡建、郎保利、赵曙光：《山西商代考古学文化的若干问题》，山西省考古学会、山西省考古研究所《山西省考古学会论文集（三）》，山西古籍出版社，2000年。

㉔许伟：《晋中地区西周以前古遗存的编年与谱系》，《文物》，1989年第4期。胡建、郎保利：将山西商代文化分为二期7段。其中晋中盆地为3段至7段，与许伟的分期相近。

㉕胡建、郎保利、赵曙光：《山西商代考古学文化的若干问题》，山西省考古学会、山西省考古研究所，《山西省考古学会论文集（三）》，山西古籍出版社，2000年。关于太原盆地的商代文化，迄今还没有各方认可的考古学定名。邹衡在讨论太原地区此阶段文化时称之为光社文化。但邹衡所谓的光社文化又涵盖夏时期文化。

商代文化遗存的大作中说道："商王朝在山西地区扩张有三种战略方式。第一，据黄河天险构筑军事要塞，遏制反商势力，形成保护商王朝王畿范围的保护圈。第二，黄河以北平原地带，以排他式的殖民统治划入商人的势力范围。第三，高原山地的地理限制，迫使商文化采取渗透方式，并且与土著文化之间共存互利，达到阻止北方文化南下的目的。"[26]晋中盆地商代文化遗存的性质应是他们所谓的第三种方式。

晋中盆地白燕、杏花村、旌介等商代文化遗址，均发现晚商时期——殷墟文化一至三期的遗存。其特征是代表土著文化特征的侈沿深腹鬲锐减，"中间型"鬲盛行不衰，成为大型鬲的主体，商式鬲仍处于稳定发展过程。总体来看，忻定盆地连寺沟羊圈坡和牛子坪出土的青铜器风格，与灵石旌介青铜器群性质相近。太谷白燕遗址位于晋中腹地，灵石旌介和忻州连寺沟分处南北两地，它们之间的文化因素纵然因地域、环境不同而略显差异，与商王朝的关系也随时势的不同有所区别；但它们的主体文化成分相同，都属于商文化系统下的一个地方类型。至于晋中盆地这个地方类型的部族，同是在鬲国的统治下，还是有一些诸如沚方、龙方等方国，在同一文化类型下，共同占据着晋中盆地？以目前的发现，我们还不能回答 。

商代的山西地区，商文化始终占主导地位，控制着大部分地区。大致南北以霍太山为界，晋西南、晋南、晋东南地区是商文化直接控制地带，晋中盆地属商文化与北方文化抗衡的间接控制区，吕梁山一线以及晋北地区则应是北方草原文化势力范围。文化特征以"花边鬲""棱纹鬲"和三足瓮为主的北方草原文化，主要分布在内蒙古阴山南北两侧的河套地区，以及陕北、晋西北的黄河两岸。这支文化长期活跃于北方地区，与商王朝处于敌对状态。他们以黄河东西两岸为基地，采取一种较为灵活的跳跃式游击战略，由西北向东南出击，与商文化相抗衡。晋中盆地以白燕五期类型为代表的商代遗存，始终保持与商文化的密切联系，特别是盘庚迁殷以后，豫北地区成为商王朝统治区域，晋东南处于商王朝控制势力范围之内，表现出与殷墟文化的相似特

㉖胡建、郎保利、赵曙光：《山西商代考古学文化的若干问题》，山西省考古学会、山西省考古研究所《山西省考古学会论文集（三）》，山西古籍出版社，2000年。

征。晋中盆地与之相邻，白燕五期晚商阶段遗存，商文化因素及其与土著文化相结合派生出来的特征明显增强，表现出与殷王朝日益紧密的联系，并以其强大势力，与北方草原文化相抗衡，有效地遏制了北方草原文化南下的势头。对此考古学家张忠培总结道："在广大北方草原地区表现得十分活跃的、以花边鬲为代表的文化集团，尽管也曾不断地向晋中地区施加影响甚或短暂的侵入，但正是由于有植根于当地的（晋中盆地）杏花类型的盘踞，才使其向东南方的扩张，受到了很大程度的遏制。"[27]

㉗张忠培：《晋陕高原及关中地区商代考古学文化结构分析》，《中国考古学·九十年代的思考》，文物出版社，2005年。

太原地区先周文化因素讨论

所谓先周文化，“是指武王克商以前周人的早期文化”。[1]周人的起源和地望问题，历来是考古学和中国古史研究的重要课题。对先周文化的考古学探索，肇始于20世纪30年代苏秉琦等对宝鸡斗鸡台墓地为代表的发掘及研究，成形于陕西沣西遗址、周原等遗址的发掘和研究。特别是20世纪80年代邹衡《论先周文化》一文，首先提出先周文化的命题，并且指出先周文化三种文化构成因素：一是来自以殷墟为代表的商文化；二是从光社文化分化出来的姬周文化；三是来自辛店文化。可谓具有里程碑意义的经典之作。随后发表的《关于夏商时期北方地区诸临境文化的初步探讨》《再论先周文化》等论著提到“先周文化源头之一为晋陕之间光社文化”观点，拓展了我们探索山西，特别是晋中盆地远古时代文化的思路。近30年来，随着陕西长武碾子坡、武功郑家坡、扶风刘家墓地、周原等一批重要考古遗址的发掘，先周文化研究取得了丰硕成果。胡谦盈、尹盛平、雷兴山等一批学者发表了大量论文论著。时至今日，考古发掘已确认周人早期都邑周原、丰镐的地望，基本厘清了公刘迁岐以后先周与商王朝的关系。

至于公刘迁岐以前的历史，则意见纷呈，传统说法有商周同源说、戎狄种姓说等。

关于商周同源说。《史记·殷本纪》“殷契母简狄，其母有娀氏女，为帝喾次妃”。《史记·周本纪》“周后稷，名弃。其母有邰氏女，曰姜原。姜原为帝喾元妃”。说周族的始祖“弃”和殷族的始祖“契”是同父异母兄弟，也就是说周人和殷人原来是一个原始氏族，后来逐渐分化为周族和殷族。

对于商周族属同源说，胡谦盈根据已有史料，特别是发掘材料，条分缕析。“其一，史有明文记载，殷族的始祖‘契’为卵生，而周族的始祖乃其母姜原践巨人迹而感孕生

---

① 邹衡：《再论先周文化》，《夏商周考古学论文集（续集）》，科学出版社，1998年。

‘弃’,表明殷人和周人对祖先(或说图腾)崇拜是完全不同的。崇拜不一,可知殷人和周人并非同祖同宗,他们应分别属于完全不同的两个民族。此点,从现有的考古发掘材料可以得到证实。例如,姬周文化的陶器基本特征与殷文化的陶器基本特征是迥然有别的,而且两者的文化渊源也不相同。目前考古界多认为殷文化来源于所谓‘河南龙山文化’,姬周文化,我们认为大约渊源于寺洼文化。

“其二,史称殷民族兴起并活动在中国的东部地区(即今黄河中、下游地区),周民族则崛起并活动在中国西部地区(即今黄河流域上、中游支流的泾渭地区)。迄今发现的商文化遗址和先周文化遗址的分布地域,与古代文献所记载殷人和周人的活动地区基本吻合,表明殷人和周人分属中国古代分布在不同地域的两个不同渊源的古老民族,二者在族系上毫无联系。概括地说,周民族和殷民族不是从一个原始氏族中分化出来的,而是分别从居住在不同地区的两个不同原始氏族中渐渐成长和壮大起来的。

“其三,《古本竹书纪年》云:‘(殷王武乙)三十四年,周王季历来朝,武乙赐地三十里,玉十珏,马八匹。’又云:‘(殷王)文丁杀季历。’由此可见,周王季历之父——古公亶父约处于殷王康丁、武乙时期。按周武王灭殷之年,约为公元前1027年(据陈梦家先生著《西周年代考》,1955年11月海重印版)。古公亶父是周武王曾祖父,充其量是公元前1100年前后的人物——《史记·周本纪》记录周人先王世系,姬周从始祖后稷至古公亶父历‘十三世十三个王’。若按每个王平均在位20年计算,传说中的周始祖‘后稷所处历史纪年’只能上溯到商代末期或稍早,即商王祖丁时期前后。从考古学文化资料来说,约相当于郑州二里岗上层商文化遗存的年代,距商汤立国还有200年,距传说中的‘殷始祖契历史纪年’则更久远了。传说中的殷族历史比周族历史早数百年,现有的考古材料也验认了这一点。例如在河南偃师二里头和郑州市南关外等地,都已经发现比二里岗上层商文化遗存年代(即传说中的‘周始祖后稷历史纪年’)早得多的商文化遗存。所以,根据殷族历史比周族历史早数百多年这个史实,也同样可得出结论,所谓‘殷祖契和周祖弃是同父异母兄弟的传说’(或者说殷族和周族是从同一个原始氏族中分支出来的），应属虚构之事。”[②]

周族源于戎狄种姓也是一个比较古老的说法。《史记·周本纪》记载，周人从始祖后稷传至古公亶父历十三世 。后稷子：“不窋末年，夏后氏政衰，去稷不务，不窋以失其官而奔戎狄之间。不窋卒，子鞠立。鞠卒，公刘立。公刘虽在戎狄之间，复修后稷之业，务耕种，行地宜，自漆、沮度渭，取材用，行者有资，居者有畜积，民赖其庆。百姓怀之，多徙而保归焉。周道之兴自此始，故诗人歌乐思其德。公刘卒，子庆节立，国于豳。古公亶父复修后稷、公刘之业，积德行义，国人皆戴之。薰育戎狄攻之，……乃与私属遂去豳，度漆、沮，豳人举国扶老携弱，尽复归古公于岐下。……于是古公乃贬戎狄之俗，而营筑城郭室屋，而邑别居之。作五官有司。”可见周人从不窋起，就长期和戎狄族在一起杂居生活，直到古公亶父迁岐以后才出现大发展的崭新局面。

近年来，随着考古发现和研究的不断深入，“姬周族属是戎狄种姓或分支的传说是姬周人族源的真实记录”。[③]已为大多数研究者所认可。而且在传统上认为周族起源于陕北高原的观点基础上，“研究者基本公认先周文化必是泾、渭地区商时期的某支考古学文化”。[④]

不过一些学者关于周族和山西的关系，进而和太原关系之探索依然应该引起我们的重视。

周族或者说先周文化源于山西的说法，自从著名学者钱穆提出以后，引起了越来越多学者的关注。[⑤]陈梦家、田昌五、徐倬云、王玉哲、王克林、韩建业等对周族源于山西，从历史学、考古学诸方面做了有益探索，考古学家邹衡进而认为先周文化与太原

②胡谦盈：《姬周文化及其族属探源》，《胡谦盈周文化考古研究选集》，四川大学出版社，2000年。

③胡谦盈：《姬周文化及其族属探源》，《胡谦盈周文化考古研究选集》，四川大学出版社，2000年。

④雷兴山：《先周文化研探索》，科学出版社，2010年。

⑤钱穆：《周初地理考》，《燕京学报》10期，1931年。

地区的光社文化有一定关联,使我们看到山西古文化在多元一体的中华民族形成中的重要作用。

《诗·大雅·生民》在谈及周族的起源时,对周族先祖后稷有大段追述:“厥初生民,时唯姜嫄。生民如何?克禋克祀,以弗无子。履帝武敏歆,攸介攸止。载震载夙,载生载育,时维后稷。……诞后稷之穑……即有邰家室”。诗文描述了姜族女姜嫄践踏上帝的脚趾印而孕生后稷,后稷经过艰难险阻,学习种植,最后在邰地安下他的家。关于后稷所处时代,《生民》没有给我们一个明确交代,但古文献多记后稷为周族的男始祖,曾在尧舜时代当农官,教民耕种。《诗经·鲁颂·閟宫》又说他“撄禹之绪,奄有下土”。说明其生活时代,相当于古史传说的尧舜禹时期,亦即考古学所指龙山文化时代。

后稷在邰地安了家,这个邰地对探索周族起源意义重大。

关于邰地,一般都认为在陕西武功县境。《史记·周本纪》《正义》引《括地志》说:“故斄城一名武功城,在雍州武功县西南二十二里,古邰国,后稷所封也。有后稷及姜嫄祠。”[⑥]考古学家胡盈谦所著周族源流探索系列中,对周人都邰以及先周文化源于陕甘一带的寺洼文化等有较为详备的论述。[⑦]

不过也有邰地最初在山西的说法。

钱穆《周初地理考》中说:“且姜嫄之在晋,有可得而确指者,则闻喜有姜嫄墓是也。今《闻喜县志》载其邑人翟凤翥《涑水编·姜嫄墓记》谓:‘邑西北三十五里有冰池,世传后稷弃此,诗云‘寘之寒冰’是也。池东为姜嫄之墓,山后荒垄数十亩,为有邰氏坟。稷播谷于此始,故其山曰稷。上有后稷陵,下有姜嫄墓。’则是姜嫄之葬,在晋之闻喜也。今考姜嫄为有邰氏女,邰亦作骀,《路史·疏仡纪》高辛氏上妃有邰曰姜嫄是也。闻喜于古为台骀氏邑。台骀之称有骀,犹陶唐之称有唐也。……由是而论,台骀氏所处太原,兼带汾洮,在河东,障大泽,实相当于今之闻喜,即姜嫄之有骀,而后稷之

⑥《史记·周本纪》,中华书局标点本。

⑦胡谦盈:《胡谦盈周文化考古研究选集》,四川大学出版社,2000年。

所生也。……以大夏、太原、实沈、台骀之地望考之,参之以诗书百家之言,凡其及于禹稷者,而知后稷教穑,断在晋冀,不在秦雍也。”[8]

钱穆谈到的台骀、有邰,本书在《台邰肇始与帝尧初都》中已经说明他是汾水之神,代表着一支山东大汶口文化的部族,从龙山时代早期已经辗转迁徙到山西地域。清徐都沟、太谷白燕等地出土的高领折肩壶、陶鼓、陶器、木器上的彩绘等因素,有可能是他们在晋中盆地留存的文化遗迹。他们沿汾河南下,在晋南创造了灿烂的陶寺文化。

台骀为汾水之神,骀地极可能首先指称山西某地。陕西有关骀的地名,很可能是随着周人西迁流布过去的。

周人崇夏尊禹,而且往往自称为夏人或以夏人自居。《诗·周颂·时迈》:“我求懿德,肆于时夏”,《思文》:“无此疆尔界,陈常于时夏”,《尚书·康诰》周公曰:“用肇造我区夏”,又《君奭》:“惟文王尚克修和我有夏”,此“有夏”显然是周人自指,都以夏作为自己的疆域看待。周之后人在追溯其祖源时,每每与夏或禹相联系。如《诗·鲁颂·閟宫》:“赫赫姜嫄……是生后稷”,“奄有下土。攒禹之绪”。《逸周书·商誓解》“昔在后稷,……登禹之绩”。表明了周与夏关系之密切,很可能他们就是夏族的一个分支。“夏代建国山西,及于河南,其疆域未及渭水流域。周人自同于夏的心理,只能由历史记忆中周人老家在山西为解释。”[9]本书在《台邰肇始与帝尧初都》中已经谈到晋南地区的庙底沟二期文化——“西夏”可能是夏文化的前身,以台骀为代表的东方大汶口文化居民到达山西晋南以后,和当地的土著文化——庙底沟二期文化碰撞融合,形成了灿烂的陶寺文化。陶寺文化分为早、中、晚三期,其中陶寺中、晚期遗存,与早期遗存有重大区别;而变化程度之巨,则和史书所载“稷放丹朱”有关。

《古本竹书纪年》“后稷放帝朱于丹水”。[10]后稷与其母有骀氏姜嫄的居地,我们已经说明或在晋南。陶寺遗址很可能就是传说中五帝之一帝尧的都城。丹朱传为帝尧

---

⑧钱穆:《古史地理论丛》,东大图书有限公司,1960年,第11—12页。

⑨许倬云:《西周史》增补二版,生活·读书·新知三联书店。2012年。

⑩李民等:《古本竹书纪年译注·五帝纪》,中州古籍出版社。

子(更大的可能是代表帝尧一族晚期),其始居中心地自然还应在临汾盆地。陶寺文化晚期,以陶寺灰坑365和灰坑303为代表的晚期类型,在临汾盆地代替了陶寺类型,并将其范围南扩至稷山、新绛一带。陶寺早期类型中斝、扁壶等原属庙底沟二期系统的土著器物,在陶寺晚期类型得到较多承继;而特征鲜明的高领折肩壶、折肩罐、折腹盆、大口缸、陶鼓、鼍鼓、钺、厨刀、琮等器类,以及陶、木器上的彩绘等东方因素则丧失殆尽,新出大量鬲类陶器。我们知道,狭义的北方地区——包括山西晋中、陕北和内蒙古中南部在内,是鬲的主要发源地,它们在晋南的大量出现,自当是由于北方文化南进造成的。这可能正是"稷放丹朱",亦即后稷族系逐走陶唐氏这一事件在考古学上的真实反映。如此看来,不但龙山时代后期临汾盆地的陶寺晚期类型有后稷族系早期文化的因素,而且这一因素的源头还可以追溯到包括晋中盆地在内的北方新石器文化——老虎山文化游邀类型前期。⑪

龙山时代,北方地区本身已基本形成统一体,对外影响明显增强,许多北方文化因素逐渐成为整个早期"中国文化"的一部分。如中国三大文化系统之一的鬲文化系统,就是在该地区产生和发展起来的。龙山时代后期,"随着'老虎山'文化的扩张,对外影响骤然加强。双鋬鬲向南依次进入临汾盆地、黄河沿岸以至于伊洛流域,向东依次影响到河北、山东,不但替代了临汾盆地的陶寺类型,还对王湾三期文化、雪山二期文化、后岗二期文化以至于龙山文化后期等都产生了程度不同的影响。鬲及其所代表的饮食习俗因此也就成为最典型的中国早期文化因素之一。……不仅如此,老虎山文化南下引起的连锁反应甚至可能与夏王朝的建立也有一定关系。作为此后中国文化核心的商、周文化更是与北方地区新石器时代文化存在直接的渊源关系"。⑫

一些文献记载和考古发现,也佐证了这一渊源关系。

---

⑪韩建业称之为"老虎山文化"。并且认为忻州老虎山文化游邀类型参与了这一文化融合的进程。参见韩建业《唐伐西夏与稷放丹朱》《先周文化的起源与发展阶段》,俱见《五帝时代——以华夏为核心的古史体系的考古学观察》,学苑出版社,2006年。

⑫韩建业:《中国北方地区新石器时代文化研究·历史地位》,文物出版社,2003年。

史载姜嫄因踏了上帝的脚趾印而生子弃。岑仲勉曾引钱坫《遽中觯》"《宣和图》有器,多作足迹形者",于是"疑足者周之图腾也"。无独有偶,考古工作者在属于老虎山文化的凉城老虎山、五台阳白等遗址发现陶人脚型器物,这正与《诗·大雅·生民》中姜嫄踩了天帝大脚趾印才生育后稷的传说吻合,也在一定程度上说明了后稷族系与山西中部远古文化的渊源关系。

对此问题,邹衡名作《论先周文化》及其姊妹篇《再论先周文化》中有较为翔实的讨论:先周文化陶器最突出的特征,就是同时存在两种不同类型的陶鬲——联裆鬲和分裆鬲,两种陶鬲有不同的来源。联裆鬲是来自东方的山西地区,分裆鬲来自西方的甘肃地区。"而来自山西地区的联裆鬲则和光社文化有一定的联系。在光社遗址出土的锁链状甗腰、鬲或甗的平足根、蛋形三足瓮等与先周文化的同类器均有相似之处,而陕西武功郑家坡先周文化遗址出土的绳纹平底小盆、绳纹敛口钵、绳纹敞口簋、锁链纹腰的甗等,都可在太原光社、许坦、东太堡等地找到其祖型。特别是光社文化的中期陶器中有一种联裆鬲,这种陶鬲的颜色都呈褐色,绳纹极细,有的领部有楔形点文;其足根有锥形和平足两种。这些特征,除楔形点纹外,恰好与先周文化的联裆鬲相同。而且两者的圆肩平底陶罐也有些相似。这当然不会是偶然的巧合,

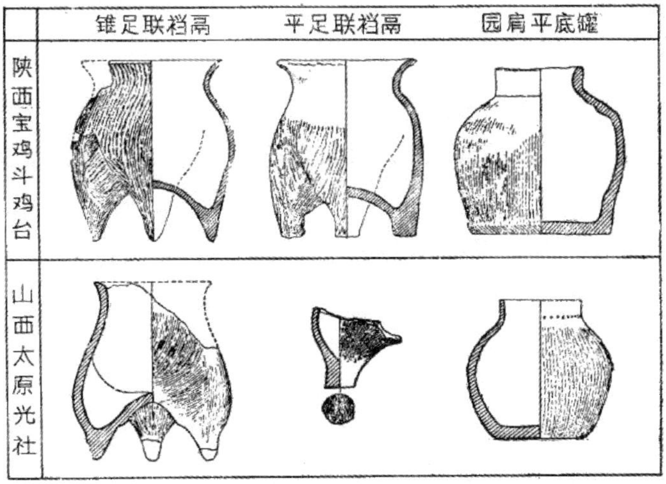

光社文化与先周文化陶器比较图

而是说明它们之间存在必然的联系。由于光社文化的这种联裆鬲的年代比先周文化第一期要早，因此只有一种可能，即先周文化的联裆鬲是从光社文化来的，而绝对不可能相反”。⑬

“更引人注目的是：1982年在关中淳化县黑豆嘴M3出土的4件金耳环，其形制与陕北清涧县解家沟寺出的6件金耳环完全相同，与往年在山西石楼县桃花者、后兰家沟、永和县下辛角以及太谷县白燕等地出土的也没有两样。黑豆嘴共发现4座墓，其中M3出的铜壶和M2出的铜爵均属商晚期。M2出的多孔铜刀，与陕北绥德县后任家沟发现的乳丁纹銎内刀和山西石楼县南沟村出土的乳丁纹直内刀，作风均相似。这种异形铜刀的造型，我以为就是先周和西周所见戣的原始形态。戣只见于周器，而不见于商器，可见是周人特有的兵器。这些发现，明显地把山西（太谷、石楼、永和）—陕北（绥德、清涧）—关中（淳化）的商时期文化（包括先周文化在内）进一步联上了关系”。⑭

许伟在《晋中地区西周以前古遗存的编年与谱系》一文中也说：“晋中早商时期遗存相对稳定地发展到殷墟早期。晋中地区相当殷墟二期及其后的第十九、二十段遗存，谱系结构发生了变化。汾阳市杏花村墓地中除了商系鬲、小型化的白燕‘中间型’鬲外，还有一些形态与陕西武功郑家坡、宝鸡斗鸡台等地相近的陶鬲。这类鬲无实足跟，矮领分裆袋足或侈沿弧裆，绳纹浅细，应属先周文化系统。杏花墓地中的粗柄豆与沣西早期西周墓葬的同类器相近，由此也可表明杏花墓地的周系鬲的出现并非是孤立和偶然的。杏花墓地的周系鬲在陕西黄河沿岸的神木等地也有发现，可见这种鬲在晋中以西地区相当活跃。新近发掘的西安老牛坡墓地，陶鬲类型与杏花墓地的大体相同。这里需要提出的是，以杏花墓地为代表的遗存及空足三足瓮等，是沣西西周文化的重要来源及其组成部分，这对于研究西周文化的形成有着十分重要的意义”。⑮

---

⑬邹衡：《论先周文化》，《夏商周考古学论文集》，文物出版社，1980年。
⑭邹衡：《再论先周文化》，《夏商周考古学论文集·续集》，科学出版社，1998年。
⑮许伟：《晋中地区西周以前古遗存的编年与谱系》，《文物》，1989年第4期。

文献记载的豳地，可能也和山西有关。

《诗·公刘》："于豳斯馆"。《孟子·梁惠王上》："昔者太王去邠逾梁山"。《逸周书·度邑》："维王克殷，九牧之师，见王于殷郊，王乃升汾之阜，以望商邑"。钱穆考证："汾一作邠，《史记·周本纪》引作豳。豳、邠古今字，而汾、邠亦相通。窃疑周人既克殷，乃归途至于晋之汾阜，昔者公刘之故土……临汾有古山古水，公亶父本居其地，故称古公，犹公刘之称豳公也。由此推之，公刘居豳及于亶父，盖在临汾古水之滨"。

豳、邠为古今字，豳字像分栏圈养家猪的情形。邠从分从邑，即是汾水附近的邑。汾本作汃。从分从水，邠、汾二字本字都是分。我们山西的母亲河名汾河，可能和这个"豳"字有关。[16]陕西武功等地也有北豳、南豳等，应该是随着周人西迁带过去的。[17]

周人曾经数次迁徙，其中一次重要的迁徙就是《诗·大雅·绵》所记周之先人曾经"自土沮(徂)漆"。土即土方，是商代北方地区的一个重要方国，关于其分布区域众说纷纭。邹衡考证今山西吕梁山石楼一带曾是土方活动过的地方。[18]周人"自土沮(徂)漆"，说明山西曾是他们活动的地域。韩建业更认为"如果'自土沮(徂)漆'的'土'果真是石楼附近，有骀氏(台骀)所处'大原'本指今太原盆地，则周之先人祖居地还当包括晋中在内。或者周先人也存在一个由晋中扩展至晋南的过程"。[19]

---

⑯也有人认为和风方有关。如陈昌远说"居住在古代山西的部族，同样也都是以鸟为图腾的。山西汾河的得名，与凤鸟有关系，就是甲骨文的'凤方'。卜辞常有凤方，凤方之凤字，通假为风"。陈昌远：《商族起源地望发微——兼论山西垣曲商城发现的意义》，《历史研究》1987年年第1期。

⑰"钱氏以为豳即邠，邠原指汾水流域的都邑，随着周人迁去陕西，邠的地名也搬了家。若比较泾水与汾水的情形，汾水支流众多，当一个'分'字，远比泾水合适。在泾水流域，这个从分从邑的地名，若别无更古的来源，实在太觉突兀"。许倬云：《西周史》增补二版，生活·读书·新知三联书店，2012年。

⑱邹衡：《关于夏商时期北方地区诸邻境文化的初步探讨》，《夏商周考古学论文集》，科学出版社，2001年。

⑲韩建业：《唐伐西夏与稷放丹朱》，《北京大学学报》(哲学社会科学版)，2001年4期。见王明辉：《周人体质特征分析》，《二十一世纪的中国考古学——庆祝佟柱臣先生八十五华诞学术文集》，文物出版社，2006年。

人类学材料也为先周文化与山西太原地区、晋南地区的交流传播提供了佐证。王明辉通过有关周人人类学材料的整理发现:“与周人关系最密切的古代对比组多出自山西、河南和陕西的新石器时代和青铜时代遗址,尤其以山西的古代对比组最多,如游邀组、上马组、白燕组、曲村组等。……由此看来,周人与山西古代居民,尤其是山西新石器时代晚期和青铜时代的居民在体质特征上有较大的相似性,他们之间存在着明显的基因联系。因此,周文化与山西古文化之间存在密切关系也是符合逻辑的”。⑳

应当指出的是,本文所谓晋中盆地的先周文化因素,和一般意义上说的先周文化有所不同。从时间上说,它并不局限于公刘迁岐以后,相反,更多的是迁岐之前,某种程度可以说是有关先周文化源流的探讨。从地域来讲,主要介绍和山西特别是晋中盆地有关的研究成果。关于晋中盆地先周文化因素,张天恩有言:“就近三十年来关中地区有关先周的大量考古发现,许多文化遗存的年代均已相当甚至超过迁岐,山西迄今无任何可信的考古线索而言,已经证明根据文字、音韵等方面的研究的‘山西说’根本没有得到考古学的支持。”㉑虽然所论未免绝对,但基本道出了山西特别是晋中盆地先周文化研究的现状和窘境。邹衡20世纪80年代提出光社文化的概念后,后继少有系统性研究成果面世。又如晋中盆地所谓“东太堡文化”的命名,依据仅仅一些零散资料,多半是抢救性发掘,许多资料的地层关系尚不清楚,所得结论势必难以服人。近30年来,相关时段的考古发现少见报道,遑论重要的遗址发掘。因此我们对晋中盆地先周文化因素的认识,仍然是一鳞半爪。对其系统的认识和研究,有待于晋中盆地龙山时代和夏商时代遗存的全面调查和重要遗址的发现与发掘。

⑳王明辉:《周人体质特征分析》,《二十一世纪的中国考古学——庆祝佟柱臣先生八十五华诞学术文集》,文物出版社,2006年。

㉑张天恩:《关中商代文化研究·先周文化研究》,第184页,文物出版社,2004年。

叔虞封唐说检查

叔虞封唐故事在太原地区广泛流传。最早提到这一传说的古文献是《春秋左氏传》。它在记述晋国大臣叔向和郑国大臣子产一段对话时谈道:唐人在夏商时代就生活在晋国这片土地上。商代末年唐的最后一位国君叫唐叔虞。周武王妻子邑姜怀孕时,梦见天帝对她说:我给你的儿子起名叫'虞',并且给他唐地。后来儿子出生,果然手纹上有个'虞'字,便起名叫'虞'。周成王灭掉唐国后,就把唐地封给了叔虞。[①]《史记·晋世家》记述这一故事时,增加了一些内容:"晋唐叔虞者,周武王子而成王弟。初,武王与叔虞母会时,梦天谓武王曰:'余命女生子,名虞,余与之唐。'及生子,文在其手曰'虞',故遂因命之曰虞。武王崩,成王立,唐有乱,周公诛灭唐。成王与叔虞戏,削桐叶为珪以与叔虞,曰:'以此封若。'史佚因请择日立叔虞。成王曰:'吾与之戏耳。'史佚曰:'天子无戏言。言则史书之,礼成之,乐歌之。'于是遂封叔虞于唐。唐在河、汾之东,方百里,故曰唐叔虞。"[②]这也成为桐叶封弟故事的主要来源。

考古发现的一些铜器铭文也透露出叔虞封唐的历史。

《晋公(奠皿)》记载:"唯王正月初吉丁吉丁亥,晋公曰:'我皇祖唐公,□(膺)受大命,左右武王,□□百蛮,广治四方,至于大廷,莫不来□(王),王命唐公,□宅京师……□□晋邦。'公曰:'余午令小子,敢帅井先生。'"铭文记述的是晋国国君追述

①《春秋左传·昭公元年》:"晋侯有疾,郑伯使公孙侨如晋聘,且问疾。叔向问焉,曰:'寡君之疾病,卜人曰:'实沈、台骀为祟。'史莫之知,敢问此何神也?'子产曰:'昔高辛氏有二子,伯曰阏伯,季曰实沈,居于旷林,不相能也,日寻干戈以相征讨。后帝不臧,迁阏伯于商丘,主辰,商人是因,故辰为商星;迁实沈于大夏,主参,唐人是因,以服事夏、商。其季世曰唐叔虞。当武王邑姜方震大叔,梦帝谓己:'余命而子曰虞,将与之唐,属诸参而其蕃育其子孙。'及生,有文在其手曰'虞',遂以命之。及成王,灭唐而封大叔焉,故参为晋星'。"

②《史记·晋世家》,中华书局标点本。

皇祖唐公辅佐武王,征战百蛮,光治四方的业绩。

唐叔虞作为晋国开国君主,是山西乃至中国历史上的重要人物。后人对唐叔虞的历史事迹,如桐叶封唐的真实性以及唐地究竟何地等,存在着不同说法。

先说唐叔虞。

古人一般认为他是周武王之子、成王之弟。《左传》僖公二十八年:"先君唐叔,武之穆也。"昭公十五年:"叔父唐叔,成王之母弟也。"《国语·晋语》:"晋祖唐叔,出自武王。"等。然而也有人对此表示怀疑。童书业就说:"我很疑心唐叔虞的辈行要高于成王,因为春秋时的铜器铭文曾说,唐公辅佐武王,唐公是武王所封。唐公若是唐叔,那么唐叔当是与武王通世的人。或者他与管叔、蔡叔、康叔等同为武王诸弟之一,也未可知。"③陈槃亦曾言道:"《周书·王会》:'成周之会,唐叔、荀叔、周公在左,太公望在右。'……今观《王会》篇,叙次唐叔在周公旦上,则三人者,理当同为文王之昭。夫成王,武王太子。武王崩,成王即位,年尚幼稚。如唐叔果成王弟也,则当武王经管四方乃至平定天下时,唐叔即已出生,恐亦未离襁褓,何云左右武王?何以成周之会,叙次乃在荀叔、周公之上?已能佐助武王,叙次复在荀叔、周公之上,则文王子武王弟之说,亦不为无据。"④

他们说唐叔虞为武王之弟,主要是看到文献记载:武王死后,其长子成王即位之时尚在幼年;而另一些文献资料中的记载又表明唐叔虞受封时已是左右武王的成年男子。如果成王为唐叔虞之兄,那么唐叔虞受封时应该更小而不是相反。既然此时的叔虞已是孔武有力、"射兕于徒林"的男儿,那么唐叔虞年龄肯定高于成王,辈分也应该高于成王,那叔虞只能是周武王之弟,周成王之叔了。

然而历史可能还有另一面,那就是武王死时成王未必是幼年孩童。

先秦典籍中,记载成王即位时尚在幼年的史料以战国《尸子》为最早。《尸子》云:"昔武王崩,成王少,周公践东宫。"战国时的这种说法,流传至秦、汉时已变得极度夸

③童书业:《春秋史·晋国世系》,开明书店,1964年。

④陈槃:《史记晋世家补注》,《"中央研究院"历史语言研究所集刊》,第6本第3分册。

张:“昔成王初立,未离襁褓,周公旦负王以朝,卒定天下”等等。

不过从更早的文献记载看,武王死后,成王继位时年龄并不是太小,起码不是幼年。

古本《竹书纪年》载,武王死时年约54岁。[5]成王作为其长子,当时已有30岁左右是很正常的。又《尚书·金縢》载周公东征归时“王与大夫尽弁以启金縢之书”。“弁”这里为戴冠之意,说明成王此时已行过冠礼,古时行冠礼在20岁时,表明当时成王应在20岁以上。

另外,金文资料中亦多有周初成王亲征殷商反叛遗民之事。《小臣单觯》铭曰:“王后反克商,在成师。周公锡小臣单贝十朋,用作宝尊彝。”王指成王,周公指周公旦,克商指“克武庚之叛”。这是说成王、周公一起参加了对“三监之乱”[6]的平叛活动。“三监之乱”是周武王死后发生的大事件,按传统观点是周公摄政称王之后亲讨;然而由以上文献及金文资料分析,成王也都亲自参与了,而且是和周公同时参加的。这充分说明成王即位时,绝非年幼,当已成年。

成王即位时业已成年,那么作为武王子、成王弟的叔虞左右武王乃至分封之唐地,“以藩屏周”,应该是历史的真实写照。

为什么周成王从一个四处征讨的成年男子变为一个未离襁褓,需要周公旦负之以朝的少儿?像叔虞封唐这样的国家大事被演绎成两个孩童的游戏。这涉及西周初年发生的一个政治事件,即传统上所谓的圣贤周公摄政,待周成王长大后又还之以政

---

⑤《路史·发挥四》《通鉴前编》卷6引《竹书纪年》:“武王年五十四。”

⑥三监之乱是发生在西周早期周武王死后的一件大事。武王克商之后,殷商的势力远未消灭,周将今安阳、淇县之间的一部分土地,分给纣王儿子武庚禄父,统率殷纣王留下来的部队和宗族。将周武王的弟弟管叔、蔡叔、霍叔分封在周边,以监视、防范武庚和殷商的残余势力。武王死后,周公摄政称王,周室一些人对此不满,武庚禄父于是乘机煽动东方徐奄、淮夷举行叛乱。唐叔虞很可能也参与了这次叛乱。危急关头,周公便毅然决然举行东征。经过三年艰苦的斗争,终于征服了今山东全境、河北以北至辽东半岛。许多东夷人,夏、商的后人以及前代遗留下来的一些氏族部落也被周人所征服,成了被统治阶级。

的故事,[7]其实是战国中晚期儒生为美化周公更改编造历史造成的。真实情况应该是:“周武王灭殷二年后死,周成王即位,年约十八九岁,雄才大略的周公乘机夺取了王位,管叔、蔡叔与武庚联合起兵反对周公,拥护成王。在危急关头,周公决定团结召公,许下七年后还政、与召公瓜分权利的诺言,并通过召公联合师尚父,出兵反击管、蔡等,二年后赢得胜利,在采取一系列巩固政权的措施后,还政成王,周公在位共七年。”春秋以后,周公逐渐演变成圣人,他曾经篡位的经历显然与所谓圣人不符。因此战国中晚期的儒生为美化周公,更改编造历史。“改变叔虞的年龄,是为了适应改变成王年龄的需要,而缩小成王的年龄,又是为了抹杀周公篡位的史实”。不过这已不是本书所要重点介绍的。吾师李裕民《周公篡位考》[8]言之甚详,有兴趣者可以参阅。

再说“桐叶封弟”的故事。

“桐叶封弟”故事首见于《吕氏春秋·重言》:“成王与唐叔虞燕居,援梧叶以为珪,而授唐叔虞曰:‘余以此封女’。叔虞喜,以告周公。周公以请曰:‘天子其封虞邪?’成王曰:‘余一人与虞戏也。’周公对曰:‘臣闻之天子无戏言。……’于是遂封叔虞于晋。”太史公《史记·晋世家》也记此事,只是把“周公以请”换成了“史佚因请”。

对待这个传说,持怀疑态度的大有人在。太史公在讲述这一故事时,虽然只是把故事里的周公换成了史佚,但也透露出他对此事的一丝怀疑,一丝犹豫。像分封诸侯这样的国家大事,不应该如此儿戏,更遑论圣人般的周公。唐代柳宗元因此提出质疑:“王之弟当封耶?周公宜以时言于王,不待其戏而贺以成之也。不当封耶?周公乃成其不中之戏,以地以人与小弱者为之主,其得为圣乎?且周公以王之言,不可苟焉而已,必从而成之耶?……吾意周公辅成王,宜以道,从容优乐,要归之大

---

⑦《史记·晋世家》载“武王已克殷,后二年……崩,太子诵代立,是为成王。成王少,周初定天下,周公恐诸侯畔周,公乃摄行政当国。管叔、蔡叔群弟疑周公,与武庚作乱,畔周。周公奉成王命,伐诛武庚、管叔,放蔡叔。……周公行政七年,成王长,周公反政成王,北面就群臣之位”。

⑧李裕民:《周公篡位考——从“桐叶封弟”的疑案说起》,《晋阳学刊》,1984年4期。

中而已，必不逢其失而为之辞。又不当束缚之，驰骤之，使若牛马然，急则矣。且家人父子尚不能以此自克，况号为君臣者耶？是直小丈夫致锤锤者之事，非周公所宜用，故不可信。”⑨

诚如斯言，文献史料也透露出叔虞封唐的真实原因，是选建明德、藩屏周室，以及叔虞勇敢、善射，曾辅佐武王，参与克殷。

《左传》定公四年："子鱼曰：'以先王观之，则尚德也。昔武王克商，成王定之，选建明德，以蕃屏周……分鲁公以大路…… 分康叔以大路、少帛 ……分唐叔以大路、密须之鼓、阙巩，沽洗，怀姓九宗，职官五正。命以《唐诰》，而封于夏虚，启以夏政，疆以戎索。三者皆叔也，而有令德，故昭之以分物。"由此看来唐叔之所以受封，乃是由于他"有令德"，有功劳于周室。又《国语·晋语八》："昔吾先君唐叔射兕于徒林，殪。以为大甲，以封于晋。"兕是类似犀牛的猛兽，一箭就将其射死，可见叔虞的神勇善射。"射"为先秦时期六艺之一。其时有所谓的大射仪、乡射礼等射箭礼仪活动；射艺也是先秦时期选拔诸侯、卿大夫的标准之一。由于叔虞孔武善射，辅佐武王，广征四方，并且征战蛮戎，使皆归顺周王朝，所以才被周王分封到唐地，来保证周室东北方的安全。正如吾师李裕民所言："从当时形势看，周一向自称'小邦周'，人数少，地盘小，在打败'大邦殷'后，两次大分封，他们都采用在各要地驻扎重兵的办法，以巩固统治，管叔、蔡叔监殷、太公封齐周公封鲁，监视奄、簿姑，召公封燕，以对付北方之戎。这是与周王朝命运有关的重大决策，故派领导骨干担任，而不分封未成年的王室子弟。唐叔虞所封是夏族故地，在今汾河中下游，那一带是戎狄活动的地区，如果丢失这块地盘，戎狄越过黄河，立即会威胁到西周王都丰镐的安全。为了有效地统治这一地区，在分封时，特意交代不用周族的统治方式去统治，而是'疆以戎索'，尊重戎族的风俗习惯。用戎族的传统方式去统治。"⑩揆之以当时政治形势，叔虞之封断不会像《吕

⑨《柳河东集》，上海古籍出版社，2008年。

⑩李裕民：《周公篡位考——从"桐叶封弟"的疑案说起》，《晋阳学刊》，第198页 。

氏春秋·重言》所记载的那样“援梧叶以为珪，……于是遂封叔虞于晋”；而应该是周王室为藩屏周室，选建明德的重要举措。

“桐叶封弟”故事出现之前，有关叔虞之封还有一个传说故事，即因梦受封说。

《左传》昭公元年：“当武王邑姜方震大叔，梦帝谓己：‘余命而子曰虞，将与之唐，属诸参而其蕃育其子孙。’及生，有文在其手曰‘虞’，遂以命之。及成王，灭唐而封大叔焉。”这是说叔虞封唐乃是上帝早已安排好的事。《史记·晋世家》亦有类似说辞，只是把“梦帝”改为“梦天”，“成王灭唐”改为“周公诛灭唐”，但其大意未变。我们前文已经说明叔虞封唐的真实原因是藩屏周室，那么像《左传》记载的这样梦天帝封于唐国的故事只能是一个传说。然而一个封邦建国、藩屏周室的国家大事被演绎成近乎神话般故事，除了古人所信奉的天命说和我们前文所说战国中晚期儒生篡改情况外，张颔提出是由于古人“对文字的误会而演绎出来的”[11]观点，从另一方面探讨了这一故事形成的原因。

东周时期，晋国人包括国君在内，对其祖先封土建国的详情已经不甚了了。所以才由一个“外国人”子产讲述晋国祖先的事情，虽然所讲故事近乎神话，可晋国国君仍然感叹他是“博物君子”，晋国人对自己祖先早期历史的了解由此可见一斑。即便如此，晋国人还是相信他们最初是封于唐地的，这从春秋以前的文献和金文资料都可以看出来。“剪桐封弟”虽然只是一个到战国晚期才出现的故事，但也不会是无缘无故的凭空想象，一定有其来龙去脉。这个原因就是古人对个别文字的错识。

古代文书都写在简牍之上，而简牍经常翻卷磨损，造成字迹的漫漶不清，于是经常会出现一些误读，应该是可以想见的。所谓“削桐”或者“剪桐”，有可能就是这种情况。削、剪（古书作翦）二字，都有灭和分割的意思，所谓消灭、剪灭等。《尔雅·释言》“翦，削也”；《左传》成公二年“我翦灭此而朝食”；《战国策·齐策》“夫削地而封田

---

⑪张颔：《“剪桐”字辨——析“桐叶封弟”传说之成因》，《张颔学术文集》，中华书局，1995年。

婴”,正和“灭唐而封太叔”的语义相同。可见剪桐之剪应该是消灭而非剪断。而桐字,古作“”“”“”等,唐字,古作“”“”“”“”等,两字的古文写法极为接近,再加上简牍文字的漫漶,唐、桐二字混淆,因此剪灭唐国而封叔虞,就变成了剪个梧桐树叶封给一个唐国了。⑫

这样说来,“剪桐封弟”应该是“剪唐封弟”也即“剪唐封晋”。“剪唐封晋”是西周王朝拓疆建国、控制北土局势的战略举措。分封唐叔虞,是周成王灭掉叛乱的唐国,将唐国的土地和人民交给他的弟弟叔虞管理。

叔虞所封的唐国和我们太原有着莫大关系,因此有必要追溯一下它的历史。

唐是我国三代以远一个赫赫有名的大邦。《左传》襄公二十四年:“昔匄之祖,自虞以上为陶唐氏,在夏为御龙氏,在商为豕韦氏,在周为唐杜氏,晋主夏盟,为范氏。”早在龙山时代,唐人就建立了强大的联盟政权,前文《台部肇始与帝尧初都》一节中所说的临汾盆地陶寺遗址很可能就是陶唐氏的统治中心。虞舜时期,陶唐氏仍存。《左传》昭公二十九年,晋太史蔡墨曰:“昔有飂叔安,有裔子曰董父,实甚好龙,能求其耆欲以饮食之,龙多归之。乃扰蓄龙以服事帝舜,帝赐之姓曰董氏曰豢龙,封诸鬷川”。夏朝立国后北上灭掉唐国,唐成为服事夏朝的一个方国。《左传》哀公元年:“《夏书》曰:惟彼陶唐,帅彼天常,有此冀方。今失其常,乃灭而亡。”《古本竹书纪年》记载夏启“二十五年,征西河”,很可能与灭陶唐有关。到夏孔甲时期,豢龙氏被孔甲所灭。《国语·郑语》:“董姓:鬷夷、豢龙则夏灭之矣。”夏王灭掉豢龙氏后,封陶唐氏的另一支为其养龙。《左传》昭公元年说:“有陶唐氏既衰,其后有刘累,学扰龙于豢龙氏,以事孔甲,能饮食之。夏后嘉之’赐氏曰豢龙。以更豕韦之后。”豢龙氏据记载为飂叔安的后裔,飂即刘,而御龙氏为刘累后裔,看来他们应是两个从陶唐氏分化出来的善于饲养龙的两个亲属氏族。到商代,曾经服事夏的唐国被商王朝征服。被征服的最后时间应该在

⑫张晗:《“剪桐”字辩——析“桐叶封弟”传说之成因》,《张晗学术文集》,中华书局,1995年。

晚商之前,商王武丁时期的卜辞记载“亚唐东降,在□”。甲骨卜辞还记载“王其迍新唐”,“奠其奏唐,惟旧唐大京必”等,可见唐国的城址不止一处。商代唐国与商王朝来往密切,是商王朝的重要方国之一。卜辞称其为“亚唐”“侯唐”等。西周初年,商纣王之子武庚禄父叛乱,唐国国君唐叔虞遥相呼应,周成王征灭之,而将其疆土封给自己的弟弟叔虞,因封在唐地,故称其为唐叔虞。此即历史上有名的“叔虞封唐”。

那么文献所载的这个被周王朝剪灭的唐国,或者说叔虞所封的唐国在哪里呢?这又是一个聚讼千年的疑案。

叔虞封在商末的唐国,唐国在山西,对此人们没有多少疑义;争议主要集中在这个唐国是在晋南[13],还是在晋中地区——今日之太原?

先说叔虞是否封于太原。

太原有唐城,文献称“故唐城”,目前看到的最早史料应该是《括地志》。《括地志》已佚,不过唐人张守节说:“《括地志》云:‘故唐城在并州晋阳县北二里。’《城记》云‘尧筑也。’徐才宗《国都城记》云:‘唐叔虞之子燮父徙居晋水傍。’今并理(州)故唐城。唐者,即燮父所徙之处,其城南半入州城,中削为坊,城墙北半见在”。洪武《太原志》引《方志图》曰:“古唐城,陶唐氏居之,其存者五百步。”[14]史料虽然晚到唐代,不过却提到了晋阳城最早的城池,而且说它是尧所筑,也是叔虞所封之唐。

史籍中有关陶唐氏活动于晋阳的记载数不胜数。班固《汉书·地理志》太原郡晋阳条下自注云:“故《诗》唐国,周成王灭唐,封弟叔虞。龙山在西北,有盐官。晋水所出,东入汾。”[15]这是叔虞封晋阳说见诸文献的最早记载。其后《毛诗·国风·唐谱》郑玄

⑬ 晋南又有永济、安邑(今夏县)、鄂(今乡宁县)、新绛、翼城、平阳(今临汾市)、永安(今霍州市)诸说。参见任伟:《西周封国考异·晋国分封诸问题与晋侯墓地研究》,社会科学文献出版社,2004年。

⑭ 太原市地方志编纂委员会:《太原市府志集全·永乐太原府志卷之六》,山西人民出版社,2005年。《元和郡县志》《太平寰宇记》《嘉靖太原县志》等都提到故唐城,所述和《括地志》基本一致。

⑮《汉书·地理志》,中华书局标点本。

笺亦云:“唐者,原尧旧都之地,今日太原晋阳,是尧始居此。后乃迁河东平阳。”另如《水经·晋水注》、《左传》杜预注、司马彪《后汉书·郡国志》、《史记·晋世家》正义引《括地志》、徐坚《初学记》、乐史《太平寰宇记》、金鄂《求古录礼说》等记载,都认为唐国在晋阳,今人亦有承其说者。[16]

文献记载又有北唐戎。

《逸周书·王会解》:“北唐戎以闾,闾以隃冠。”王应麟曰:“北唐即晋阳也。”它曾给周穆王献过宝马,它与晋南陶寺一带的唐尧之唐及周灭之唐应有关联,是否龙山晚期唐尧部族因虞舜、夏禹部族之迫,一支北走晋中建立“城邦”?清徐有“尧王城”,平遥原名“平陶”,以及祁县之名“祁”,都与姓伊祁氏的帝尧有关。不过文献记载的这个北唐,已是“叔虞封唐”以后的方国;如果说和“叔虞封唐”之唐有所关联,也只能是周所灭之唐的孑遗。

太原地区发现的东太堡遗址为夏时期文化遗存,文化遗迹分布于晋中盆地、忻定盆地、上党盆地等。太原市东南郊东太堡村、南坪头村、狄村和许坦村,西南郊金胜村,北郊光社村等有遗址发现。本书《太原地区夏时期文化》一文里指出东太堡文化中的高领鬲、单把鬲、甗、斝、蛋形三足瓮等炊器在当地龙山文化中已占主导地位,说明东太堡文化的主体是当地文化传统;有学者认为它可能是陶唐氏后裔丹朱所封之国的文化遗存。[17]也有可能在尧舜时代,发生了革命性事件[18],尧的一支辗转逃到太原

---

⑯一般认为唐尧所都和夏代的唐国、商代唐国亦即周成王所灭之唐在同一地域。如晓山:《唐叔虞封地问题的探讨》,《山西地方史研究》第一辑,山西人民出版社,1960年。王尚义:《太原建都已有四千四百七十年的历史》,李书吉:《论太原在古代中国的历史地位》,并见《中国故都研究》第二十辑,山西人民出版社,2005年。而赵瑞民先生认为夏代唐国曾经迁徙,和唐尧所都、商代唐国不在同一区域。见杨国勇:《华夏文明研究·山西上古史新探》第108页《夏代唐国的地望》,中国社会科学出版社,2002年。

⑰杨国勇:《华夏文明研究——山西上古史新探》,《夏代唐国的地望》,中国社会科学出版社,2002年。

⑱《竹书记年》就说“舜囚尧于平阳,取之帝位”。王国维:《竹书记年辑证·(附)五帝记》。

地区，和当地文化相融合，创造了东太堡文化。无论文献和考古资料，都说明夏代以远，唐尧部族曾活动于太原地区。

太原又有晋祠，传为纪念唐叔虞的家庙。

《水经注·晋水》载："晋水出晋阳县西悬瓮山。县，故唐国也。……县有晋水，后改名为晋。……《山海经》曰：悬瓮之山，晋水出焉。今在县之西南。昔智伯遏晋水以灌晋阳，其川上溯，后人踵其遗迹，蓄以为沼，沼西际山枕水，有唐叔虞祠。水侧有凉堂，结飞梁于水上。左右杂树交荫，希见曦景。至有淫朋密友，羁游宦子，莫不寻梁契集，用相娱慰，于晋川之中，最为胜处。"[19]位于圣母殿南侧的两株柏树，干枝虬结，号称周柏。周柏向南，有唐叔虞祠，塑唐叔虞像。迄北魏至明清，有关唐叔虞记载史不绝书。

太原南郊有唐叔虞和其子燮父的墓葬，也成为叔虞封唐在太原的一证。

"唐叔虞墓：位于南郊区晋祠镇牛家口村东晋王岭。明嘉靖《太原府志》载，叔虞及子燮父墓在此。墓地呈方形，封土高出地面2米。中有二冢，一大一小。系太原市重点文物保护单位。"[20]文献中最早提到唐叔虞墓在太原者，为《元和郡县图志》。其记曰："唐叔虞墓：在县西南十六里。"[21]以后方志多从之。考古出土的隋虞弘墓志也记载"以开皇十二年十一月十八日，葬于唐叔虞坟东三里"。[22]

太原封唐说，自汉代以来一直占据主导地位，直到明末顾炎武提出"窃疑唐叔之封，以至侯缗之灭，并在于翼"的论断后[23]，质疑之声不绝。刘起钎《由夏族原居地纵论夏文化始于晋南》一文，检讨唐分封地点错误认识时说："《汉书·地理志》太原郡晋阳县下云：'故《诗》唐国。周成王灭唐，封弟叔虞。'郑玄《诗谱·唐谱》即承此说云：'唐

⑲杨守敬、熊会贞：《水经注疏·卷六》，江苏古籍出版社，1989年。
⑳太原文物古迹名胜录编辑委员会：《太原文物古迹名胜录》，文物出版社，1999年。
㉑《元和郡县图志·卷第十三》，中华书局，1983年。
㉒山西省考古研究所等：《隋虞弘墓发掘报告》，文物出版社，2005年。
㉓顾炎武著，黄汝成集释：《日知录集释全校本》，上海古籍出版社，2006年。

者，帝尧旧都也，今日太原晋阳是。'……按当时晋北为夷狄地，夏人力量达不到霍县以北，受封的唐自当在晋南。"㉔

对此我们还可做如下补充。

先说文献提到的"故唐城"。从《括地志》的记载分析看，所谓"故唐城"应与唐晋阳城北部相连。㉕李吉甫《元和郡县志》说："在县（晋阳县）北二里。"王剑霓认为在今"城北村西罗城村东的沙河中"。㉖张德一断其在今城北村和棘针村之间㉗，大致不错。宋平北汉，宋太宗宴群臣于故城高台，这个高台也许就是"故唐城"的遗痕。城北村村民反映，他们在村中挖掘，曾经发现城墙土。是否即"故唐城"，不敢妄断。2014年晋阳古城考古队在这里发现了汉晋时期夯土墙。笔者在晋阳古城遗址从事调查工作近十年来，未在这一区域发现龙山时代及夏商期代的文化遗存，所谓"故唐城"为唐尧城址的说法似可排除。

再说唐叔虞墓。1979年春，考古工作者调查牛家口晋王陵时，发现晋王墓"特别是所谓的'燮父墓'，墓葬的土冢都是用土坯或杂乱无章的杂土堆积而成的，土坯间还杂有明代青花瓷片，而土冢下面却不见有墓穴迹象等，这证明晋王陵实际是一座明朝人在复古思想指导下修筑的假墓"。㉘笔者曾经到晋王岭做过踏查，发现围绕着晋王墓，还残存部分城墙。墓茔北部有大量建筑构件，调查发现有布纹瓦，云纹瓦当等，时间早到汉代。说明最晚到汉代，这里已经有较高规格的建筑。方志说"唐叔虞墓，在太原县西南一十五里，世谓晋王庙，又曰晋王岭。"㉙由此推测，这里极有可能

㉔刘起釪：《由夏族原居地纵论夏文化始于晋南》，《古史续辨》，中国社会科学出版社，1991年。

㉕太原金胜村西北采集的北齐墓志说墓主人："葬于唐城北五里"，所述方位大致与《括地志》记载相同。

㉖王剑霓：《晋阳宫城考》，《山西地方志通讯·兼辨五百年来明清史志之误》，1987年1期。

㉗张德一：《故唐城遗址与唐叔虞封地》，《山西社会主义学院学报》，2004年第3期。

㉘山西省考古研究所等：《北齐东安王娄睿墓·第一章》，文物出版社，2006年。

㉙李裕民：《山西古方志辑佚》，山西人民出版社，第95页。

是早期祭祀唐叔虞的家庙所在，它和汉代开始出现叔虞封唐在太原的说法，应该不是偶然的巧合。

总之，有关叔虞封唐在太原的说法，史料记载晚至汉以后；所谓“故唐城”，既非唐尧所都，亦非燮父所迁；晋王墓、唐叔虞祠等也都是汉以后遗迹。太原虽然有唐尧早期活动遗迹，也有夏时期唐尧遗族存在的可能；但缺少商代有唐文化资料，考古发现也不见西周文化遗存。当时晋北为夷狄地，“夏（周）人力量达不到霍县以北，受封的唐自当在晋南”。[30]

我们再看叔虞所封之唐是否在晋南。

古代典籍中有关晋国始封地的记载，当推《左传》为最早。《左传》昭公元年云：“昔高辛氏有二子，伯曰阏伯，季曰实沈……后帝不臧，迁阏伯于商丘主辰，商人是因……迁实沈于大夏，主参，唐人是因。”定公四年亦云：“分唐叔以大路……命以《唐诰》，而封于夏虚。”“大夏”“夏虚”的所在，《左传》没有说明。至西汉司马迁撰《史记》时，对晋都之地望记载仅寥寥数语：“唐在河、汾之东，方百里”，至于河、汾之东的更具体方位，太史公也没有细说。我们所推知的就是“夏虚”“大夏”和“唐”地在同一区域内，或者说三者在一定程度上讲就是一回事。因此确定了“大夏”“夏虚”以及“唐”的地理方位、范围，便是解决了叔虞所封之地的问题。

大夏、夏虚其实是一个泛指地名，文献记载其地理范围多在晋南一带。如《史记·吴太伯世家》载，封“周章弟虞仲于周之北故夏墟，是为虞仲，列为诸侯。”此“夏墟”，徐广云：“在河东大阳县。”大阳即今山西平陆县。“是为虞仲”，下索隐有云：“夏都安邑，虞仲都大阳之虞城，在安邑南，故曰夏墟。”本书前文说明庙底沟二期文化的分布范围，应是大夏的分布范围。晋南是庙底沟二期文化的策源地，自然是大夏的中心区域，与之相邻的晋中盆地是庙底沟二期文化早期分布区，自然也属大夏范围。“笼统来说不出晋南和豫西，实际上当为起于晋南而迁至豫境。晋南才是夏人真正的老家，故其地有

㉚刘起釪：《由夏族原居地纵论夏文化始于晋南》，《古史续辨》，中国社会科学出版社，1991年。

‘夏墟’之称”。[31]

既为夏墟，那么其地望就应限制在考古学上的夏文化分布范围内。1959年，徐旭生通过对夏文化、夏墟的考古调查，指出“夏墟当在山西西南部，不在中部”。[32]随后几十年的考古工作中，先后发现了河南偃师二里头、山西夏县东下冯等重要遗址。邹衡等学者便把以二里头、东下冯遗址为代表的二里头文化确定为夏文化。通过考古调查、发掘，可知东下冯类型遗存的分布范围主要在今晋南运城、临汾两市范围。

晋南作为夏文化范围，亦即夏墟被确定下来，我们接下来再探讨古“唐国”，主要是商代“唐国”之地望。

唐是夏商以来的古国，相传为尧之后，历唐、虞、夏、商而至西周。商代晚期，唐国与商王朝关系密切，是商王朝主要侯国；甲骨卜辞称其为“亚唐”“侯唐”。卜辞中多有关于“唐”的记载。如：

“贞：作大邑于唐土”。（《合集》1105）

“王其迍新唐”。（《合集》29712）

“……自长友唐，𢀛方征……示易，戊申，亦有来西告牛家……”（《合集》6063反）

残缺的卜辞内容主要讲“唐”向商王朝报告，受到来自“𢀛方”侵扰。而由卜辞可知“𢀛”方位于殷墟西方。李学勤综合有关地名推定“𢀛”方当在晋中南地区。[33]很可能就在今吕梁山吉县一带（见本书下文《太原盆地方国部族钩沈》）。由卜辞又可知“唐”也是位于殷墟西方，殷墟（河南安阳）之西方正是晋南地区。凡此，则“唐”应该在今晋南一带，正在夏文化、夏墟的范围之内。另外，山西天马—曲村遗址出土的玉环刻辞对于推断“唐”之地望亦有帮助。其铭曰：“文王卜曰：‘我及唐人弘战贾人。’”唐指唐国，贾指贾国。贾之地望，杨伯峻《春秋左传注》考证在山西襄汾东。唐人与贾人

---

[31]韩建业：《唐伐西夏与稷放丹朱》，《北京大学学报》，哲学社会科学版，2001年4期。

[32]徐旭生：《1959年夏豫西调查“夏墟”的初步报告》，《考古》，1959年第11期。

[33]李学勤：《殷代地理简论》，科学出版社，1959年，第54页。

发生战争，并且玉环又出土于晋南，可以推测“唐”之地望应在晋南，更有学者认为晋南东下冯类型即是夏代唐国的文化遗存。[34]

以豢养龙著称的豢龙氏、御龙氏，“帝赐之姓曰董”。传世铜器上象形族氏铭文()字，从人从东，象人负囊，为古重字，也即董字。应是“山西历史上的董国”，地在今闻喜县[35]，间接说明唐国也应在晋南地区。

夏墟、唐之地望主要在晋南地区，叔虞封地自然也应当在这一地区。学者们根据近几年的考古发现，结合太史公所谓的“唐在河、汾之东，方百里”，以及东汉服虔“大夏在汾、浍之间”的说法，进一步推断晋国始封地应在“霍山以南，绛山以北，汾水以东，浍水以西方圆数十里的范围内，很有可能就是《晋世家》所谓‘方百里’的晋始封之地”。[36]

1992年天马—曲村晋侯墓地的发现，为解决晋国始封地问题提供了重要线索。

天马—曲村遗址位于翼城之西和曲沃之东的两县交界处，包括天马、曲村、北赵、毛张4个自然村之间的一大片平地，总面积约10平方公里。遗址西南距侯马晋国遗址约25公里，西距汾河约12公里，南距浍河约8公里；三面环山，一面近水，与《史记》所言“汾、浍之间”正合。遗址不仅规模宏大，且延续时间也较长：西周初期就已兴起，发展到繁盛时期是在西周晚期至春秋初期。晋侯墓地位于天马——曲村遗址中部偏北，是遗址最重要的组成部分。墓地于1992年发现，共发现墓葬19座，可分为9组。每组墓葬东面均附属车马坑一座，多数东西向，只有墓114、墓113组墓南北向。墓葬出土的铜器铭文中，发现6位晋侯的名字：晋侯僰马、晋侯喜父、晋侯对、晋侯稣、晋侯家父、晋侯邦父。其中M114出土铜鼎，或释为叔虞鼎。

以上墓葬材料，为一些学者所主张的天马—曲村一带为晋国始封地观点提供了

㉞董琦：《虞夏时期的中原·第五章》，科学出版社，2000年，第253-257页。

㉟张亚初：《殷墟都城与山西方国考略》，《古文字研究》（第十辑），中华书局，1983年。

㊱邹衡：《晋始封地考略》，《尽心集——张政烺先生八十庆寿论文集》，中国社会科学出版社，1996年11月版。

有力证据。“此遗址是以晋文化为主，其年贯串晋国始终，而以西周晚期至春秋早期最为繁盛。今又有诸多晋侯埋葬于此，更确凿无误地证实此处是早期的晋都”。[37]

早期晋都在晋南，亦即“叔虞封唐”在晋南，为什么最后“跑”到了太原盆地？

这首先和太原有为祭祀唐叔虞而兴建的晋王祠有关。

太原很可能在汉代已有祭祀唐叔虞的庙堂建筑。最迟北魏，唐叔虞祠已名闻天下，至北宋晋祠再建“圣母殿”，以祭祀叔虞之母邑姜。叔虞封晋阳说借此名声大彰。

隹(唯)十又四月，王彫
大褓奉在成周。
咸奉，王乎殷厥
士，齊叔失以介、衣
车、马、贝卅朋。敢
对王休，用乍(作)宝
障彝，其万
年扬王光厥士。

叔虞鼎铭文

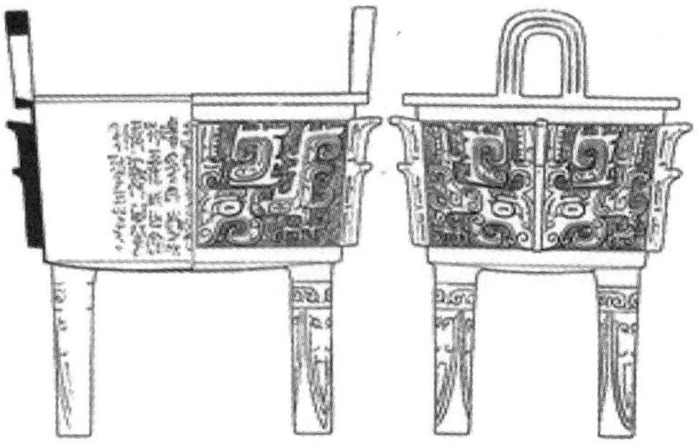

叔虞鼎 西周 2000年晋侯墓地M114出土
通高27、口长18.5、口宽16.5

也和太原有晋水相关。

《山海经》：“悬瓮之山，……晋水出焉。”可见至迟战国时，太原已有晋水之称。毛诗谱云：“叔虞子燮父以尧墟南有晋水，改曰晋侯。”《水经注》：“县（晋阳），故唐国。……唐灭，乃封之于唐。县有晋水，后改名为晋。”

将“叔虞封唐”置于太原地区，与春秋时期赵简子创建晋阳城也不无关系。晋阳从公元前6世纪末叶成为赵氏都城后，山西政治文化中心由晋南转移到晋中，逐渐成为山西第一大都会，而且这一中心地位历2500年而不改。西汉初，刘恒为代王都太原，后入继大统，对太原极为重视，多次驾幸太原。第二次巡幸代国历时3个月，时间之长，为文帝出行之罕见。从赵简子经营晋阳，到汉文帝治代的几百年间，各种建设包括一些宗庙祭祀场所的建设，所在多有。叔虞封唐，乃至晋水等历史故事

---

[37]邹衡：《论早期晋都》，《文物》，1994年第1期。

和地名，也许正是在这一背景下在太原产生；而且随着时间的推移，太原地位的日益重要，这些故事也更为彰显。正如刘起釪所谓：“晋水、晋阳等地名，原来都在今山西南部，加上太原也是指临汾南的晋南盆地，所有这一切都反映了作为华夏族的晋人当初活动地区在晋南。到晋悼公时国势发展，始开设县邑，抚定群狄之地，统一了今山西北部，原来晋南的一些地名跟着晋人的北上也带了过去，于是太原、晋水、晋阳等地名就移到了今天的地点，晋阳就成了赵简子之邑。”[38]

叔虞封于唐，至其子燮父时迁都。因所迁都城旁有晋水，故国名晋。

燮父为何称晋侯？另一种观点认为，晋字是一个会意字，是器物中盛放某物的象形。从训诂上讲，《说文解字》云：“晋，进也，日出万物进。”而《史记·晋世家》记有唐叔虞向天子进献“嘉禾”之事，两者联系起来考虑，燮父改称晋侯，当是出于纪念其先君唐叔虞向周王献禾的荣宠。又有研究者认为，晋字系由两个表示善射民族的象形字而组成的会意字——因以为族称，后成为国名。王克林说：“晋字作‘’（《拾》一三·一）、金文作：‘’（《晋姬簋》），清楚地看到晋字的古文形体，像镞矢（箭）和箙（箭袋），所以我们在过去认为晋是从矢、箙。由两个象形字组成的会意字。故而厘定晋字的原始义，是原始氏族社会时期人类的狩猎生产工具，所以晋国之得名于晋者，则是这一地域原始居民狩猎经济的生动反映。因此，鉴于矢（箭）这一生产工具，在当时人类生活中的巨大作用，随之视箭为神灵而顶礼膜拜，并作为族徽和族号托名标志而地名化的。”[39]作者后来发展了这一观点，认为晋即为古代一善射的氏族或方国名。他说：“殷代甲骨文中有关‘晋’是古族或方国的蛛丝马迹，是《甲骨文集释》收录叶玉森《铁云藏龟拾遗》十三，卜辞的‘戕晋’，对晋前一字，古文学家有释作‘将’，惟叶森玉释作‘戕’，并引卜辞的‘戕戈人’为例，那么‘戕晋’的意思，就是杀戮诛灭晋，于是这便反映

㊳刘起釪：《古史续辨》，《由夏族原居地纵论夏文化始于晋南》，中国社会科学出版社，1991年。

㊴王克林：《晋文化与后羿族群新探》，《山西省考古学会论文集》（四），山西人民出版社，2006年。王克林：《晋国探源》，《地名知识》，1983年3期。

出‘晋’是含有古族或方国的性质。只有晋为古族，才有以族为号而地名化的晋水，所谓‘皮之不存，毛将焉附’，正是这个道理。因此，我们从甲骨卜辞的‘戕晋’一词，说‘晋’为殷商或周初的一个古族方国，当是可取的。《国语·晋语八》载：晋大夫叔向曰：‘昔先君唐叔，射兕于徒林，殪，以为大甲，以封于晋’，便体现出‘晋’有族号地名化的确切含义。”“从古文字学的角度，发现晋字的字体结构，从矢（箭），确凿无疑，然字之下部所从，甲骨文中有从‘日’者，进而考之颇受启示。下从‘日’，它便揭示了我国古文献中记载的帝‘尧使羿……射十日’（《淮南子·本经训》）的神话传说故事。这便透露出晋的本义和性质，当也是尚箭崇武‘代夏’的后羿族群中的一支。从而为‘晋’找到了老家谱牒”。[40]晋为古族，而尚箭之殷代“并氏”也属于后羿族群。此观点前文“并州释名”有所论述。王克林《晋·晋文化与后羿族群新探》亦推晋为后羿族群；但以后羿为西夷之人，与我们所论有所区别，可以参阅。

叔虞封唐问题，略如上论；但目前尚未发现晋国早期都城城址，因此天马—曲村一带是否晋国始封之地，难以最后落实。此外，晋侯墓地也没有发现可以确定为西周早期前段的侯王墓，特别是叔虞的墓葬。这给落实晋国初都问题增加了疑问，也为叔虞所封之唐地在太原留下一丝讨论空间。问题的最终解决，恐怕还需要新的考古发现。

㊵王克林：《晋·晋文化与后羿族群新探》，《山西省考古学会论文集》（四），山西人民出版社，2006年。

太原盆地方国部族钩沈

夏、商、周三代，中原王朝将周边的民族或部落称为某方，卜辞中通称为“多方”。“殷周间称国为方。”[①]“所谓‘方’是人的集体。[②]根据岛邦男统计，殷墟卜辞中出现的商代方国名称共有79个。[③]当然，这远远不是商代方国的全部。“禹合诸侯于涂山，执玉帛者万国”；[④]“及汤之时，诸侯三千”；[⑤]周武王伐殷纣，“诸侯不期而至者八百”。[⑥]都说明当时方国众多。众多方国中，有中原王朝的友邦，也有敌国，或者时叛时服者。敌对的方国时常侵扰中原王朝及其友邦，大规模的冲突不仅促进了诸方国与中原王朝的文化交流，也使双方活动区域发生变化。这些方国，少数可与文献记载相印证，其地望变化也不大，可以考定。更多的方国名称虽见于文献记载，但又难以和卜辞所记载地望相合。因为这些方国并非处在同一时期，而同一方国不同时期也可能有不同称谓；即使是同一时期的方国，自称与他称也可能不同；方言的异读也可能将同一方国讹变成后世文献记载的多个方国。诸种原因致使对西周以远方国地望的考证愈加困难。近世研究者依据有限资料，对一些诸如龙方、土方、鬼方、吉方等方国的大体方位以及各方国之间的相对位置做了有益探索；不过众方国的具体地望，仍然众说纷纭，言人人殊。晋中盆地有关方国的研究情况也大致如此。

晋中盆地位于山西省中部，北起阳曲石岭关，南至灵石韩侯岭，东部属太行山系，

①杨树达：《积微居甲文说》，上海古籍出版社，1986年。

②李学勤：《殷代地理简论》，第61页，科学出版社，1959年。

③岛邦男著，温天河、李寿林译：《殷墟卜辞研究》，鼎文书局，1975年。

④《左传》哀公七年。

⑤诸祖耿：《战国策集注汇考·齐策四》，江苏古籍出版社1985年。

⑥《史记·周本纪》，中华书局标点本。

西部为吕梁山系,西北为广袤的黄土高原及内蒙古高原。这里自古就是我国北方游牧民族活动的大舞台,而夏、商、周三代的中心统治区主要位于河南、陕西、山西晋南一带,晋中盆地便成为北方游牧民族与中原王朝交流的大通道,因此留下诸多方国部族的活动遗迹。

(一)龙方

唐尧部族活动于太原地区的情况,本书《台部肇始与帝尧初都》一节已经讨论,而且说明它是一个善于豢龙的部族。《左传》昭公二十九年记夏代有学扰龙于豢龙氏者:“以事孔甲,能饮食之。夏后嘉之,赐氏曰御龙。”唐尧后裔也有活动于太原地区者,龙方极有可能就是其中之一。

关于龙方,甲骨文有载:

“王勿伐龙方—勿隹祉戜从。”(《乙》5340)

“吴弔羌龙。”(《哲庵》186)

“龙来氏羌。”(《河》626,630)

此龙方与羌方或合或叛,两者地域应当相近。“龙方间于殷羌之间,近羌而远殷,于殷时叛时服。”⑦“(武丁)中期所伐之龙方、羌方已远在陕甘一带”。⑧

龙方也可能活动于晋中盆地或靠近太原地区。《汉书·地理志》:“故《诗》唐国,周成王灭唐,封弟叔虞。龙山在西北,有盐官。晋水所出,东入汾。”龙山得名或与龙方有关。又,甲骨文“癸酉贞:旬亡祸?[在]龙;□未贞:旬亡祸,□箕”(《屯南》2858)。晋中盆地有箕城。《春秋经》“僖公三十三年,秋,晋人败狄于箕”。杜预注“太原阳邑县(今太谷)南有箕城”;顾颉刚作《箕子封国》,认为武王封箕子于山西。⑨“我们推测认

⑦林小安:《殷武丁臣属征伐与行祭考》,载胡厚宣主编《甲骨文与殷商史》第二辑,第257页。

⑧林小安:《殷武丁臣属征伐与行祭考》,载胡厚宣主编《甲骨文与殷商史》第二辑,第266页。

⑨顾颉刚:《箕子封国》,《浪口村随笔》,辽宁教育出版社,1998年。

为山西境内之箕地与殷商之箕氏可能有关，也许为殷商之箕氏之分支或为箕氏先辈之封地”。[10]“太谷县又有箕城。箕子封地当在太谷县的箕城镇”。[11]龙山、箕城，说明龙方也许曾经活动于晋中盆地。

（二）北唐戎

文献记载又有北唐戎，或许和善于豢龙的唐尧部族有所瓜葛。

《逸周书·王会解》：“北唐戎以闾（即驴），闾以隃（即羭，黑色母羊）冠。”《穆天子传》注引《古本竹书纪年》记曰：“北唐之君来见，以一骊马，是生绿耳。”[12]《山海经》也说：“夸父之山，北有林焉，名曰桃林，广阔三百里，中多马，造父于此得骅骝、绿耳之乘献周穆王也。”[13]可见，西周有国名北唐者。对此北唐，黄怀信《逸周书校补注译》曰：“北唐，古国，戎属，地当在今山西晋阳（旧唐国）以北。”[14]何松涛谓今太原所属之太原县治，在府西南四十里，即古唐；北唐当在其北，与楼烦相接矣。[15]刘师培则谓北唐为西北之国，固无可疑。唯以为晋之北鄙，则说近附会。疑此地在今陕西北境，在山西之西。[16]蒙文通考之曰：“《竹书》以骊马绿耳之献为北唐之君，《赵世家》以为献自造父，则造父即此北唐之君。《周书·王会》云：‘北唐戎以闾’孔晁注曰：‘北唐，戎之在西北者’。则中潏造父以来，于西周为北唐戎。”[17]戎之在西北，诸家无有具体地点。白国红《春秋晋国赵氏研究》认为蒙文通将北唐之君比附造父似有牵强之嫌。而她考证战国七雄之一——赵国祖先渊源说：“直到造父祖父孟增时，此族的居地还在山西境

---

⑩任伟：《西周封国考疑》，《箕子与箕子之走之朝鲜问题》，社会科学文献出版社，2004年，第206页。

⑪金岳：《殷周箕方非箕子辨》，《文物季刊》，1993年第1期。

⑫王国维撰，黄永年校：《古本竹书纪年辑校·穆王》，辽宁教育出版社，1997年。

⑬《史记》《正义》引《括地志》。

⑭黄怀信：《逸周书校补注译·王会解第五十九》，西北大学出版社，1996年，第352页。

⑮转引自杨国勇：《山西上古史新探》，中国社会科学出版社，2002年，第200页。

⑯转引自杨国勇：《山西上古史新探》，中国社会科学出版社，2002年，第200页。

⑰蒙文通：《古族甄微·周秦少数民族研究》，巴蜀书社，1993年，第73页。

内，孟增之子衡父，史载一笔带过，似未有大的建树，那么，造父时，此族仍盘桓于山西境内应无疑问。”[18]

关于北唐地望，文献记载寥寥数语，歧见在所难免。我们不妨打开视野，从另一个角度来看看这个北唐戎，包括龙方、是否有可能活动于晋中盆地。

晋中盆地新石器时代晚期遗址大量发现，因而被称之为义井文化、白燕文化、杏花文化等。以这些文化为代表的远古部族，在继承传统文化的基础上，与来自四面八方不同文化传统的部族主动或被动交流、融合；而与太行山以东部族的交流融合，即是这一趋势的重要方面。特别是庙底沟二期文化时期及以后的相当时间里，这种交往更为突出。有夏时期，太原盆地为“东太堡文化”分布范围。“东太堡文化”以土著文化为主体，同时也受到周围强势文化的影响，文化遗存表现出很大的独特性。商代太原发现有光社文化，大致可分为三个阶段：早期约当夏代晚期至早商时代；中期下限不晚于殷墟文化早期，即武丁前后；晚期约当殷墟文化晚期。是一支广及“黄河两岸的晋西北，陕东北直至河套地区”，或者至少是影响所及的考古文化遗存。

有遗存则有居民，有居民则有部落，进而有语言、有习俗、有故事、有传说。在本书前文曾探讨说明：在漫漫的历史长河中，源自东方的部族不止一次，也不只是一两个部族在晋中盆地迁徙留居。这些族群虽然迁徙时代不同，部族也不同，但他们都从东方而来。大的文化背景相同，自然有一定的文化认同感。唐尧部族很可能就在晋中盆地居留生活过，因此留下诸多有关唐尧的遗迹与传说。

唐尧末期，政局变动，舜代尧而立，尧裔子丹朱从首都（今临汾陶寺）西逃，落脚地很可能就是太原。[19]赵瑞民考证晋中盆地夏时期“东太堡文化”遗存时说：“我们认为，结合考古发现，推断夏代唐国的地望，应该是在考古学界所说的东太堡文化的分布范围，即太原盆地和周边地区。因为山西境内夏时期的考古学文化有两支，一是二里头文化东下冯类型，属于典型的夏文化，其分布应与夏墟相当；一是东太堡文化，则应

⑱白国红：《春秋晋国赵氏研究》，第38页，

⑲丹朱所封唐国，有河北唐县说、山西长子说等。

是方国文化,夏代唐国地望当与此对应。……从东太堡文化是本土性质的文化这一点来说,似乎唐国很早就扎根在这里。东太堡文化渊源于当地的龙山时代文化,那么唐国在该地区的存在可以追溯到唐尧和唐尧之前。”帝尧之都,一般认为应在今临汾陶寺,则太原之唐很可能是尧裔子丹朱的封国。“据《史记·五帝本纪》记载,‘禹践天子位,尧子丹朱、舜子商均皆有疆土,以奉先祀’,尧所属的方国还是保全下来了。《集解》引谯周曰:‘以唐封尧之子,以虞封舜之子。’由是知唐是丹朱的封国。晋阳为唐国之地,应该是从这时起始的。尧之后,由于丹朱的昏暴,尧之一族急遽衰落,其文化创造能力也必然随之降低,封到晋阳以后只能因应当地的土著文化,而少有创新,致使以后一直默默无闻,直到被周成王所灭。由此来解释唐国与东太堡文化的关系,则是较为顺理成章的。”[20]这个唐国是否在晋中盆地延续千年而不改,直至商末为周成王所灭,姑且不论;但有一点可以肯定,晋中盆地作为唐尧一族曾经的居留地,对他们的后裔族群仍然有一定吸引力。他们因此而回到这里或生活、或建国,都是可能的。丹朱之唐、龙方,乃至于西周时期的北唐戎都是如此。邹衡在考察分布于河北、太原等地龙山文化遗存时特别注明:“赵国之先本在晋中,其地正在河北龙山文化许坦型分布范围内。”[21]看来春秋晋国世家大族赵氏最终在太原建都立业,也是其来有自,源远流长。

晋中盆地的新石器时代晚期文化,从龙山时代以来,与中原文化特性相去渐远,而与北方所谓戎狄文化的一致性更近。东太堡文化、光社文化无不表现出这一特征。《逸周书·王会解》:“北唐戎以闾,闾似隃冠。”王应麟《补注》曰:“北唐即晋阳也。”据考,晋南夏商时期有唐国,这个“北”字,很可能是相对于晋南唐国而言。而“戎”字则道出了这个北唐的文化属性。夏商以至西周,无论从考古学还是从历史学、民族学来讲,晋中盆地与戎狄的关系都是十分密切的。甲骨文,金文,文献资料中的土方、

⑳杨国勇:《华夏文明研究·第二章夏代与山西》,中国社会科学出版社,2002年。

㉑邹衡:《关于夏商时期北方诸邻境文化的初步探讨》,《夏商周考古学论文集》,科学出版社,2001年,第241页注4。

𢀛方、鬼方等众多与晋中盆地有关的方国部族，均应如是看。

（三）土方

土字，甲骨文写作“”。土方是商的劲敌，甲骨文中关于商征伐土方的记载很多，动辄“登人三千呼伐土方”“王登人五千征土方”。董作宾将“登人”的“登”解作“殆即征兵之义”。杨树达从之，谓“登盖当读之为征”。

关于土方地望，各家说法不一。郭沫若认为“土方之地望盖在今山西北部”。[22]胡厚宣认为“土方活跃在晋西南地区”。[23]董作宾则认为“土方在殷之北，与下旨及𢀛方必有相当之联络”，“下旨之地，亦不可考，殆与土、𢀛二方毗连，在殷都之西北”。[24]或有同意董说者：“土方位于殷北、沚戓东。”[25]也有人认为“土方是东北一个大方国，地在燕山北面的朝阳北票县的牤牛河（汉徒河）和昭盟的老哈河（古土河）流域”。[26]

商王伐土方一次征集人数多达三、五千人，可见土方势力之强大。强大的土方是商王朝的主要敌国，它的强势地位也必然表现在考古学文化上。根据考古工作者历年来的考古调查和发掘，在今山西省西北和晋陕交界地区，存在一种强大的地方性文化，邹衡称其为“光社文化”。这个文化主要分布于石楼、永和县境；而以石楼、永和县为中心的商代文化，就其存在年代、具有鲜明地方特征的文化面貌及分布范围来看，与卜辞记载之土方恰相符合。因此，土方的活动中心可能就在今山西、陕西交界的石楼、永和县一带。

《诗·大雅·绵》记周之先人曾“自土沮（徂）漆”，王引之以为土即杜。[27]陈梦家以为

---

[22]郭沫若：《卜辞通纂》，文求堂1933年版，考释第513页。

[23]胡厚宣：《甲骨文“土方”为夏民族考》，载《中国殷商国际讨论会论文集》。

[24]董作宾：《殷历谱》，“国立中央研究院”历史语言研究所专刊，1945年，民国三十四年，北京市中国书店影印。

[25]林小安：《殷武丁臣属征伐与行祭考》，载胡厚宣主编《甲骨文与殷商史》第二辑，上海古籍出版社，1986年版，第265页。

[26] 金岳：《越族研究源流之一》，《文物季刊》，1997年第3期。

[27]董作宾：《殷历谱》，“国立中央研究院”历史语言研究所专刊，1945年，北京市中国书店影印。

蚁在沁阳之北,且疑土方即唐杜之杜,而唐在今山西安邑一带。[28]邹衡认为唐杜之说虽未必可靠,但安邑之方位却大体相差不多。

其一,《元和郡县图志》卷十二河中府隰州石楼县条:“本汉土军县也,居西河郡。晋省。后魏孝文帝于此城置吐京郡。……盖胡俗音讹,以军为京也。开皇五年,又以吐京属隰州,十八年改吐京为石楼县,因县东石楼山为名也。”又卷十三太原府汾州条:“按吐京镇今隰州西北九”。[29]可见东周时早有土军名。《水经·淇水》注:“魏徙九原、西河、土军诸胡,置土军于丘侧。”可见石楼一带向来为胡人所居。

其二,中华人民共和国成立前就曾在石楼县韩家畔、谭庄、曹村、殿底峪、下庄峁等地发现商代铜器。中华人民共和国成立后,先后在二郎坡、后兰家沟、桃花庄及石楼附近的永和县发现商代铜器墓葬。[30]这些铜器墓所属考古学文化并非商文化,而应包括在光社文化内,或与土方有关。就是说,这里的居民可能长期与商王朝处于敌对地位;而且这些墓葬和铜器的年代有属于武丁时代者,从而与武丁时伐土方事并不矛盾。

其三,以方位来说,今石楼县在安阳之西而稍偏北。武丁时卜辞:“迄至五日丁西,允有来艰自西。沚䖵告曰:土方征于我东鄙,𢦏二邑;𢀛方亦侵我西鄙田。”(《菁》2)“迄至九日辛卯,允有来艰自北。蚁妻姌告曰:土方侵我田,十人。”(《菁》6)石楼县位于安阳西北,这与沚䖵报告称“有来艰自西”基本上是相符的。又因蚁在沁阳之北,而石楼县更在蚁之北,所以与妻姌报告称“有来艰自北”也是相符的。再依郭沫若的估计,土方至蚁都约十二三日路程。今安阳距石楼县直线距离约七百里;因为要越过太行山、吕梁山等,几乎全程山路,实际行程可能在千里左右,正合十二三日路程。

其四,姬周文化来自光社文化分布区。周人本曾居汾,自古公去汾至陕,故云:“去邠(汾)逾梁山。”[31]梁山地望,以崔述《唐虞考信录》卷三“奕奕梁山,维禹甸之”条所

㉘金岳:《越族研究源流之一》,《文物季刊》,1997年第3期。

㉙《山西日报》1979年11月1日第3版。

㉚石楼县人民文化馆:《山西石楼义牒发现商代铜器》,《考古》,1972年第4期。

㉛《十三经注疏·孟子正义》,中华书局影印本,1980年。

考,《水经·河水注》引《魏土地记》所说“梁山北有龙门山,大禹所凿”之梁山,在河东。当然可以从石楼而渡黄河。总之,这个“土”应即殷墟卜辞中所见之“土方”,也就是今石楼县一带。[32]

关于土方族属,胡厚宣先生认为土方即是“夏遗民”。[33]土方之名亦见于古文献:《诗·商颂》“洪水茫茫,禹敷下土方”;《楚辞·天问》“禹之力献功,降省下土方”。禹和土方之关系,以及土方即是夏,由此可见一斑。[34]

商灭夏后,夏民族并未因此绝迹。他们一部分仍然生活在原地,逐渐与商人融合,一部分向外迁徙。而向北方、西方迁徙是一大支。《史记·匈奴列传》:“匈奴,其先祖夏后氏之苗裔也,曰淳维。《索隐》:‘张晏曰:‘淳维以殷时奔北边。又乐产《括地谱》云:‘夏桀无道,汤放之鸣条,三年而死。其子獯粥妻桀之众妾,避居北野,随畜移徙,中国谓之匈奴。’” 然而他们的迁徙并未到此为止,而是从陕、晋、内蒙古一带,经河套上溯而至甘、青或新疆以达中亚的阿富汗、伊朗等地。“大夏国”(今阿富汗)的建立也可能与此有关。[35]无论最后迁往何地,吕梁山两岸包括晋中盆地都曾经是他们盘桓、迁徙的地区。

(四) 𢀛方

甲骨文中 𢀛写作或者,,各家释读不尽相同,孙诒让释作“昌”,王国维释作“吉”,叶玉森释作“苦”,郭沫若释作“吕”,于省吾、傅斯年等释作　,陈梦家、唐兰、董作宾、胡厚宣皆释作𢀛。岛邦男认为“《大盂鼎》中的、与卜辞的𢀛字实同一字,

---

㉜邹衡:《关于夏商时期北方地区诸邻境文化的初步探讨》,《夏商周考古学论文集》,文物出版社,1980年版,第279—281页。

㉝胡厚宣:《甲骨文“土方”为夏民族考》,《中国殷商国际讨论会论文集》。

㉞陈梦家先生则认为土方即陶唐氏至后“唐杜氏”的杜氏。见陈梦家:《殷墟卜辞综述》,科学出版社1956年版,第272页。

㉟徐中舒:《夏代的历史与夏商之际夏民族的迁徙》,《先秦史论稿》,巴蜀书社,1992年。或以为土方即大夏的省称。晋南部族迁徙之中亚之大夏《今阿富汗》,可上溯之唐尧时。参见佘太山:《古族新考》,中华书局,2000年。

所以应是古字初文,古方就是胡方”。[36]

𢀛方也是商王朝重要的敌对方国,常常侵扰商王朝,武丁一朝侵扰中土的外族不下数十,其中以 𢀛方最烈。现存关于𢀛方的卜辞多达四百八九十片,俱集中于武丁时代。商王曾派人侦察𢀛方的动态,还亲自率众征伐。经过商王的多次征伐,𢀛方最终归附于商王朝并佑助商王。

关于𢀛方的地望,卜辞中有比较清楚的记载:凡殷边侯报告𢀛方寇伐之事皆言“自西”。因此,𢀛方必在殷西;但殷西仅仅是一个大概方位,具体地望则各家说法不同。郭沫若认为:“土方之地望盖在今山西北部,而𢀛方或更在河套附近也。”[37]陈梦家认为𢀛为邛,其《综述·方国地理》云:“邛方似在今垣曲与安邑之间的中条山区域。”又说:“卜辞的邛方都是在太行山西北的地区,则似乎是较可信的。”董作宾认为“ 𢀛方在殷之西北,为殷人劲敌”,“ 𢀛方即鬼方”。[38]唐兰先生也认为𢀛即邛,“其地略当四川之邛县”。胡厚宣对各家的看法加以辩驳,他认为郭沫若的河套说“辞多臆测亦难信”,对陈梦家的河内说则认为:“河内之去殷不过三百余里,在三百余里内安能容如此许多国家,陈氏之说难信也。”唐兰的四川说“又未免太远,尚即邛笮之邛,则以邛殷三千里之遥,重以剑门、潼关山川之险,时时内侵为绝不可能之事”。最后胡厚宣认为“𢀛者必在今山西省以西陕西省之地可知也”。[39]岛邦男《殷墟卜辞研究·殷的方国》也以为当在今山西、陕西交界处。

卜辞中还有不少关于𢀛方与土方联合,对商之边地采取军事行动的记载,说明𢀛方与土方很近。

癸巳卜壳贞旬无祸,王占曰有祟,其有来艰,迄至五日丁酉,允有来艰自西,沚戓告曰:“土方征于我东鄙,𢦏二邑,𢀛方亦侵我西鄙田。”(《合集》6057正)

---

[36]岛邦男,温天河、李寿林译:《殷墟卜辞研究》,鼎文书局1975年。

[37]郭沫若:《卜辞通纂》考释第513。

[38]《殷历谱》下册,第37、39、40页。

[39]胡厚宣:《殷代𢀛方考》,《甲骨学商史论丛初集》,1944年。

从卜辞记载来看，土方、𢀛方分别由东、西两面入侵，可以判断土方应在𢀛方以西。邹衡认为，土方地望既定，𢀛方也在其邻近。石楼、永和等县多处发现铜器和铜器墓，可见其分布甚广，未必全属土方。有的也可能属于𢀛方。不过，目前要区分二者，仍很困难。当然也可以考虑其他的地方。

王国维、丁山等将释作“吉”也有一定道理。《元和郡县图志》卷十二慈州有吉昌条：“本汉北屈县也，属河东郡。后魏孝文帝于今州置定阳郡，……十八年改定阳县为吉昌县。”《读史方舆纪要》卷四“吉州有吉乡废县”，故治在今吉县。此处是否为商代𢀛方尚待进一步考古发现证明。[40]

（五）鬼方

与土方、方相比，鬼方则显得更加神秘，争议更多。鬼字卜辞作“𢀛”形。

文献中关于鬼方的记载有：

《易·既济九三》爻辞：“高宗伐鬼方，三年克之。”

《易·未济九四》爻辞：“震，用伐鬼方，三年有赏于大国。”

《诗大雅荡之篇》：“内奰于中国。覃及鬼方。”

《古本竹书纪年辑校》：“（武乙）三十五年，周王季伐西落鬼戎，俘二十翟王。”

《今本竹书纪年疏证》：“（武丁）三十二年，伐鬼方。三十四年，王师克鬼方。”

此外，铭文中也有关于鬼方的记载：

《梁伯戈》除“魃方䜌 ”与“梁伯作”6字外，其余字迹皆磨灭。只知周人在康昭以后曾征伐过鬼方。《小盂鼎》（此为康王时器，从郭沫若说）虽残字过多，但可窥其大略：

文献和铭文的记载证实了鬼方的存在，也可知鬼方活动于商、周两代一千数百年间，一直是商周的劲敌。最早研究鬼方的学者，当以王国维为最著。他以古文献与青铜器铭文相互印证，作《鬼方昆夷玁狁考》，对鬼方这一模糊的概念作了精辟论述：“我国古时，有一强梁之外族，其族西至汧陇，环中国而北，东及太行、常山间，中间或分或

---

[40]邹衡：《夏商周考古学论文集》，文物出版社，1980年，第281页。

合,时入侵暴中国,其俗尚武力,而文化之度不及诸夏远甚。又本无文字,或虽有而不与中国同。是以中国之称之也,随世异名,因地殊号,至于后世,或且以丑名加之。其见于商周间者,曰鬼方、曰混夷、曰獯鬻,其在宗周之际则曰玁狁,入春秋后则始谓之戎,继号曰狄,战国以降,又称之曰胡。”

隹八月既望。辰才(在)甲申,香丧(昧爽),三ナ(右)三又(右),多君,入服酉(酒),明。王格周庙,□□□□宾。征帮宾隮其旅服,东乡(向)。盂目多旂佩□□□□□□王门,告曰:王[命]盂目□□伐魃方□□□□□[执兽]三人,隻[获]四千八百□二馘,孚(俘)人万三千八十一人。孚[马]□□匹,孚车十两(辆),孚牛三百五十五牛,羊二十八羊。盂或□□□□□□孚□我征。执兽(酋)一[人],隻馘百册七馘,[孚人□□□人],孚[马]百四匹,孚车百□两……

随着出土资料的丰富,鬼方的研究也更加深入,王氏观点开始受到质疑;但异说甚多,至今仍无定论。

从文献记载来看,武丁时代外族以西边鬼方为祸最烈,而武丁卜辞有关鬼方的记载却非常稀少,卜辞中武丁时代敌对战争最多的是舌方、土方和羌方。卜辞中虽然提到了鬼方,但是却没有伐鬼方的记载。因此,一些学者将鬼方解释为一个北方的方国联盟。也有一些学者认为文献中的鬼方与卜辞的舌方分量相当,舌方就是鬼方。董作宾先生在《论舌方即鬼方》一文中,以鬼、舌为同音之假借,先后之异文,主张鬼方就是卜辞中的舌方。

罗昆在《高宗伐鬼方史迹考辨》中对鬼方做了精辟分析:有关鬼方的甲骨文资料都不涉及伐鬼方的内容,卜辞中的“鬼方易”是由两个族氏名号——鬼和易构成,意味着易是鬼族分裂出的支系。卜辞告诉我们鬼及其分族易,武丁时就在商王朝统治集团中占有相当重要的地位。很难想象一个刚被伐灭的敌国遗族,能得到这样的信任和重用,至少在甲骨文中找不到类似的例子。所以,卜辞中的鬼方即《周易》所称之鬼方一说,值得怀疑。甲骨文的某方泛指一方、非专指一族也有先例:羌在甲骨文中既作专名,如羌方、羌龙、马羌;又是通称,卜辞中的羌、氐羌及祭祀所用之羌并不限于羌方的成员,而泛指被虏获的西北游牧诸族的人。故此鬼方一词当系通称,泛指西北游牧诸族。

岛邦男认为:“从卜辞惯例来看亡祸。并不用于卜问敌国,而是专门用于来卜殷及殷所属的。”[41]实际上,在卜辞中鬼方不仅不是商之敌国,而且常常参与商王的对外战争或祭祀活动。

卜辞有:

王勿从鬼。(《合集》6474)

乙巳卜宾贞鬼获羌,一月。(《乙》865)

壬辰卜争贞隹鬼𢼂、贞不隹之𢼂。(《乙》3407正)

显然,鬼方与 𠰓方在卜辞中并不相同。那么,如何解释卜辞与古代史籍中这种相互矛盾的记载呢?关于高宗伐鬼方一事的记载,从卜辞来看并非完全可信。为什么会出现这种失实的记载呢?宋新潮先生认为:盂伐鬼方一役,在西周初年应是仅次于“武王伐商”和“周公东征”的一场大规模战争。卜辞记载商王武丁时曾对西北的土方、𠰓方、羌方等敌对方国发动征伐战争。鬼方也活动在这一区域;因而西周以后的古人误认为武丁时期对西北各族的战争,就是对西周初年强族劲敌鬼方的战争。故在成书于西周时期的《周易》一书中,才有“高宗伐鬼方”“震用伐鬼方”的记载。[42]

因此,将鬼方释作方国联盟比较合适,甚至可以进一步确定为鬼方就是指　方、土方联盟。

关于鬼方的姓氏,王国维在其著名的《鬼方昆夷玁狁考》中说:“鬼方,……或本无姓氏之制。逮入中国,与诸夏通婚媾,因以国名为姓。《世本》:‘陆终取鬼方氏之妹,谓之为女嬇。’《大戴礼·帝系篇》及《水经注·洧水》条所引作女陵。《汉书古今人表》作女

㊶岛邦男著,温天河、李寿林译:《殷墟卜辞研究》,鼎文书局1975年。

㊷宋新潮:《殷商文化区域研究》,陕西人民出版社,1991年,235页。

溃。……鬼、贵同声，故愧字亦通作馈，则女演、女院疑亦女愧、女魄之变。”

王国维还推断怀姓即隗国：“此隗国者，殆指晋之西北诸族，即唐叔所受之怀姓九宗，春秋隗姓诸狄之祖也。原其国姓之名，皆出于古之畏方(鬼方)。案《春秋·左传》，凡狄女称隗氏，而见于古金文中，则皆作媿。”[43]李亚农也认为“隗姓与诸狄同源”。[44]则王、李二氏均以怀姓与后世之隗姓有渊源关系，属于广义的“狄”人族属，究竟与《左传》《国语》所载赤狄、白狄、长狄有何关系，尚不得而知，或以为此怀姓九宗应为唐氏九族。[45]

从考古文化来看，鬼方所对应的应为光社文化。殷墟二期前后，光社文化的中心区已由河套、晋西北、晋中地区转向陕东北、晋西的黄河两岸地区，其南缘已至淳化一带，即陕北与关中的交界地区。这一文化中心的转移，或许与武丁讨伐鬼方的战争有关。殷墟二期前后，迫于殷商压力，光社文化有向关中腹地扩张之势。光社文化(鬼方)或其中一支(早期狄)对豳地不断侵扰，使得先周人不得安生，导致古公迁岐；这或许是古公迁岐的原因或原因之一。[46]范毓周先生认为武丁晚期商王派遣犬候诸部族向周人进行寇掠的战争，是古公去豳迁岐的直接原因。所谓犬侯等族寇周一役，大约即是太王迁岐所受的狄人侵扰。[47]尽管犬侯等是否属狄人一支尚需讨论，但把古公迁岐之因与商王指使其附属国寇周一事联系起来，还是有一定道理的。

殷墟三期或三、四期之交，先周势力已发展至泾水下游地区，与光社文化形成对峙之势，同时也遏止了光社文化向关中腹地的深入。

㊸王国维：《观堂集林·鬼方昆夷猃狁考》，中华书局，1984年。

㊹李亚农：《西周与东周·西周几个国家的奴隶制》，上海人民出版社，1956年。

㊺《左传》定公四年云：“分唐叔以大路、密须之鼓、阙巩、沽洗，怀姓九宗，职官五正，命以《唐诰》而封于夏虚，启以夏政，疆以戎索。”杜预注谓：“怀姓，唐之余民；九宗，一姓为九族。”孔颖达疏谓：“《正义》曰：怀姓居在晋地，而不言殷民，知是唐之余民也。言怀姓九宗，则皆姓怀矣，知一姓而有九族也。”

㊻刘军社：《古公迁岐的原因及其意义》，《文博》，2000年，第5期。

㊼范毓周：《殷代武丁时期的战争》，《甲骨文与殷商史》第三辑。

殷商晚期,周王季时期,周族势力迅速崛起,已形成向外扩张之势。

《后汉书·西羌传》:"及子季历,遂伐西落鬼戎。——武乙三十五年,周王季伐西落鬼戎——太丁之时,季历复伐燕京之戎,戎人大败周师——后二年,周人克余无之戎。"

《西羌传》注引《竹书纪年》也记载:"太文丁四年,周人伐余无之戎,克之。""太文丁七年,周人伐始乎之戎,克之,十一年,周人伐翳徒之戎,捷其三大夫。"

陈梦家认为周王季所伐的西落鬼戎,即西落的鬼方之戎;所伐的余无之戎,仍是鬼方的一支;所伐的燕京之戎,当在太原一带。这就是说,王季时期,周人所伐诸戎大致地区在今陕东北、陕北、晋西、晋中一带,而这些地区恰好是光社文化的分布区。故可以说,王季时期,先周人对以光社文化为代表的鬼方等族展开了一场殊死战争;这场战事虽有胜有败,但仍以胜利告终。这也许正是殷墟三期之后,光社文化衰落的原因所在。而这一斗争的胜利,铲除了商王国西北隅的屏障,又对商王朝构成了较大威胁,自然引起商王室的震动,导致文丁杀季历事件的发生。[48]

(四)燕京之戎

《后汉书》卷八十七《西羌传》:"太丁之时,季历复伐燕京之戎,戎人大败周师。"注引《竹书纪年》曰:"太丁二年,周人伐燕京之戎,周师大败。""燕京"地望,《淮南子·地形训》:"汾水蒙浊而宜麻","汾出燕京",高诱注:"燕京,山名也,在太原汾阳,汾水所出。"汾河沿岸多出大麻,其中尤以清徐、广灵等县有名。今山西管涔山,古名燕京山。《水经注·汾水》引《十三州志》:"(汾水)出武州之燕京山,亦管涔之异名也。"管涔山主峰在今山西宁武县西南35里,海拔2603米,山下有分水岭村,为桑干河与汾河的分水岭与河源地。管涔山天池为汾水正源。《汉书·地理志上》:"太原郡,秦置……县二十一:晋阳……汾阳。"颜师古注:"北山,汾水所出,西南至汾阴入河。"西汉汾阳县治所有多说,《通典·宜芳县》:"有古秀容城,即汉汾阳县。"唐宜芳县城在今岚县北25

㊽刘军社:《先周文化与光社文化的关系》,《文博》,1993年第2期。

里岚城村，秀容城在今岚县南1里古城村。[49]《永乐大典》引《太原志》："秀容城，在岚县南三十里，周九里三十步，……基址微存。"岚县城南曾发现一古城，周约九华里，城内有大量汉代绳纹陶片、汉五铢钱和战国布币，故《通典》所说汾阳县城当指此岚县古城。[50]查今宁武关，明景泰元年(1450)筑；岚县东北之静乐县汉为汾阳县地，隋大业二年置今县名，则当时燕京山即管涔山，属汉汾阳县，即今岚县境汾阳市故城址所管辖。商代燕京之戎，亦应分布在今太原以北至管涔山一带。今管涔山在保德与忻州之间，二县之铜器墓葬也许与燕京之戎有一定关系。[51]

钱穆认为犬戎就是燕京之戎，燕、犬古音同部相通，盖古者太原晋阳本称燕，故其山曰燕京，其戎曰犬夷也。《尔雅》燕有昭余祁：《淮南子》云汾出燕京，汾水、昭余祁地在今晋中、晋北，古今无异说，可知晋中、晋北古时都曾称燕。《大雅·韩奕》载"溥彼韩城，燕师所完"，燕者，汾水燕京之燕也。地在晋中北，而韩地在晋南。《左传》秦晋战于韩，始曰涉河，继曰三败及韩，又曰寇深矣，则秦军已深入晋地，而韩原之当在河东河津、万泉间可知。《郑语》史伯之言曰："当成周者，南有荆、蛮、申、吕、应、邓、陈、蔡、隋、唐，北有卫、燕、狄、鲜虞、潞、洛、泉、徐、蒲，西有虞、虢、晋、隗、霍、杨、魏、芮，东有齐、鲁、曹、宋、滕、薛、邹、莒"，此所谓燕、狄、鲜虞，正指汾水太原一带之地。[52]

(五) 箕

《路史·国名记》卷丁："箕子之先箕伯之封，小国也。春秋犹有箕崇之国。《姓纂》云：商之析内，今太原，晋败狄于箕者(僖三十三年，杜预谓，太原阳邑有箕城是)。阳邑，隋之大谷，后为骨打都，今辽之榆社东南三十(里)，古箕城在辽山。"按：阳邑，汉县，今称阳邑村，在今太谷县东17里处。《元和郡县图志》："太谷县，本汉阳邑县地。属太原郡，今县东十五里阳邑故城是也。"郭沫若认为，箕即卜辞的基方。[53]

㊾谢鸿喜：《<水经注山西资料辑释>》，山西人民出版社，1990年，第53页。

㊿谢鸿喜：《<水经注山西资料辑释>》，山西人民出版社，1990年，第52页。

51邹衡：《夏商周考古学论文集》，文物出版社，1980年，第281页。

52钱穆：《周初地理考》，《古史地理论丛》。

53郭沫若：《卜辞通纂》，文求堂，1933年，第526页。

李学勤认为："从晚商到周初，不少铜器有'J侯，亚J'铭文（注：J为"曩"的代字，有时又省作"囟，亚䰱"。原注：王献唐《黄县J器》）……金文的'甘'应读为'箕'，'J'则与之通假，所以'J侯'也就是箕侯，箕在山西榆社县南箕城镇，距沙河上游不过百余里。"[54]另外，或以为箕在"太谷县东的箕城镇"。[55]

总之，箕之一族在商初很可能曾活动于晋中盆地。

（六）𠃬族

邹衡称其为先周族的一支，"𠃬"为徽号。因其地位显赫，铸造铜器很不少，单邹氏即搜集到60余件，类似族徽30余件。宋代在山西太原东面寿阳县紫金山出土一件"𠃬己"爵，[56]时间定位在"殷墟文化第三期"。此外，以"己"𠃬为徽号的铜器还有陕西岐山贺家村出土的毁，约为西周初年。1929年洛阳出土鼎2件、洛阳出土卣、河南浚县出土卣、辽宁喀左县山湾子出土毁，此数器年代均属西周早期。

由以上器物的年代与分布推测，𠃬族早期曾活动在山西太原附近，后迁至陕西；克商以后，其中某些支族已迁至洛阳等地。

此族徽虽不识，但它是弓形器的象形，而且并非商式，有明显的山西样式。例如山西石楼桃花庄、后兰家沟可能属于光社文化的墓葬中，都曾发现这种青铜制造的弓形器，形制与此族徽完全相同。保德县林遮峪在可能属于光社文化的墓葬中还发现了两件以黄金制造、与此形制基本相同的弓形器。

这种弓形器，迄今只在山西境内出现，别处尚未发现。由此可以证明，太原、寿阳、保德、石楼等地的青铜文化有着密切的关系。𠃬族用此作族徽，表明此物应是这种青铜文化的重要标志物；也就是说，𠃬族与光社文化的关系非常密切。这样，就为这个氏族原住山西境内提供了直接的物证。[57]

㊹李学勤：《小臣缶方鼎与箕子》，《殷都学刊》，1985年第2期。

㊺金岳：《殷周曩方非箕子辨》，《文物季刊》，1993年第1期。

㊻宋·吕大临：《考古图》5.4。

㊼邹衡：《论先周文化》，《夏商周考古学论文集》，文物出版社，1980年，338页。

（七）天族（天黾）

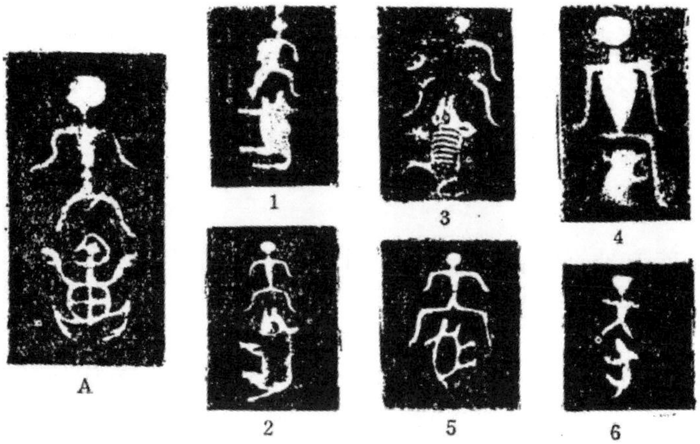

天鼋与天兽族徽

A.天鼋父癸方鼎（三代2.39.8）1.天兽鼎（三代2.1.10）2.天兽妣辛段（三代6.22.3）
3.天兽父丁鼎（三代2.21.4）4.天兽鼎（三代2.1.8）5.天兽父乙觚（三代14.24.9）
6.天兽父丁爵（三代16.8.3）

据邹衡判断，此族属周族。其徽号为𠀘，或即“天”。据邹衡所言，已找到有此类族徽的铜器50余件，有出土地点的共9器，时间或早或晚；有尊、彝、觥（《天亡𣪘》《天𣪘》）、天鼎、天父乙觯等。这些器物中，除天鼎为“殷墟文化第三期”，天父乙觯约当商周之际以外，均为西周器物；但山西灵石旌介村出土的唯一一件天爵，却属于“先周第二期器”。郭沫若有“天鼋”为古轩辕之说。[58]《姓考》：“天，黄帝臣天老之后。”《国语·晋语四》有“凡黄帝之子，二十五宗，其得姓者十四人，为十二姓，姬、酉、祁、己、滕、箴、任、荀、僖、姞、儇、依是也。唯青阳与苍林氏同于黄帝，皆为姬姓”。据西周至东周的金文证明，这十二姓中的姬、祁、荀、姞等姓，地望就在今陕西、山西两省。[59]

㊳郭沫若：《殷周青铜器铭文研究，殷彝中图形文字之一解》，人民出版社，1954年，第17页。

㊴邹衡：《论先周文化》，《夏商周考古学论文集》，文物出版社，1980年。

（八）羌方

羌是活动于陕甘地区的古老民族，有西羌、北羌之分。羌族的一支——北羌，商周时期也活动于山西乃至晋中盆地，大致在沚方与太原市东北的盂方之间。[60]

武丁时代及以后，多有伐羌方的记载。武丁伐羌方所用的兵力，就其征集兵员的卜辞来说，较之同时代伐土、邛等方国更为宏大：妇好曾率一万三千人伐羌，而伐邛最多三千人，伐土五千人。

武丁卜辞除称羌方外，尚有北羌、马羌、小羌等称谓。

北羌和马羌都臣服于殷。马羌可能是马方之羌，也可能是马方与羌方。

羌方应理解为一支流动的游牧民族。武丁卜辞所记与羌作战的沚、戊、[illegible]、雀等，或在晋南，或在晋东南与晋中。卜辞云："[illegible]，……河东"；"令自般涉于河东洮"；"告曰：马方，……河东"；"弜于河东洮，奠即又"等。此河东或与汉代河东郡相当，即今晋南。卜辞又云"令多马羌、御方"，御方是猃狁之一族，在晋中、晋南一带。又，卜辞云"才敦圝羌""伐羌军谷方"，敦在沁阳附近，则羌去此不远。谷方即黎方，在今晋东南壶关一带。《左传》昭公四年"商纣为黎之搜，东夷叛之"，是记殷末商王田游之所西逾太行而至晋南。殷帝乙辛田猎卜辞有"田羌""才羌贞"的记录，似殷末之时，羌所居一部分已为殷所有。

（九）鬲方

[illegible] 族也是曾经活动于晋中盆地的羌族成员。

山西灵石旌介村发现了三座商周之际铜器墓，出土大批[illegible]器，其中墓1出土两件亚羌爵。邹衡研究认为：铜器铭文中的[illegible]字"为羌姜的族徽"；此墓地应属[illegible]族，[illegible]族应为羌，即姜姓。《史记·周本纪》有"（宣王）三十九年，战于千亩，王师败绩于姜氏之戎"。《索隐》："千亩，地名也，在西河介休县。"千亩应在今介休市或灵石市境。[61]则姜

---

⑥⓪金岳：《越族源流研究之一》，《文物季刊》，1997年第3期。

⑥①邹衡：《夏商周考古学论文集（续集）》，科学出版社，1998年，第363页。

(羌)于商及周代在山西一直势力很大。

王克林称，灵石旌介发现三座殷墓，长方形，棺椁具备，仰身直肢，其中两座有殉人，当属妻妾或奴隶，随葬品200余件。铜器达138件，占总数一半以上，其次有玉器和两件陶鬲。在20余件铜器上铸有“”字铭或族徽标志，可能为某一方国的部族遗存。由“鬲”字族徽的大量出现，表明其族并非夏商时期之“有鬲氏”；则又是何族？[62]

从大墓陪葬品与殉人情况看，墓主人当系一方国首领无疑，并可定其为国；但其与邹衡所说陕北发现之徽之国族有无关系，尚需进一步考察。至于是否为“有鬲氏”，更需慎重对待；因为一般过去认为“有鬲氏”在山东。

邹衡将“”和“”形符号都称作“分裆鬲”的符号，他收集到100件左右，谓“其数量与天鼋器几乎相等，可见两者同样都是周器中最重要的族徽”。他举出山西灵石旌介有两件，一是卣，为商末器；另一为方鼎，为商周之际器。其他有出于陕西、河南、北京、山东、辽宁者。它们存在于陕、甘两省的辛店文化、寺洼文化、先周文化之中，应是一个古族，与氐羌族有关。“陕西的族就是文献上所说的姜姓族，也可能就是炎帝族，最早是住在宝鸡和周原一带”。[63]

也有人将释为丙，丙邑为丙国之都。有学者统计，有铭的丙国铜器约有170余件，时代约自商代武丁至西周早期康昭之世，立国至少300余年。[64]

无论如何，鬲族或丙族，殷商时期活动于晋中盆地，则是不争史实。

（九）并氏

并氏为殷商时期服从于商王朝的一个诸侯方国。卜辞有：

1.“并示五十”。意为：并向王朝进贡五十龟甲或牛骨。

---

62 王克林：《山西考古工作的回顾与展望》，《山西文物》，1986年第2期。

63 邹衡：《夏商周考古学论文集》，文物出版社，1980年，第345—355页。

64 丁山：《盘庚迁殷以前商族踪迹之追寻》，《商周史料考证》，中华书局，1988年。

2."贞:并其丧众人,三月"。意为:三月并丧失族众。

3."并告,王其出于……"意为:并报告商王出行到某地。

4."……祟王,遣并,十月。……吉,王永于并"。意为:十月某天,商王有祸(祟)事,派遣并保卫,得吉兆,王到并后会长久吉祥。

5."丁巳卜,贞:王名并伐商"。意为:商王命令并征伐商。此"商方",位于今陕西商南县与河南伏牛山西部。

从甲骨文看,并是个久已臣服于商王的大氏族(部落),其首领是在商王朝供职的重臣,深得商王信任。他们不仅年年进贡,商王还关心其国是否丧失众人,占卜其是否归来。并侯亦知商王行踪,能报告出行之事。并侯是世系,从武丁直到武乙、文丁约130年,仍奉王命出征,保卫商王安危,可见并在商西土中的重要性。

甲骨卜辞又有"并方""贞并、甫伐方","甫"亦称"甫方","令邑并执[illegible]",可见并为方国,"郱",则为并方之都。

山西石楼肖家塌发现并、幵铜戈,有学者推测,并氏故地在今山西太原一带[65]。据卜辞中有并、甫同时接受王命,并有共同作战的记录,二者自应相邻。又有(舌)方犯甫事件,推测其地必近(舌)方。[66](舌)方的地理位置已知近河套,在今山、陕北部一带,则(亩)应是比较(舌)方更近商王国腹地;而并就更接近商王国腹地。如此,并氏必在今山西西部和中北部一带地方活动过。并州一名的来源应与此并氏有关。

---

⑥5"并国可能就在今山西中部一带"。宋镇豪:《夏商社会生活史》,中国社会科学出版社,1994年,第42页。王克林也认为"并族的族居地应在汾水上游以今太原市为中心区,活动地区应包括今山西中部一带。"王克林:《晋文化与后羿族群新探》,山西省考古学会等:《山西省考古学会论文集(四)》,山西人民出版社,2006年。或以为卜辞中并氏与实关系密切,商代青铜器中有许多冉实器,而冉氏故地在今山东临朐一带。如果以"有关则应相邻"公式推导,则并氏只有分割为二方可。并氏应为东夷尚箭诸部的成员,其族源地殷商时期去春秋纪国之郱邑不会太远,应在今寿光古城乡一带。山西、陈留之并或与入侍王室的并氏上层有关,或与氏族的分衍、迁徙有关。参见王永波:《并氏探略——兼论比干族属》,《考古与文物》,1992年第1期。

⑥6彭邦炯:《并器、并氏与并州》,《考古与文物》,1981年第2期。

(十)戎狄

历史上所谓“戎狄”“北狄”,只是笼统说法。事实上,因时代不同,戎狄各部迁徙、分化、组合、活动的区域和族属都有很大变化。如“山戎”或称“北戎”“无终”等。而北狄,史书上就有“五狄”“六狄”“八狄”等说法。春秋时,北狄又可分为“赤狄”“白狄”“长狄”等。白狄原居于今陕西黄河沿岸,后东迁至今河北西南部到山西边境地带,分为鲜虞、肥、鼓、仇由等部族。仇由居于今山西盂县,其余皆居于今河北定州、石家庄一带。赤狄又分潞氏、皋落氏、廧咎如、甲氏、留吁、铎辰等部族,分布于今山西东南部。赤狄曾经是北方势力最强大的部落之一,后被晋景公攻灭,余众逃至代地,与山戎融合。战国时与赵武灵王交战的林胡、楼烦和东胡等“三胡”部族亦属戎狄系统。

戎狄,是春秋时期北方民族中最为强大、也最为活跃的族群,广泛活动于山西、陕西、河南、河北、山东等地,足迹遍及大半个中国。他们居无常所,迁徙不定,频繁地分离组合,而古代典籍仅见零星记载,使得其具体活动踪迹难以考证。当时活动于晋中盆地的戎狄部族主要有以下几支。

1.廧咎如

廧咎如为赤狄分支,也是赤狄六部中最后一个被晋所灭部族。赤狄,隗姓,夏商时期鬼方后裔。周文王赐唐叔虞之怀(隗)姓九宗,应与其有族源关系。

西周时,赤狄主要活动于晋东南与河南交界的太行山区。狄之以白、赤等颜色区分,或以为与此民族信奉的远古宗教——萨满教有关。萨满教以青、赤、白、黑象征东、南、西、北四方。这种认识和白狄分布在陕北高原距离草原西部较近,赤狄分布在山西北部距离草原南部较近基本相合。春秋时,赤狄分布于山西者有潞氏集团(今山西潞城)、留吁集团(今山西屯留)、铎辰隼田(今山西长治)和廧咎如集团等。关于廧咎如之地望,汉唐以前无说。清顾祖禹曰:“廧咎如,或曰在山西太原府境。”出土钱币与兵器都有铭咎奴者,疑即廧咎如。春秋早期的廧咎如生活在晋西北黄河岸边。公元前656年,晋公子重耳自蒲城奔狄。“狄人伐廧咎如,获其二女叔隗、季隗,纳诸公子。公子取季隗,生伯儵、叔刘。以叔隗妻赵衰,生盾”。[67]晋公子重耳自蒲城(今山西隰县西北）所投奔之狄为白狄。白狄伐廧咎如，获其二女季隗、叔隗，以妻重耳及从者赵衰。可见当时廧咎如与白狄俱在晋西。靠近渭水北岸以至陕北广大地区皆为白狄土地，则廧咎如的地望当更在白狄之北或黄河东岸。《史纪·晋世家》骊姬曰："蒲边秦，屈边狄。"蒲，今山西隰县西北，屈即北屈，在今山西石楼县北，与狄为邻。司马迁说白狄为重耳母国，故重耳奔之，则屈所边之狄或为白狄。也说明廧咎如居住地区当在今山西石楼县以北、吕梁山以西的黄河两岸。及白狄为秦逼迫而东迁，赤狄被晋攻伐，廧咎如随之东迁而居太原，在太原留下生活痕迹。他们经常与晋国及周围其他戎狄发生冲突。前588年，"晋郤克、卫孙良夫伐廧咎如，讨赤狄之余焉。廧咎如溃"，因之东跨太行山，溃逃至河北南部魏县与大名一带，分别与晋、卫、齐等为邻，后为晋、卫所灭。居留故地者融入华夏族，余部北逃，成为后世胡人、匈奴祖先之一。

2.狐氏之戎

狐氏之戎是活动于晋中盆地西南吕梁山麓的戎狄部落，也是与晋国关系最为密切的戎狄部落之一。早在公元前7世纪中叶，狐氏之戎就与晋国存在姻亲关系，一些人还在晋国为官。《左传》庄公二十八年："（晋献公）娶二女于戎，大戎狐姬生重耳，小戎子生夷吾。"《史记·晋世家》："重耳母，翟之狐氏女也。"狐突由此而成为晋国卿大夫。其子狐毛、狐偃曾随重耳逃亡在外19年。重耳回国执政后，狐毛、狐偃协助晋文公成为春秋霸主。

狐氏之戎应为白狄一部。白狄主要分布地在今陕北高原，小部分居于山西西部。《国语·齐语》述齐桓公"西征，攘白狄之地，至于西河"。西河白狄即指晋国西北部的白狄。"《国语·晋语四》'晋献公爱骊姬，黜诸公子，狐偃偕重耳出奔于狄'。此出奔之狄在今陕西渭河以北。左氏传记载重耳在狄，从狄君以猎渭滨；狄亦以重耳之故，出兵击晋兵于采桑（今山西永和南采桑镇）。以此知其所奔之狄就是白狄。"[68]狐氏之

---

⑥7《十三经注疏·春秋左传正义》，中华书局影印本，1980年。

⑥8马长寿：《北狄与匈奴》，广西师大出版社，2006年。

戎为姬姓。春秋时盛行“狐氏出自唐叔”[69]之说。韦昭说:“狐氏,重耳外家,与晋俱唐叔之后,别在犬戎者。”[70]既称狐氏,又属姬姓,看上去似乎矛盾,其实不然。如前所说,狐氏之戎与华夏族交往频繁,受华夏同化,因此不排除狐戎上层冒姓姬氏的可能。此外韦昭明言狐氏“与晋俱唐叔之后”,一方面我们可以将其理解为晋国同姓贵族自窜于戎狄之间,逐渐成为望族,文献就有狐戎为王子狐之后的说法;[71]另一方面也可以理解为唐叔虞之后留在当地最后被胡化。所谓“在胡即胡,在华即华。”此说还涉及汉代以来盛行的叔虞封唐在太原之说,[72]因为狐氏之戎的活动地区据考就在晋中盆地西北部。

关于狐氏之戎的地望,齐桓公“攘白狄之地,至于西河”,说明晋国西北部已是白狄活动之地。而“山西交城县为狄地,舅犯(狐偃)实生于其地。”[73]舅犯,一说即晋文公母舅狐偃,为白狄,出生于山西交城,则其地为狐氏所居可知。又晋公子重耳自蒲城奔狄,“狄人伐廧咎如,获其二女叔隗、季隗,纳诸公子”,所伐之赤狄廧咎如应与狐氏之戎相近。廧咎如的地望据考曾在晋西,后东迁而居太原,并经常和晋国及周围其他戎狄发生冲突。[74]由廧咎如的活动地区,也可看出狐氏之戎曾在交城一带的吕梁山麓居留。正因为狐戎在交城一带,所以重耳在狄地居留十二年后,离开狄地东行的路线可能也是经过太原盆地,过太行而至东方各诸侯国。

关于重耳从亡路线,史书于其至曹、至宋、至郑等,言之甚明,但对其东行之中第

---

⑥⑨王树民、沈长云:《国语集解》,中华书局,2002年。

⑦⑩《国语·晋语四》,韦昭注。

⑦①“张澍《姓氏辨误》卷六谓狐姬者,明此姬出于王子狐之后,有居于戎者。此说较胜”。参见杨伯峻:《春秋左传注》,中华书局,1981年,第239页。

⑦②张纪仲说“但阎若璩《四书释地》说大戎在今交城县。此说或涉及唐叔虞封地故址晋阳说,存疑”。张纪仲:《山西历史政区地理》,山西人民出版社,1992年,第41页。

⑦③阎若璩:《四书释地》四库本。

⑦④舒大刚:《春秋少数民族分布研究》,台北文津出版社,1994年,第34、35页。

一站，即先到卫国，还是齐国，《左传》和《国语·晋语四》记载相左。前者先卫后齐，后者先齐后卫。就地理位置来看，重耳从白狄居地向东到齐国，应当经过晋中盆地，东出太行，再经过后来所谓东阳之地至齐国。而不是自柏谷而东，于孟津北渡河，进入后来的南阳地区；因为走此道，当首先进入卫境，而后才能到齐国。[75]太原有重耳庙，陆游《老学庵笔记》："今太原则又非榆次，乃三交城也。城在旧城东北三十里，亦形胜之地，本名故军，又尝为唐明镇，有晋文公庙，甚盛。平太原后三年，帅潘美奏乞以为并州，从之，于是徙晋文公庙，以庙之故址为州治。又徙阳曲县故三交，而榆次复为县。然则今之太原府乃三交城，而太原县不过唐都城之一隅耳。其遗文旧绩，一切不可得而见矣。"晋文公庙始建年代不详，但唐代已存，且为纪念晋公子重耳所建，这或许与重耳曾经在他的母舅家生活过十多年有关。又《左传》襄公三十三年："晋侯败狄于箕，获白狄子。"杜预注曰："箕，太原阳邑县南有箕城。"顾栋高曰："在今太谷县东南三十五里。"如果说箕地在晋中盆地还有所异议，[76]那么沿吕梁山东麓一线大量存在有关狐突的传说和文物遗迹，则是

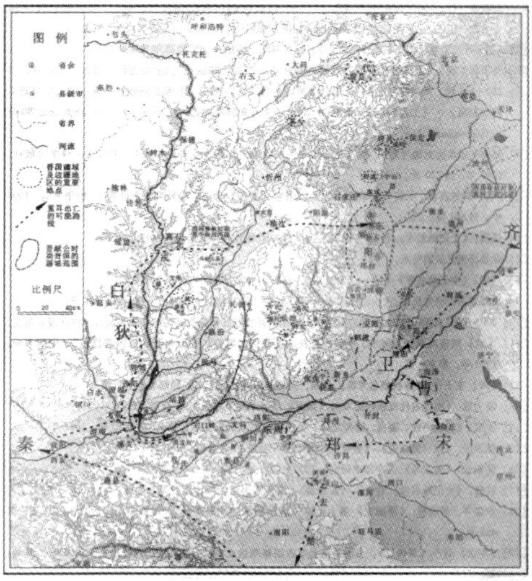

晋公子重耳流亡形势图

[75]马保春：《晋国历史地理研究》（晋公子重耳出亡路线考），文物出版社，2004年，第261页。

[76]顾炎武：《日知录》卷三十一《左传·襄信公三十三年》："狄伐晋，及箕，"解曰："太原阳邑县南有箕城。"非也，阳邑在今之太谷县，襄公时未为晋有。传言"狄伐晋及箕"，犹之言"齐伐我及清"也，必其近国之地也。成公十三年，厉公使吕相绝秦，曰："入我河县，焚我箕、部。"又必其边河之邑，秦、狄皆可以争。而文公八年，有箕郑父；襄公二十一年，有箕遗，当亦以邑氏其人者矣。马保春研究认为在今蒲县东北。参见《晋国历史地理研究》（晋公子重耳出亡路线考），文物出版社，2004年，第213页。

狐氏之戎分布于晋中盆地及其以西地域的实物见证。

狐氏墓群,俗称王墓,位于今太原古交市南狐偃山,又名狐爷山,亦名马鞍山。山上分布有面积约20000平方米的墓群,传为狐突家族墓葬地。⑦宋景佑年间曾在山上建有狐侯庙,抗日战争遭日军烧毁。“忠惠庙,在县狐突山,春秋晋大夫狐突庙也。……马鞍山,去本县西北五十里,亦名狐突岭,有春秋晋大夫狐突及其子舅犯之坟庙存焉”。⑱墓地遗存块石垒筑墓冢⑲19座及碑亭顶部构件、碑座、残碑等。1号墓传为狐突之墓,墓冢底部直径34米,高8米;每座墓冢都有盗洞。1982年交城县人民政府公布为县级文物保护单位。墓地留存有清代残碑。因未考古发掘,时代和墓葬性质不明。

据全国第三次文物普查资料,山西省中西部,以交城为中心,在平遥、太谷、文水、古交、清徐、平定等地广泛分布着为纪念狐突而修建的庙宇。而在调查的37座狐突庙中,交城县就有14处,加上与交城相邻的古交市6处,共计20处,占所调查庙宇一多半。现存最早的是清徐县马峪乡西马峪村狐突庙,为山西省重点文物保护单位。庙内存元至元二十六年碑记。记述春秋晋国大夫狐突辅佐重耳以及马峪村众自发修缮庙宇、重妆塑像之事,为太原市境内最早记述狐突之碑刻。狐突庙的分布区域与史书所载狐氏之戎的活动范围基本一致,应该不是偶然巧合,它更加说明春秋时期以交城为中心的晋中盆地及吕梁山东麓,是狐氏之戎的活动区域。

由此不难看出:狐氏之戎确曾活动在晋中地区西部的吕梁山中,至晚在公元前7世纪中期,便与晋国公室成为姻亲部族,并有较多往来。

狐偃、狐毛兄弟随狐姬入居晋国时,该部族不可能举族南迁,当仍居住在原地。

---

⑦成化《山西通志·山川》。

⑱《永乐大典》卷五二二十,中华书局本第2271页,1986年。

⑲清光绪《交城县志》载:“马鞍山——西峰顶晋大夫狐突并二子毛、偃墓在焉。侯墓悉用碎石垒成,周约十丈。”侯墓为碎石垒成,墓室是否为石筑,不明。而石砌墓葬是北方戎狄民族的特征之一。

1989年山西省考古研究所在古交屯村发掘一处东周遗址，研究认为“古交屯村遗址正好位于该部族活动范围之中，因此屯村遗存应该是狐氏大戎创造的物质遗存”。[80]

3.北戎—无终氏

北戎又名山戎，意即居于山区的戎族，是我国北方一个古老部族。西周以前称肃慎，起源于我国东北地区；或以为其非狄非戎，为东胡，属东夷系统。[81]西周时期，肃慎开始向西南迁徙，活动于今山西及河北北部；西周晚期，肃慎部被称作北戎或山戎，与中原诸侯国时战时和。公元前790年，北戎与晋国发生战争，“晋人败北戎于汾隰”，北戎的活动地区已经到达汾河流域一带。前644年，北戎被齐桓公打败，残部附于太行山西麓赤狄部。不久，赤狄为晋国所灭，北戎一部无终崛起，于太原东境建立无终国。“其时晋已灭赤狄，白狄未兴，众狄无长，山戎无终乘虚而入，成为北狄盟主。”

公元前569年，无终向晋国纳贡求和，晋悼公派遣卿大夫魏绛北上，与无终为首的群狄签订盟约，此即著名的“魏绛和戎”，随后的30多年双方和睦相处。公元前541年，晋国卿大夫中行穆子带兵越过霍山险道，“败无终及群狄于太原”，晋国势力进入太原地区。北戎一部渐次融合于晋，一部在燕代发展，生活于晋北者被称为“代戎”。战国时期，进入晋北的山戎一部向西南发展，即蒙文通所谓“山戎去燕东入代北，走赵南，居秦韩之边者。”1986年，山西发现“亡(冬邑)”三孔布[82]，应为无终部遗物。此部山戎后融入秦和三晋之中，还有一部分山戎北迁，与“三胡”部族融合，成为后来鲜卑族的重要组成部分。

---

⑳薛新民:《晋中春秋时期文化遗存分析》,中国考古学会等:《汾河湾——丁村文化与晋文化考古学术研讨会文集》,山西高校联合出版社,1996年。

㉛舒大刚:《春秋少数民族研究》(台湾)文津出版社,1994年,第90页。

㉜朱华:《略谈“无终”三孔布》,《中国钱币》,1987年,第3期。

大卤之战与太原归晋时间考察

一、大卤之战

“大卤之战”，或称“大原之战”，[①]是春秋晚期晋国向北扩张领土的一次重要战役。也是晋国将领突破成法，改车战为步战，从而取得胜利的经典战例。对此，《春秋左传》有较为详细的记载：“晋中行穆子败无终及群狄于大原，崇卒也。将战，魏舒曰：‘彼徒我车，所遇又阨，以什共车，必克。困诸阨，又克。请皆卒，自我始。’乃毁车以为行，五乘为三伍。荀吴之嬖人不肯即卒，斩以徇。为五陈以相离，两于前，伍于后，专为右角，参为左角，偏为前拒，以诱之。翟人笑之。未陈而薄之，大败之。”[②]

西周至春秋中期前，中原诸侯间的交战方式均以车战为主。晋军在太原地区和戎狄族交战，出动的部队也是以战车为主体。当时晋军主将荀吴帅战车部队同无终群狄步卒联军，遭遇于大卤。此地山岳丘陵，道路崎岖起伏，战车难以施展；而戎狄步卒机动敏捷，奔袭自如，战局不利晋军。晋军将领魏舒分析战场情况说：敌步兵而我车兵，两军相遇处地形险要，敌方十个步兵即可轻取我一辆战车部队。想在如此险要之地打败敌人，必须放弃战车，全军改为步兵与敌交战。于是，晋军“毁车以为行”，由战车甲士与步卒组成一支步兵大军，列阵对敌，打败了戎狄联军。

在这场战役中，晋军不但去掉战车，把五辆兵车的十五个甲士编为三组，每组五人，即三伍，而且参考车战阵列方法，将晋军编为五种阵势以互相依附，这就是著名的步兵战阵——魏舒方阵。魏舒方阵基本单元是由五伍二十五人组成五个小方阵，其中包括十五名着甲步兵和十名轻装步兵，阵中二十五名士兵以五列纵队排成一个相

---

①《春秋左传》昭公元年作“晋荀吴帅师败狄于大卤”，而《春秋穀梁传》《春秋公羊传》昭公元年并作“大原”，《穀梁传》曰：“中国曰大原，夷狄曰大卤。号从中国，名从主人。”

②《左传》：昭公元年。

互配合的有纵深横队。具体布阵方法为两阵在前,伍阵在后,专阵右翼,参阵左翼,偏阵作为前锋方阵用来引诱敌人。

魏舒方阵是我国第一个独立步兵方阵。它的出现,不仅是春秋军事史上的大事,也是世界步兵史上的一件大事。

在世界步兵史上,古希腊斯巴达重装步兵著称于世。从公元前8世纪开始,希腊人开始了步战历史。公元前594年,斯巴达人建立了严正的步兵战斗队形——多立斯方阵。早期的多立斯方阵是有纵深的横队:前列为贵族甲士组成的重装步兵,后列为其仆役组成的轻装步兵。作战时,后列轻装步兵用石块、梭镖作攻击准备;接敌后,重装步兵以长矛攻击,持短剑格斗,轻装步兵则从旁协助,肃清残敌。这种方阵几乎没有战术机动可言,起决定作用的是重装步兵的勇敢、体力和技艺。它和我国西周、春秋初期附属于战车的步兵方阵颇为相似。

公元前431年,希腊雇佣兵队长伊菲克拉特将重装方阵加以改革,废弃短矛,改用长矛,使方阵队形中的第三列和第四列可以用矛前出助杀,大大提高了多立斯方阵的攻击力度和机动性能。史称伊菲克拉特方阵。

伊菲克拉特方阵与魏舒方阵在军列组成、兵种配置,以及战术等方面有许多相似之处。我们做一简单对比。

魏舒方阵的五个小方阵相互协调,具有良好的战术机动能力。伊菲克拉特方阵的机动能力,就基本单元来说,应与魏舒方阵相仿;但总体既然不成五阵配置,也就不可能具有魏舒方阵那样灵活的队形变换能力,其纵深也就不会如魏舒方阵那样宽大。

二者的前列都是重装着甲步兵,进攻速度应大体一致。魏舒方阵中,除着甲步兵和轻装步兵混编方阵外,还有进攻速度较高的轻装步兵方阵。伊菲克拉特方阵中也有相类似的步兵——培尔塔斯特;但培尔塔斯特的主要装备是射远器和投掷兵器,近距离攻击能力不如魏舒的轻装步兵方阵。

二者均有梯次配置的长短兵器,装备水平大体一致,但魏舒方阵每个基本单元均配备有弓矢手,独立作战能力较强。而伊菲克拉特方阵的基本单元人数较多,攻击能力较强。

通过比较可以看出,公元前541年出现的第一个独立步兵方阵——魏舒方阵,实际上是当时世界上最先进的步兵方阵。较之于以重装方阵著称的古希腊伊菲克拉特方阵要早一百多年。当希腊步兵还在用简单呆笨的早期多立斯方阵作战时,我国就已经出现了魏舒方阵这样机动灵活、攻击能力很强的步兵方阵了。而这一方阵的创立,或者说首次成功运用于战场,乃肇始于太原地区的大卤之战。

魏舒之所以能够"毁车以为行",使步兵取代车兵成为战争的主要军种,和晋国所处的地理环境不无关系。

步兵是一个古老而人数众多的兵种,在夏、商时期的战争中发挥过重要作用。西周到春秋前期,由于车战逐渐成为主要作战方式,步兵的地位有所下降,但是,这种情况自春秋晚期起,发生了重要变化:随着战争地域与规模的扩大,步兵的地位迅速提高,车兵位置逐渐降低,开始了由盛而衰的演变。这一过程递嬗到战国时期,最终导致战车不复成为战争中的核心。

步战是从春秋初期,华夏诸国对西方、北方戎狄族的战争中发展起来的。戎狄族居山间,善用步兵作战,对华夏族造成很大威胁。而同样地形多山,邻接戎狄的晋国深受其害。晋立国之初,"居深山,戎狄之与邻,而远于王室",到春秋早期,"秦、狄、齐、楚皆强"。狄人恃其强大武力,遍侵华夏邢、卫、齐、晋、郑、鲁诸国,成为一时之雄。仅据《左传》记载,公元前661年至公元前596年,华夏诸国几乎无年不有狄祸:公元前644年,"狄侵晋,取狐、厨、受铎,涉汾,及昆都(今山西临汾县南)";公元前603年、602年连续侵晋,甚至连晋国的中军元帅先轸,也死于狄伐晋的"箕之役"中。在无数次与狄族的战争中,晋国意识到建立独立步兵部队的重要性。晋国将步兵部队称为"行",晋献公时已设左行、右行。到晋文公时,在作"三军"的同时,又"作三行以御狄"(前632),即在原有二行的基础上增设中行。行也就成为统领军官的称谓,如中行、左行等。后来逐渐演变成姓氏。当时统领晋军战于大卤的统帅荀吴,又称中行穆子,是因为其祖父荀林父曾为晋国中行。

然而春秋前期,步兵发展缓慢。晋文侯正式建立的三行部队,可称为晋国军制重大改革。但是这个新建的三行,有将无佐,其主帅级别也较低,比如中行主帅荀林父,任命前一年还不过是下军主帅栾枝的辅将御戎而已,说明独立建制步兵最初的地位还是很低。他们主要承担与戎狄作战、保卫和开拓晋国疆土的任务,且步卒多由戎狄人组成。公元前589年"鞌之战"中,齐侯与晋军交战,遭遇的步兵部队即由狄人组成:"入于狄卒,狄卒皆抽戈楯冒之"。

基于对戎狄作战习性的了解,对步兵作战能力的认识,公元前541年,当晋国大将荀吴率军在大卤与善于步战的狄人交战时,面对道路崎岖利于步战的自然环境,才能采纳魏舒建议,果断变革,突破藩篱,"毁车以为行",使大卤之战成为变革求生的经典战例。这场历史性变革的发生,显示了北方游牧民族的军事文化对中原农耕民族军事文化的促动效力,再一次说明变革对于历史发展的巨大推动作用。

这场战争在中国军事史上具有划时代意义。"毁车以为行",是中国古代作战方式以步战取代车战的历史性变革。"随着这场战争的胜利,于是有脱离兵车独立作战的步卒,是谓步兵之起源。'北方步卒起于晋国。'从此,步兵作为一个崭新的兵种独立出现于古代战场,并以其高度的机动灵活性和密集的战斗队形而成为作战的主力,从而把古代战争由车战时代推向了步战时代。"③对此蓝永蔚在《春秋时期的步兵》专著中给予了高度评价:"公元前541年,春秋军事史上发生了一件大事,晋国的魏舒在一次作战中把车兵改成了步兵。这就是著名的'毁车以为行'事件。……我们暂不讨论这一事件的深刻的阶级和社会背景,也暂不研究魏舒五阵的具体战术内容,这里,只谈谈它在车战向步战转化过程中的意义。和郑国子元为'鱼丽之陈',密切步车协同不同;和晋国苗贲皇改变进攻方法,采用侧翼攻击不同;和宋国子鱼打破常规,批判陈旧的作战条令不同;'毁车以为行'不是一次车战战术的革新。和楚国增加车下步兵数量,以提高战车作战能力不同,和晋国建立步兵'三行',扩大军队编制不同,'毁车以

---

③李元庆:《春秋战国时期晋阳民族文化》,霍润德主编:《晋阳文化研究》第二辑(下),山西古籍出版社,2007年。

为行'也不是一次建立步兵的创举。和所有以前的一切改革都不相同,'毁车以为行'是干干脆脆把车兵改成了步兵,向腐朽的奴隶制军事体系提出了公然挑战,所以'毁车以为行'是车战开始走向下坡路的一个标志。"[4]

当然,任何一场变革都不会和风细雨,都要付出血的代价,反对变革的声音也从来没有停止过。"请皆卒,自我始",可以说是变革者无惧无畏,变法图强的宣言,也是对因循成法,故步自封者所下的战书。"荀吴之嬖人不肯即卒,斩以徇",短短一行字,我们无法知道当时有多少人,包括主将荀吴对这一变革的态度。我们也难以窥见主将荀吴的这个宠幸之人为什么不愿意编入步兵,也许是放不下贵族的架子[5],也许是固守祖宗的成法,也许是看不上"蛮夷"之人的步战之法……总之,反对者人头落地。"请皆卒,自我始",变革者的无畏成就了中国军事史上的一场大变革,从此步兵迅速发展,在战争中发挥出越来越大的作用。公元前493年"铁之战",公孙龙以500名步兵夜袭郑军,夺回赵鞅蠹旗,再次体现出步兵在战争中的巨大优越性。

大卤之战是晋势力进入晋中盆地的标志性事件。大卤之战后,晋国的东、西、北三面仍与少数民族戎狄接壤,甚或马赛克式的插花杂处。晋国六卿继续不断向戎狄区域拓展,晋中盆地又是他们拓疆的前沿阵地。为了巩固和扩大战果,他们继续向盆地周围的鲜虞、肥、鼓、仇由等部族发动进攻。

鲜虞为白狄族别种,主要占有今河北正定到石家庄一带地区,都正定;肥也是白狄之一部,为鲜虞的附庸,活动于晋中盆地东部太行山中,都昔阳(今山西昔阳冶头镇);鼓亦为白狄之别种,其地在今河北晋县西。晋昭公二年(前530),中行穆子率领部队佯会齐师,假道鲜虞,突然攻入肥国都城昔阳,灭肥国,然后回师突袭鲜虞,大获全胜。晋顷公六年(前520),中行穆子将部队伪装成粜米商人,从昔阳突袭鼓国,一举灭鼓。晋军对白狄三部的军事胜利,巩固了其晋中盆地的控制权。晋定公时,"知

④蓝永蔚:《春秋时期的步兵》,中华书局,1979年。

⑤殷商和西周时期,车兵都是由贵族和士一级组成,而当时的"庶民"只能做车下的步兵,而不可能厕身于甲士之列。

伯将伐仇由，而道难不通，乃铸大钟遗仇由之君”，仇由之君不听其臣赤章曼枝的劝阻，堑岸堙谷，开辟运钟大道。知伯遂由此道进兵灭仇由。仇由地在今山西盂县。这条道路即由魏榆（今山西晋中市榆次区）经马首（今山西寿阳南马首乡），沿今温家庄河及秀水河而通仇由。晋出公十六年（前459），“荀瑶伐中山（今河北定州市），取穷鱼之丘（今河北涞水县西）”，也由太原地区东向进军。晋出公十七年（前458），赵襄子从太原地区出发，北登夏屋山，宴饮代王，“阴令宰人各以枓击杀代王及从官，遂兴兵平代地”。晋国的军事活动，既打通了晋中盆地与周边的交通，又促进了华夏文化与戎狄文化的交流，使太原地区成为当时北方地区民族融合的中心。

二、“祁氏之田”与太原纳入晋国版图时间考察

大卤之战是晋人在太原地区对狄人的一次重要战役，主战场在今太原地区。一般认为，大卤之战后，太原地区就基本上纳入晋国版图。明季思想家顾炎武讨论晋国历史时说：“晋自武公灭翼，而王命曲沃伯以一军为晋侯，其时疆土未广，至献公始大。考之于传：灭杨、灭霍、灭耿 灭魏、灭虞。重耳居蒲，夷吾居屈，太子居曲沃，而公都绛，不过今平阳一府之境。……襄公败秦于肴，自此惠公赂秦之地复为晋有，而以河西为境。若霍太山以北大都皆狄地，不属于晋。文公作三行以御狄，襄公败狄于箕，而狄患始稀。悼公用魏绛和戎之谋，以货易土。平公用荀吴，败狄于太原，于是晋之北境至于洞涡、洛阴之间，而邬、祁、平陵、梗阳、涂水、马首、盂为祁氏之邑，晋阳为赵氏之邑矣。”⑥“败无终及群狄于大卤，而太原为晋有矣”⑦，此即晋国历史研究中著名的西周不过霍山论。今人也多持此观点。杨光亮等所著《太原历史大事纪年》，记前541年晋荀吴率师败无终及群狄于大卤之事后说：“太原地区自此纳入晋国版图。”李元庆《春秋战国时期晋阳民族文化》一文也说：“大卤之战前，晋阳一带尚属于北戎无终部等游牧民族分布区；大卤之战告捷‘晋阳为赵氏之邑’。”⑧

---

⑥顾炎武：《日知录集释全校本》，卷三十一·晋国，上海古籍出版社，2006年。

⑦顾炎武：《日知录集释全校本》，卷三十一·昔阳。

⑧李元庆：《春秋战国时期晋阳民族文化》，霍润德主编：《晋阳文化研究》第二辑（下），山西古籍出版社，2007年。

大卤之战后，太原地区平原地带为晋所有，应无疑议。至于晋中盆地从南往北，纳入晋国版图的具体时间，史料阙如，尚难遽定。不过透过一些零散资料，还是可以大致勾勒出晋人在晋中盆地的活动踪迹，勾勒出中原华夏部族和北方戎狄部族在晋中盆地交流融合的史影。

晋中盆地纳入晋国版图，依据的重要史料即所谓的“祁氏之田”。我们也以此展开讨论。

太原之地自大卤之战后归属晋国，成为晋国公田，后被晋侯封作祁氏采邑。这一点，顾炎武在《日知录》中说得明白：“平公用荀吴，败狄于太原，于是晋之北境至于洞涡、雒阳之间，而邬、祁、平陵、梗阳、涂水、马首、盂为祁氏之邑”。祁氏获得祁地时间，是否如顾亭林所谓在荀吴败狄于太原之后，恐难遽定。据我们研究，应在公元前583年（晋景公十七年），即春秋史上著名的“下宫之难”之年（具体原因我们后文讨论）。而失去这一封地时间，史有明文。《左传》昭公二十八年（前514）：“秋，晋韩宣子卒，魏献子为政，分祁氏之田以为七县。……司马弥牟为邬大夫，贾辛为祁大夫，司马乌为平陵大夫，魏戊为梗阳大夫，知徐吾为涂水大夫，韩固为马首大夫，孟丙为盂大夫。”杜预注：“七县：邬、祁、平陵、梗阳、涂水、马首、盂也。”[9]

祁氏之田的重新分配，是中国古代地方行政建制由分封制向郡县制转变的体现。春秋以前，国家对地方的统治，是以采邑制为特色的封建制。春秋时期，随着土地私有制的发展，国家按田亩征收赋税，世卿世禄制被官僚制取代，原有的采邑制已不能适应新的形势。这时，一些诸侯国为了加强中央集权、遏制采邑主及其宗法势力干扰公室的政治权力，为了扩大兼并和抵御外敌的需要，在新占领的边远地区直接任命官员管理地方事务，逐渐形成由国君直接管理县、郡地方政权的体制。经过战国到秦代，“郡县制”成为国家对地方行政管理的主要模式。最初的郡县制，县的地位要高于郡。晋国正卿赵简子于公元前493年作战前动员令：“克敌者，上大夫受县，下大夫

⑨《春秋左传》昭公二十八年，《十三经注疏》。中华书局，1980年。

受郡”[10]，就是这一现象的说明。战国以后，郡的地位逐渐高于县。如：赵上党郡有二十四县[11]，代郡有三十六县[12]，公元前248年，秦攻赵，取榆次、新城、狼孟等三十七城，置太原郡等。[13]当时的县、郡多置于边远地带新掠夺的领土之上；而最先置县的是秦国。《史记·秦本纪》武公十年（前688）“伐邽冀戎，初县之。十一年，初县杜、郑。晋国也是春秋时期较早设立县的国家之一。《左传》僖公三十三年（前627）：“命先茅之县尚胥臣。”宣公十五年（前594）“晋侯赏桓子狄臣千室，亦赏士伯瓜衍之县”。

县制，就其实质来说，是作为采邑制度的直接对立面而出现的一种新的政治制度。从县的产生到郡县制度的最后确立，经历了一个相当长的历史阶段。县在各国出现的时间早晚不同，县制在各国的发展程度也很不平衡。就晋国来说，虽然有了“先茅之县”“瓜衍之县”的名称，但这时的县还没有完全变成国家的行政设置，而是更多地具有采邑性质。某种程度说就是采邑的一种——县大夫其实就是采邑主。“从隶属关系上看，晋国的县也与秦、楚等国的县有区别。秦国和楚国的县是直属于国君的。每设一县，由国君直接委派县令、县公或县尹，他们的罢免、调遣之权也都由国君掌握，县令、县公（尹）既是该县的行政长官，也是该县的军事将领。他们只对国君负责。秦、楚等国的县制完全不同于旧式的分封制，县的作用与采邑迥然不同。”[14]晋国最初所设的县也是由国君委任县大夫，大夫之下有县师和舆尉。但出于晋国卿族势力强大，国君对县的控制又不严，有的县设立之后便逐渐脱离了公室的控制而变成世袭采邑，任命县大夫也发展到不假国君。如祁氏、羊舌氏灭族后，就是魏献子主持把他们的采邑分为十县，十县的县大夫也多数由六卿子弟担任。《史记·赵世家》：“（六卿）各令其子为大夫，晋益弱，六卿皆大。”由此可见，“祁氏之田”改为县制，一方面使

⑩《十三经注疏·春秋左传正义·哀公二年》，中华书局影印本，1980年。
⑪《十三经注疏·春秋左传正义》，中华书局影印本，1980年。
⑫ 诸祖耿：《战国策集注汇考·齐策二》，江苏古籍出版社，1985年。
⑬ 诸祖耿：《战国策集注汇考·秦策一》，江苏古籍出版社，1985年。
⑭《史记·秦本纪》，中华书局标点本。

晋国卿大夫的势力更为加强，为日后六卿角逐，进而为三分晋国埋下了伏笔；另一方面它也是晋国地方行政制度发展的一个重要标志。正如张纪仲所谓："到了晋顷公十二年(前514)，晋国六卿灭祁氏、羊舌氏之后，分祁氏之田为七县，羊舌氏之田为三县，这才使晋县具有了后来的'县制'的县的性质。"⑮

"祁氏之田"历来被作为太原地区隶属晋国的主要标志；而所分七县中，以祁县为首。

祁县，即今之晋中市祁县。《说文·邑部》："祁，太原县。"段玉裁注云："今山西太原府祁县，县东南七里有故祁城，汉县治也。"⑯《左传》襄公二十一年："其人皆咎叔向，叔向曰：'必祁大夫。'"杜注："祁大夫，祁奚也，食邑于祁，因以为氏，祁县，今属太原。"《魏书》："祁，二汉、晋属。有祁城、祁奚墓、周党冢、太谷水、赵襄子城。"⑰《元和郡县志》卷十六河东道三太原府"祁县"下云："本汉旧县，即春秋时晋大夫，祁奚之邑也……按汉祁县在东南五里，故祁城是也。"⑱故址应为今祁县上、下古城村。方足布有面文为"祁"者，朱华以为，此祁地所指当是今天祁县的古县村，属赵地。

祁地之所以名祁，则可能和当地的自然环境有关。

祁姓乃传说时代黄帝十二姓之一。《国语·晋语四》云："凡黄帝之子，二十五宗，其得姓者十四人，为十二姓，姬、酉、祁、己、滕、箴、任、荀、僖、姞、儇、依是也。"如此看来，祁姓乃黄帝之某子所获姓；又说为陶唐氏之姓。《史记·五帝本纪》："帝尧者，帝喾之子，姓伊祁氏。"我们在太原的传说历史中，曾经论及庙底沟文化应该为黄帝部族的文化遗存，晋中盆地如祁县梁村等地都是庙底沟文化的分布区域；而与"唐尧"部族密切相关的陶寺文化很可能也是从河北过太行山，沿汾河谷地到达临汾盆地，和当地部族结合产生的。唐尧姓伊祁氏，这个伊祁之祁是否和祁地有关？

因为祁姓是因祁地而来。韦昭云："得姓以德、居、官而赐之姓也。"据其义，则得

---

⑮ 张纪仲：《山西历史政区地理》，山西人民出版社，1992年。

⑯《说文通训定声》，中华书局，1984年。

⑰《魏书·地形志》，中华书局，1981年。

⑱《元和郡县图志》，中华书局，1983年。

姓由来有三种途径：一因德行操守，一因居地，一因官名为姓。祁姓因居地为姓。《广韵·脂部》云："祁，姓，出太原，黄帝二十五子之一也。"《说文·邑部》："祁，太原县。"说明黄帝之子因居"祁"地而得名。

祁地所以名"祁"，似乎和当地的地理环境不无关系。《尔雅·释地》："燕有昭余祁。"郭璞注："今太原邬陵县北九泽是也。"宋邢昺疏："《周礼》并州其泽薮曰昭余祁，郑注云：'在邬'，《地理志》云：'邬，九泽在北，是为昭余祁，并州薮是也。'"汉代邬县、祁县相近，祁县在邬县北。顾栋高"祁县以薮得名"，由于祁地置县以前就称"祁"，所以"祁"这个古地名也是因泽薮而得名。

春秋时期的祁氏，或是自黄帝以来世代居于祁地的祁姓人，或是唐尧姓伊祁氏后人居此，或是别姓因食采于祁因居邑得祁姓者？其实难明。晋有祁大夫首见于《左传》僖公十年（前650）。《传》云："郤芮曰：'币重而言甘，诱我也。'遂杀丕郑、祁举及七舆大夫。"杜注云："祁举，晋大夫。"祁举可能是从祁地出仕的晋大夫。又，《左传》襄公二十一年（前552）："其人皆咎叔向，叔向曰：'必祁大夫。'"杜注："祁大夫，祁奚也，食采于祁，因以为氏，祁县本属太原。"这是说到祁地做官以地为氏了。《通志·氏族略三》亦云："祁氏，姬姓，晋献侯四世孙奚，为晋大夫，食邑于祁，遂以为氏，其地即今太原祁县是也。"总之，或早至公元前650年，最迟在公元前552年，祁县已为祁氏之食邑，皆早于发生大卤之战的公元前541年。

邬也是从"祁氏之田"中分出置县。

《元和郡县志》河东道介休县条下云："邬城泊，在县东北二十六里，《周礼》并州之薮，曰昭余祁，即邬城泊是也。"[19]祁县因昭余祁得名，昭余祁又因近邬城而称邬城泊，则祁县、邬县相近无疑。"《汉书·地理志》太原郡有邬县，乃因春秋晋邬县而置。"[20]《水经·汾水注》："侯甲水又西合为婴侯之水，径邬县故城南，晋大夫司马弥牟之邑也。"[21]

⑲《元和郡县志》卷十七河东道四，中华书局，1983年。

⑳ 马保春：《晋国历史地理研究》，文物出版社，2007年，第218页。

㉑《水经注疏·汾水注》，江苏古籍出版社，1989年。

《读史方舆纪要》介休:"县东北二十七里。春秋时晋邑,魏献子以司马弥牟为邬城大夫。《史记》:曹参从韩信击赵相夏说于邬东,大破之,又围赵别将军于邬城中。汉置邬县,属太原郡。晋及后魏因之,北齐废。《志》云:故邬城历隋唐至宋,始圮于水,城北接文水,东接祁县境。"[22]《大清一统志》引乾隆《介休县志》云:"故邬城在县东北二十七里,今为邬城店。"[23]刘纬毅编著的《山西历史地名通检》晋中地区"邬县"下以为"(邬县)故治在今介休县东北三十里邬店城"。[24]

平陵,在今文水县境内。顾祖禹《读史方舆纪要》太原府文水县"大陵城,县东北二十里,即晋之平陵也"。[25]刘纬毅《山西历史地名通检》大陵县注1"今县东北二十里有大陵村,但此村非大陵故城,依史籍文献和实地观察,大陵城当为东北十五里大城南村"。

梗阳,本为祁氏地。梗阳城故址在今清徐县。《左传》昭公二十八年:"分祁氏之田以为七县……魏戊为梗阳大夫。"杜预注:"梗阳在太原晋阳县南。"班固《汉书·地理志》太原郡榆次县下注云:"梗阳乡,魏戊邑。莽曰大原亭。"《水经·汾水注》:"汾水又南经梗阳县故城东,故榆次之梗阳乡也,魏献子以邑大夫魏戊也。"梗阳在汉晋时期属榆次县;北魏时取消榆次县,梗阳归入晋阳县;隋开皇十六年又置清源县。《元和郡县图志》:"梗阳故县城,春秋晋大夫祁氏邑也。在县南百二十步。《左传》曰:'晋杀祁盈,分为七县,魏戊为梗阳大夫。'是也。隋开皇十六年于其城内置清源县。"[26]《大清一统志》卷九十六"徐沟县"下云:"……汉榆次县地……唐武德元年复置,仍属并州,开元十一年属太原府,五代及宋因之,金大定二十九年,始侨置徐沟县,属太原府,元属霞宁路,明属太原府,本朝因之,乾隆二十八年,以清源县省入。"同书卷九十六"梗阳故

㉒《读史方舆纪要·山西》,中华书局,2005年。
㉓《大清一统志》卷一百五,上海古籍出版社,2008年。
㉔刘纬毅:《山西历史地名通检》,山西教育出版社,1990年。
㉕《读史方舆纪要·山西》,中华书局,2005年。《元和郡县图志》卷。
㉖《元和郡县图志》卷十七河东道四,中华书局,1983年。

城”下又说：“在徐沟县西，……本朝顺治十七年增修，今为县南关。”由此可知，春秋晋国梗阳，初为祁氏地，祁氏灭，其地为魏戊采邑。汉为梗阳乡，属榆次县；隋开皇十六年于梗阳乡置清源县；金大定二十九年于清源县徐沟镇析置徐沟县；金大定二十九年，始置徐沟县；乾隆二十八年清源县并入徐沟县，原清源县治称清源乡，即春秋梗阳邑所在地；1912年又置清源县；1952年，清源、徐沟二县合并为清徐县。故址即今清徐县城西南部，为太原市重点文物保护单位。

梗阳一名，在晋国封魏戊为梗阳大夫之前已见诸史籍。《左传》襄公十八年：“秋，齐侯伐我北鄙。中行献子将伐齐，梦与厉公讼，弗胜。公以戈击之，首坠于前，跪而戴之，奉之以走，见梗阳之巫皋。他日，见诸道，与之言，同。巫曰：‘今兹主必死。若有事于东方，则可以逞。’”[27]襄公十八年，为晋平公三年，即公元前555年，而晋国与戎狄于太原盆地大卤之战发生于晋平公十七年（前541）。在此之前14年，晋国大将中行献子，晚上做梦和晋厉公争讼，梦见了梗阳巫师皋。过了几天在大道上看见皋，两人就随便聊起来。从这一描述可以看出，皋和晋国上层人物是多么熟悉，我们推测当时梗阳已经有一些诸如巫师皋的人物在晋国活动，甚至为官。也就是说，太原地区的部落族众与晋国的交往，在大卤之战前已经达到了一定深度。

无独有偶，《左传》还记载了一件梗阳人诉讼的故事。魏戊到梗阳担当县丞的当年冬天，一个梗阳人到魏戊处告状，魏戊不能决断，于是上报魏舒。梗阳人宗长贿送给魏舒一组女乐，魏舒打算接受。魏戊请晋大夫阎没、女宽劝阻魏舒不要受贿，魏舒于是拒绝了梗阳人的贿赂。后世有阎没死葬清徐的传说。[28]

涂水县，故址当在今晋中市榆次区西南二十里。

㉗杨伯峻：《春秋左传注》中华书局，1981年。

㉘《元和郡县图志》“阎没墓，在县西南三里。《左传》曰：梗阳人有狱，魏戊不能断，以狱上。其大宗赂以女乐，魏子将受之。魏戊谓阎没必谏，许诺退朝，待于庭。馈入，召之。比置，三叹，魏子问之，对曰：‘或赐小人酒，不夕食，馈始至，恐不足。’中置，自咎曰：‘岂将军食之而有不足。及馈之毕，愿以小人之腹为君子之心，属餍而已。’魏子辞梗阳人。”

马保春《晋国历史地理研究》说:“涂水亦为祁氏田所分的七县之一,与其余几县均在晋中。《左传》昭公二十八年:‘秋,晋韩宣子卒,魏献子为政,分祁氏之田以为七县。’杜注:‘七县,邬、祁、平陵、梗阳、涂水、马首、盂也。’该年《传》又云:‘知徐吾为塗水大夫。’”[29]秦于太原郡下设涂水县。春秋晋涂水邑是因大、小二涂水得名。塗水应即涂水,《左传》昭公二十八年:“……知徐吾为塗水大夫”,杜预注:“徐吾,知盈孙。塗水,太原榆次县。”《汉书·地理志》太原郡榆次县下注云:“涂水乡,晋大夫知徐吾邑。”[30]可见塗水乃涂水。钱币铭文“余水”者,亦应为涂水。榆次有涂水,一曰大涂水,一曰小涂水。高士奇《春秋地名考略》卷五涂水条下注云:“臣谨按:汉《地理志》太原郡榆次有涂水乡,晋大夫知徐吾之邑。”刘纬毅以为晋国涂水县“故治在晋榆次市西南二十里。”[31]

马首,《元和郡县志》卷十六河东道太原府寿阳县下云:“马首故城在县东南十五里,《左传》曰:‘晋分祁氏之田为七县,韩固为马首大夫。’即其地也。”《春秋大事表》卷七《春秋列国都邑表》晋表“马首”邑下称:“汉为榆次之东境。隋置寿阳县,今属平定州,县东南十五里有马首村。”

盂,亦为祁氏七县之一。魏献子让盂丙食邑于此,叫盂大夫。盂丙或认为应作孟丙。[32]《汉书·地理志》太原郡盂县下自注云:“晋大夫盂丙邑。”《方志图》云:“晋太子于之邑也,后为祁氏采地。祁氏既灭,魏献子分其田为七县,盂,其一也,以盂丙为盂大夫。盂在原仇西百里,汉之盂县也,属太原郡。后魏省,其地属石艾县,一云入阳曲县,俗谓之大盂伯。”《水经注》:“(洛阴水,即今杨兴河)出新兴郡,西流经洛阴城北,又西经盂县故城南。《春秋左传》昭公二十八年,分祁氏七县为大夫之邑,以盂丙为盂大夫。”《山西历史地名通检》记盂县“故治在今阳曲县北二十里大盂镇”。

㉙马保春:《晋国历史地理研究》,文物出版社,2007年,第172页。

㉚《汉书·地理志》,中华书局,第1551页。

㉛刘纬毅:《山西历史地名通检》,山西教育出版社,1990年。

㉜杨伯峻:《春秋左传注》,中华书局,1981年,第1494页。

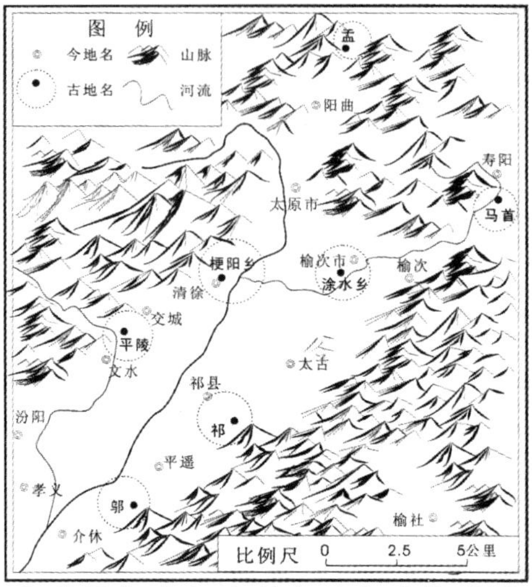

春秋晋祁氏领地所分的七县位置图

以上是祁氏被灭之后,所分出的七县地理分布与沿革。我们从中可以看出,它们主要分布在今晋中盆地中部、偏东北部和北部一带,且都是因公元前514年祁氏之田被瓜分而设县,也因此见诸史籍。其中,梗阳在公元前555年便因梗阳巫皋活动于晋国而留名。魏榆本在祁氏七县范围内,但在公元前534年已见诸史籍。公元前541年晋中盆地曾发生大卤之战或曰太原之战,我们在前文太原释名中已经说明,太原一名当时指晋中盆地,但应是一个比较广泛的地域代称。今天的太原地区,如果说当时已有所建置,那应该是后来在历史上占有重要地位的晋阳。从祁氏之田所瓜分的版图看,晋阳北边有盂,东边隔山有马首,西南有梗阳,东南有涂水,显然在祁氏之田范围内,但却不见晋阳踪影。再从占有七县的卿大夫来看,司马弥牟为邬大夫,司马乌为平陵大夫,贾辛为祁大夫,魏戊为梗阳大夫,知徐吾为涂水大夫,韩固为马首大夫,孟丙为盂大夫,也不见赵氏身影。但十七年后,当赵鞅与范氏、中行氏相争之时,晋阳已俨然成为赵氏的根据地。十七年中究竟发生了什么大变故,使赵氏得以迅速在晋阳地区建立起强大的军事堡垒,还是赵氏当时已经占有晋阳地区,但不在“祁氏之田”以内?对此,文献虽没有明确记载,却还是露出端倪。

这个端倪还是和“祁氏之田”相关。

公元前583年，晋国发生了一件大事，即春秋史上著名的“下宫之难”。《春秋》（鲁）成公八年（晋景公十七年）载：“晋杀其大夫赵同、赵括。”《左传》成公八年：“六月，晋讨赵同、赵括，武从姬氏畜于公宫。以其田与祁奚。”《史记·晋世家》也说“（晋景公）十七年，诛赵同、赵括，族灭之。韩厥曰：‘赵衰、赵盾之功岂可忘乎？奈何绝祀！’乃复令赵庶子武为赵后，复与之邑”。《史记·赵世家》：“于是召赵武、程婴遍拜诸将，遂反与程婴、赵武攻屠岸贾，灭其族。复与赵武田邑如故。”[33]几处史料所述为同一事件，即晋景公因所谓“孟姬之谗”而族诛赵氏的事件。“下宫之难”发生时间，文献记载不尽相同。如我们前文引用的《左传》所记在成公八年（前583）。《史记·晋世家》也记在前583年（景公十七年）。但《赵世家》和《韩世家》又记此事发生于晋景公三年，即公元前597年。两者相差14年。对此，白国红研究认为：“《左传》所言这一事件发生于晋景公十七年的说法是可信的，这也是与《春秋经》的记载相吻合的。我们甚至可以依据《左传》成公八年的记载，将这一时间精确到晋景公十七年（前583）夏六月。”[34]而赵武复立的时间据考证应在晋景公十九年（前581）。[35]

诛灭赵氏后，晋景公“以其田与祁奚”。对此杨伯峻释曰：“田为氏族之主要财产，赵氏被灭，唯赵武匿公宫而免，故田收于公，公赏于他人。祁奚，为高粱伯之子，……襄二十一年传又称之为祁大夫，祁是晋邑，故城在今祁县东南。”[36]如此说来，只有在公元前583年晋景公十七年六月之前，以祁县为中心的晋中盆地已经为赵氏所有，因而才会有赵氏家族被诛灭族，赵氏之田收于公，旋被赏与祁奚的事件；亦即公元前583年赵氏已经占有晋中盆地。他比所谓的“大卤之战”（前541）晋国疆域拓展至太原地

㉝《史记·赵世家》，中华书局标点本。

㉞白国红：《春秋晋国赵氏研究》，中华书局，2007年，第110页。

㉟白国红：《春秋晋国赵氏研究》，《赵武复立时间及原因考》，中华书局，2007年，第118页。

㊱杨伯峻：《春秋左传注·成公八年》，中华书局，1981年。

区要早40多年(有关赵武灭族和复宗之事,即“赵氏孤儿”问题,我们后文讨论)。

晋国早于“祁氏之田”在晋中盆地设县,还有文献记载的“瓜衍之县”。

《左传》宣公十五年(前594):“晋侯赏桓子狄臣千室,亦赏士伯瓜衍之县。”杜注:“士伯,士贞子。”宣公十二年:“秋,晋师归,桓子请死,晋侯欲许之,士贞子谏曰:‘不可。’杜注:“贞子,士渥浊。”士贞子又称士渥浊,乃士氏支庶。《春秋地理考实》卷二“瓜衍”条下曰:“《汇纂》孝义县北十里有瓜城,属山西汾州府。”《春秋地名考略》卷五“瓜衍之县”条下云:“宣十五年,晋侯赏士伯以瓜衍之县,吴氏田:‘汾州孝义县北十里瓜城,晋灭虞、虢,迁其民于此。’”今山西省孝义市城北十余里处与汾阳市的交界处,有大虢城、小虢城和虞城,虞城在大、小虢城之东。这一带可能就是吴氏所谓晋迁虞、虢遗民之地。后于晋景公六年(前594)赏给士渥浊。而晋献公灭虞、虢在鲁僖公五年,即公元前655年,则姬姓的虞、虢遗民在该地生活了六十余年后成了士氏的采邑。

晋中盆地还有阳邑,传为晋国大夫阳处父之邑。《永乐大典》:“太谷县,本春秋晋大夫阳处父所封之邑,故名曰阳邑。三晋既分,属赵。秦属太原。汉为太原之阳邑县。《读史方舆纪要·山西》“太谷县府东南百二十里。北至榆次县七十里,西至祁县五十里。本晋大夫阳处父邑,汉为阳邑县,属太原郡。”阳处父获得阳邑的时间不明,但他死于前621年,则封地肯定在此之前。

屏也可能是位于晋中盆地的晋国县邑。

屏为赵衰子赵括食邑,《左传》僖公二十四年(前636):“文公妻赵衰,生原同、屏括、楼婴。”杜注:“原、屏、楼,三子之邑。”《春秋地名考略》卷四“《路史》曰炎帝臣屏翳封屏国,赵括采邑当在其处”。按《路史·国名纪己》未详屏翳之国所在,炎帝为传说时代,其事缥缈难断;但经过夏代至商,有关屏的线索似又可寻。1970年7月,山西石楼县城关公社肖家塌发现过一件带铭铜戈,内部铭文为“竝”。彭邦炯先生以为此戈铭的“竝”就是甲骨文中多见的“并”方,“商代竝氏故地在今山西省中部一带,或许就在今太原、石楼一带”;“据侯马所出盟书提供的线索,晋赵鞅举行的宗盟活动,还有称作竝氏的参与。可见春秋时期,竝氏还是一个有影响的族属。虽然他的居住地不见明确记载,然必在晋国,即今山西境内无疑”。[37]

马保春在《晋国历史地理研究》中考据:竝、并、倂三字,古为通假字,而当“并(倂)”作“抛弃”讲的时候,可与屏、摒相假,如《荀子·强国》“倂己之私欲”,以此看“并”与“屏”似可通。屏有屏障、屏障物的含义,如《诗·大雅·板》“大邦为屏,大宗为翰”。郑笺云:“屏,树也,所以为蔽也。”又如晋左思《魏都赋》:“长世字甿者,以道德为藩,不以袭险为屏也。”今晋中太原盆地西有吕梁山,东有太岳山,正如东西两道天然屏障。此地名竝、并者,或与此自然地貌形态有关。则炎帝时代的屏国,或与后来的并方、并氏、并州有所渊源。春秋晋赵括采邑屏,或许与此有关,有可能在晋中一带,但确址不考。[38]马保春亦以地理形势解释并州得名缘由,颇出新意,可备一说。

楼为赵衰子赵婴的采地。

《左传》僖公二十四年:“文公妻赵衰,生原同、屏括、楼婴。”杜注:“原、屏、楼,三子之邑。”《春秋地名考略》卷四:“今隰州永和县南十里有楼山城,后周置归化县,隋开皇十八年改曰楼山。大业初废,武德初复置东和州,贞观初废入永和县,取县南楼山为名。”马保春《晋国历史地理研究》说:“楼或在今山西省石楼县或其附近。”[39]吕文郁也说“楼邑在今山西永和县西南十里”。[40]

春秋时太原盆地还有晋国魏姓卿大夫的县邑,名曰魏榆。

《左传》记载了一个师旷借魏榆石人说话,劝谏晋侯的故事。公元前534年,晋平公大兴土木,建筑虒祁宫。传说处于边鄙的魏榆石人开口说话,晋平公感到奇怪,就问当时的大夫、著名音乐家师旷说:石头为什么说话?师旷回答说:石头不能说话,有东西凭借着它说话。否则就是百姓听错了。我曾听说,做事情不合时令,怨恨诽谤在百姓中发生,就有不能说话的东西出来说话。现在的宫室高大奢侈,百姓财力耗尽,

---

㊲彭邦炯:《竝器、竝氏与并州》,《考古与文物》,1981年第2期。

㊳马保春:《晋国历史地理研究》,文物出版社,2007年,第210页。

㊴马保春:《晋国历史地理研究》,文物出版社,2007年第210页,。

㊵吕文郁:《周代的采邑制度》,社会科学文献出版社,2006年,第230页。

怨恨诽谤丛生，没有人能够确保自己的生活，石头说话不也是很相宜的吗？师旷通过“八年春，石头言于晋魏榆”的传言，对统治者不顾民生提出了尖锐批评。叔向听到师旷的言辞后，感叹道：子野（师旷字）的话真是君子所言。君子的话，诚实而有证明，所以怨恨远离他的身体；小人的话，虚伪而没有证明，所以怨恨灾祸来到他的身上。[41]刘向《说苑·辨物篇》、王充《论衡》都记载了这一故事。对此事中提到的魏榆，钱穆考证说：“神农之后有帝榆罔，其居亦在晋。《左传·昭公八年》：‘石言于晋魏榆’，杜注：‘晋魏邑之榆地。’《地理志》榆次、介休同属太原。吴卓信补注引《汲冢周书》云：‘昔烈山氏帝榆罔之后，其国为榆州。曲沃灭榆州，其社存焉，谓之榆社。地次相接者，为榆次。’其地有梗阳乡，魏戊邑，汾水所迳。”[42]这件事发生在公元前534年，距大卤之战已经过去七八年；而距公元前514年祁氏被灭，七分其地尚差20余年，此时已经有魏榆一地。它告诉我们，晋中盆地所谓的祁氏之田范围内，可能还有诸如魏榆这样属于魏姓卿大夫的县邑。

与魏榆情形相近的还有中都。

《左传》昭公二年（前540）：“（晋侯）谓陈无宇非卿，执诸中都。”《侯马盟书》亦载有中都一名。（侯马盟书摹本）《水经注》“侯甲水又西北迳中都县故城南。”郦道元注曰“城邻际水湄。春秋昭公二年晋侯执陈无宇于中都者也。汉文帝为代王都此。”中都县为西汉置，属太原郡。东汉、晋不改。北魏移于榆次县界。隋开皇十年改为榆次县。《元和郡县图志》汾州平遥县：“中都故城在县西十二里，属太原郡，汉文帝为代王都于此。”故址在今平遥县西南十二里桥头村北。

以上史料告诉我们，晋国疆域（势力）跨入太原盆地的时间，并不是传统上认为的大卤之战（前541）以后，而应该更早。公元前555年，梗阳之巫皋已经活动在晋国首

㊶《左传·昭公八年》，《十三经注疏·春秋左传正义》中华书局影印本，1980年。

㊷钱穆：《周初地理考》，北京燕京大学出版《燕京学报》第十期单行本。

都。前583年，“下宫之难”发生，晋景公夺赵氏之田“以其田与祁奚”，[43]两年之后又“复与赵武之田邑如故”。则“祁氏之田”即“赵氏之田”。是晋中盆地这时已有赵氏之田邑。这里有一个问题需要说清，即太史公说赵武复宗后，晋景公将夺取的赵氏田邑又还给了赵氏。这样就产生了一个问题：如果说赵氏的所有田邑失而复得，那么给予祁奚的“祁氏之田”也应该收回，就不存在公元前514年分“祁氏之田”而为七县之事。但“祁氏之田”是研究者公认的史实，难以否认。那么还有一种可能，即《史记》的记载有所缺失，赵氏之田并没有完全收回。史料阙如，我们不敢遽断。从有关“下宫之难”的史料记载看，《左传》记述多符合实际，而《史记》记述却自相矛盾。以当时情势度之，祁奚为中军尉，正在晋国得势之时，而赵武复出，矛盾重重，晋侯与众大夫未必像韩宣子那样热心。《史记·赵世家》记载：“（赵武）居十五年，晋景公疾，卜之，大业之后不遂者为祟。景公问韩厥，厥知赵孤在，乃曰：‘大业之后在晋绝祀者，其赵氏乎？夫自中衍者皆嬴姓也。中衍人面鸟噣，降佐殷帝大戊，及周天子，皆有明德。下及幽、厉无道，而叔带去周适晋，事先君文侯，至于成公，世有立功，未尝绝祀。今吾君独灭赵宗，国人哀之，故见龟策。唯君图之。’景公问：‘赵尚有后子孙乎？’韩厥具以实告。于是景公乃与韩厥谋立赵孤儿，召而匿之宫中。诸将入问疾，景公因韩厥之众以胁诸将而见赵孤。赵孤名曰武。诸将不得已，乃曰：‘昔下宫之难，屠岸贾为之，矫以君命，并命群臣。非然，孰敢作难！微君之疾，群臣固且请立赵后。今君有命，群臣之原也。’与历史是召赵武、程婴遍拜诸将，遂反与程婴、赵武攻屠岸贾，灭其族。复与赵

㊸不过也有人认为景公并没有把赵氏的田邑给予祁氏。如沈长云说“当赵同、赵括被诛伐之际，赵武随其母孟姬畜养于景公宫中。同、括被诛以后，景公本来打算把他们的田邑转赐给驺氏之族的祁奚，幸亏过去赵盾一手培养并提拔起来并已任为新中军将的韩厥及时向景公建言道：“成季（赵衰）之勋，宣孟（赵盾）之忠，而无后，为善者其惧矣。””“景公这才改变主意，重新树立朔子赵武为赵氏嫡系后嗣，将打算赐予祁氏的田邑还给赵氏。一场危机就这样过去了。然而赵氏已受到沉重打击，昔日族大势盛的赵衰的后嗣只剩下赵武一脉，而赵武时年仅八岁左右。赵氏要东山再起，须再等待一段时间了”。沈长云等：《赵国史稿》，中华书局，2000年，第74页。

武田邑如故。”赵武复宗，一因晋侯患病，怕危及生命，二有执政卿韩宣子力挺，“景公因韩厥之众以胁诸将而见赵孤，诸将不得已。”将当时情形表露无遗。因此赵氏能够复宗已是大幸，未必会立即要求晋侯把所有失去的田邑如数交回。晋侯也未必会把刚刚给予祁奚的田邑收回还与赵武。《左传》成公十八年（前573）“祁奚为中军尉”，《国语·晋语七》：“公知祁奚之果而不淫也，使为元尉。”《左传》襄公二十一年（前552）：“其人皆咎叔向，叔向曰：‘必祁大夫’。”杜注：“祁大夫，祁奚也，食邑于祁，因以为氏，祁县，今属太原。”[44]如果祁县为祁氏田邑仅两年就收回，祁氏因祁地以为氏的可能极小。祁奚之氏祁，说明祁县从晋景公赐祁奚田邑到魏舒七分祁氏邑的40余年间，一直是祁氏之邑。[45]如此，所谓“复赵武田邑如故”，就有了另一种可能——晋侯把晋中盆地更靠北的地方，即今天的太原地区，春秋时称作晋阳的地方，给了赵氏。这样，既不夺“祁氏之田”，又交代了赵氏。从当年魏舒夺祁氏之田后，重新分配的七县范围看，似乎已经包括了晋阳地区，在晋阳一带不应该再划分出一个县邑；其实不然：春秋时期，晋国的县邑面积一般都不大，基本上以邑为县。祁奚占有的应该只是以祁县为中心的部分县邑，晋中盆地应该还有一些其他卿大夫的县邑，插花于祁奚所拥有的“祁氏之田”中间。就如“晋阳邑”，公元前497年它肯定已成赵邑，而且是赵氏的一个主要城邑，以至于雄才大略如赵鞅，在危急关头，奔保晋阳。此时距瓜分祁氏、羊舌氏田邑过去17年。当年赵氏得到的田邑是羊舌氏的平阳（今临汾市），文献并没有提到赵氏获得晋阳一邑。如果晋阳当时属于祁氏之田，那么成为赵氏之邑肯定在此之后。短短十几年间，赵氏要从魏戊或孟丙两个家族手中取得晋阳土地，并且迅速建设治理，使其成为足以抗衡王师的坚城，可能性似乎很小。因此就存在着另一种可能，晋阳早在公元前6世纪初，已有城邑，但不属祁氏，而归赵氏所有；亦即“下宫之难”时，晋侯以晋阳地区象征性复与赵武的田邑。再如中都，大卤之战后一年，晋侯就派

---

[44]《十三经注疏·春秋左传正义》，中华书局影印本，1980年。

[45]祁氏原本就与晋中盆地有渊源关系，甚或占有晋中盆地一部分为食邑。将赵氏食邑给予祁氏，只是增益其在晋中盆地的食邑而已。

人来此抓人。魏榆，在前534年已见诸史籍，县邑应该紧邻梗阳，但都不是“祁氏之田”。因此在梗阳、盂之间再设置一个晋阳邑也并非不可能。如此我们可以大胆推测，早在公元前583年之前，赵氏已经进入以祁县为中心的晋中盆地。城邑虽曾短暂失去，但赵氏复宗后，随即失而复得；不过却非原来祁地，而是今日之太原地区。

晋中盆地发现的考古遗存也为这种可能增加了注脚。

晋中盆地有关春秋早中期的考古发现相对薄弱，见诸报道的考古发掘资料有古交屯村、榆社台曲等。二遗址分别位于吕梁山东部和太行山西部，文化遗存却具有不少相似特征。太原大井峪、金胜村等地曾发掘大量春秋战国墓葬，资料尚未发表。忻定盆地发现的春秋中晚期墓葬，对晋中盆地考古文化研究具有一定的参考价值。

两地春秋时期的代表性器物特征明显，早晚都有发现的陶器为：鬲、侈口深腹盆、敞口深腹盆（甑）、素面折腹罐、方盘豆、圆盘豆、敞口深腹罐、直口或侈口深腹罐、小口鼓腹罐等，构成晋中春秋时期主要的器物组合。据这些陶器形制的演变规律，我们可绘制出晋中春秋时期陶器分期图。

根据地层和器物组合变化特征，我们可以将晋中盆地发现的春秋时期遗存分为五期。

第一期以榆社台曲遗址第二层遗存为代表，是迄今为止晋中盆地发现时代最早的春秋时期遗存。台曲遗址发现的侈口高弧裆整体近方形鬲、深弧形盘、圆盘豆、折腹盆等，一些器物与天马—曲村遗址第五期类似，一些器物又与天马—曲村遗址第六期接近，因此该遗址的年代晚于天马—曲村遗址第五期，并略早于第六期，约当公元前7世纪中期前后。台曲遗址为代表的春秋时期第一期遗存形制特殊，代表着不同谱系考古学文化的特征。其中外形近方形的侈口宽沿溜肩弧裆鬲、侈口上腹外鼓的深腹盆、宽沿折腹素面盆、深弧形盘的方盘或圆盘豆、折沿矮颈鼓腹平底罐（瓮）等具有与典型晋文化相似的特征；而侈口宽沿鼓腹鬲、敞口宽沿鼓腹盆（甑）、折沿小口鼓腹罐等陶器与古交屯村早期遗存类似；此外高领折肩鬲、宽沿圆腹盆、平底或斜直底方形深盘豆、折沿小口折肩罐、侈口束颈小口罐、侈口圆腹罐等陶器又表现出极强的本地文化特色。

晋中盆地春秋时期的考古文化第二期至第五期之间虽然可以截然分期，但却属于同一文化的不同阶段，更多具有晋文化的考古学特征，是晋文化不可分割的组成部分。

第二期以屯村遗址第三层、灰坑4等单位及出土遗物为代表。屯村遗址第三层出土的鬲、盆、豆等陶器与翼城苇沟—北寿城城内灰坑三出土的同类器物特征相似，早于侯马晋国新田遗址主要遗存，即在晋景公迁都新田之前，约当公元前7世纪末至公元前6世纪初。

第三期以屯村遗址灰坑3、灰坑2等单位的出土遗存为代表。出土主要器物与侯马铸铜遗址早期、天马—曲村遗址灰坑9出土遗物特征接近，约当公元前6世纪中期。

第四期以屯村第二层出土遗物为代表。第二层出土陶器与侯马铸铜遗址中期早段器物类似，鼎腹与上马墓地墓4006:5相似，因此其年代约当公元前6世纪后期至公元前5世纪初期。

此外，屯村发掘的墓1与遗址没有地层叠压关系，但其随葬器物中的鼎、盖豆、高领罐等陶器显然是遗址第二层同类器物的继承与发展。从盖豆把手口部外敞、腹饰瓦棱状凹弦纹、高领罐凸唇明显、鼎腹近平特征看，其时代或超出春秋下限，约当公元前5世纪中期前后。

晋中盆地春秋时期遗存第一期至第五期从公元前7世纪中期一直延续到公元前5世纪中期，前后达200余年，具有典型的代表性。㊻

晋中盆地春秋遗存特别是第二至五期遗存主体一脉相承，文化因素较为单纯，与典型晋文化基本一致，占据主流地位。当然二者之间存在的区别也是明显的。究其原因，

㊻薛新民：《晋中春秋时期文化遗存分析》，中国考古学会等：《汾河湾——丁村文化与晋文化考古学术研讨会文集》，山西高校联合出版社，1996年。

当有如下几点:第一,晋中盆地目前发现的遗址均位于山区,规模、等级和出土遗物的丰富程度与典型晋文化有很大差距,反映的文化面貌也很不全面,尚不能代表晋中盆地这一时期的全貌。第二,环境、地域及其经济实力的差异在陶器制作水平上表现出两地极大的反差。第三,陶器制法、陶质、陶色、纹饰等方面相反的发展趋势反映了两地整体文化不同的兴衰历程:一方面典型晋文化因公室衰微、卿大夫专权并且培植一己势力而逐渐衰落;另一方面晋中盆地随着先进的晋文化因素的增加,文化有了较大的发展。尤其在典型的晋文化入居晋中盆地以后,传统因素进一步减少,陶器制作水平有了长足进步,整体文化表现出由弱渐强的趋势。第四,文化传统的差异。

晋中盆地与晋南地区的文化影响和交流,在不同时期,程度和方式也不尽相同。春秋时期,典型晋文化因素向北传播和扩展占主流地位。以台曲遗存为代表的晋中盆地第一期遗存中,来自典型晋文化的因素虽已有较大比例;但是地域特点、传统因素仍很明显,表现出不同谱系的考古学文化逐渐融合、碰撞的复杂现象。当时的晋中盆地,可能还是地方特色显著的传统因素占主导地位的另一谱系文化遗存。

尤可注意的是古交屯村考古遗存。

春秋时期,狐氏之戎活动于今太原市西南部的吕梁山中。至晚在公元前7世纪中期便与晋国公室成为姻亲部族,并有较多的交往。狐偃、狐毛兄弟随狐姬入居晋国时,该部族不可能举族南迁,当仍居住在原地。古交屯村遗址正好位于该部族活动范围之内,因此屯村遗存应该是狐氏大戎创造的物质遗存。

史书未见晋国与狐氏之戎发生冲突的记载,说明二者的关系比较和缓,这是晋国和戎政策的成果。作为北方经济大国的晋国,文化发达程度远超过狐氏之戎。该部族既与晋和好,先进的典型晋文化必然大量传入,因此该族接受典型晋文化的时间较早,因素也较多,这种文化交流至晚在公元前7世纪中期前后便已开始。屯村遗存于公元前7世纪末至公元前6世纪初的屯村早期始,从早到晚一脉相承,传统因素不太明显,典型晋文化已占据主导地位。虽是狐氏大戎及其后裔的物质遗存,但由于与典型晋文化交流较早,而且不久后晋国势力入居晋阳,因此逐步融入晋文化之中是历史的必然趋势。

考古发现与我们的研究梳理若合符契。因为文献记载表明,早于公元前6世纪,晋国可能已经进入晋中盆地。

晋景公十七年“(晋侯)亦赏士伯瓜衍之县”。瓜衍位于今孝义、汾阳一带,事在公元前598年。又有如屏、楼诸邑,据考也都在晋中盆地或其附近,而见诸史籍又在公元前636年。我们在探讨“瓜衍之县”时已经说明,当地有大、小虢城等,是晋献公灭虞、虢所迁遗民之地,则晋国染指晋中盆地的时间早到了公元前655年。马保春在讨论千亩之战的时候说:“晋国叩问晋中,并非始于献公时期,此前的穆侯时期(前802),兵锋已北至此(介休、灵石一带),只是战而复还而已。”[47]

马长寿先生在论及华夏和蛮夷关系时说:“‘华夏、蛮夷’诸国,在黄河南北并非内夏外夷,截然隔离,而是夷夏错居,犬牙相间。不仅如此,就是一国之内,华夏之国亦有夷狄,夷狄之国亦有华夏。到了春秋战国,由于列国的相互征伐和各族的相互吞并,又由于边远部落的不断入徙,所以无论华夏之国或者夷狄之国的部落联盟,他们并不是单一的部族国家或单一的部落联盟,而是多部族多部落的国家或多部落集团部落联盟。”[48]

山西大地“表里山河”,自古是戎狄民族同华夏民族接触交往的南北天然通道,由此成为不同民族错居杂住的集中分布区。西周初年晋国建立,“晋居深山之中,戎狄之与邻”,位于山西南部“河汾之东方百里”的晋国,自立国始即处于戎狄民族环抱之中。晋国的古代居民占大多数的并不是华夏,而是华夏以外的戎狄部落或部落集团。他们与戎狄的关系应该是:在政治上当战则战,当和则和;疆土上你中有我,我中有你;文化上相互交流,相互借鉴。晋中盆地从龙山时代晚期开始,虽然文化因素以北方为主,但和中原华夏族的文化交流始终没有断绝。春秋时期“狐氏之戎”和晋国的姻亲关系,祁姓之人在晋国的入仕,以及狐氏而为姬姓等,都是民族融合与交流的

㊼马保春:《晋国历史地理研究》,文物出版社,2007年,第242页。

㊽马长寿:《北狄与匈奴》,三联书店,1962年,第4页。

见证。而启土安疆，扩张称霸是晋国一贯国策。“狄之广漠，与晋为都，晋之启土，不亦宜乎。”[49]索取土地，采取的策略是战争或以货易土。晋国势力应该就是以这种形式一步步进入晋中盆地的；当然，这一过程也应是较为长期且起伏不定的。它与晋国本身国力的消长，晋中盆地戎狄力量的强弱等因素密切相关。其对晋中盆地的统治，应该是先南后北，进进退退。而“大卤之战”则是晋国与戎狄在晋中盆地所进行的一场决定性战役，此战以后，晋中盆地平原地带基本为晋所有。其后晋又灭肥国、突袭鲜虞、灭仇由（今山西盂县）等，晋中盆地东西两侧戎狄部族基本清除。前458年，赵襄子从太原地区出发兴兵平代地，山西全境基本为晋所有。戎狄部族或远遁他乡，或与进入晋中盆地的晋人相融合，成为中华民族的重要组成部分。

三、“下宫之难”与“赵氏孤儿”案

“赵氏孤儿”案因小说、戏曲的传播广为人知。其中涉及“祁氏之田”问题，前文略做讨论。兹就“赵氏孤儿”案的相关问题讨论如下：

晋成公时期，晋国卿、大夫中较强的家族除赵氏外，另有羊舌、韩、魏、范、中行、智、郤、栾、先等大族。他们之间争权夺利，相互倾轧。而势力日渐扩大的赵氏，理所当然地遭到其他强族的侧目。赵朔死后，赵氏祸起萧墙。对此太史公有详细记述：“晋景公之三年（前597），大夫屠岸贾欲诛赵氏。……屠岸贾者，始有宠于灵公，及至于景公而贾为司寇。将作难，乃治灵公之贼以致赵盾，遍告诸将曰：‘盾虽不知，犹为贼首。以臣弑君，子孙在朝，何以惩罪？请诛之。’韩厥曰：‘灵公遇贼，赵盾在外，吾先君以为无罪，故不诛。今诸君将诛其后，是非先君之意而今妄诛。妄诛谓之乱。臣有大事而君不闻，是无君也。’屠岸贾不听。韩厥告赵朔趣亡。朔不肯，曰：‘子必不绝赵祀，朔死不恨。’韩厥许诺，称疾不出。贾不请而擅与诸将攻赵氏于下宫，杀赵朔、赵同、赵括、赵婴齐，皆灭其族。赵朔妻成公姊，有遗腹，走公宫匿。赵朔客曰公孙杵臼，杵臼谓朔友人程婴曰：‘胡不死？’程婴曰：‘朔之妇有遗腹，若幸而男，吾奉之；即女也，

[49]《十三经注疏·春秋左传正义·庄公二十八年》，中华书局影印本，1980年。

吾徐死耳。'居无何,而朔妇免身,生男。屠岸贾闻之,索于宫中。夫人置儿绔中,祝曰:'赵宗灭乎,若号;即不灭,若无声。'及索,儿竟无声。已脱,程婴谓公孙杵臼曰:'今一索不得,后必且复索之,奈何?'公孙杵臼曰:'立孤与死孰难?'程婴曰:'死易,立孤难耳。'公孙杵臼曰:'赵氏先君遇子厚,子彊为其难者,吾为其易者,请先死。'乃二人谋取他人婴儿负之,衣以文葆,匿山中。程婴出,谬谓诸将军曰:'婴不肖,不能立赵孤。谁能与我千金,吾告赵氏孤处。'诸将皆喜,许之,发师随程婴攻公孙杵臼。杵臼谬曰:'小人哉程婴!昔下宫之难不能死,与我谋匿赵氏孤儿,今又卖我。纵不能立,而忍卖之乎!'抱儿呼曰:'天乎天乎!赵氏孤儿何罪?请活之,独杀杵臼可也。'诸将不许,遂杀杵臼与孤儿。诸将以为赵氏孤儿良已死,皆喜。然赵氏真孤乃反在,程婴卒与俱匿山中。居十五年,晋景公疾,卜之,大业之后不遂者为祟。景公问韩厥,厥知赵孤在,乃曰:'大业之后在晋绝祀者,其赵氏乎?夫自中衍者皆嬴姓也。中衍人面鸟噣,降佐殷帝大戊,及周天子,皆有明德。下及幽、厉无道,而叔带去周适晋,事先君文侯,至于成公,世有立功,未尝绝祀。今吾君独灭赵宗,国人哀之,故见龟策。唯君图之。'景公问:'赵尚有后子孙乎?'韩厥具以实告。于是景公乃与韩厥谋立赵孤儿,召而匿之宫中。诸将入问疾,景公因韩厥之众以胁诸将而见赵孤。赵孤名曰武。诸将不得已,乃曰:'昔下宫之难,屠岸贾为之,矫以君命,并命群臣。非然,孰敢作难!微君之疾,群臣固且请立赵后。今君有命,群臣之原也。'于是召赵武、程婴遍拜诸将,遂反与程婴、赵武攻屠岸贾,灭其族。复与赵武田邑如故。及赵武冠,为成人,程婴乃辞诸大夫,谓赵武曰:'昔下宫之难,皆能死。我非不能死,我思立赵氏之后。今赵武既立,为成人,复故位,我将下报赵宣孟与公孙杵臼。'赵武啼泣顿首固请,曰:'武原苦筋骨以报子至死,而子忍去我死乎!'程婴曰:'不可。彼以我为能成事,故先我死;今我不报,是以我事为不成。'遂自杀。赵武服齐衰三年,为之祭邑,春秋祠之,世世勿绝。"[50]此即历史上著名的"下宫之难"或"赵氏孤儿"故

[50]《史记·赵世家》,中华书局标点本。

事。后世将其编成小说、戏剧等，广泛传唱，皆本于此。然而，对“下宫之难”发生的时间，并因此牵涉到赵武当时是否为遗腹子，以及义救赵孤等问题，学术界看法不一。

首先，是“下宫之难”发生的时间。

《史记·赵世家》记载这一事件发生在晋景公三年，即公元前597年。《韩世家》中也有相同记载。然而《晋世家》却将这一事件记载在晋景公十七年条下，即公元前583年。《史记》记载本身就自相矛盾；而《左传》记载这一事件发生在鲁成公八年，即晋景公十七年，公元前583年，又与《史记·晋世家》所载相同。孰是孰非，我们再看史料。

《左传》鲁宣公十二年（晋景公三年），“夏六月，晋师救郑，……赵朔将下军，……赵括、赵婴齐为中军大夫，……赵同为下军大夫”。《史记·晋世家》：晋景公“三年，楚庄王围郑，郑告急晋。晋使荀林父将中军，随会将上军，赵朔将下军，郤克、栾书、先縠、韩厥、巩朔佐之。”《左传》鲁宣公十五年（晋景公六年），“晋侯使赵同献狄俘于周”。鲁成公三年（晋景公十二年），“十二月甲戌，晋作六军。韩厥、赵括、巩朔、韩穿、荀骓、赵旃皆为卿，赏鞌之功也。”赵括、赵旃等人皆为卿，是晋景公赏鞌之功，而鞌之战发生于景公十一年。《左传》鲁成公二年（景公十一年）：“六月癸酉，季孙行父、臧孙许、叔孙侨如、公孙婴齐帅师会晋郄克、卫孙良夫、曹公子首及齐侯战于鞌，齐师败绩。”《史记·晋世家》：“晋乃使郤克、栾书、韩厥以兵车八百乘与鲁、卫共伐齐。夏，与顷公战于鞌，伤困顷公。”鞌之战后三年，即晋景公十三年：“晋赵婴通于赵庄姬。”[51]晋景公十四年：赵同、赵括放逐赵婴齐于齐国。“秋八月，郑伯及晋赵同盟于垂棘”。晋景公十五年：“晋师遂侵蔡。楚公子申、公子成以申、息之师救蔡，御诸桑隧。赵同、赵括欲战”。

检索史料，从晋景公三年至晋景公十五年，赵氏家族的主要人物，特别是“下宫之难”中遭到灭族的赵同、赵括等，或作战、或升官、或献俘于周，依然活跃在晋国政治舞

[51]《十三经注疏·春秋左传正义·成公四年》，中华书局影印本，1980年。

台上。《赵世家》说"下宫之难"发生于晋景公三年自然难于成立。反观《左传》有关这一事件的记述虽系于各年之下,但前后连贯,合情合理。《春秋经》《史记·晋世家》也都将这一事件的发生时间记为晋景公十七年,应该信从。依据《左传》成公八年"晋赵庄姬为赵婴之亡故,谮之于晋侯,曰:'原、屏将为乱。'栾、郤为征。六月,晋讨赵同、赵括。武从姬氏畜于公宫。以其田与祁奚。韩厥言于晋侯曰:"成季之勋,宣孟之忠,而无后,为善者其惧矣。三代之令王,皆数百年保天之禄。夫岂无辟王,赖前哲以免也。《周书》曰:'不敢侮鳏寡。所以明德也。'乃立武,而反其田焉。"等记载,"下宫之难"发生的时间是晋景公十七年(前583)夏六月。

其次,从赵氏孤儿主角——赵武的年龄上也能看出"下宫之难"发生的时间是在公元前583年前后。

赵武父亲为赵朔。史籍中有关赵朔活动的最后记载,为晋景公三年(前597)晋楚邲之战中"赵朔将下军,栾书佐之"。[52]到晋景公十一年(前589)晋齐鞌之战时,栾书已升任下军将。据考证,此时晋军诸卿的秩序为:郤克将中军,荀首佐之;荀庚将上军,士燮佐之;栾书将下军,下军佐无考。[53]此时,晋军将佐升迁虽然没有形成固定模式,但从文献记载来看,只有超级擢拔的(如:栾书于是役后不久,即由下军将直升中军帅,为晋正卿),绝无无故废降的。因此我们推测,此时赵朔可能已经去世。此外,晋景公十三年(前587)赵婴齐私通庄姬,次年,赵括兄弟放逐赵婴齐于齐国,整个事件中均不见赵朔踪迹,于理难通,也可证实赵朔此时已不在人世。赵朔已死,庄姬寡居,与赵婴齐私通更近情理。《左传》记载赵氏内讧时称赵朔之妻为"庄姬","庄"为赵朔之谥,此又可证赵朔已经不在人世。据此推测,赵朔之死,当在公元前589年晋齐邲之战后不久,至"下宫之难"发生,时间达6年。《史记·赵世家》谓庄姬"有遗腹,走公宫匿",所言非是。

52《十三经注疏·春秋左传正义·宣公十二年》,中华书局影印本,1980年。

53杨伯峻:《春秋左传注》,中华书局,1981年,第789—790页。

再次，《左传》襄公十三年（前542）记载鲁叔孙豹见赵武后说："赵孟将死矣，……年未盈五十，而谆谆焉如八九十者。"如以是年赵武为49岁计，则其生年当在鲁宣公十八年，即晋景公九年（前591），距其父赵朔去世之年尚有6年左右。又，《左传》成公八年叙述"下宫之难"说："武从姬氏畜于公宫。"《国语·晋语九》记载晋大夫邮无正言"昔先主文子少衅于难，从姬氏于公宫。"明确说赵武在"下宫之难"发生时已经出生，不是什么遗腹子。

如上所论，"下宫之难"应发生于公元前583年；而赵氏复宗时间，文献记载则较为一致，也是公元前583年。前引《左传》，将"乃立武，而反其田焉"，系于鲁成公八年（前583）。《晋世家》景公十七年（前583）条称："诛赵同、赵括，族灭之。韩厥曰：'赵衰、赵盾之功岂可忘乎？奈何绝祀！'乃复令赵庶子武为赵后，复与之邑。"《史记·十二诸侯年表》晋景公十七年条亦载："复赵武田邑。"按照文献所说，赵氏灭宗和赵氏复宗都发生在同一年，而《左传》更将此事同记于成公八年六月之下。

众口一词，赵氏复宗真的就是公元前583年吗？

赵氏族诛，晋侯将其田邑转赐祁氏，赵武复立，又恢复原田邑，这期间需要一个过程。赵同、赵括是在鲁成公八年（前583）六月被杀，即使在十二月复宗，也仅有半年时间。在半年的时间内，发生如此天翻地覆的变化，我们不能说没有可能，但可能性较小。因此杨伯峻推测："据《赵世家》，韩厥劝晋景公复立赵武，应在两年后的景公患病时。"[54]赵武复立，其中的一个原因是晋景公患病，韩厥借机向景公提出赵氏复宗之事。[55]而景公疾病，《左传》于鲁成公十年（前581）记载详细，"晋侯梦大厉，被发及地，

---

[54]杨伯峻：《春秋左传注》，中华书局，1981年，第838页。

[55] 实赵氏复宗是多种原因构成的。白国红说："其实，细揣《左传》与《赵世家》的文意，我们还可做出如下推断：晋景公复立赵武乃是对卿权强大的畏惧，是对卿族的让步。据《左传》成公十年记载，晋景公所梦大厉极其强悍，"坏大门及寝门而入。公惧，入于室。又坏户"。被灭之卿大夫家族竟能让国君内心恐惧至患病的程度，则赵氏势力之强大也就可想而知了。韩厥言赵氏被灭后，"国人哀之"。哀赵氏之灭的当然是那些与赵氏有政治联盟关系的卿大夫家族，韩氏即其一。他们在赵氏复立过程中当发挥了推波助澜的作用"。白国红：《春秋晋国赵氏研究》，中华书局，2007年，第120页。

搏膺而踊，曰：'杀余孙，不义。余得请于帝矣！'坏大门及寝门而入。公惧，入于室。又坏户。公觉，召桑田巫。巫言如梦。公曰：'何如？'曰：'不食新矣。'公疾病，求医于秦。秦伯使医缓为之。未至，公梦疾为二竖子，曰：'彼，良医也。惧伤我，焉逃之？'其一曰：'居肓之上，膏之下，若我何？'医至，曰：'疾不可为也。在肓之上，膏之下，攻之不可，达之不及，药不至焉，不可为也。'公曰：'良医也。'厚为之礼而归之。六月丙午，晋侯欲麦，使甸人献麦，馈人为之。召桑田巫，示而杀之。将食，张，如厕，陷而卒。小臣有晨梦负公以登天，及日中，负晋侯出诸厕，遂以为殉。"梁玉绳《史记志疑》卷二三条认为："景公病祟而卒，在十九年，《晋世家》所记是也。"晋景公梦见厉鬼，被发及地，诉说他杀死了赵氏先人大业(即皋陶)的后代。韩厥乘机为赵氏请命，景公为了保命，同时也是受诸卿大夫的胁迫，只得复立赵武，"而反其田焉"。其时为晋景公十九年(前581)，不过景公并没有因此保住性命，当年也即死去。

我们在"祁氏之田"一节中已经讨论过赵武复宗，一因晋侯患病，怕危及生命，二有执政卿韩宣子力挺，也说明祁氏之田即赵氏之田。如果此推论不错，那么晋中盆地早在公元前583年之前已是赵氏食邑，则晋中盆地纳入晋国版图应在此之前。

再说有关程婴与公孙杵臼的故事。

上文已经说明赵武当"下宫之难"时已是少年，"遗腹子"之说不可信，自然不存在公孙杵臼与程婴救助赵朔遗腹子的故事。然而由于《史记》的记载是那么曲折生动，两位义士的行动又是那么义薄云天，加之后世小说、戏剧等广泛传播，赵氏孤儿的故事几乎成为尽人皆知的"史实"。《元和郡县图志》卷十二："晋公孙杵臼、程婴墓并在县南二十里赵盾墓茔中。"《史记·赵世家·正义》云："今河东赵氏祠先人，犹别舒一座祭二士矣。"可见早在唐代，赵氏对二士的祭祀就已存在。太原市晋源区庙前山又名婴山，山上建有小大王庙，传为祭奠程婴和代替赵武死去的公孙杵臼儿子之庙。[56]盂县又有藏山、大王庙等，传为程婴与赵武隐藏之地，清徐县有屠岸贾村、贾兆村、屠岸贾墓等，都与赵氏孤儿的传说故事相关。[57]而报载，盂县、太原、襄汾、绛县等将“赵氏孤儿”传说故事申报中国非物质文化遗产，最终盂县获得。这一切都反映了人们追求正义、歌颂忠良的美好心愿。文天祥“程婴存赵真公志，奈有忠良壮此行”，可以说是赵氏孤儿现象的最后注脚。[58]

“下宫之难”的发生，是春秋时期卿大夫与晋公室、诸卿大夫集团之间矛盾的一次公开冲突，也是晋国政治史上的一次重要事件。如果说六卿专权、三家分晋是卿大夫与晋公室之间斗争所致，那么，赵氏的族诛以及栾氏、郤氏、范氏、中行氏、智氏等家族集团的覆灭，则是卿大夫之间互相倾轧、矛盾激化的必然结果。而赵氏的复宗则表

---

⑯清道光《太原县志·祀典》：“小大王庙俗传所祀即程婴之子屠岸贾所杀之伪孤也。旧在县西小婴山。不知建自何年。遇旱祷雨辄应。乾隆中为山水所坏，邑人遗像在城玉皇庙之左殿。……按：程婴公孙杵臼事先儒多以《史记》为妄，而晋人至今犹乐道之，故有此祀。”

⑰清顺治《清源县志》，“屠岸贾故里 在县西南十里，今名屠贾村”。清光绪《清源乡志》卷十一，“屠岸贾墓，在城西南二十里，今名贾兆”。

⑱古人对历史上屠岸贾的存在与否持怀疑态度。清梁玉绳《史记志疑》卷二三晋景公三年条认为此事“妄诞不可信，而所谓屠岸贾、程婴、杵臼，恐亦无此人也”。郝良真、孙继民《赵氏孤儿考辩》说：“屠岸贾其人。据《赵世家》，屠岸贾于晋灵公时得宠，景公时任司寇。从他敢于不请而擅诛赵族，且不受责罚的情况来看，似应是专擅国政的权臣。但《晋世家》灵公、成公、景公时期的全部记载却对他不置一词，且《春秋左传》也从未提及他，更不要说他率领诸将讨赵氏了。据《左传》及《晋世家》，至少在晋景公十七年之前，晋国势力较大的卿大夫是栾氏、韩氏、郤氏、赵氏。如若屠岸贾处权臣重位，《左传》及《晋世家》不应遗漏如此，至少在记述晋国的一些重大事件中应有所披露。”清徐屠岸贾墓等传说提醒我们，赵武“下宫之难”时虽非遗孤，但诸如屠岸贾、公孙杵臼等在历史上也不能说恐亦无此人。而应该有一些历史的影子。如屠岸贾，并非正面形象，也不像时下报道的一些地方争夺诸如武大郎、西门庆等有经济利益的小说人物。但其墓以及传说故事却在民间留存，值得深思。正如白国红所论“春秋中期以后，随着宗法制的日益衰弱，社会上逐渐出现游离于宗族之外的士人，他们依附于世家大族，成为异姓家臣。因此，说赵氏家族有此二士并非全无可能。更何况赵氏家族历来就有容纳异姓的传统，如阳处父、臾骈、

明，在晋君与卿大夫的权利争斗中，晋国宫室渐被架空，诸卿专权之势已成。赵武举行冠礼后，正式踏入政治舞台，韬光养晦，重新培植赵氏根基，兹后才有了“简襄功烈”，才有了战国七雄之一——赵国的建立与称雄。

灵辄之流。而“下宫之难”中有少数人幸存，并不影响赵氏所受为“族诛”之刑的性质。前文我们也曾论及，赵朔一支也在族灭之列。因此，有二士协助庄姬保护赵氏孤儿是符合情理的。综上所论，我们认为韩席筹先生“街谈巷语稗官野史未必不出于现实”的观点是可取的；程婴、杵臼二士地位卑微，无由列名《左传》也是顺理成章的。至于二士的“救孤”之举是否真实可信，在没有更多的史料证实之前，轻易否定也是不可取的”。白国红：《春秋晋国赵氏研究》，中华书局，2007年。

赵氏源流及其与太原关系疏证

晋阳与赵氏有着不解之缘。晋阳首次见诸史籍即为《春秋经》定公十三年（前497）："秋，晋赵鞅入于晋阳以叛。"从此晋阳在史书上的记载不绝如缕，在中国历史上发挥了重要作用。北宋太平兴国四年，赵光义一把火将晋阳城付之一炬。颇有点"成也萧何，败也萧何"的味道，故论及晋阳，必先及赵氏。研究显示，远在新石器时代晚期，赵氏先祖很可能已经染指晋中盆地。

一、远谛少皞

《史记·赵世家》称："赵氏之先，与秦共祖。"赵氏与秦王朝同源共祖，这一结论已得到史学界大多数学者认同，不仅仅是因为文献中有"赵氏之先，与秦共祖"的明确记载，而且还有地下考古资料与其相印证，不容置疑。

从传世文献来看，赵氏可以直接追溯到的远祖是生活在尧舜禹部落联盟时期的一位女性——女修。《秦本纪》开篇便言："秦之先，帝颛顼之苗裔孙曰女修。女修织，玄鸟陨卵，女修吞之，生子大业。"因为秦、赵同源，故而"秦之先"也当为"赵之先"。这样，赵氏族源便上推到了我国古史传说中的"五帝"时代。

赵氏的母系系统来源于华夏集团的颛顼氏族。颛顼，是我国上古时代一位著名的氏族首领。《史记》将其列为"五帝"之一，序在黄帝之后而在帝喾、帝尧及帝舜之前，实可当我国古代的一位人文初祖。《大戴礼记·五帝德》篇中对他有如下记述："颛顼，洪渊以有谋，疏通而知事，养财以任地，履时以象天，依鬼神以制义，治气以教民，洁诚以祭祀。"从中可以看出，他与宗教有着特别的关系，而他的主要事迹也正表现在宗教改革方面。此外笔者前文在谈到帝尧都晋阳的时候讨论说明，颛顼与大汶口文化为代表的部族关系也是千丝万缕。

作为颛顼之苗裔孙的女修，吞玄鸟卵而生子，表明赵氏的父系系统是崇拜鸟图腾的部族。我国先秦历史上，以鸟为图腾的氏族最著名者非东夷集团中少皞氏族莫属，这在文献中有明确记载。《左传》昭公十七年记载郯子对其祖先的追述说："昭子问焉，曰："少皞氏鸟名官，何故也?"郯子曰："吾祖也，我知之。……我高祖少皞挚之立也，凤鸟适至，故纪于鸟，为鸟师而鸟名。凤鸟氏，历正也。玄鸟氏，司分者也；伯赵氏，司至者也；青鸟氏，司启者也；丹鸟氏，司闭者也。祝鸠氏，司徒也；雎鸠氏，司马也；鸤鸠氏，司空也；爽鸠氏，司寇也；鹘鸠氏，司事也。五鸠，鸠民者也。五雉，为五工正，利器用、正度量，夷民者也。九扈为九农正，扈民无淫者也。"郯子称自己的祖先少皞用鸟来为自己氏族的各分支及各种职事官员命名，可见它确实是一个崇拜鸟图腾的氏族。少皞名挚。古"挚""鸷"二字通假，鸷为猛禽之称，亦即百鸟之王，亦可证少皞为东方所有以鸟为图腾的部族之首领。

赵氏源于少皞氏族，因为少皞氏以鸟为图腾，才有了其后裔赵氏崇拜鸟的习俗。文献中随处可见赵氏祖先崇拜鸟的记载。《史记·秦本纪》记载大廉号称"鸟俗氏"，其玄孙"孟戏、中衍，鸟身人言"。《太平御览·羽族部》中有如下一段引文："孟虧人首鸟身，其先为虞氏驯鸟兽。夏后之末世，民始食(凤)卵，孟虧去之，凤皇随舆止于此山。多竹，长千仞。凤皇食竹实，孟虧食木实，去九疑万八千里。"据孙作云考证："'孟虧'实即《史记·秦本纪》中的'孟戲'，或即《左传》昭公十七年郯子所言九扈中之春扈乎?……孟戲既为'孟扈'，则他的老弟仲衍当为'仲燕'，'孟''仲'只是年岁的标字，……如此说来，二人之以鸟为名，即以鸟为图腾，殆无疑问。"[①]赵氏对鸟的崇拜，一直延续至春秋战国时，仍有遗迹可寻：赵简子为制定赵氏北进战略而托病，为赵简子诊病的扁鹊，学者考证说，"扁"据《广韵》释"乃鶣省文，取鹊飞鶣(票鸟)之义"，"鹊"即"喜鹊"，"扁鹊"即"鶣(票鸟)"飞翔之喜鹊。"扁鹊实为鸟图腾，伪托扁鹊编造谶语应是古老的图腾崇拜之遗迹。"[②]实行胡服骑射的赵武灵王，其容貌据史载也是"赤黑，龙面

①孙作云：《飞廉考——中国古代鸟族之研究》，《华北编译馆馆刊》，1943年。

②林剑鸣：《秦赵同源新证》，《河北学刊》，1988年第3期。

而鸟噣”，仍未摆脱鸟的形象。

此外，考古发现，赵氏公族墓有墓向朝东西的特征，这与同出晋国母体的韩、魏二国公族墓墓向朝南北的特征迥异，却与少皞氏族所创造的大汶口文化葬制吻合。按照《礼记·檀弓》所载：“葬于北方北首，三代之达礼也。”可知墓向南北是中原文化圈共同遵守的葬制。久处中原之地的赵氏，却与东夷集团的少皞氏族保持一致葬制。在人类社会还处于“事死如事生”的历史发展阶段，葬制在一定程度上反映着其族属特征，这已为史学界所公认。此又可证赵氏父系系统来自东方的少皞氏族。

赵氏在追述其先祖时，专称母系一方的“女修”，而忽略了父系一方。对于这种现象，学者间有不同解释。《史记·秦本纪》《索隐》认为，史籍之所以只记载赵氏女性先祖“女修”的名字，乃是因为“其父不著”，也就是女修之夫声名不显著的缘故。而女修则因出身于“帝颛顼”氏族，在重视氏族出身的古代，赵氏后裔经常提到的只是自己这位出身帝胄的女性先祖，久而久之，反而把自己男性始祖的名字淡忘了。另一种观点认为，这个传说反映的是母系氏族社会时期人们“知其母，不知其父”的情况，是赵氏对自己母系社会时期历史的一段追忆。

总而言之，女修吞玄鸟卵而生子大业的传说，反映的是少皞氏族与颛顼氏族有姻亲关系；反映的是赵氏先族在原始社会曾经活动于东方的史实。

二、皋陶与伯益

女修生子大业，大业是赵氏见于史载的第一位男性祖先，即历史上著名的传说人物皋陶。皋陶是上古传说的四圣之一(尧、舜、禹、皋陶)。《尚书》有《皋陶谟》，记载了皋陶和虞舜、大禹讨论治国方略的情景，是我国最早的政务会议记录。文献中有关皋陶的记载堪称丰富。

文献所见皋陶称谓又有：大业，皋陶，皋繇；咎繇，咎陶，瘩繇等。看似繁杂，实则因古人好用通假造成，“皋”与“咎”、“陶”与“繇”，音近相通，故而形成纷繁之局面。而大业即为皋陶。《史记·秦本纪》：“大业取少典之子，曰女华，女华生大费，与禹平水土。”《史记·正义》释曰：“《列女传》云：‘陶子生五岁而佐禹。’曹大家注云：‘陶子者，皋陶之子伯益也。'"[3]大业、皋陶的儿子同为大费(即伯益,说详后),可见大业即皋陶。

至于"皋陶"一名的含义,徐旭生认为"皋"字本是"少皞"之"皞"字,皋陶,正是表明他出身于少皞氏族,而名为陶。近来,又有学者对"皋"字提出新解,认为皋陶之"皋"字,乃是鸠鸟之义。而鸠鸟正是少皞氏族的崇拜图腾之一。作为皋陶之后裔的秦、赵先人中有名'旁皋''皋狼'者,绝不是偶然的巧合!

从文献记载赵氏的族姓和地望上,也能看出皋陶为东方之人。赵氏嬴姓,文献有明文记载,从无二辞。皋陶既为其男性始祖,赵氏之嬴姓当由皋陶继承而来,即也应该是嬴姓。然而,史载皋陶却是"偃姓",《世本》云:"偃姓,皋陶之后。"对此问题,前代学者如是说:"偃、嬴,语之转耳。如娥皇、女英,《世本》作女(莹),《大戴礼》作女匽,亦一语之转。"现代考古发现,也证明偃、嬴二字可以通转,马王堆帛书《五行》引《毛诗·邶风·燕燕》"燕燕于飞"之燕作"婴",《阜阳汉简》之《诗经》则作"匽","婴"与"嬴"声韵皆同,"匽"即"偃"。可以确证:"偃"与"嬴"古音实同。

《路史·后记七》又说皋陶是少皞曾孙,被舜封于"皋"。《史记·夏本纪·正义》引《帝王纪》云:"皋陶生于曲阜。"皋陶所封之"皋"当即其出生地——少皞之墟曲阜。"曲阜,偃地。故帝因之而以赐姓曰偃。""偃"即"奄",清人马宗琏《春秋左传补注》云:"《说文》:'奄国在鲁。'《括地志》:'曲阜县奄里即奄国之地。'"今人郭克煜等著《鲁国史》指出:"奄里,当即曲阜阙里。"皋陶继承的正是少皞氏族的中心区域——山东曲阜一带,皋陶与少皞属同一族系无可置疑。

传说舜时皋陶被任命为掌管刑法的官。虞舜禅位于禹之后,皋陶又成为禹之首辅,禹对他表示了高度的信任和依赖。《史记·夏本纪》记载:"帝禹立而举皋陶,荐之,且授政焉,而皋陶卒。"禹继位后按禅让制举荐皋陶为他的继承人,皋陶先于禹而亡故,未继位。后来禹又举荐皋陶的儿子伯益为继承人。

伯益为皋陶之子,文献有明确记载。《史记·秦本纪》:"女华生大费,与禹平水土。

---

③《史记·赵世家》,中华书局标点本。

已成,帝锡玄圭。禹受曰:‘非予能成,亦大费为辅。’帝舜曰:‘咨尔费,赞禹功,其赐尔皂游。尔后嗣将大出。’乃妻之姚姓之玉女。大费拜受,佐舜调驯鸟兽,鸟兽多驯服,是为柏翳。舜赐姓嬴氏。”据此可知,大费即柏翳,他承袭了少皞氏的族姓“嬴”,赵氏之姓便直接来源于此。

如同他的父亲一样,伯益在古文献记载上又称益、化益、后益、柏翳、柏益、伯翳、大费等。大多都是益的异化,至于称作费,乃因“费”是其封国的缘故。《竹书纪年》:“费侯伯益出就国”。

关于“费”的地望:有山东鱼台县、河南偃师、山东费县西北等说法。考古学家邹衡又提出伯益之族活动于河北、山西之河北龙山文化涧沟型分布区域的观点。

河北龙山文化涧沟型,以河北省邯郸涧沟龙山文化遗址而得名。其分布与先商文化漳河型和辉卫型大体相近,主要在河北省的太行山东麓一线,山西省太行山西麓一线,河南省北部的安阳、辉县等地区也应包括在内。

河北龙山文化涧沟型早、中期年代早于夏朝年代,晚期接近夏朝年代范围。

河北龙山文化涧沟型早期已经发明了凿井技术,晚期又发明了夯筑法。这两者都从一个侧面反映了当时的生产水平,同仰韶文化相比,显然前进了一大步。然而,无论早、中、晚期遗址中都还没有发现金属工具,可见当时生产力发展水平。早期的丛葬坑和猎取人头现象,反映了当时部落之间血族复仇的情景。赵襄子杀智伯后将其头骨作为饮器,也许是这一习俗的遗痕。

文献记载伯益一族的许多情况与这里的考古学发现相近。

首先是水井的发明。

《吕氏春秋·勿躬篇》:伯益作井。《初学记·地部下》引《世本》云:伯益作井。又云:黄帝见百物,始穿井。《淮南子·本经训》:“伯益作井。而龙登玄云,神栖昆仑。”从上引文献来看,凿井技术之发明者有二:一为黄帝,一为伯益。我们将黄帝之族的传说与仰韶时代庙底沟文化相联系,到目前为止,还没有考古发现能够证明仰韶时代已经发明了水井。因此说黄帝发明水井,可能是人们以黄帝为人文初祖,所以把一切发明都归功于他。而伯益与禹同时,而且参加了禹治水的事业;水井与治水有一定联系。河北、山西龙山时代文化遗址范围内都发现了水井,与伯益应该有所关联。当然目前考古发现的水井要比伯益所处时代稍早一些,这说明凿井技术不可能是伯益一人所发明,而是与伯益所属的氏族或部落有关。

伯益,是秦和赵的祖先,相传为"玄鸟陨卵"所生。关于卵生的故事,在古代东夷地区曾广为流传;而玄鸟的故事,主要流传在河北龙山文化分布的地域。耐人寻味的是,今邯郸地区不仅发现了我国黄河流域最早的水井,又是先商文化漳河型的中心分布区域,而商人的始祖契恰好也是"玄鸟"的后代。看来,发明凿井技术的伯益族和商的先人曾经居于同一个地区是完全可能的。

其次是伯益所居。

《孟子·万章上》:"禹荐益于天,七年,禹崩,……益避禹之子于箕山之阴。"箕山,《括地志》谓即阳城县南之箕山。今河南登封告成镇南有箕山,又名许由山。嵩山地区(告成亦属嵩山地区)是夏朝统治的中心区,伯益避启于此,于理不合。古代名箕之地,多在北方,山西太谷有箕城 。"顾颉刚先生亦曾言武王封箕子于山西。我们推测:山西境内之箕地与殷商箕氏可能有关,也许为殷商箕氏之分支或为箕子之先辈封地。"④因此,伯益所居在黄河之北的可能性更大。河北龙山文化涧沟型的分布范围内应该包括伯益之族或其所属部落的遗存。

可见皋陶一族原出自山东大汶口文化的分布区,他们活动于太行山两侧,则与部族迁徙有关。

我们在《台部肇始与帝尧初都》一文中曾论及:宣汾、洮,障大泽的台骀与玄冥可能是一个故事的不同分化。玄冥为帝颛顼的辅佐,帝颛顼又和迁实沈于大夏的帝喾高辛氏有关系。这些传说中的帝王、宗神、人物,和东方族系有着密切之联系。台骀源于东方应有一定的历史根源。陶唐氏、台骀等东方部族从山东经河北、晋中,终抵

---

④任伟:《西周封国考疑·箕子与箕子走之朝鲜问题》,社会科学文献出版社,2004年。

晋南,构成陶唐氏由东徂西的一条可能之路。傅斯年在论及中国夏代政治形势时谈道:“三代及近于三代之前期,大体上有东西不同的两个系统。这两个系统,因对峙而生争斗,因争斗而起混合,因混合而文化进展。”⑤战争与迁徙当是这一关系不可或缺的一部分。据尚志儒研究,嬴秦从夏商之际到周初曾三次迁徙⑥,然而这一形势并非夏代独然。新石器时代,后岗一期文化已经通过太行山与山西时期文化交流碰撞,大汶口文化的居民也一次又一次地通过太行山到达山西,或留或行。“宣汾、洮,障大泽,以处大原”的台骀从山东过来,开发山西,最后作了汾水之神。皋陶部族应该也是这支迁徙大军中的一员,他们沿着大致相同的路线,迁徙、居留,留下了历史的踪迹。陈平《从“丁公陶文”谈古东夷族的西迁》一文中说:“(东夷偃姓皋陶部)在后来有很大的发展,其民随处迁徙,北可到冀北,西可到河南,西南可到皖北、鄂东。……另有一段东夷族的西迁活动,基本是由山东东夷族故地先向西北到山西,再由山西汾河流域西渡黄河入陕西。”⑦段连勤也考证说:“东夷族的一部分也由于战争和其他原因,逐渐来到汾渭流域。”并特别注明“迁至汾水下游的夷族,后来称赵氏,居地在今山西省赵城”;⑧而邹衡在论及伯益与河北龙山的文化时候特别注明“赵国之先本在晋中,其地正在河北龙山文化许坦型分布范围内。”⑨应当指出的是,部族迁徙,也许是举族而迁,也许是一个大的部族联盟中的一个或几个部族迁徙。每迁到一地,也许会有一些人或者一个部族留下,其他人又继续前行,因此在一个个地方留下了他们的痕迹。东夷族向河北、山西乃至陕西等地的迁徙,在漫长的历史长河中,发生过不止一次,其规模也大小不等,也不会是一两个部族。宣汾洮、障大泽的台骀,龙山时代活动于河北、山

---

⑤傅斯年:《夷夏东西说》,《傅斯年全集·第三卷》,湖南教育出版社,2000年。

⑥ 尚志儒:《早期嬴秦西迁史迹考察》,《中国史研究》,1990年第1期。

⑦ 陈平:《从“丁公陶文”谈古东夷族的西迁》,《中国史研究》,1998年第1期。

⑧ 段连勤:《关于夷族的西迁和秦嬴的起源地、族属问题》,《人文杂志——先秦史论文集》,1982年增刊。

⑨ 邹衡:《关于夏商时期北方诸邻境文化的初步探讨》,《夏商周考古学论文集》,科学出版社,2001年,第241页注4。

西等地的共工、伯益，夏商、周初进入山西的东夷族并氏等，都是这一迁徙大军的成员。迁徙的时代既不同，当然也不会只是一个部族。然而有一点却是肯定的，他们都是从东方而来，大的文化背景相同，自然有一定的文化认同感。因此西周穆王封造父于赵城，春秋时赵简子、赵襄子(也许如我们前文所说，还有赵武之辈)经略于晋阳，也是其来有自，是植根于悠久的文化背景之下。

伯益一族和历史传说中怒触不周山的英雄共工也有联系。

共工是古史传说中常见的一位神话人物。他最早曾“与颛顼争为帝”；继而乃为尧之水官；旋又被尧、舜所流放；最后终遭禹之攻逐。其经历既然如此长久，断非一人可知。然而，共工是确实存在的，文献上多处记有共水、共国可以为证。古代地名、国名、族名往往相通，因此共工大概就是一个氏族、部落或者部族之类的名称，有的文献上就直称为共工氏。[⑩]

共工氏的活动地区，主要是在太行山东麓一线，即南起河南辉县，北至河北北部长城以内和山西境内；其次是鲁西地区；更远则到了豫西乃至陇东；“共工氏的主要活动地区几乎都是河北龙山文化的分布范围。从其所属年代来说，共工氏和河北龙山文化也是大体相当的(夏和夏以前)。因此，共工氏所留下的遗迹，应该是包括在河北龙山文化之内的，甚至在一定的范围内，两者有可能就是一回事”。[⑪]

在商周铜器铭文中的“其氏” 字族徽，也可看出与伯益、与太原盆地的关系。

金文中有一个常见的族徽，叫，也可写作或，从字形看，三字为一字无疑。在卜辞中亦见，应释“冉”。像一工具。卜辞中有字作，金文作。像双手持倒土于地上。类似的字，在卜辞中习见，其后往往有田字。若从字之形状来看，释“贵”字，当读为“篑”字。《论语·子罕》“譬如为山，未成一篑，止，吾止也。譬如平地，虽

⑩或以为共工即传说中大禹的父亲鲧，鲧即共工的急读。参见顾颉刚、童书业：《鲧禹的传说》《古史辨·七(下)》，上海古籍出版社，1982年。

⑪邹衡：《关于夏商时期北方地区诸邻境文化的初步探讨》，《夏商周考古学论文集》，科学出版社，2001年。

覆一篑，进，吾往也。”郑注云：“篑，盛土器”。包咸注云：“篑，土笼也”。

篑就是挑土用的土笼，或称土筐，或称土篮，或是拾粪用的粪筐，今天北方多用树条编制，南方多用竹篾编制，但其形状都作簸箕状。金文中的冉字写法虽多，例如：也都像簸箕形，中间的横线和交叉线正像其“系”，以便于手提，或用绳系在扁担上，以便肩挑。有趣的是，甲骨文中的“其”字恰好是“冉”字的倒置。看来，“冉”“其”二字都是土笼（篑）的象形，不会有什么疑问了。族也可以释作“其族”。可见聚土为丘（或埂，或堤），削坟平地，都得用篑，就是说，篑是古代所谓“平水土”必不可少的工具。

据说当初共工平水土的方法是“壅防百川，堕高堙庳”，[12]所以失败。所谓“堕高堙庳”，就是把高地铲低，低地垫高。这正与上引《论语·子罕》所谓“为山”“平地”的比喻相同，因此离不开用篑。正因为共工氏用此法平水土著称，所以篑（土笼，即）很可能就成了共工氏的代号（氏族名或部落名）。同时，因为垫土或筑堤的需要，也很可能由 此而发明了夯筑法（汤阴白营河北龙山文化中已发现夯土）。

或作，与卜辞共字、金文共字、或有相似之处，有可能把字误认为共字。《尚书·尧典》中的益，应劭本自《汉书·百官公卿表》作，并谓即伯益，嗌乃形声字，而益字乃是（即），加上共字头，这大概就是所谓“共头”“共首”的来历。传世东周货币中有益字布，益字写法也类此。近年来在山西省闻喜县东镇公社苍底村发现一罐藏700余枚“共”字圜钱，字乃作，与益字布之作，形体相近，可以看得出共字是从益字讹变来的。

箕之部族的分布从箕字铜器的发现地域看，与文献所载共工氏所居之地相差不多。就是说，箕族也是以太行山东麓一线为其中心活动的地区。又因为伯益族与河北龙山文化涧沟型可能有直接关系，因此箕族和伯益之族和河北龙山文化涧沟型有密切关系。伯益又曾避居箕山，由字的证明，伯益之族很有可能就是共工氏的一个分支。台湾学者陈槃也认为“国始封，或曰伯益”。[13]

⑫王树民、沈长云：《国语集解》，中华书局，2002年。

⑬陈槃：《不见于春秋大事表之春秋方国稿》，上海古籍出版社，2009年。

“箕氏”在商代得到进一步发展，成为殷商王朝著名的方国。晋中盆地从二里岗上层到殷墟晚期商文化连绵不绝，或者与箕氏有关。至周代，箕氏一族仍然在山西活动。殷末纣王无道，比干剖心，箕子走之朝鲜，也许是从山西出发，也许是一部分辗转迁徙，最后到了朝鲜半岛，一部分仍然活动于山西老家。古史茫昧，难以稽考。

传说中伯益与夏启曾发生争斗。伯益佐禹治水大获成功，受到帝舜的赏识，获得了与帝舜之族联姻的殊荣，政治地位大为提高。禹继舜担任部落联盟首领之后，举荐伯益之父皋陶为自己的继承人，然而皋陶年事已高，未及授政而亡。皋陶死后，禹继续在其氏族中寻求政治合作者，继皋陶而起的伯益是其首选人物。据《史记·夏本纪》记载，禹“举益，任之政”；《墨子·尚贤》则称：“禹举益于阴方之中，授之政，九州成。”此后，文献中便出现了两种截然相反的记载。

其一是说禹死后，伯益确曾代之而立。《史记·夏本纪》云：“帝禹东巡狩，至于会稽而崩，以天下授益。”《汉书·律历志》记载：“张寿王言化益为天子代禹。”若果如此，那么禹与伯益之间确曾有过“禅让”之举。

其二是说禹死后，禹子启与伯益争位，伯益失败，启由此建立夏王朝，中国从此建立了“家天下”的政治格局。关于夏启取代伯益，史书中也有不同说法，一种是说伯益主动让位于启。《史记·夏本纪》记载：“三年之丧毕，益让帝禹之子启，而辟居箕山之阳。……于是启遂即天子之位，是为夏后帝启。”一种是说夏启代兴是武力争夺的结果。《史记·燕召公世家》即言：“已而启与交党攻益，夺之。”《晋书·束皙传》引《竹书纪年》也说：“益干启位，启杀之。”从当时社会发展来分析，尧舜时期虽然仍处于部落联盟阶段，但国家雏形已朦胧出现。《尚书》之《尧典》《舜典》记载尧、舜言谈的语气，俨然已具有后世君王的威势；而且当时各种职官备列，各司其职；赵氏先祖皋陶甚至制定了刑法，这是国家机器的重要组成部分。从考古发现的墓葬情形来看，那时社会已出现贫富分化现象，人与人之间已处于不平等状态。因而，社会发展到禹之时，部落联盟首领之职已非过去纯粹的“公仆”性质，私有观念的日益加强不能不对禹产生影响。因而，他便做出了看似矛盾，实质上却符合社会历史发展的举动。他一方面欣赏伯益的才能，表示要按照“禅让”的传统将天下传给伯益，另一方面却又致力于培养自己的家族势力，这就是《史记·燕召公世家》中记载的“禹荐益，已而以启人为吏。……天下谓禹名传天下于益，已而实令启自取之”。因而，“及禹崩，虽授益，益之佐禹日浅，天下未洽，故诸侯皆去益而朝启”。伯益自帝舜朝便佐禹平治水土，禹继舜立，伯益又是其首辅，时日不可谓浅。伯益失政，实乃时势使然。

从《楚辞·天问》“启代益作后”一语来看，禹死后，伯益确曾短时间继禹后为主。然而，夏启羽翼已丰，双方冲突不可避免。据学者考证，“伯益所避居的箕山亦当为进入中原的伯益族人的聚居之地”。故而伯益避居此地，与其说是出于礼仪上的考虑，毋宁说是策略上的需要更为恰当。他可以借助本族的势力，以箕山为据点，向启发动攻势。双方冲突的具体情形，现在已无法推知。可以推测，夏启对正面与其争夺政治权力的伯益绝不会手下留情。有关伯益的结局，一说其遭夏启杀害，一说其在与夏启的政治斗争失败后，回归故国。

三、飞廉与造父

飞廉，或作“蜚廉”，活动于商末，是赵氏祖先中颇具争议的一位人物。[14]

从文献记载来看，飞廉已经离开了原来的大本营“少皞之墟”（今山东曲阜一带），来到殷都西部。《史记·秦本纪》：“昔我先郦山之女，为戎胥轩妻，生中潏。”胥轩在文献中被称为“戎胥轩”，而“戎”是我国古代西方民族的专称，胥轩名前冠以“戎”字，表明此族在风俗习惯等方面已融合于当地部族，说明至晚在戎胥轩时部族已经西迁。[15]嬴秦女祖为郦山女之族，郦山应即春秋时之郦戎或丽土之狄，骊戎之地望在今山西南部[16]，或者就在霍太山一带。[17]赵祖胥轩既与山西境内之氏族通婚，两族必然接近。因

⑭飞廉或认为属于传说中的人物。为风神。杨宽《西周史》对飞廉有多处评论，可参考。又著名的出土文物“马踏飞燕”或以为即风神飞廉。参见马斗全：《武威铜奔马》，《南窗寄傲》，青岛出版社，1999年。

⑮飞廉祖先戎胥轩，说为欧亚大草原游牧民族斯基泰族即塞种。斯基泰又作西息安，胥轩应为其对音或急读。参见孙新周：《岩画 鹿石嬴秦民族寻根》。

⑯顾颉刚：《骊戎不在骊山》，《浪口村随笔·卷一》，辽宁教育出版社，2003年。

⑰王玉哲：《先周族最早来源于山西》，《古史集林》，中华书局，2002年。

此戎胥轩之时,此族可能已经迁至山西境内。

胥轩生子中潏,史书上称他"在西戎,保西垂",这条史料又可证明胥轩之族的西迁居地在山西。西垂应指殷商首都之西。殷墟即今河南安阳,而安阳以西,正是今山西省。殷商末年,在今山西省南部的广大地区,散居着大批种姓不同的戎狄,有"西落鬼戎""燕京之戎""余无之戎""始呼之戎""翳徒之戎"等。[18]殷商对于处在其政治中心西部的戎狄,当然可以称为西戎。中潏既然为商王朝之臣,其所保卫的"西垂"当然是商之"西垂",只是这个"西垂"是泛指商西部边境,还是特指一地之名,由于史籍不载,我们也不好妄加猜测,但均不会脱离今山西之境。[19]

《史记·秦本纪》中有关飞廉的记载,为我们提供了飞廉之族生活于山西境内的明确证据。当武王伐纣,"是时蜚廉为纣石(即使)北方,还,无所报,为坛霍太山而报,得石棺,……死,遂葬于霍太山"。飞廉之所以将霍太山作为终老之地,是因为霍太山一带正是其族聚居之处。霍太山又称太岳山,在今山西霍州市东南。据考证,霍太山得名即与赵氏先人的鸟图腾崇拜有关。"霍"就是与皋陶关系密切的"鸠鸟",霍太山就是皋陶后裔迁居此地后因其图腾崇拜而命名的。[20]霍太山在以后的历史发展中,仍与赵氏有着千丝万缕的联系。《史记·赵世家》记载:"赵夙为将伐霍,霍公求奔齐。晋大旱,卜之,曰:'霍太山为祟。'使赵夙召霍君于齐,复之,以奉霍太山之祀,晋复穰。"赵夙即飞廉之子季胜的后裔。到后来赵氏势力发展,重新将霍太山囊括在自己的掌握之中时,霍太山便成为赵氏崇拜的神山。《史记·赵世家》记载了霍太山神祇赐福赵氏的传说:赵襄子……奔保晋阳。原过从,后,至于王泽,见三人,自带以上可见,自带以下不可见。与原过竹二节,莫通。……襄子斋三日,亲自剖竹,有朱书曰:"赵毋恤,余霍泰

⑱王玉哲:《先周族最早来源于山西》,《古史集林》,中华书局,2002年。

⑲有学者根据《史记·秦本纪》"……中潏,以亲故归周,保西垂,西垂以其故和睦"一语,断定中潏此时已经归周,故而其所保之"西垂"为周之"西垂"。而周之地域范围在今陕西境,因此,中潏所处之"西垂"便远到了今甘肃东部。参见赵化成:《寻找秦文化渊源的新线索》,《文博》,1987年第1期。

⑳李秀松:《徐夷迁徙考》,《历史研究》,1996年第4期。

山山阳侯天使也。三月丙戌,余将使女反灭知氏。女亦立我百邑,……襄子再拜,受三神之令。……遂祠三神于百邑,使原过主霍泰山祠祀。”赵氏后人对霍太山的崇拜,就是因为其祖先曾徙居此地,且是其发展过程中非常重要根据地的缘故。从史书中飞廉与霍太山形影相随的情形看,飞廉时期,霍太山应是此族的大本营。

飞廉家族是商朝政坛的重要力量。飞廉祖上鸟俗氏大廉长子名费昌,费昌之时,正是历史上有名的暴君夏桀统治之际。“桀不务德而武伤百姓,百姓弗堪”,费昌不堪忍受夏桀的残暴统治,“去夏归商”,投奔了正在兴起的商国。商国对费昌加以重用,“为汤御”,在讨伐夏桀建立商朝统治的战斗中立下战功,曾“败桀于鸣条”。

因为费昌有开国之功,其子孙在商朝一直得到重用。据《史记·秦本纪》:“大廉玄孙曰孟戏、中衍,鸟身人言。帝太戊闻而卜之使御,吉,遂致使御而妻之。”赵氏祖先成为国君近臣,理所当然也多受宠爱,“自太戊以下,中衍之后,遂世有功。以佐殷国,故嬴姓多显,遂为诸侯。”赵氏祖先还担当起守卫边疆的重任,中衍的“玄孙曰中潏,在西戎,保西垂,生蜚廉。蜚廉生恶来。恶来有力,蜚廉善走,父子俱以材力事殷纣。”[21]周武王兴兵伐纣时,恶来因忠于纣王被杀,其后代逃到西北陕甘一带,后来建立了秦国。蜚廉因给纣王寻找石棺隐居霍太山,得以幸免,其子季胜即为赵氏始祖。

飞廉不仅是商末政坛上有重大影响的风云人物,也是皋陶一族发展史上划时代的人物。从他以后,此族开始分为两支,各自独立发展:一子恶来,殉商而亡,后裔辗转西迁至陕西、甘肃一带,以后建立了秦国。一子季胜,商亡后归周,后裔在周代大有作为,造父封邑赵城,赵鞅创建晋阳城,赵襄子因之建立赵国 。飞廉是秦、赵二族共同尊奉的最后一位祖先。

造父,西周穆王时人,他是赵氏发展史上里程碑式的人物。赵氏之为氏,就是经过他的努力实现的。

蜚廉有子名季胜。季胜之子“孟增幸于周成王。是为宅皋狼”。[22]皋狼在今山西

㉑《史记·秦本纪》,中华书局标点本。

㉒《史记·赵世家》,中华书局标点本。

省离石区西北，赵氏一直保有这里。公元前454年，知伯向赵襄子索要皋狼之地，从而引发了历史上著名的水灌晋阳之战。皋狼有子衡父，衡父子即为造父。当徐偃王作乱时，造父为穆王御，“日驰千里马，攻徐偃王。大破之。乃赐造父以赵城，由此为赵氏”。[23]从这则记载看，赵氏的名义来源于穆王赏赐给造父的赵城，属于所谓以邑命氏者。一个有趣的现象是：赵、造二字音、义皆同，从构形上讲，“赵”所从之“走”旁，与“造”所从之“辶”旁原本就可以互相通用，从“肖”声与从“告”声亦是一事。造父以其善御能日行千里，可以说是继承了其祖父飞廉善走的功能；而赵字从“走”，亦是善走者之名。“造父”得赐“赵城”，真是相得益彰。

造父得为赵氏，很可能与他源于少皋一族有关。《左传》昭公十七年记载了齐国郯子的一段话：“我高祖少皞挚之立也，凤鸟适至，故纪于鸟，为鸟师而鸟名。凤鸟氏，历正也。玄鸟氏，司分者也；伯赵氏，司至者也。”其中的伯赵氏，为司至一职。杨伯峻说：“伯赵即伯劳，一名博劳，一名　，秋月以所捕动物贯于小枝，储作冬粮。鸣声甚壮。以夏至鸣，冬至止。”也许是少皞氏族中主管时令节气的伯赵一族来到山西，因之名族，因之称国。

传世文献中对造父最为称道的是他的御马技术。

《淮南子·览冥训》“造父之御也，上车摄辔，马为整齐而敛谐，投足调均，劳逸若一；心怡气和，体便轻毕；安劳乐进，驰骛若灭；左右若鞭，周旋若环；世皆以为巧”，甚至以造父之御来比拟君主治国，称“圣主之治也，其犹造父之御：齐辑之于辔衔之际，而急缓之于唇吻之和；正度于胸臆之中，而执节于掌握之间；内得于中心，外合于马志；是故能进退履绳，而旋曲中规，取道致远，而气力有余，诚得其术也。”因为其善御，故而成为天上的一个星宿。《晋书·天文志上》：“传舍南河中五星曰造父，御官也，一曰司马，或曰伯乐。”中国天文学界以“造父一”命名著名的仙王座δ星，与类似的脉动变星一起，统称为造父变星。真可谓永垂不朽了。

㉓《史记·赵世家》，中华书局标点本。

造父事迹最彰者，就是为周穆王驾车巡行天下，见西王母，以及日驰千里平定徐偃王叛乱的故事。对这一神话般的故事，战汉古籍多有记载，而以晋太康二年(281)汲冢竹书《穆天子传》最为详尽。《穆天子传》过去多以小说目之，现在看来，“其中既具有西周史料，又反映了先秦中西交通及其沿途部族分布的史迹”。[24]

据记载，造父以知马、善御幸于周穆王。造父于桃林之塞得名马多匹，献于周穆王，其中有赤骥、盗骊、白義、逾轮、山子、渠黄、骅骝、绿耳等，[25]即所谓穆王八骏，成为后世名马标志。穆王得此名马，便令造父为御，出都城，纵马西行，一路上阅尽异域风光。不觉到昆仑瑶池之上，见西王母，得到热情接待。周穆王与西王母饮酒唱和，乐而忘归。居住于淮河流域的徐偃王乘机作乱，于是周穆王立即辞别西王母，使造父为御，穿过翟国，登太行山，南渡黄河，日驰千里，回到宗周，进而攻徐偃王，[26]大破之。穆王“乃赐造父于赵城，遂以为氏”。[27]

蓄养、驾驭骏马是赵氏一族的传统。商代费昌为汤御，中衍为太戊御，以佐殷国，遂为诸侯。《史记·秦本纪》追述其先人事迹说“恶来革者，蜚廉子也，蚤死。有非子居犬丘，善养息之。犬丘人言之周孝王，孝王召使主马于汧渭之间，马大蕃息。孝王欲以为大骆适嗣。申侯之女为大骆妻，生子成为适。……于是孝王曰：‘昔伯翳为舜主畜，畜多息，故有土，赐姓嬴。今其后世亦为朕息马，朕其分土为附庸。’”进入西周，造父将此家传绝技发展到登峰造极的地步，其后代仍然保存这一传统。造父“六世至奄父，曰公仲，周宣王时伐戎，为御。及千亩战，奄父脱宣王。”及赵武灵王胡服骑射，虽曰向戎狄学习，而传统的力量不容忽视。

㉔杨宽:《西周史·第六章＜穆天子传＞真实来历的探讨》，上海人民出版社，2003年。

㉕《拾遗记》记载八骏为“绝地、翻羽、奔宵、越影、逾晖、超光、腾雾、扶翼”。唐太宗李世民也有八骏，名为“特勒骠”“青骓”“什伐赤”“飒露紫”“拳毛䯄”“白蹄乌”“飒露紫”“拳毛䯄”。

㉖徐，为嬴姓国，“嬴姓”即“偃姓”，祖伯益。与造父同出于少皞、皞陶一族。如此说来，穆王与造父同征徐夷，有以夷制夷的目的在内。

㉗《史记·赵世家》，中华书局标点本。

文献上又有“北唐之君”献马于周穆王的记载,或以为“北唐之君”即指造父。《穆天子传》注引《古本竹书纪年》记曰:“北唐之君来见,以一骊马,是生绿耳。”[28]《山海经》也说:“夸父之山,北有林焉,名曰桃林,广阔三百里,中多马,造父于此得骅骝、绿耳之乘献周穆王也。”[29]蒙文通考之曰:“《竹书》以骝马绿耳之献为北唐之君,《赵世家》以为献自造父,则造父即此北唐之君。《周书·王会》云:‘北唐戎以闾’,孔晁注曰:‘北唐,戎之在西北者’。则中潏造父以来,于西周为北唐戎。”[30]戎之在西北者,蒙文通先生没有给出具体地方。对此白国红考证说:“直到造父祖父孟增时,此族的居地还在山西境内,孟增之子衡父,史载一笔带过,似未有大的建树,那么,造父时,此族仍盘桓于山西境内应无疑问。”结合《史记·赵世家》“乃赐造父以赵城”;《正义》注“晋州赵城县即造父邑也”;《读史方舆纪要》卷四一“赵城县,周穆王封造父之地。春秋时,赵简子居此”;宋王应麟注《逸周书·王会解》“北唐戎以闾,闾以隃冠”,曰“北唐即晋阳也”。晋中盆地远在新石器时代就已经与太行山以东的部族交流融合。庙底沟二期文化前后,一些部族很可能迁居这里。夏时期,晋中盆地很可能就是唐尧裔子丹朱的活动地区。晋南夏商时期都有唐国存在,而太原地区西周时又有北唐戎,这个北字,很可能是相对于晋南而言。因此我们推测,霍山以北、吕梁山以东的晋中盆地周围,很可能就是这个北唐戎的活动地区。赵氏一族,从新石器时代晚期开始,就在晋中盆地及其周围繁衍生息,发展壮大。

赵氏之源,我们将其追溯到山东一带的大汶口文化。大汶口文化是以农业为主的原始文化。到龙山文化时代晚期,气候逐渐变得寒冷,北方地区原来以农业生产为主的地区,又逐渐变成牧业或半农半牧地区。山西晋中盆地在这一时期就处于变动地区之中。夏、商包括西周时期,晋中盆地居民的生活方式应是畜牧与农业并行,其部族应是文献记载所谓戎狄。造父一族到达山西后,初始也应以农业生产为主,但后

㉘王国维撰,黄永年校:《古本竹书纪年辑校·穆王》,辽宁教育出版社,1997年。

㉙《史记》《正义》引《括地志》。

㉚蒙文通:《古族甄微·周秦少数民族研究》,巴蜀书社,1993年,第73页。

来应该随之变化,成为戎狄族的一部分。其祖先之一名戎胥轩,多少透露出其部族已经戎化的史实。

赵鞅文治武功述略

赵简子(? —前475),原名赵鞅,又名志父,亦称赵孟。赵武之孙,景叔之子。晋顷公、定公朝卿大夫,春秋晚期杰出的政治家、军事家、外交家、改革家。战国时代赵国基业的开创者,对春秋战国的历史发展起了推波助澜的作用。

一、六卿擅权

公元前541年,赵氏中兴之主赵武去世,此时已当春秋晚期。

春秋霸主——晋国,在西周初封时,只是一个“方百里”的诸侯国家,通过晋文侯勤王拓疆,到春秋初年,已俨然成为北方强国。此后发生了“曲沃代翼”政治事件,对以后晋国发展产生了重大影响。

曲沃强宗是春秋初期“立家”热潮中最先出现的晋国大族。始封者为晋穆侯之子、文侯之弟,号称“曲沃桓叔”的成师。曲沃小宗与晋公室大宗经过67年争斗,到公元前678年,曲沃武公灭掉都于翼的晋公室,尽奉晋国青铜礼器,贿赂周釐王,取得周天子对曲沃小宗的认可,曲沃武公正式列为诸侯。过了一年,武公死,子献公继位,后迁都绛邑,历史上称这一事件为“曲沃代翼”。晋献公作为曲沃小宗后代,目睹了其父武公与晋公室的殊死搏斗、血腥屠杀。夺取政权的残酷给晋献公留下深刻印象,同时他也面临着“群公子逼”“桓、庄之族逼”的局面。怎样才能有效地巩固政权,防止动乱再次发生?在曲沃代翼的六七十年间,晋国宫室贵族大多非死即伤,势力日降,对晋国新君已构不成威胁。唯有曲沃桓叔、庄伯的支庶后裔众多,而且在“曲沃代翼”之后,已经成为晋国的显族新贵,也成为晋君新的威胁。于是晋献公先用亲信士蒍设计,在桓、庄公族间挑拨离间,造成公族相互间的争斗与残杀,随后献公又发兵尽杀诸公子。这是晋国历史上第一次大规模诛杀公族,其后又迫使世子申生自杀,重耳、夷吾外逃。晋国也开始向无公族的诸侯国演变。晋成公时又“宦卿之嫡子以为公族”,

异性卿族获得了更加有利的发展地位。在晋国的政治生活中,异姓宗族势力越来越强大,他们通过各种手段争夺政治上的权力与地位,无限制地扩大各自的私邑领地,排挤、倾轧、兼灭其他宗族。到赵武当政前后,晋国的大族只剩下赵、韩、魏、范、知、中行六家,即所谓“六卿” 。六卿各自拥有广阔的地域,晋国的政权亦掌握在其手中,三军正副帅例由六卿瓜分,国内政治外交大事不与国君商议而擅自施行,即所谓“诸卿擅权”“政在家门”,最终导致了三家分晋的结果。

二、北进战略

公元前525年,景叔去世,赵鞅继父职而为卿。赵鞅初涉晋国政治舞台之时,所面临的是一个君权架空、六卿专政、争权夺利、残酷搏斗的局面。

公元前517年,为商议救助被叛兵所驱逐的周敬王,赵简子与宋、卫、鲁、郑、曹、邾、滕、薛等国的使臣会于黄父(今山西沁水县西北),赵简子以盟主身份命令各国诸侯准备粮食和军队,护送周敬王归国。这是赵简子成为卿大夫后的一次重要活动,赵简子时任下军佐,虽为六卿之末,却以盟主身份主持诸侯国之间的重要会盟,可见赵氏在晋国六卿中的强势地位。前509年,赵简子升任上军将,前501年升任中军佐,距离执政卿仅一步之遥。公元前493年晋国执政卿荀跞去世,赵简子升任晋国正卿,成为赵氏继赵盾、赵武之后晋国第三位执政卿。从前525年任下军佐,到前475年死于上军将任上,在从政的半个世纪中,赵简子为捍卫赵氏利益,扩大赵氏影响,发展赵氏领地,增强赵氏实力,最终裂土为疆,建立赵国,谋划运筹,殚精竭虑。

为实现这一目的,赵简子铸颁刑鼎、扩大亩制,选贤纳谏,在政治、经济、军事诸方面采取了一系列改革措施。其中废嫡立庶,营建晋阳城,并借此向北发展的所谓“北进战略”,是赵简子为赵氏后来立国称雄所做出的重要战略举措之一。

据《史记·赵世家》,赵简子原有太子伯鲁,为赵简子嫡长子。然而,赵简子后来废掉伯鲁,而以“狄婢”所生庶子赵毋恤即赵襄子代之。

废嫡立庶,历来为确定继承人者所顾忌。赵简子所以冒天下之大不韪,表面原因如《赵世家》所言,是受当时著名相者姑布子卿影响,姑布子卿言简子诸子中只有毋恤为“真将军”，是“天所授，虽贱必贵”。[①]

而更为深刻的政治原因在于——赵襄子能够领会赵简子的战略意图。

赵简子曾亲书训诫之辞“节用听聪，敬贤勿慢，使能勿贱”于竹简，分给他的儿子们，要求他们牢记不忘。三年后，太子伯鲁不但训辞忘记，竹简也不知丢到何处；而赵襄子却将竹简藏在袖中，时时铭记。[②]赵简子为考察诸子的智慧与谋略，对他们说到：“吾藏宝符于常山上，先得者赏。”结果“诸子驰之常山上，求，无所得”，只有赵襄子称已经得到宝符，问他是什么？他答道：“从常山上临代，代可取也。”[③]这正是赵简子设想的从常山发兵取代战略。可见赵襄子最能够领会赵简子的“北进战略”思想，所以简主才决意改立其为继承人。

“北进战略”的首要目标是吞并代国。在时机尚未成熟之前，赵氏采取了与代王通婚的策略，借以麻痹对方，掩盖自己的真实意图。

赵、代通婚发生于何时?《史记·赵世家》仅言“襄子姊前为代王夫人”,未点明其出嫁时间。《战国策·燕策一》记载“昔赵王以其姊为代王妻”,从上下文意来看，此赵王是指赵襄子，则其认为赵、代通婚是在赵襄子时。而《史记·赵世家》“简子既葬，未除服”，襄子即以阴谋手段击杀代王，兴兵平代地。襄子姊不可能在父丧期间出嫁，因此，赵、代和亲当发生于赵简子时期。和亲政策的实施，既为以后兼并此地埋下伏笔，又使赵简子在与国内诸卿的火并中不必有后顾之忧，堪称两全之计。

《史记·赵世家》还记载了一个和“北进战略”相关的故事。

晋定公十一年（前501）赵简子疾病，五天昏迷不醒，董安于请扁鹊为其诊视，扁鹊认为赵简子昏迷是血脉淤积所致，两天后就会苏醒，苏醒后还会叙述病中梦境。果然两天以后赵简子醒来，并叙述他梦中所见：“我之帝所甚乐，与百神游于钧天……有一熊欲来援我，帝命我射之，中熊，熊死。又有一罴来，我又射之，中罴，罴死。帝甚喜，

①《史记·晋世家》，中华书局标点本。

②赵善诒：《韩诗外传补正》，商务印书馆。

③《史记·赵世家》，中华书局标点本。

赐我二笥，皆有副。吾见儿在帝侧，帝属一翟犬……帝告我'晋国且世衰，七世而亡，嬴姓将大败周人于范魁之西。'"过了几天，赵简子在路上遇见子晰，子晰对赵简子说，你做的梦我都知道，因为我就是梦中站立在你旁边的人，你梦中的熊、罴，指的是中行、范氏二卿之祖；射杀熊、罴说明将灭掉中行、范氏。两个竹盒子有副表示两个子姓国家（智氏与代国），上帝赐予竹盒，说明你的儿子将在翟地消灭智氏及代国。[④]故事充满了神秘色彩，显得荒诞不经。然而透过故事，我们可以看到，赵简子在实施废嫡立庶、营建晋阳的北进战略中，应该不是一帆风顺的，一定也有反对的声音。赵简子利用古人的迷信思想，通过梦中天帝的指示，来说服和坚定实施"北进战略"者的信心。

三、建设晋阳城

"北进战略"关键是营建以晋阳城为核心的支撑点，根据地，大本营。

晋阳地处山西高原中心，雄跨晋中盆地北端。从山西地理形势看，它所处的黄土高原，东有太行山为天然屏障，阻隔华北大平原，西南以黄河为襟带，连接关中和广大的中原地区。自中原回望，它山高万仞，拔地而起，表里山河，固若金汤。

具体到晋阳城，它"东阻太行、常山，西限龙门、西河，南有霍太山、雀鼠谷之隘，北有雁门、五台诸关之险"，[⑤]周围更有石岭关、天门关、蒙山、娘子关、卧虎山等关山环列，构成可进可退、易守难攻的天然屏障。明代地理学家顾祖禹评说太原曰："府控带山河，踞天下之肩背，为河东之根本，诚古今必争之地也。"[⑥]可谓一语中的。在中国传统的堪舆地理著作中，晋阳也为山西地理形胜首选之地。[⑦]

晋中盆地北缘，东、西、北三面环山，南部低平，地形呈簸箕形。汾河及各支流交汇而下，晋阳当汾、晋两水交汇处，西倚悬瓮山，北靠石岭山；东濒汾河水，南望台骀

④《史记·赵世家》，中华书局标点本。

⑤《资治通鉴》，上海古籍出版社，1987年。

⑥《读史方舆纪要》，中华书局，2005年。

⑦王玉德：《寻龙点穴——中国古代堪舆术》，中国电影出版社，2006年，第131页。

泽,“山环水绕,原隰宽平”,这样的山水地理形势,既解决了城市生活中的给水排水,又有交通灌溉之利。河流湖泊具有调节气候、净化环境的重要作用。晋国迁都新田,充分考虑了“土厚水深,居之不疾,有汾、浍以流其恶”[⑧]的地理条件。赵简子选择汾、晋交汇处的晋水之阳、台骀泽畔建都立邑,显然是借鉴了晋国迁都新田的经验,利用汾、晋及台骀泽调节气候,净化环境。

晋阳城肇建时给排水设施情况目前尚未探明。赵襄子时,智伯水灌晋阳城;三家分晋后,利用智伯渠引水灌溉;东汉元初三年(116),太原“修理旧渠,通利水道,以溉公私田畴”;[⑨]隋文帝开皇三年“漕关东及汾晋之粟,供给长安”;开皇六年“引晋水溉稻田,周回四十一里”;[⑩]唐贞观年间,长史李勣引晋水跨汾以甘民食;玄宗开元二十二年,为解决长安供给,“自太原仓浮于渭,谓之北运”。凡此种种,都说明汾、晋二水在晋阳城城市发展中的巨大作用,亦足见地理环境尤其是汾、晋二水在晋阳城兴衰中的重要地位。

就经济因素来说,晋阳城地处汾河谷地冲积扇高阜处,汾河所带泥沙淤积,在盆地内形成多级冲积扇平原,地势平坦,土地肥沃,水源充沛,是优良的农垦区。盆地周缘的山坡上山林茂密,资源丰富,又是理想的牧马场。

中国古代,在北纬38度线左右,自然形成一条西南—东北向穿越我国北方地区的农牧分界线。分界线以北,主要以游牧经济为生;正如司马迁所述“龙门碣石北多马、牛、羊、旃裘、筋角”。[⑪]分界线以南,以农业经济为主。每当中原王朝强盛时,农业区域便向北发展,靠近中原的一部分游牧民族接受先进的农业文化,改牧为耕。相反,当中原王朝衰落时,游牧民族大举南下,一部分农业区又成为优良牧场。太原地处这条农牧分界线的交错地带,农牧业经济交相辉映。

---

⑧《十三经注疏·春秋左传正义·成公六年》,中华书局影印本,1980年。
⑨《后汉书·安帝传》,中华书局标点本。
⑩《元和郡县图志·卷十三》,中华书局,1983年。
⑪《史记·货殖列传》,中华书局标点本。

从新石器晚期开始，到夏商西周，农业种植一直是太原盆地居民的主要生产生活形式。到东周、两汉、隋唐时代，晋阳依然是重要的粮食产地。

畜牧业也是太原地区居民的生产生活方式之一，特别是盆地周围的丘陵和山间坡地，更是水草丰沛的理想牧场。春秋末年，赵国有“食谷之马数千”[12]。西汉在晋阳设家马官，有家马厩，为反击匈奴提供大量战马。清源县（今山西清徐）有印驹城，相传以汉文帝筑城置牧得名；有多马山，亦以汉文帝牧苑得名。唐王朝在晋阳西北设楼烦、元池、天池三监牧马，为全国最大的牧马监群。五代时期，吐谷浑酋长白承福在晋阳地区放牧，暴为富户，“饲马用银槽”。农牧二重经济的发展及其互补，加强了晋阳战略天平上的砝码。

农牧分界线南北两种不同的生产生活方式，也导致了古代中国北方旷日持久的民族冲突与融合。晋阳自古既为农业部族与游牧部族频繁交往和冲突之地，也是各民族融合的中心地带。从春秋战国到隋唐五代，先后有戎狄、匈奴、鲜卑、羯、氐、突厥、回纥、沙陀、吐谷浑等民族在此与汉民族插花杂处、交流往还、斗争融合。在这样的历史地理条件下，居民“人性劲悍，习于戎马”，“故自古言勇侠者，皆推幽并”。统治者利用“太原人劲悍，皆可为兵”的优势，就地招募，组织成素质精良、战力强劲的军队，南征北战，所向披靡。

正是由于太原地区地理位置优越，水源丰沛，农牧兼举，民风彪悍，兵马精良，控制山西的自然条件得天独厚，首屈一指。因此晋阳建城以后，山西的政治文化中心就从晋南逐渐转移到太原，而且2500年来，其作为政治中心的行政首府地位始终没有改变。尤其是晋阳城存在的1500年间，太原一直都是北方地区最为重要的政治、军事重镇，是民族融合、文化交流的大熔炉。赵简子对太原的发展可以说居功甚伟。

四、兼灭范、中行二氏

赵氏与范氏（范吉射）、中行氏（荀寅）、邯郸午的斗争是晋国历史上的一件大事，

⑫《左传纪事本末》卷三十一引《王孙子》，中华书局，1979年。

也是赵氏发展史上面临生死攸关的重大历史事件。事件的起因是由赵简子向邯郸午索取五百家“卫贡”而引起。

邯郸本为赵氏侧室的采邑。赵夙之庶孙曰赵穿，与赵盾为堂伯兄弟，曾弑晋灵公于桃园。赵穿封地邯郸，胙土命氏，因此也称“邯郸氏”。赵穿子赵旃，赵旃子赵胜；赵胜子赵午亦即邯郸午；赵午生子赵稷。邯郸赵氏，是六卿之外晋国又一股强大的政治力量。赵简子作为所有晋国赵氏宗族的宗主，对邯郸赵氏具有一定的支配权利。

春秋卫国在今河南濮阳一带，与邯郸相邻。公元前502年，晋、卫两国为缓和关系在郓泽会盟。晋国方面赵简子派亲信涉佗、成何与会。古代诸侯订立盟约，最后一个环节是割牛耳歃血盟誓。按照惯例，由地位较低者执牛耳，[13]地位较高者先歃血——“盟用牛耳，卑者执之，尊者莅之”。会盟的一方卫灵公于是让晋国大夫涉佗、成何执牛耳。成何理直气壮地说：卫国不过就像我国的温县、原县一样大，有什么资格位列诸侯。歃血时，卫灵公作为诸侯，理应先歃血。结果涉佗走上前去将卫灵公的手推到一边，卫灵公手上牛血横流，卫国与晋国的矛盾愈结愈深。

晋定公十二年(前500)，赵简子率领邯郸午等军队讨伐卫国，从卫国获得五百户人家，将其安置于邯郸。定公十五年(前497)，赵简子想把这五百户人家徙置到晋阳，以充实晋阳城实力。他对邯郸午说：“归我卫贡五百家，吾舍诸晋阳。”邯郸午答应后，回去告诉了他的“父兄”们，邯郸赵氏自然不愿意将这些人口送去晋阳。他们对赵简子托词道：卫国本来是用这五百家帮助邯郸的，如果把他们安置在晋阳，这就断绝了与卫国的友好之路。不如等赵氏先侵伐齐国，等齐人前来报复，再顺势将这五百户人家迁走，也不致伤了与卫国的和气。赵简子自然不会认同这一说法，他将邯郸午召至晋阳，囚禁之，并派使者传话邯郸：“我私下惩罚邯郸午，你们可以按自己的意愿再立继承人。”其后，杀死邯郸午。邯郸午儿子赵稷率领赵程、涉宾等反叛。赵鞅命令上

⑬也有与此完全相反的看法，即应是位尊者执牛耳。参见吕静：《春秋时期盟誓遗址研究》，《杀牲与执牛耳》，上海古籍出版社，2007年，第174—178页。

军司马籍秦率领晋军包围邯郸。[14]

当赵简子利用晋侯名义打击赵氏内部反对势力时，晋国内部也在酝酿着打击赵简子的强势地位。邯郸午是晋六卿之一荀寅的外甥，荀寅又与范吉射是姻亲，他们与邯郸赵氏有着紧密的关系，都不愿出兵围困邯郸，反而谋划攻打赵简子。董安于得到这一情报，报告赵简子说："要预先做好准备。"而赵简子认为："晋国有法令，先发动祸乱的要被处死。我们可以后发制人。"董安于说："与其受他们的危害，不如我们先发制人。如果因此受到惩罚，而被处死，我愿意单独承担责任。" 秋七月，范氏、中行氏借用晋国国君的名号向赵氏之宫发动进攻，简子不支，走保晋阳。围攻邯郸的上军司马籍秦原本就是范氏一党，围攻邯郸他拖延不前，这时则迅即回马，与范氏、中行氏主力军会合，包围晋阳。赵氏又一次面临灭顶之灾，这也是赵简子政治生涯中最为险峻的时刻。

赵氏与范氏、中行氏的斗争引起了六卿间更为广泛的利害冲突。此时晋国六卿之间已是矛盾重重：韩、魏与赵氏是传统盟友；韩不信与荀寅相互厌弃；魏侈与士吉射相互憎恨；智文子（荀跞）想要驱除荀寅，以宠臣梁婴父取代中行氏卿位；士皋夷也想赶走士吉射，自己担任范氏之主。几股势力因利而合。于是荀跞、梁婴父、韩不信、魏侈与范氏旁支士皋夷，五人谋划救赵。荀跞对晋侯说："君王命令大臣，开始发动祸乱的人应处死，盟誓辞记载得很清楚。现在三个臣子发动祸乱，而唯独驱逐赵鞅，显得处刑不公，请将他们全部驱逐。" 冬十一月，荀跞、韩简子、魏襄子等奉晋侯命攻范氏、中行氏。范氏、中行氏情急之下转而攻打晋侯，不胜，逃亡朝歌——晋阳之围解除。《公羊传·定公十三年》记载此事件说："晋赵鞅取晋阳之甲以逐荀寅与士吉射。荀寅与士吉射者，曷为者也？君侧之恶人也。 ""晋阳之甲"作为地方官吏不满朝廷而举兵的成语典故流传后世。韩、魏等人趁热打铁，请求晋定公赦免赵氏。"十二月辛未，赵鞅入于绛，盟于公宫"。[15]因卫贡而引发的卿族兼并事件告一段落，赵简子取得初步

⑭《十三经注疏·春秋左传正义·定公十三年》，中华书局影印本，1980年。
⑮《十三经注疏·春秋左传正义·定公十三年》，中华书局影印本，1980年。

胜利。

不过这一胜利也只是初步的。晋国六卿中势力最大的是荀(智)氏,[16]他们对赵简子绝处逢生心存顾忌。晋阳之围解除第二年,荀氏即谋划除掉简子心腹董安于。他们以董安于首先发动与范氏等的战争为借口,兴师问罪。智文子(荀跞)对赵简子说:“范、中行氏虽信为乱,安于则发之,是安于与谋乱也。晋国有命,始祸者死。二子既伏其罪矣,敢以告。”赵简子为难之际,董安于慷慨陈词:“我死而晋国宁,赵氏定,将焉用生? 人谁不死,吾死莫矣。”[17]自缢而死。一代政治家、晋阳城的创建者,就这样悲壮地结束了自己的生命。赵简子将董安于暴尸闹市,告诉荀跞:“你让我杀死安于,现在他已经服罪了,特此向你报告。”而后将董安于陪祀在赵氏宗庙内。荀跞见赵简子表示屈服,即与简子结盟,赵氏因此巩固了统治地位。

处死董安于是赵简子的无奈之举:当时,范氏、中行氏虽已逃亡至朝歌,但却得到与其利害相关的齐、卫、宋、鲁、鲜虞等国支持,伺机攻回晋国;邯郸氏以赵稷为首依然固守邯郸城;在太原盆地,与晋阳相距不远的中都很可能还在赵简子的敌对阵营比氏手中;[18]而赵氏大局初定,人心浮动;晋国四卿中,势力最大的荀氏虎视眈眈;韩、魏虽然是赵氏的传统盟友,却也不愿赵氏一支独大。如此政治环境下,赵氏只能委曲求全,牺牲董安于,以求得荀氏支持。从文献记载来看,赵简子从晋阳返回后,同国内有关政治力量进行了一系列的盟誓活动。 定公十三年 ,赵简子回绛都后,即与诸大夫“盟于公宫”;翌年,在与智跞达成妥协后,随即举行盟誓。此后在与邯郸赵氏、范氏等长达八年的斗争中,为了巩固阵营,分化敌人,赵简子举行了一系列盟誓活动。这些活动为1965—1966年考古发现的《侯马盟书》所证实。

⑯荀氏,按封地又为智氏,名跞,谥号文。史称智文子、知文子、智跞、知跞等。智伯瑶即为其后。

⑰《十三经注疏·春秋左传正义·定公十四年》,中华书局影印本,1980年。

⑱盟书156:1有“[illegible]”字,陈梦家:《东周盟誓与出土载书》275页,唐兰:《侯马出土晋国赵嘉之盟载书新释》32页及《侯马盟书》36页等均释“先”。陶正刚、王克林:《侯马东周盟誓遗址》30页,刘钊:《玺印文字释丛》44页,黄锡全:《汉简注释》298页等均释“比”。今从。

盟书，亦称“载书”。《周礼·司盟》“掌盟载之法”注：“载，盟誓也，盟者书其辞于策，杀牲取血，坎其牲，加书于上而埋之，谓之载书。”当时的诸侯和卿大夫为了巩固内部团结，打击敌对势力，经常举行盟誓活动。盟书一式二份，一份藏在盟府，一份埋于地下或沉在河里，以取信于神鬼。

《侯马盟书》是春秋晚期至战国早期晋国卿大夫举行盟誓的约信文书。举行盟誓的遗址位于侯马晋城遗址东南部，遗址西北与呈王古城相邻。在面积近4000平方米的遗址范围内，共发现祭祀坑401座，其中出土盟书坑40座，出土盟书5000余件，盟书单片字数在30—100字之间，多者达220余字。

盟书内容可分宗盟、委质、纳室、诅咒等类别。主要记载“赵孟”与大夫之间，特别是与赵氏宗族人员、与投诚者，对晋君、盟主、岳神，赌咒发誓要忠于主盟人，全心全意共同对敌，不纳室（擅自扩大自己家族的势力），同时也要反对宗族兄弟们的纳室行为；否则甘愿接受诛灭的制裁等。宗盟类是盟书的大宗，主要强调要奉事宗庙祭祀和守护宗庙，“反映了主盟人赵孟为加强赵氏宗族的内部团结，以求一致对敌而举行盟誓的情况”。[19]如盟书156:1记载参盟人趙发誓说：趙一定剖腹挖心，一心一意，侍奉赵家宗主。如果不守盟誓，心怀二心，企图和（敌对的）赵尼、比（痥）、比直等人以及他们的子孙勾结，帮助他们反攻回晋国，神灵明鉴，就杀杀杀，杀死我们一大家族。[20]

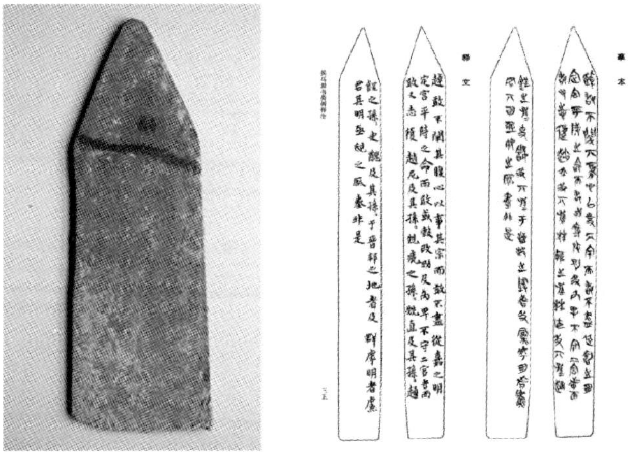

侯马盟书照片、盟书释文

⑲山西省文物工作委员会：《侯马盟书》，文物出版社，1976年，第11页。

⑳山西省文物工作委员会：《侯马盟书》，文物出版社，1976年，第35—36页。

赵氏与邯郸赵氏、范氏、中行氏的斗争前后长达八年。

赵鞅虽说与国内众卿订立了一致对付范、中行氏的盟约，但真正出力作战的仍是赵氏。相反，逃亡朝歌的范氏、中行氏及困守邯郸的赵稷却得到众多外国支持者的援助，他们因对晋国或对赵氏怀有各种企图而出兵干涉晋国的内部事务。晋定公十六年夏，晋围朝歌，齐侯即约合卫侯、鲁侯会于牵（或作坚，今河南浚县北），以“谋救范、中行氏”。与之配合，范、中行氏的同党乘机率领狄人鲜虞部军队袭击晋都绛。

晋定公十八年夏，齐侯、卫侯为救援邯郸围困晋五鹿（今河北省大名东）；同年冬，齐、卫、鲁三国之师再次会同鲜虞伐取晋棘蒲（今河北省赵县），以谋救范氏。晋定公十九年，赵简子同护送粮草前往朝歌的郑国军队在铁丘（今河南省濮阳西）展开激战。赵军在数量上少于对方，为激励将士，赵简子在战场发表誓师辞，激励将士。简子慷慨陈词：“范氏、中行氏，反易天明，斩艾百姓，欲擅晋国而灭其君。寡君恃郑而保焉。今郑为不道，弃君助臣，二三子顺天明，从君命，经德义，除诟耻，在此行也。克敌者，上大夫受县，下大夫受郡，士田十万，庶人工商遂，人臣隶圉免。志父无罪，君实图之。若其有罪，绞缢以戮，桐棺三寸，不设属辟，素车朴马，无入于兆，下卿之罚也。”[21]此即著名的赵鞅誓师词。誓词中对其部下，包括上至大夫，下至普通庶人，乃至人臣隶圉等各色人等承诺，战胜敌人，上大夫可得到县，下大夫可得到郡，士可得到十万亩土地，庶人工商可做官，奴隶可获得自由的军功奖励。铁之战誓师成为后世兵家的楷模，商鞅甚至将之编制成系统的制度作为秦国的国法，成为战国中后期秦国强大军事力量的精神支柱——军功爵制度。同时，为了显示以身作则，赵简子也为自己设立了死后不得进入祖坟——这个在古代看来十分严厉的处罚决定。

铁之战是赵简子与邯郸赵氏、齐、郑等国所进行的一场关键战役。战场兵力赵弱郑强，形势严峻。从《左传》的记述中我们可以看到，简子战车上的副手卫太子见郑军众多，吓得跳到车下。将军赵罗胆小，他的副手将他绑在战车上，还告诉军士们，赵罗

㉑《十三经注疏·春秋左传正义·哀公二年》，中华书局影印本，1980年。

有病，站不起来，只能绑着战斗。而简子的蠢旗一度为郑军所获。简子在战斗中也被郑人击中肩膊，倒于车中。然而，由于简子在战前进行了充分动员，鼓舞了士气，战争中又身先士卒，身负重伤，“伏韔呕血”，仍“鼓声不衰”，坚持指挥。众将士也奋力向敌，邮良战车残坏，仍然坚持驾驭，公孙龙率领五百徒兵，夜攻郑师，夺回蠢旗。结果郑师大败，齐国援助朝歌的一千车粮食为赵军所获。

铁之战中赵简子对有军功人员实行土田赏赐，其性质已不同于过去对各级贵族实行的土田封授，而是等同于给其臣僚增加俸禄。由于赏禄制的实行，简子与其下属臣僚之间，事实上形成了一种新的主臣关系。它不同于过去的世卿世禄制，因其手下臣僚一律不得世袭，并一律不得无功受禄；也不同于旧时卿大夫家中的家臣，因其手下臣宰已一律不再与赵室保有任何宗法关系，不再拥有自己的封邑和领地。它完全由君主在士人中选拔任用自己认为是贤能的人才，刑赏出自君主一人，贤者则举拔之，禄用之，厚赏之；不肖者则去之，甚至可以刑杀之。君主并以各种手段督责于臣下。《吕氏春秋·骄恣》即称简子“能厚以理督责于其臣”，这已接近于战国时期专制君主制下的官僚制度。赵简子在任贤使能方面的种种举措，为即将成立的赵氏中央集权君主专制主义国家的政治体制，奠定了坚实的基础。

铁之战的第二年十月，赵简子再次以重兵包围范氏、中行氏困守的朝歌。由于断绝了给养与外援，范、中行氏只好弃城突围，北逃至邯郸。公元前491年九月，赵简子移师围困邯郸，越两月，邯郸不支投降。赵稷奔临地（今河北省临城西南），中行寅逃奔鲜虞，旋即又在齐国、鲜虞支持下，占据晋国柏人（今河北隆尧西南），赵简子跟踪追击，于公元前490年春再围柏人。齐国则夺取临近柏人的邢（今河北邢台）、任（今河北任县）、栾（今河北栾城与赵县之间地）等地，企图减轻柏人压力，简子不为所动，穷追不舍，终于拿下柏人。范吉射与中行寅只身逃往齐国，沦为普通平民。历时八年之久的赵氏与邯郸午、范氏、中行氏的斗争，终于以赵氏胜利而告一段落。

经过这场斗争，赵简子灭范氏、中行氏，晋国从六卿擅权变为四卿争雄。范氏、中行氏封邑入于晋，而赵氏则完全控制具有重要战略地位的邯郸及柏人城，为以后发展打下了稳固基础，赵氏势力在晋国四卿中也位居前列。《史记·赵世家》说此时的赵简子“名为晋卿，实专晋权，奉邑牟于诸侯”。

赵简子晚年将全部心血投入到与齐国争夺诸侯霸主的大业之中，然而事与愿违，优势一步步向齐国方向扭转。面对严峻的形势，赵鞅日夜操劳国事，却也未见转机。

公元前482年，赵简子与吴王夫差及鲁哀公等会于黄池（今河南省封丘南），这是他作为晋卿最后一次参与国际舞台上的重要盟会。在这次盟会上，他代表晋国与吴争坐盟主。赵简子利用吴国有越王入侵之忧，扬言要以武力解决相互间的争执，拖延时间，吴人妥协，“乃先晋人”。这是赵简子在晋国内部分崩离析、势力日下之时为晋国挣回的一点颜面。

赵简子于公元前527到公元前525年之间，接替父卿位，出任下军佐，步入政治生涯。前519年左右，中军佐荀吴去世，赵鞅升任下军将。前517年夏，在韩起保举下，赵鞅第一次出国，与宋乐大心、鲁叔孙昭子、卫北宫喜、郑子大叔，以及曹、邾、滕、薛、小邾共十国代表，在晋国黄父（在今山西省沁水县）召开平定周室乱局盟会——黄父之会。这次盟会上，盟主是代表晋国的赵简子，这也是赵简子在国际舞台上的第一次亮相。作为主盟人，赵简子作风干练，敢做敢当，初显政治家之风范。前514年，中军将韩起去世，魏舒执政，赵鞅升任上军佐。前509年，魏舒去世，士鞅执政，赵鞅升任上军将。在这之前的三十几年中，执政者韩起、魏舒都与赵氏关系密切，赵鞅在一个相对有利的环境中积累了足够的政治才干与资本。士鞅任执政卿后，赵鞅虽然与士鞅之间发生过一些不愉快，但最终还是保持了合作关系。前501年，士鞅去世，荀跞执政，赵鞅升任中军佐，距离执政卿已是一步之遥。前493年深秋，铁之战后不久，荀跞去世，赵简子升任中军将，成为晋国执政。前475年赵简子去世，为正卿长达17年。

从公元前527年任下军佐，到前475年去世，赵简子在担任晋国卿大夫的52年间，其所作所为可以说对春秋战国的历史发展起到了推波助澜的作用。作为新兴地主阶级的代表人物，他在军事上讨伐晋国腐朽势力，在经济、政治、思想各个领域向旧的宗法制度发起猛烈冲击,严重动摇和瓦解了奴隶制的基础,加速了晋国封建化的进程,其影响甚至波及到中国历史发展的整个过程。其中确定以晋阳城为中心的北进战略,剪灭范氏、中行氏,可以说是其政治生涯中精彩之笔;而铸刑鼎、扩税亩,乃至识贤才、纳忠言也常为后世所称道。

五、铸刑鼎 扩税亩

公元前513年,赵简子把晋国前任执政卿所编刑书正式铸于鼎上,公之于众。对此《左传》如此记载:"冬,晋赵鞅、荀寅帅师城汝滨,遂赋晋国一鼓铁,以铸刑鼎,著范宣子所为刑书焉。"[22]此即历史上著名的赵简子"铸刑鼎"事件。刑书的主要内容今天已不可知,其大旨为:"本秩理",即严立阶级限制;"由质要",即保证债权人的利益;"逋逃",即保证追捕逃亡奴隶的权益,等等。

首次公布成文法,并"铸刑书于鼎"的是郑国子产,晋铸刑鼎是中国历史上第二次公布成文法。与郑铸刑书一样,它在中国法制史上具有重要意义。它打破了统治阶级专断刑律、任意处置剥夺百姓权利的不合理局面,在开启民智、唤醒人们自我意识,以至打破旧的政治格局、推动社会改革进步方面意义深远。法律公开,使国民知法、懂法、用法律维护自身权益,在今天已是一个基本的法治原则,而这无疑是"铸刑鼎"事件给我国法治进程带来的最大贡献。

经济与税制改革,是赵简子在边境地区开拓疆土中,顺应变化中的土地剥削关系,实施的又一重要举措。

㉒《左传·昭公二十九年》:"冬,晋赵鞅、荀寅帅师城汝滨,遂赋晋国一鼓铁,以铸刑鼎,著范宣子所为刑书焉。仲尼曰:'晋其亡乎!失其度矣。夫晋国将守唐叔之所受法度,以经纬其民,卿大夫以序守之,民是以能尊其贵,贵是以能守其业。贵贱不愆,所谓度也。文公是以作执秩之官,为被庐之法,以为盟主。今弃是度也,而为刑鼎,民在鼎矣,何以尊贵?贵何业之守?贵贱无序,何以为国?且夫宣子之刑,夷之蒐也,晋国之乱制也,若之何以为法?'蔡史墨曰:'范氏、中行氏、其亡乎!中行寅为下卿,而干上令,擅作刑器,以为国法,是法奸也。又加范氏,焉易之,亡也。其及赵氏,赵孟与焉。然不得已,若德,可以免。'"

1972年,山东临沂银雀山出土大批竹简,内有题为《吴问》残简多枚,记载晋国六卿田亩制度情况。其中赵氏实行的亩制"以百廿步为婉(畹,半亩),以二百卌步为吻(亩)"。周朝制度"百步为亩",以二百四十步为亩,将亩制扩大1.4倍。这比范、中行氏实行"以百六十步为吻",知氏"以百八十步为吻",韩氏实行"以二百步为吻"的面积都要大。春秋战国时期,各国扩大亩制的主要出发点,在于鼓励人民开垦荒地。因为按照扩大的亩制,耕作者可以在规定的亩数名义下,实际占有更多土地。而扩大亩制需要的土地,部分是通过开垦控制边远地区所获得。

简子当政时期,赵氏在田税和户税方面也推行了一系列改革措施。《国语·晋语九》记尹铎至晋阳,为减轻民众负担而"损其户数";《韩非子·外储说·右下》记述:"赵简主出税者,吏请轻重,简主曰:'勿轻勿重。重则利入于上,若轻则利归于民,吏无私利而止矣。'"两则史料证明赵氏已建有田税、户税制度。值得注意的是,简子征取的税额不轻不重,较为适中。与晋国其他五卿征取十分之二税率来说,赵氏政权的税赋标准,应是比较宽缓的。它对于吸引外来移民,扩大赵氏领地,加强赵氏经济实力,自然具有重要意义。据文献记载,在一定的范围内,赵氏甚至实行无税。《孙子·吴问》记载吴王与大军事家孙子的一段对话说:"吴王问孙子曰:'六将军分守晋国之地,孰先亡?孰固成?'孙子曰:'范、中行是(氏)先亡。''孰为之次?''智是(氏)为次。''孰为之次?''韩、魏为次。赵毋失其故法,晋国归焉。'……赵是(氏)制田,以百廿为畹,以二百四十步为亩,公无税焉。公家贫,其置士少,主佥(敛)臣收,以御富民。故曰固国,晋国归焉。"孙子不愧为中国最伟大的军事家,他通过对晋国六卿之间田亩税制改革的分析,正确预测了晋国历史发展的轨迹。赵氏改革措施之重要,由此可见一斑。

六、招致贤才 从谏如流

尊贤爱士、善于纳谏是历朝历代贤明统治者的共同特点。赵简子作为赵国的实际缔造者,在这一方面可谓佼佼者。

文献对此有大量记载。

赵简子曾向晋国大夫壮驰兹询问贤才:"东方人士谁最贤能?"壮驰兹随即向简子

表示恭贺。简子问为什么相贺。壮驰兹回答说:“我听说国家将要兴盛,君子自以为不够;当国家要灭亡的时候,自以为好像有余。现在您作为晋国的执政却向我这样的小人物咨询,所问的又是求贤这样的大事。我因此向您祝贺。”

赵简子与史黯座谈时,谈到自己想把逃亡的范氏、中行氏良臣收为己用。[23]招纳曾经的敌人为己所用,可见赵简子用人之胸怀。

《说苑·尊贤》又记载杨因求见赵简子事。

“杨因对赵简子说:‘我住在乡里三次被驱逐,事奉君主五次离开。听说您喜好士人,所以跑来求见。’赵简子听到这番话停下饮食而赞叹他,双膝着地而行出去见他。左右人劝止说:‘他住在乡里三次被逐,这是为众人所不容;事奉君主五次离开,这是不忠于主上。现在您要结交的这个人,已出现八次过错了。’赵简子说:‘你们不明白,美女是丑妇的仇人;品德高尚的君子为乱世所疏远;正直的行为今被邪恶不正的人憎恨。’于是出门接见了杨因,任命他做国相,因而赵国大治。”赵简子可谓知人。

赵简子还敢于使用别人不敢用的人。如阳虎,从鲁逃到齐,又从齐投奔简子。简子接纳阳虎并让他担任大夫。左右侍臣劝诫简子说,阳虎“善窃人国政”,不能重用。简子自信有能力驾驭阳虎,“阳虎务取之,我务守之”。果然,在简子“执术而御之”的情况下,“阳虎不敢为非”,认真为简子效力,“兴主之强几至于霸”。

赵简子对他所重用的各位贤才,也十分关心、爱护与尊敬。

《吕氏春秋·爱士》说简子有两头白骡,甚是珍爱。贤士阳城胥渠重病,医官说必须服用骡肝才能病愈。董安于听到后,生气地说:“嗬! 胥渠想吃我君主的骡子! 请您给他处罚吧!”而简子却说:“夫杀人以活畜,不亦不仁乎;杀畜以活人,不亦仁乎。”于是叫厨师杀白骡,把骡肝取出给了胥渠。据说阳城胥渠病愈后,即在一次同狄人的战斗中率先登上对方城楼,斩获敌人甲首,取得胜利。

赵简子的个人生活则十分简朴。

㉓《说苑译注·尊贤》,北京大学出版社,2009年。

一天赵简子外出，上车之前，对左右说："车席过于华美了。帽子再简陋，总要戴在头上；鞋子再贵重，也总要穿在脚上。现在席子这么名贵，我该穿什么样的鞋子踩上去呢？有了名牌鞋子，必然还要有更名牌的帽子，因为下层的华美而必然加大上层的花销，这就是道义被妨害的根本原因啊！"赵鞅出行，改用破车和瘦马，穿的也是羊皮衣、羊皮裘，家宰觉得寒酸，劝道："新车子坐着才舒服，肥马才跑得快，狐裘才又轻又暖啊。"赵鞅道："你说的这些我自然知道。我听说，君子用上好的车马衣服就会更加谦恭，小人一旦用上这些就顿时倨傲起来。我故意不用好的，就是为了防止自己产生小人的心态啊。"俭与奢，中国古代政治成败的根本分界线，赵简子可谓深得其要。

对于招致前来的各种贤才，简子按其特长分派以不同职事。在他手下有治事之臣董安于、尹铎、阳虎等；有诤谏之臣烛过、史黯、周舍等；还有冲锋陷阵的"斗臣"，等等。其对于治事之臣，敢于放心委以重任；对于诤谏之臣，尤能倾心听取他们的谏议。在这方面，史乘给我们留下不少带有警策意义的故事。

《吕氏春秋·贵直论第三》记载：赵简子统率军队，攻打卫国外城，交战时，简子远远躲在犀革制成的屏障和盾牌后面击鼓指挥，而士卒却闻鼓不动。简子扔下鼓槌感叹道："唉！士卒迅速变坏，到了这个地步！"这时，行人烛过摘下头盔，横戈至简子面前进谏："亦有君不能耳，士何弊之有？"一针见血地指出问题的症结在简子自己。初闻烛过的话，赵简子勃然变色道："我没他人可派，而亲自统率这些士卒，你却说我做得不够。你能说出理由就罢了，说不出理由就治你死罪！"行人烛过回答："从前，我们的先君献公即位五年就兼并了十九个国家，用的就是这些士卒；惠公即位二年，纵情声色，残暴傲慢，喜好美女，秦国人袭击我国，晋军溃逃到离绛城只有七十里的地方，用的也是这些士卒；文公即位二年，用勇武砥砺他们，所以三年之后士卒都变得果断勇敢，城濮之战中，五次打败楚军，围困卫国，夺取曹国，攻占石社，安定天子，称霸诸侯，用的还是这样的士卒。所以说，只不过是您有些做得不够罢了，士卒有什么不好？"赵简子听了烛过的话，醒悟到身先士卒、以身作则的道理，"乃去犀蔽屏橹而立于矢石之所及，一鼓而士毕乘之"。简子由衷地感叹："与其吾得革车千乘，不如闻行人烛过之一言。”

赵简子与周舍相交的故事也值得当政者深思。

“赵简子有臣曰周舍，立于门下，三日三夜，简子使问之，曰：“子欲见寡人何事？”周舍对曰：“愿为谔谔之臣，墨笔操牍，从君之过而，日有记也，月有成也，岁有效也。”此后周舍与简子出入进退形影不离。不久，周舍死，简子悲痛不已，时常闷闷不乐。大夫请问缘由，简子说：“千羊之皮，不若一狐之腋；众人诺诺，不若一士之谔谔。昔者，商纣默默而亡，武王谔谔而昌。’今自周舍之死，吾未尝闻吾过也，吾亡无日矣，是以寡人泣也。”[24]“千人之诺诺，不如一士之谔谔”，作为对诤谏之士的称美流传后世；而诺诺之人亡国，谔谔之士兴国，也是赵简子为当政者用人留下的警世箴言。

史黯劝谏赵简子的故事则很富有戏剧性。

《晋语·九》记述，赵简子有一次未经许可前往晋君的苑囿蝼地去打猎，史黯闻知，就带了猎犬等候在苑囿门前，并告诉前来的赵简子说：自己也想带这只猎犬到苑囿中试试。简子责问他为何不事先报告，史黯乘机讽喻道：“主将适蝼而麓（主管园圃的官吏）不闻，臣敢烦当日（值日官）？”简子知道自己这事做错了，于是罢猎而归。

《国语·晋语九》记载的邮无正劝谏赵简子无杀尹铎故事，则展现了赵简子及其臣子爱憎分明的品德。尹铎继董安于之后治理晋阳。到晋阳之前他向赵简子请示治理方略，赵简子对尹铎说：“必堕其垒培。吾将往焉，若见垒培，是见寅与吉射也。”尹铎到晋阳后，不但没有削平营垒，反而把营垒加高。简子到晋阳，望见营垒，怒气冲天，面对众大夫的劝阻，连声不行、不行，称呼一定要杀掉尹铎然后才进入晋阳城。这时，尹铎昔日的仇人邮无正向赵简子进谏，他历数简子祖父赵武凭自身德行修养恢复卿位，父亲景子继承德业，修身教子，为恢弘赵氏基业，历尽艰辛。“今吾子嗣位，有文之典刑，有景之教训，重之以师保，加之以父兄，子皆疏之，以及此难。夫尹铎曰：‘思乐而喜，思难而惧，人之道也。委土可以为师保，吾何为不增？’是以修之，庶曰可以鉴而

㉔《韩诗外传·卷七》。《新序·杂事一》所记大同小异。

鸠赵宗乎！若罚之，是罚善也。罚善必赏恶。臣何望矣！"一番陈词，打动简子，他感叹道："如果不是你（邮无正），我几乎不能做人了！"知错就改，厚赏了尹铎。

邮无正与尹铎以前曾有怨仇，尹铎知道了邮无正劝谏赵简子的事情，非常感动，他把赵简子赏给自己的金钱送予邮无正，曰："子免吾死，敢不归禄。"而邮无正辞谢道："吾为主图，非为子也。怨若怨焉。"㉕一朝臣子爱憎分明的本色跃然纸上。

窦犨与赵简子的遭际则是一个悲剧性的故事。

最早提到窦犨一名的是《国语》。据《国语》记载：有一天，赵简子突发感慨："雀入于海为蛤，雉入于淮为蜃。鼋鼍鱼鳖，莫不能化，唯人不能。"窦犨当时正陪侍一旁，听到这话，立即告诫简子说："臣闻之：君子哀无人，不哀无贿；哀无德，不哀无宠；哀名之不令，不哀年之不登。夫范、中行氏不恤庶难，欲擅晋国，今其子孙将耕于齐，宗庙之牺为畎亩之勤，人之化也，何日之有！"㉖窦犨通过范、中行氏的覆灭，告诫赵简子，一切都在变化，包括统治者自己，如果不注重道德修养，统治者也会变成庶民。关于窦犨与赵简子的关系，《史记·孔子世家》记载孔子的话说："窦鸣犊，舜华，晋国之贤大夫也。赵简子未得志之时，须此两人而后从政；及其已得志，杀之乃从政。"㉗《大周正乐》记载孔子话说："夫赵之所以治者，鸣犊之力也。"㉘两则记载虽有小异，但从中可以看出，窦犨作为晋国大夫，或者赵氏家臣，曾经为赵氏集团发展做出过一定贡献。不过由于政治理念不同，赵简子最后还是杀了窦犨。《说苑》记载："赵简子曰'晋有泽鸣、窦犨，鲁有孔丘，吾杀此三人，则晋国可治也'。于是乃召窦犨、泽鸣，任之政而杀之。"

窦犨，《国语·晋语九》作犊犨。《史记·孔子世家》："孔子曰：'窦鸣犊，舜华，晋国之贤大夫也。'"可见太史公认为窦犨与窦鸣犊系同一人。而刘向《新序》谓："赵有窦犨，

㉕《国语·晋语九》，上海古籍出版社，1988年。《吕氏春秋·似顺论第五》所记与此大同小异。

㉖《国语·晋语九》，上海古籍出版社，1988年。

㉗《史记·孔子世家》，中华书局本标点，1980年。

㉘逯钦立：《先秦汉魏晋南北朝诗·汉诗卷十一》，中华书局，1983年。

晋有铎鸣。"《说苑》谓"晋有泽鸣、窦犨。"似乎泽鸣、铎鸣为一人，其与窦犨则判为两人。对此《史记》《集解》：徐广曰："或作'鸣铎窦犨'，又作'窦犨、鸣犊、舜华也'。"而《史记》《索隐》讨论说："《家语》云：'闻赵简子杀窦犨鸣犊及舜华'，《国语》云'鸣铎、窦犨'，则窦犨字鸣犊，声转字异，或作'鸣铎'。庆华当作'舜华'，诸说皆同。"[29]说窦犨字鸣犊，直认窦犨、鸣犊为一人了。查今本《国语》但说"窦犨"，不提"鸣犊窦犨"，是否唐以后缺轶，亦不可知，而鸣铎、铎鸣是否为一人，司马贞也没有论及；但后人多承其说，认为窦犨字鸣犊，应为同一人。

后人有窦犨封地太原，并在当地兴修水利的传说。

今尖草坪古城村传为窦犨食邑。上兰村有窦大夫祠，为祭祀窦犨修建的祠庙。祠坐北朝南，殿堂 30 余间，现存献亭、正殿为元至正三年(1343)重建；戏台、钟鼓楼、厢房、窑洞则为清代增建。清嘉庆《英济侯庙碑记》云：宋元丰八年(1085)六月，因祠为汾水所坏，遂北移重建。唐人李频游《烈石诗》"游访曾经驻马看，窦犨遗像在林峦"，说明此祠在唐代已存。宋大观元年(1107)十月，追封为英济侯，故此祠又称英济祠。

传说窦犨曾在今阳曲黄寨(古狼孟)一带兴修水利，今亦无迹可寻。案诸史乘，河北高唐县汉代有鸣犊河、鸣犊口。[30]河水以鸣犊为称，假若此鸣犊说的就是窦犨——窦鸣犊，则引发我们对窦鸣犊和水之间关系的联想，说窦犨曾经做过一些兴修水利的事情，恐怕也不是空穴来风。当然这里的鸣犊河也可能和历史上的一个事件，即孔子闻赵简子杀窦犨临河而返有关。

《史记·孔子世家》说："孔子既不得用于卫，将西见赵简子。至于河而闻窦鸣犊、舜华之死也，临河而叹曰：'美哉水，洋洋乎！丘之不济此，命也夫！'子贡趋而进曰：'敢问何谓也？'孔子曰：'窦鸣犊，舜华，晋国之贤大夫也。赵简子未得志之时，须此两

㉙《史记·孔子世家》，中华书局标点本，1980 年。

㉚《汉书·地理志》"河水自灵县别出为鸣犊河"。《汉书·沟洫志》"元帝永光五年，河决清河鸣犊口，而屯氏河绝灭。"中华书局标点本，1980 年。

人而后从政;及其已得志,杀之乃从政。丘闻之也,刳胎杀夭则麒麟不至郊,竭泽涸渔则蛟龙不合阴阳,覆巢毁卵则凤皇不翔。何则?君子讳伤其类也。夫鸟兽之于不义也尚知辟之,而况乎丘哉!'乃还息乎陬乡,作为陬操以哀之。"

一般认为,孔子周游列国,原计划到晋国,因听到赵简子杀死窦犨,顿生物伤其类之叹,故临河而返。但后世将孔子临河而返搬到了太行山巅天井关一带。《水经注·卷九·沁水》:"邘水又东南,径孔子庙东,庙庭有碑。……仲尼伤道不行,欲北从赵鞅,闻杀鸣犊,遂旋车而返。及其后也,晋人思之,于太行巅南为之立庙,盖往时回辕处也。"[31]不过明陈棐《孔子回车庙解》,已经说明"孔子当时既临河而返,是未济河也,既未济河,是未诣太行之下也,其太行之巅有回车之辙者,妄矣"。[32]

赵简子与孔子,一个是春秋晚期重要的政治家,一个是春秋晚期重要的思想家、教育家,终因两人的政治理念不同而未谋面。不过他们作为当时政治生活中的翘楚,始终都在彼此关注着。

早在公元前513年,赵简子把晋国前任执政卿范宣子所编刑书,正式铸于鼎上,公之于众。此举引起孔子的注意。他评论此事说:"晋其亡乎!失其度矣。夫晋国将守唐叔之所受法度,以经纬其民,卿大夫以序守之,民是以能尊其贵,贵是以能守其业。贵贱不愆,所谓度也。文公是以作执秩之官,为被庐(今地不详)之法,以为盟主。今弃是度也,而为刑鼎,民在鼎矣,何以尊贵?贵何业之守?贵贱无序,何以为国?且夫宣子之刑,夷之蒐也,晋国之乱制也,若之何以为法?"

《说苑·臣术》云:"简子有臣尹绰、赦厥。简子曰:'厥爱我,谏我必不于众人中;绰也不爱我,谏我必于众人中。'尹绰曰:'厥也,爱君之丑而不爱君之过也;臣爱君之过,而不爱君之丑。'孔子曰:'君子哉尹绰!面訾不面誉也。'"孔子在赞扬赵简子谏臣尹绰的同时,含蓄地批评了赵简子接受诤谏选择时机的错误态度。

孔子对赵简子也有肯定的一面。《太平御览》卷四六九引《王孙子》曰:"赵简子猎

㉛《水经注疏·卷九》,江苏古籍出版社,1989年,第831页。

㉜《水经注疏·卷九》,江苏古籍出版社,1989年,第831页。

于晋阳，抚辔而叹。董安于曰：‘今游猎，乐也，而主君兴叹，何也？’简子曰：‘汝不知也。吾校鲧养食谷之马以千数，吾家养善逐之犬以数百，欲以猎兽也。忧邻国养贤以猎吾也。’孔子闻之曰：‘简子知所叹也！’”孔子赞誉了赵简子时刻不忘危亡的忧患意识。

孔子与赵简子的政治理念，总的来说是相悖的。他们在言论和行动上，更多也是以敌对形式出现。

当赵简子与范氏、中行氏争斗中时，佛肸以中牟（今河南中牟县）反赵简子。佛肸因招孔子，欲共同对敌。对此《史记·孔子世家》记载“佛肸为中牟宰。赵简子攻范、中行，伐中牟。佛肸畔，使人召孔子。孔子欲往。子路曰：‘由闻诸夫子，“其身亲为不善者，君子不入也”。今佛肸亲以中牟畔，子欲往，如之何？’孔子曰：‘有是言也。不曰坚乎，磨而不磷；不曰白乎，涅而不淄。我岂匏瓜也哉，焉能系而不食？”

《吕氏春秋·恃君览》记载：“赵简子将袭卫，使史默往睹之。期以一月，六月而后反。赵简子曰：‘何其久也！’史默曰：‘谋利而得害，犹弗察也。今蘧伯玉为相，史鳅佐焉；孔子为客，子贡使令于君前，甚听……其佐多贤也。’赵简子按兵而不动。”赵简子因孔子、子贡佐卫，从而不敢轻举妄动，也说明其对孔子是敬且畏之。

史书记载最多的还是我们前文提到的赵简子谋杀孔子而未得逞之事。

刘向《新序》曰：“赵简子欲专天下，谓其相曰：‘赵有犊犨，晋有铎鸣，鲁有孔丘，吾杀三人者，天下可王也。’”《先秦汉魏晋南北朝诗》汉诗卷十一《将归操》序曰：“将归操者，孔子之所作也。赵简子循执玉帛以聘孔子。孔子将往。未至。渡狄水。闻赵杀其贤大夫窦鸣犊。喟然而叹之曰：夫赵之所以治者，鸣犊之力也。杀鸣犊而聘余，何丘之往也。”[33]

孔子终于没有跨过黄河进入晋国，两个春秋末期彼此关注的风云人物，至死也没有见面。公元前479年4月，一代思想家、教育家、儒家学派创始人孔子逝世，终年73

---

[33]《先秦汉魏晋南北朝诗》汉诗卷十一，中华书局，1983年。

岁。葬于曲阜城北泗水之上,即今日山东曲阜孔林所在地。四年之后,杰出的政治家、军事家、赵国基业的开创者、一代英杰赵鞅,也走完了他的人生历程。晋定公三十七年(前475),赵简子鞅病逝晋阳。[34]不过,与孔子死后两千多年来建庙立冢、享受上至皇帝下至百姓的祭奠膜拜不同,赵简子的葬地历来众说纷纭,莫衷一是,[35]直到太原金胜村赵卿大墓的发掘出土,方露出一丝端倪。

㉞关于赵简子卒年史书记载不一,古本《竹书纪年》《史记·赵世家》等载简子卒于晋出公十七年(前458),《春秋左传》载简子卒于晋定公三十七年(前475)。

㉟赵简子墓有邯郸说,寿阳说,赵城说等。参见渠传福:《关于太原晋国赵卿墓的若干问题》,山西省考古学会:《山西省考古学会论文集(三)》,山西古籍出版社,2000年。

赵卿大墓

1988年，山西考古工作者发掘了一座大型东周贵族墓葬及附葬车马坑。根据墓葬型式、青铜器型式、规格、纹饰、铭文以及车马坑规模分析，这座大墓和车马坑的时代为春秋晚期后段，墓主人的等级应为晋国执政卿一级。发掘者认为，他很可能就是晋阳城的缔造者赵简子——赵鞅之墓。①

赵卿墓所在的金胜村，位于晋阳古城西北3公里西山东麓的缓坡地带。赵卿墓附近，还发现4座春秋晚期的七鼎墓，以及千余座战国早期中小型墓葬。可以判定，这一带是晋国晚期赵氏宗族墓地和赵国早期公墓所在。

赵卿墓是一座使用了积石积炭的大型木椁土圹墓。墓葬为长方形竖穴土圹，头向东。墓底面积约61.2平方米。墓内设有高3米多的大型木椁，木椁周围有厚达80厘米的积石积炭。在墓室中部略靠东，放置着墓主的3层套棺。套棺的南部、西部，共有4个殉葬人。在墓主套棺周围，堆放着3000多件随葬品。

赵卿墓是山西迄今发现规模最大、未经盗扰的大型积石积碳木椁墓，从而将积石积碳木椁墓的使用年代上溯至春秋晚期。墓葬发现随葬品之丰富为春秋晋国高级贵族墓葬所仅见。赵卿墓的发掘，对于研究东周时期晋国的政治、经济、文化，青铜铸造、礼乐丧葬制度都有着极为重要的科学价值。赵卿墓车马坑是东周考古发掘中整体保存完好，清理保护精细的大型车马标本，对研究中国古代车制有着重要意义。

然而自赵卿墓发现以后，有关墓葬的时代、墓主人是否为赵国缔造者赵简子等问

①简报发表于《文物》，1989年9期。名为《太原金胜村251号春秋大墓及车马坑发掘简报》。认为墓主人身份为卿或上大夫。1996年报告发表定名为《太原晋国赵卿墓》，认定“墓主人必是赵鞅无疑”。

题,诸说纷纭。我们略做讨论。

历史文献中没有此墓的任何相关记载。墓葬及其车马坑发掘时,发现后世有数座墓葬就直接埋在墓葬或车马坑之上。其中一座战国晚期墓,直接埋在车马坑的中央,破坏了三 四辆古车遗迹。说明至迟到战国晚期,人们已经不知道大墓和车马坑的确切位置了,故此有学者推测此墓最初就是秘密埋葬的。[②]

《太原晋国赵卿墓》报告判断墓葬的年代为春秋晚期,“具体年代约在公元前475～450年左右”。[③]毋庸讳言,赵卿墓的墓葬形制、随葬品特别是青铜器的形制和纹样,绝大部分都带有春秋晚期的典型风格。对于一座没有纪年的墓葬,也不应将其绝对年代局限在二三十年之间。这是因为目前学术界对青铜器的形制排队虽然已经十分详尽,但还没有精确到将一件器物的形制变化具体到某一年的程度;更何况对赵卿墓的出土器物,部分研究者也持有不同看法。如赵卿墓出土的铜匏壶与铜方壶,朱凤瀚定为战国早期之物。[④]“黄成戟”,研究者指出,将其时代定在“战国早中期应该还是可以的”。[⑤]同墓出土的另两件编号584、546的铜戟,其“时代即便可以往前提,也不应早到春秋晚期”。[⑥]因此,在没有发现绝对纪年或者可资比对的材料,特别是还不能完全确定墓主人的情况下,“以‘春秋战国之交’作为大墓年代的结论是合适的”。[⑦]

对于这座神秘大墓的主人,发掘者通过墓葬形制规格、随葬品规模等级以及车马坑的宏大程度判断,墓主人为春秋晚期晋国一个拥有显赫权力和强大武装力量的卿大夫一级人物无疑。墓主人应为“晋卿赵氏,其拥有军事政治势力大大超过一般晋卿

②渠传福:《关于太原晋国赵卿墓的若干问题》,《山西省考古学会论文集(三)》,山西古籍出版社,2000年。

③山西省考古研究所、太原市文物管理委员会:《太原晋国赵卿墓》,文物出版社,1993年,第237页。

④朱凤瀚:《古代中国青铜器》,南开大学出版社,1995年。第991、1043页。

⑤张崇宁:《太原金胜村251号墓主探讨》,《中国历史文物》,2005年第1期。

⑥张崇宁:《太原金胜村251号墓主探讨》,《中国历史文物》,2005年第1期。

⑦渠传福:《太原金胜村大墓年代的推定》,侯毅:《试论太原金胜村251号墓墓主身份》,《文物》,1989年9期。

和小国诸侯”。[8]

而春秋晚期到战国之交，在太原地区建立卓越功勋并拥有如此显赫身份者，非赵简子、赵襄子父子莫属。赵简子，我们前文已经述及。他是晋阳城的缔造者，多数研究者也认为赵卿大墓就是赵简子的墓葬。而赵襄子也是赵氏家族中一个声名显赫的人物，是战国七雄之一——赵国的开创者，他与晋阳也有着十分紧密的联系。赵襄子死于公元前425年，从大墓的规格、形制，随葬品的等级、时代看，说赵卿大墓为赵襄子墓葬，也不为过。

问题的关键就聚焦在大墓中一件铜戈铭文的释读。

赵卿大墓墓室南部出土一件带铭铜戈。铭文共五字。即“赵□之御戈”。五字中，其他四字无异议，唯确定墓主人的“□”字，异说纷呈。发掘者陶正刚通过与侯马盟书的比对，确认戈上字体与盟书字体酷似，说明戈和侯马盟书的盟主赵鞅有一定的联系。此字“□”左下半部与右边当隶定为明，左上半部“□”符，初看似生，但应释读为草，整个字可隶定为萌，萌即盟，同音相转，通孟。在赵氏宗族中，孟一般作为宗主称谓。东周时期赵氏家族中，卒于公元前599年左右的赵宣子，卒于公元前545年的赵文子，卒于公元前458年的赵简子，卒于公元前425年的赵襄子，卒于公元前350年的赵成侯，此五人都曾被称为赵孟。五人中与晋阳关系密切者为简子、襄子父子二人。“据《史记》记载，赵简子死于晋出公十七年，即公元前458年。太子毋恤代立，是为襄子。襄子立三十三年卒（前425），浣立，是为献侯，献侯少继位，治中牟。……说明赵鞅（简子）死在晋阳，而襄子有可能不是死在晋阳，而死于耿，以后者可能性更大。……上述种种，‘赵盟之御戈’的主人定为赵鞅最为恰当”。[9]铜戈即是赵鞅亲用之物，墓主人必是赵鞅无疑。

⑧山西省考古研究所、太原市文物管理委员会：《太原晋国赵卿墓》，文物出版社，1993年，第241页。

⑨陶正刚：《太原晋国赵卿墓戈戟铭文丛考》，《太原晋国赵卿墓》，文物出版社，1996年12月。

文献中也有赵简子死于晋阳的蛛丝马迹，可作旁证。

《吕氏春秋·长攻》："赵简子病，召太子而告之曰：'我死，已葬服衰，而上夏屋之山以望。'太子敬诺。简子死，已葬服衰，召大臣而告之曰：'愿登夏屋以望。'大臣皆谏曰：'登夏屋以望，是游也。服衰以游，不可。'襄子曰'此先君之命也，寡人弗敢废。'群臣敬诺。襄子上于夏屋以望代俗。其乐甚美。于是，襄子曰：'先君必以此教之也。'及归，虑所以取代。"

《史记·赵世家》："襄子姊前为代王夫人。简子既葬，未除服，北登夏屋，请代王。……击杀代王及从官，遂兴兵平代地。……于是，赵北有代，南并知氏，强于韩、魏。"

《史记·赵世家正义》引《括地志》云："夏屋山一名贾屋山，今名贾母山，在代州雁门县东北三十五里。夏屋与句注山相接，盖北方之险，亦天下之阻路，所以分别内外也。"唐代州雁门县即今代县。夏屋山及其所在恒山山系，东周之时是为赵与代的界山，亦即所谓"内外"之分界。

这些材料表明，上述事件的活动地点就在晋阳。结合赵卿墓及其周围发现的春秋晚期及战国早期墓葬群，金胜村一带是"晋国晚期赵氏宗族墓地和赵国早期公墓所在"的情况，说明赵简子就病在晋阳，死在晋阳，葬在晋阳。[10]

相反，认为赵卿大墓主人为赵襄子的研究者，首先对"''字释读为'萌'持不同看法，''字左旁上下两部结合紧密，与𧊒眚簋'眚'字完全相同，明是'眚'字，且在右旁'月'字的半包围之中，不应拆为'目'和草符两部分。……'眚'字在上部作''，古文字用于上部偏旁的'生'字多如此作，绝非草符。因此，陶先生释'萌'是不能成立的。"[11]而""右边为月，故此字从月从眚，当隶定为"䏲"。"䏲"字不见于后世字书和古代文献，其字从月，与天象有关，从眚，当与字音字义有关。古称日月蚀为眚，"䏲"字

⑩渠传福：《关于太原晋国赵卿墓的若干问题》，山西省考古学会、山西省考古研究所：《山西省考古学会论文集(三)》，山西古籍出版社，2000年。

⑪陈秉新：《读金文札记二则》，《东南文化》，2005年第5期。

当是日月蚀称"眚"的专字,读音与眚同。"腊"字在戈铭中用为人名,应读为"省",当是赵简子之子赵襄子毋恤之名。《尔雅·释诂》:"省,察也。"省为视察。赵襄子名毋恤,"无"乃语首助词,无义。"恤"义为体恤。"省察"与"体恤"义相因,春秋时候人们起名时,有联类一说,即名与字意义相互关联。因此赵腊应为赵无恤,亦即赵襄子,"赵腊之御戈",即赵腊生前所用之戈。"此戈的主人与金胜村墓251墓主实乃同一人,即赵襄子,他生于春秋末年,活动于战国早期前段。该赵襄子之御戈,可以作为春战之际的标准器"。[12]

其次,考据文献,也认为赵简子死后不可能葬在晋阳。

公元前493年,赵简子在"铁之战"时发布战前誓词,对自己提出了"若其有罪,绞缢以戮,桐棺三寸,不设属辟,素车朴马,无入于兆,下卿之罚也"的决定。虽然是统治者激励将士的说辞,但也可看出赵简子对于自己死后能否埋入家族墓地是多么看重。赵简子为赵氏立下不朽基业后寿终正寝。因而在一般情况下,他自然应该入兆,即埋入家族墓地。而"赵氏兆域显然不会在晋阳。……晋阳之地作为赵家的势力范围即始于赵简子,但赵氏作为晋国的卿大夫则要早得多。……到目前为止,在山西考古资料中虽未发现某个晋国卿大夫的墓葬,但可以肯定地说,晋阳绝不是赵氏家族的族葬墓地。从《礼记·檀弓下》中还可得知晋国诸卿大夫的墓地都在九原,如赵文子与叔向观乎九原的一段对话就能说明一些问题。可见赵氏宗族的兆域与其他晋国大夫的兆域均在九原。……一般认为,九原的地理位置在今山西新绛县以北与今襄汾县接壤处的一段高塬上。"[13]因此赵简子很可能埋在晋南赵氏的家族墓地中。而太原发现的赵卿大墓自然不是赵简子墓葬,而是赵腊即赵襄子的墓葬。

总之,因为墓葬中没有发现明确纪年的遗物,对墓葬中数量很少的铭文关键字又持有不同看法,因而赵卿大墓的主人更多地集中在赵简子、赵襄子父子二人身上。早期的研究更多倾向于墓主人为赵简子。近几年随着新资料发现和研究的深入,认为

⑫井中伟:《早期中国青铜戈戟研究》,科学出版社,2011年,第109页。
⑬张崇宁:《太原金胜村251号墓主探讨》,《中国历史文物》,2005年第1期。

是赵襄子的倾向有所增加。例如，倾向赵简子的学者曾经指出，赵卿大墓青铜器造型和纹饰以及铸造工艺与时代属于春秋晚期的侯马晋国铸铜作坊遗址出土陶范非常近似，有些纹饰甚至是完全相同。因而，几乎可以断定，此墓铜器必为侯马产品。而且相当多的器物是首次使用，亦即专门为葬礼铸造，而只有赵简子时代才可能出现这样的情况。因为，赵襄子卒于公元前425年，"三家分晋"后侯马的铸铜作坊已属魏国，而且也不再可能铸造出具有如此风格和特征的产品了。[14]但在近几年，考古工作者在晋阳古城遗址发现春秋晚期残陶范，虽然只是陶范，而没有发现铸铜作坊遗址，但它强烈提示，赵卿墓所出青铜器并不像原来认识的那样，都是在侯马铸造的，太原地区也能铸造出赵卿墓陪葬的青铜器。换言之，赵卿墓所出青铜器，一部分很可能就是在太原铸造的。因此也就不能排除赵襄子公元前425年死后使用如此规模与风格青铜器的可能。当然这一切还都是可能，在没有新的证据发现以前，太原金胜村春秋大墓还是称作"晋国赵卿墓"为宜。

⑭陶正刚：《太原晋国赵卿墓青铜器工艺与艺术特色》，《太原晋国赵卿墓》，文物出版社，1996年12月。渠传福：《赵卿墓 赵简子 晋阳文化》，《晋阳文化研究·第二辑》，山西古籍出版社，2007年。

董安于与春秋晋阳城建制考

董安于(？—前496)，又称董阏于，生年不详。春秋末晋国人，是晋卿赵鞅的心腹家臣，春秋晚期战略家和政治家，春秋晋阳城的营建者。

文献中关于董安于事迹散见于战、汉人记载中。根据这些一鳞半爪的资料，我们可以大致勾勒出他的史迹。

据顾栋高《春秋大事表》，春秋晋国有董狐，孔子称为“古之良史”[①]，董安于应为其后人。

董安于应该很早就加入赵氏集团。“下邑之难”，赵简子认为董安于有功，要奖励他，董安于推辞说：“方臣之少也，进秉笔，赞为名命，称于前世，立义于诸侯，而主弗志。”说明他很早就跟随赵简子，从事文告、命令撰写等工作，犹如今日之秘书。而工作优异，为时人称颂，诸侯以他作为从事此项工作的楷模和标准。壮年时期，他曾执掌军法，治理军队，事迹卓著。以后，又曾做官治理地方，也是政通人和。按他自己的话说，“及臣之长也，端委韠带以随宰人，民无二心”。[②]

《说苑》记载了一则赵简子与董安于之间的故事，很有意味。

赵简子率领大军从晋阳赶赴邯郸，走到半路上就停了下来，引导车队的官吏上前问道：“君王您为什么要停下来呢?”简主说：“因为董安于还在后面。”官吏说：“这是三军的大事，您怎么可以因为一个人就使三军滞留不前呢?”简主说：“那就走吧。”可是驱车走了百十步又停了下来，引车的官吏正打算上前劝谏，董安于正好赶到。赵简子对董安于说：“秦国与晋国道路交接的地方，我忘了命人堵塞它。”董安于说：“这就是

①顾栋高辑：《春秋大事表·春秋列国姓氏表卷第十一》，中华书局，1993年，第1149页。

②王树民、沈长云：《国语集解·晋语九》，中华书局，2002年。

我留在后边的原因。”简主又说：“官府的印玺，我忘了派人带上它。”董安于回答说：“这也是我留在后面的原因。”简主又说：“行人烛过已经年迈了，他的话没有不被晋国所效法的，我走的时候忘了派人向他辞行并向他问候。”董安于回答说：“这也是我留在后面的原因。”[③]赵简子率领三军前进，因为董安于一人落后，两次停下大军等待。而董安于之所以落后，是为了堵塞秦道，拿回宝璧，向晋国的大贤人烛过道别。所作所为，正是赵简子所思所想。由此可见赵简子对董安于的重视和信任，也可见董安于对赵氏忠心耿耿，尽职尽责。

董安于是法家早期代表人物之一，在担任上地、晋阳等地方行政长官时，他引入了法制观念。《韩非子》记载：“董阏于为赵上地守，行石邑山中，见涧深峭如墙，深百仞，因问其旁乡左右曰：‘人尝有入此者乎？’对曰：‘无有。’曰：‘婴儿盲聋狂悖之人尝有入此者乎？’对曰：‘无有。’‘牛马犬彘尝有入此者乎？’对曰：‘无有。’董阏于喟然太息曰：‘吾能治矣。使吾法之无赦，犹入涧之必死也，则人莫之敢犯也，何为不治？’”[④]董安于由此悟出了治理地方的办法，那就是严刑峻法，绝不宽恕。重刑轻罪，或者说轻罪重罚，也成为赵氏立国后所奉行的一个刑法原则。

董安于在治理晋阳时曾“问政于蹇老。蹇老曰：‘曰忠曰信曰敢。’董安于曰：‘安忠乎？’曰：‘忠于主。’曰：‘安信乎？’曰：‘信于令。’曰：‘安敢乎？’曰：‘敢于不善人。’董安于曰：‘此三者足矣。’”[⑤]治理晋阳，他忠于君主，明法守信，敢于(不怕)得罪人。故

---

③《说苑·臣术》：“赵简主从晋阳之邯郸，中路而止，引车吏进问：‘君何为止？’简主曰：‘董安于在后。’吏曰：‘此三军之事也，君奈何以一人留三军也？’简主曰：‘诺，趋之。’百步又止。吏将进谏，董安于适至。简主曰：‘秦道之与晋国交者，吾忘令人塞之。’董安于曰：‘此安于之所以为后也。’简主曰：‘官之宝璧，吾忘令人载之。’对曰：‘此安于之所以为后也。’简主曰：‘行人烛过年长矣，言未尝不为晋国法也，吾行忘令人辞且聘也。’对曰：‘此安于之所以为后也。’简主可谓内省外知人哉！故身佚，国安。”

④《韩非子校注·内储说上》，江苏人民出版社，1982年。

⑤《说苑·政理》《校证》认为此文与《群书治要》所引《吕氏春秋》魏武侯与吴起论治西河的问答相似，疑一事因传闻而异。

《韩非子》说:“董子至石邑象深涧以立法,故赵国治也”。[⑥]

董安于究竟制定了哪些严刑峻法,史料缺佚,不能确指。不过从赵简子对宠臣栾激的处置来看,轻罪重罚时常为当权者所用。《说苑·君道》记载,赵简子曾把他的宠臣栾激处以沉河极刑。他在陈述这样做的理由时说:“吾尝好声色矣,而栾激致之;吾尝好宫室台榭矣,而栾激为之;吾尝好良马善御矣,而栾激求之;今吾好士六年矣,而栾激未尝进一人,是进吾过而黜吾美也。”于是,栾激就身负“进吾过而黜吾善”的罪名被沉入河中。阿谀奉迎固然令人憎恶,但沉之于河显然是轻罪重罚。

董安于是晋阳城见诸史籍的第一任行政长官,而且也是晋阳城的营建者。

《战国策·赵策一》记载:“ 赵襄子召张孟谈而告之,曰:‘夫知伯之为人,阳亲而阴疏。三使韩、魏,而寡人弗与焉,其移兵寡人必矣。今吾安居而可?’张孟谈曰:‘夫董(阏)安于,简主之才臣也,世治晋阳。而尹铎循之,其余政教犹存。君其定居晋阳。’君曰:‘诺。’乃使延陵生将车骑先之晋阳,君因从之。至,行城郭,案府库,视仓廪。召张孟谈曰:‘吾城郭之完,府库足用,仓廪实矣。无矢,奈何’张孟谈曰:‘臣闻董子之治晋阳也,公宫之垣,皆以狄蒿苫(楛)楚廧之,其高至丈余,君发而用之。’于是发而试之,其坚则箘簬之劲不能过也。君曰:‘足矣。吾铜少,若何?’张孟谈曰:‘臣闻董子之治晋阳也,公宫之室,皆以炼铜为柱质,请发而用之,则有余铜矣。’君曰:‘善。’”

这是发生在春秋末期的重大事件,《韩非子·十过篇》等书都有类似记载,[⑦]而且这也是秦汉文献有关晋阳城建设的主要记载。从文献记载可知,晋阳城的营建者是董安于,他对晋阳城的营建涉及府库、宫室、城郭等;不过文献所载也仅此而已,有关董安于所建晋阳城的规模、布局等仅只言片语,含混不清。在此我们参照文献,结合考古调查资料,对晋阳城的规模、布局等做一推测。

最早提到春秋晋阳城城建规模的是唐《元和郡县图志》。其在记述唐太原府城内各宫城布局规模时说:“其一曰大明城,即古晋阳城也。《左传》言董安于所筑。……高

⑥《韩非子校注》,江苏人民出版社,1982年。

⑦见《韩非子》《十过篇》《说林上篇》《难三篇》,刘向《说苑》等。

齐后帝于此置大明宫，因名大明城。姚最《序行记》曰：'晋阳宫西南有小城，内有殿，号大明宫'，即此也。城高四丈，周回四里。"《史记·正义》引《括地志》也说："并州太原地名大明城，即古晋阳城，智伯与韩、魏攻赵襄子于晋阳，即此城是也。"⑧

据唐代文献，北齐大明宫城址是在春秋时期晋阳城旧址上建立起来的。北齐大明城城高四丈，周回四里；那么春秋晋阳城也是周回四里，城高四丈吗？

唐代晋阳城内有"晋阳宫城""大明宫城""仓城"等三座城址，城垣尺寸和相对方位记载明确；但考古调查至今没有探明哪怕是一座古城的确切位置。目前考古工作者还不能回答大明城的布局乃至于它是否建于春秋晋阳城旧址之上的问题。要了解周四里之城是否为春秋晋阳城，需从春秋时期的城建规制和考古发现着手。

春秋时期，中国迎来了一次筑城高峰，各地王城、诸侯城、卿大夫城邑如雨后春笋般崛起于中国大地。相应地，城建理论也日趋成熟。《逸周书·作洛》《周礼·考工记》、托名管仲的《管子》等古文献，对城市选址与建设都有详细论述。成书于春秋时期的《周礼·考工记》是中国记述官营手工业各工种规范和制造工艺的重要文献，其中《匠人·营国》一章对都城建设做了严格规定："匠人营国，方九里，旁三门，国中九经九纬，经涂九轨，左祖右社，面朝后市，市朝一夫。……王宫门阿之制五雉，宫隅之制七雉，城隅之制九雉。……门阿之制，以为都城之制。宫隅之制，以为诸侯之城制。"

按照《匠人·营国》记载，周代王城一边长九里，面积八十一平方里。每面三座城

---

⑧《史记·赵世家·正义》。晋阳古城研究者多根据这一史料论断高齐大明宫即春秋晋阳宫城，甚至春秋晋阳城，并进而指出今古城营村城方四里之城即为大明城，亦即晋阳宫城。如王剑霓《晋阳古城考·兼辨五百年来明清史志之误》《山西地方志通讯》1987年1期。张德一、张继清《也论晋阳古城城垣——兼与王剑霓、常一民、薛愈同志商榷》，论文见李钢《晋阳古都研究》，山西古籍出版社，2002年等。近几年来，太原市文物考古研究所对古城营村的"大明城"遗址进行了调查试掘，墙体出土器物中包含有金元时期的瓷片。万历《太原府志·卷二十六》"洪武四年，太原古城修建晋府宫殿，木架已具，一夕大风尽颓，遂移建于府城。"结合"大明城"遗址偏东6度，与晋阳古城城市整体布局方向不同（晋阳古城北偏东18度）的现象判断，此城址的使用时代当不早于元代，很可能就是明初没有完全建成的晋王宫城。

门。城内东西、南北各有九条道路。宫城位于王城中央，宫城前边为朝会之所，后边为交易集市。王城之外，又有郭城，郭城的面积相较于王城大三倍左右，也是每面开三座城门。郭城外有护城河。王城城墙高七丈（周尺）。

《匠人·营国》所记述为周王室王城规模。“按照《匠人》礼制营建制度的差别，王城方九里，则诸侯城的规模应是，公的城方七里，侯、伯的城方五里，子、男的城方三里”。[9]诸侯之外，又有卿大夫的采邑城，采邑城的规模是根据卿大夫所在国国都规模而定，“采邑又分三等，即‘大都’‘中都’‘小都’……其与国都规模的比例关系是：‘大都’为‘国’的三分之一，‘中都’为五分之一，‘小都’为九分之一”。[10]如赵简子所在的晋国为侯伯，城方五里，则“大都”城方应不足二里。董安于营建晋阳城时，赵简子已为晋国正卿，属于诸侯之下的卿大夫，而晋阳城则属于卿大夫级的采邑。以“大都”三分之一而论，其城方应不足二里，即每边长在一公里之内，则城市面积不足一平方公里，亦即100万平方米以内。以“中都”五分之一而论，则为城方一里，城市面积约25万平方米。以“小都”九分之一而论，则城市面积在8万平方米左右。

我们再参考考古发掘的春秋时期城址。

晋国都城新田（今侯马市）是考古发掘较早的春秋城址。以今侯马市为中心，在半径不足10公里的范围内，共发现8座大小不等的东周城址，即平望、牛村、台神、白店、马庄、呈王、北坞、凤城古城。其中平望、牛村和台神三座城址相互依托呈品字形分布。在品字形外围有隍濠环绕。三城总面积约440万平方米。三座古城在使用上有紧密的内在联系，使用年代也大致相同，和晋都新田的年代相符，应是晋侯的宫城。晋侯宫城面积约440万平方米。[11]以“大都”为国的三分之一计，则晋阳城宫城面积应在150万平方米左右。

尤可注意者，是侯马发现的呈王古城。呈王古城由两座南北并列相依的小城构

---

⑨贺业钜：《考工记营国制度研究》，中国建筑工业出版社，1985年。

⑩贺业钜：《考工记营国制度研究》，中国建筑工业出版社，1985年。

⑪刘绪：《晋文化》，文物出版社，2007年，第19—21页。

成，两者均为东西向长方形。北面一座稍大，东西长约400米，南北宽约168米，两者总面积约6.72万平方米。[12]呈王古城是侯马发现古城中规模最小、保存最差的城址。有研究者指出，呈王、北坞和马庄三座小型古城的“主人当属拥有权势的卿大夫一类人物”。[13]更有研究者认为呈王古城似为“赵氏之宫”。[14]不过，我们可以发现，呈王等三座小城，即便是属于卿大夫城邑，[15]面积与晋侯都城相比，也相差悬殊，和《考工记》所谓的城邑制度也有较大差距，这可能与其和晋侯宫城近在咫尺的特殊地理位置有关。晋阳古城远悬晋国都城数百里之外，而且作为赵简子倾力经营的根据地，其规模与呈王古城自然不可同日而语。可以作为参照的是同为晋国卿大夫，后来建立魏国的夏县安邑故城。

安邑故城，俗称禹王城。由大、中、小三座城组成。其中大、小两城平面呈回字形布局，时代相近，当为东周魏氏安邑城。《史记·魏世家》：“魏绛……徙治安邑。……武侯……二年城安邑。”《战国策·秦策四》记述智、韩、魏三家绝晋水围灌晋阳城，水不浸者三版（一版二尺）。智伯得意洋洋地说道：“始吾不知水之可亡人之国也，乃今知之。汾水利以灌安邑，绛水利以灌平阳。”可见安邑城建筑年代可到前6世纪中叶，较之晋阳城尚早数十年。水灌晋阳时仍为魏氏的都邑。大城遗址平面略呈梯形，面积约1500万平方米。小城位于大城中央，平面略呈长方形，面积约75万平方米。最初可能为魏国宫城。

赵国迁都邯郸后营建的都城也值得参考。

邯郸故城分大城和小城两部分。小城即通常所谓“赵王城”，又由相互依托的东城、西城、北城三个小城组成，平面呈相连的品字形，这一点和侯马新田故城有相似之

---

⑫山西省考古研究所侯马工作站：《山西侯马呈王古城》，《文物》1988年第3期。

⑬徐宏：《先秦城市考古学研究》，北京燕山出版社，2000年，第88页。

⑭田建文：《“新田模式”——侯马晋国都城遗址研究》，山西省考古学会等《山西省考古学会论文集（二）》，山西人民出版社，1994年。

⑮发掘者就认为“呈王古城只是新田古城主体群的附属性城堡”。见山西省考古研究所侯马工作站：《山西侯马呈王古城》，《文物》，1988年第3期。

处。三小城面积共505万平方米。其中西城较完整,平面近方形,面积188.2万平方米。大城在“赵王城”东北,又名“大北城”,平面呈不规则长方形,面积约1380万平方米。“赵王城”是赵都王宫所在地,而大北城应为赵都的居民城和手工业区。“赵都邯郸古城的平面布局符合于我国当时前者为城、后者为郭,五里之城、七里之郭的习惯定制”。[16]

文献记载和考古发现告诉我们,先秦时期的城市可分为三级,即天子都城(王城)、诸侯王国都城、卿大夫城邑,建筑规模存在一定的等级规制。都城大多实行小城、大城相依或内城外郭的双城制。小城是统治集团所在地,即“筑城以卫君”,大城是平民和手工业等所在地,即“造郭以守民”。城之外多掘濠池。东周时期,随着王权的衰微,卿大夫势力的膨胀,诸侯国都城与卿大夫都邑的规模、规格都发生了很大的变化,较之所谓的等级规制都有很大突破。

具体到赵简子营建的晋阳城。赵简子时为晋国卿大夫,按照城建规制,其都邑的营建规模当在大都和小都之间,即“大都”不超过100万平方米,“中都”约25万平方米,而最小也应在8万平方米左右。参考侯马新田古城、邯郸古城,特别是夏县安邑故城小城面积约75万平方米的调查,晋阳城的面积应在25万平方米—75万平方米之间。《元和郡县图志》记载北齐大明城(春秋晋阳城)周回四里,面积约25万平方米,属于我们推测面积的下限,应该有所依据。要之,北齐大明宫城城址的建设应和春秋晋阳城有所传承,很可能建在春秋晋阳城基址之上,或者部分利用了春秋晋阳城的基础。其城市布局可能与疑为赵氏之宫的侯马“呈王古城”相近,亦由两座南北并列相依的小城构成,两者均为东西向长方形。而“东西宽、南北窄的长方形平面的宫城,商代已出现,东周时期流行”。[17]因此晋阳(宫)城应该和已经考古调查证实的东西宽、南北窄的晋阳郭城形状一致:也是一座东西宽、南北窄的长方形城池。

⑯河北省文物管理处、邯郸市文物保管所:《赵都邯郸故城调查报告》,《考古学集刊·(4)》,中国社会科学出版社,1984年。

⑰刘庆柱:《中国古代宫城考古学研究的几个问题》,《文物》,1998年3期。

晋阳城有郭城。

“春秋战国时代中原各诸侯国的国都，都推行着西‘城’连接东‘郭’的布局”。[18]“这时的‘双城制’都城基本上有三种类型：第一种为大、小二城相套，延续了商代都城的形制；第二种为郭城与宫城的相邻或相连；第三种是在第二种类型的基础之上，其中一城又为大城与小城相套，另一城作为前一城的附属城（即‘附郭’）”。[19]这种城郭相依的布局，可以大大加强城市的防御功能。李自智在研究了东周列国都城的城郭形态后总结说：“从春秋型城郭形态到战国型城郭形态，这中间存在着一个转型的问题，即由宫城位于郭城之中转变为宫城置于郭城之一侧或一隅。……将宫城独立出来置于郭城的一侧或一隅，就是强化王宫安全防御的重要措施。这样，不但可以郭城为依托和屏障，对付外来的武力进犯，更重要的是可应付来自国内反对势力的威胁。特别是对于居住在郭城内的国人及工匠等的突发事件，便于防范，以免像以前那样，宫城位于郭城之中，处于四面受敌的被动局面。”[20]营建于春秋晚期的晋阳城，作为赵简子苦心经营的战略重镇，应该如魏都安邑故城一样，有着内城外郭的城市布局，而且已是春秋城向战国城的过渡形态，即内城偏向郭城一侧，具体说应位于古城的西部。

在今太原市晋源区政府东北，考古工作者发现一座周回约29里的古城址。

古城址西南角位于今晋源区南城角村中，以南城角村为基点，向北延伸2700余米，至今七三公路南是为古城西北角，从此折而向东约4700米，至今东城角村内东北部是为古城东北角，从此折而向南近2700米至北瓦窑村城墙地为古城东南角，折而向西4700米至南城角村。城垣周长约14800米，面积约1269万平方米。对此，调查

⑱杨宽：《周代都城布局的特点》，《中国古代都城与制度史研究》，上海人民出版社，2003年。

⑲刘庆柱：《中国古代都城遗址布局形制的考古发现所反映的社会形态变化研究》，《考古学报》，2006年3期。

⑳李自智：《东周列国都城的城郭形态》，《考古与文物》，1997年第3期。

者认为“从以上的资料和‘东城角’村(实际上是东北城角)的方位来看,这座古城南北长约4500米。这样就把现在晋阳县、晋阳堡、古城营村的一半和古城营附近古城遗址完全包括了进去,根据夯土的质地、色泽和夯法,我们认为这座古城是东周时期的遗址,和‘侯马牛村古城’的情况有些相似,和邯郸、临淄、燕下都的古城情况亦有共同之点,因之有理由设想这座古城正是东周时期的古晋阳城”。㉑

在古城营村西,地表现存南北长600米,高约3米的古城墙。2005—2007年,考古工作者解剖西城墙及护城河。其中现存主体城墙地表最宽处约18米,垒筑年代不早于西晋,唐代曾有明显修补。主体城墙东侧叠压在一段长约8米的夯筑墙体上。此段墙体夯层厚约8—10厘米。夯窝直径约6厘米,墙体内出土陶片不晚于东周时期,是发掘城墙遗迹中营建时间最早的一段,很可能就是营建于春秋晚期的晋阳城西城墙遗迹。

西城墙的发掘,说明地表现存城墙虽然不是春秋晋阳城的主体城墙,但它是依托春秋西城墙而修建的,因此南北2700米的西城墙应该也是春秋晋阳城西城墙的范围;而它们与北城墙、东城墙、南城墙闭合成一座完整的城圈。我们有理由相信,这个古城虽然在唐代仍然使用,但它的基础应为春秋晋阳城。严格说来,这个周长14800米、面积约1269万平方米的城址应为春秋晋阳城的大城,即晋阳郭城。

晋阳郭城之外,应有护城河。

挖掘壕沟作为安全防护,较之于筑城用于防护时代更早。掘土筑城,自然留下壕沟。因此绝大多数城池都有壕沟环绕其外,成为城市的又一道防御工事,晋阳城应无例外。考古工作者在晋阳郭城西城墙、南城墙外勘探都发现了护城河。发掘西护城河,发现西护城河宽达40米,深约7米。不过护城河出土遗物年代与补筑西城墙的年代相同,在北朝大规模补筑西城墙的情况下,春秋护城河被挖毁的可能性是很大的。北城墙之外是否有护城河,考古调查目前未探明。自从西晋刘琨沿北城墙再向北筑

㉑谢元璐、张颔:《晋阳古城勘查记》,《文物》,1962年4、5期合集。

罗城以后，这里已经变为城内，因此春秋时期即使有北护城河，刘琨筑罗城时也已填平。北护城河的有无，还需要今后的考古调查来回答。[22]

通过文献记载和考古发现，我们大致可以推测：春秋时期的晋阳城，外围是护城河，护城河之内，是一个南北长约2700米，东西长约4700米，面积约1200万平方米的大城，即晋阳郭城。郭城之内，有晋阳宫城。宫城总体偏向郭城西部，平面可能也是长方形，面积应在50万平方米左右。《元和郡县图志》所谓周四里的晋阳宫城，应是北齐大明宫规模，而且它极有可能是在春秋晋阳宫城基址上建设起来的，只是规模不及春秋晋阳宫城。

文献记载晋阳城西北又有"故唐城。"唐人张守节说："《括地志》云：故唐城在并州晋阳县北二里，《城记》云'尧筑也'。徐才宗《国都城记》云：'唐叔虞之子燮父徙居晋水傍。'今并理(州)故唐城，唐者，即燮父所徙之处。其城南半入州城，中削为坊，城墙北半见在。"[23]故唐城的位置，李吉甫《元和郡县志》说："在县(晋阳县)北二里。"王剑霓认为在今"城北村西罗城村东的沙河中"[24]，大致在今城北村和棘针村之间。宋平北汉，宋太宗宴群臣于故城高台，这个高台也许就是"故唐城"的遗痕。

关于叔虞所封之唐，我们前文已经说明，其在晋南而不在太原。故这个"故唐城"不可能是西周时叔虞所封之唐。在考古调查中，城北村、棘针村曾发现城墙遗痕，田野调查中发现的陶片最早到东周，不见龙山时期陶片。因此，这里即使有城址，也不会是一处史前古城，即属于史前传说的唐尧所都之唐。春秋战国时期，都城的一种类型是"其中一城又为大城与小城相套，另一城作为前一城的附属城(即'附郭')"。晋阳城也许还有附郭存在。特别是赵氏为晋卿之一，其城市建设必然受晋国新田都城

㉒唐代李勣曾在晋阳城西城作晋渠，并架汾而至东城。据薛愈先生考据，晋渠东西向路线大致与今七三公路相一致。此处正是春秋晋阳城北墙，或为李勣借用故护城河而为欤？

㉓《史记·赵世家·正义》，中华书局标点本。

㉔王建霓：《晋阳故城考——兼辩五百年来史志之误》，《山西地方志通讯》，1987年1期。

布局即所谓“新田模式”的影响。[25]邯郸赵国都城就受到“新田模式”的影响，处于它们之间的晋阳城，也不能排除这种可能性。既有护城河，还有附郭城，晋阳城的坚不可摧由此可以想见。

从文献记载看，晋阳城在建设之初，十分重视城池防御体系和战备能力，城墙夹板夯筑而成，间以狄蒿苫楚等材料，宫城房屋的柱础用铜质材料铸成。先进技术的应用，战争物资的储备，使得晋阳城坚如磐石。很快，它就在赵氏与范氏、中行氏的争斗中发挥了关键作用。

㉕田建文：《“新田模式”——侯马晋国都城遗址研究》，山西省考古学会等《山西省考古学会论文集（二）》，山西人民出版社，1994年。

赵襄子与水灌晋阳之战

公元前476年，赵简子卒，子毋恤承袭简子晋卿之职，史称赵襄子。

襄子出生于五霸称雄的春秋末代，接替其父成为赵氏宗主时，正值晋国四卿激烈倾轧之时，襄子殚精竭虑，合纵连横，挽狂澜于既倒，为赵氏建国并列于战国七雄做出了突出贡献。

一、襄子元年与赵氏立国辨证

“晋出公十七年，简子卒，太子毋恤代立，是为襄子。赵襄子元年，越围吴。襄子降丧食，使楚隆问吴王”。

司马迁在其所著《赵世家》中，开宗明义，以赵襄子继立开始赵室纪年，表明一代史家是以襄子继立作为赵氏化家为国标志的，赵襄子元年作为一个时代标志而永著史册；非但如此，太史公在《六国年表》中还把公元前475当作战国纪年的开始。可见襄子元年——前475年，作为一个新时代的开始，有着多么重要的意义。

然而，历史上有关襄子元年究竟为哪一年，存在不同看法。

首先是《史记》中的记载自相矛盾。

《史记·赵世家》：“（晋定公三十年）定公与吴王夫差争长于黄池，赵简子从晋定公，卒长吴。定公三十七年卒（前475），而简子除三年之丧，期而已。是岁，越王勾践灭吴。晋出公十一年（前464），知伯伐郑。赵简子疾，使太子毋恤将而围郑。知伯醉，以酒灌击毋恤。毋恤群臣请死之。毋恤曰：‘君所以置毋恤，为能忍詬。’然亦愠知伯。知伯归，因谓简子，使废毋恤，简子不听。毋恤由此怨知伯。晋出公十七年（前458年），简子卒，太子毋恤代立，是为襄子。”一大段记载，较为明晰地记述了赵鞅从

①《史记·六国年表》：“襄子元年，未除服，登夏屋，诱代王，以金斗杀代王。封伯鲁子周为代成君”。

前482年到前458年死去的经历。然而《赵世家》在“是为襄子”后又突兀记曰：“赵襄子元年，越围吴。襄子降丧食，使楚隆问吴王。”

“越王勾践灭吴”一事，《史记》在前475年已记曰“定公三十七年卒，而简子除三年之丧，期而已。是岁，越王勾践灭吴”。这里又将“越围吴”系于赵襄子元年之下，显然襄子元年只能与吴国灭亡之年同时或早于此年，断不会晚于越灭吴之年，亦即不晚于公元前475年。这样，在《史记·赵世家》中，赵襄子元年就有了公元前458年和公元前475年两种说法。此外“简子除三年之丧”和“襄子降丧食”两件事又都和“越灭吴”相联系，且内容有扞格难通处。两件事是否是一而二，二而一呢？我们试作讨论。

两种说法中，都与历史事件“越王勾践围吴、灭吴”相联系，因此我们有必要搞清“越围吴”究竟在哪一年？

《史记·吴太伯世家》：“（吴王夫差）二十年（前476），越王勾践复伐吴。二十一年，遂围吴。二十三年十一月丁卯（前473），越败吴。”《史记·鲁周公世家》：“（哀公）二十二年（前473），越王句践灭吴王夫差。”《史记·齐太公世家》：“平公八年（前473），越灭吴。”《史记·六国年表》楚惠王十四年（前475）下云：“越围吴，吴怨。”十六年（前473）下云：“越灭吴。”《越王勾践世家》记载，黄池会后四年（前478），越伐吴大破之。“因而留围之三年，吴师败”。诸多记载中都说明“越围吴”在前475年，围吴两年后于前473年灭之。《赵世家》说前475年越灭吴。《越王勾践世家》中说“留围之三年”灭之，虽然与其他记载有所不同，但也都在前475年前后，断不会晚至前458年。

通过以上史料的梳理可见，《史记·赵世家》有关“越围吴”的记载，前已言“越灭吴”，后又言“越围吴”，不但同篇相抵触，而且与《史记》其他诸多篇目记载相矛盾。因此，我们可以基本确定，“越围吴”之年并非前458年，而应是前475年。

关于“越围吴”之年，《左传》鲁哀公二十年（前475）的记载更能说明问题。

“十一月，越围吴，赵孟降于丧食。楚隆曰：‘三年之丧，亲昵之极也。主又降之，无乃有故乎？’赵孟曰：‘黄池之役，先主与吴王有质，曰：‘好恶同之。’今越围吴，嗣子不废旧业而敌之，非晋之所能及也，吾是以为降。’楚隆曰：‘若使吴王知之，若何？’赵孟曰：'可乎？'隆曰：'请尝之。'乃往……告于吴王曰：'寡君之老无恤，使陪臣隆敢展谢其不共。黄池之役，君之先臣志父得承齐盟，曰：'好恶同之'。今君在难，无恤不敢惮劳，非晋国之所能及也。使陪臣敢展布之。'王拜稽首曰：'寡人不佞，不能事越，以为大夫忧。拜命之辱。'与之一箪珠，使问赵孟，曰：'句践将生忧寡人，寡人死之不得矣。'王曰：'溺人必笑，吾将有问也。史黯何以得为君子？'对曰：'黯也进不见恶，退无谤言。'王曰：'宜哉。'"②

《左传》首言哀公二十年（前475）"越围吴"，次言赵孟（襄子）为父守丧，故派使臣楚隆使吴国，一则对吴国困境表示同情，二则说明赵简子（先臣志父）虽与吴国在黄池订立攻守盟约，但却无能为力之意。可见此时赵简子已死，赵襄子已经继承赵氏宗主之位，并处理政务。充分说明"越围吴"之年，即前475年为襄子元年的说法是可信的。③

---

②《十三经注疏·春秋左传正义·哀公二十年》，中华书局影印本，1980年。

③赵襄子元年是否为公元前475年，亦即赵简子是否死于此年，学术界存在不同看法。其主要分歧是对赵襄子居丧之年是与赵简子死亡之年的理解不同。如杨宽先生认为："《左传》记越围吴事在鲁哀公二十年、晋定公三十七年，即公元前475年。这年赵襄子正居简子的丧，可知赵简子已去世，而赵襄子元年应在公元前474年。"（参见杨宽：《战国史》第591页，上海人民出版社，1980年）钱穆先生认为"赵孟降于丧食"之年即赵简子去世之年，只是由于春秋时期鲁历、晋历有别，鲁历哀公二十年的冬十一月已经相当于晋历的第二年正月，则赵简子去世已经跨越了二个年份，所以赵襄子按照晋历已经可以改元，而就鲁历而言此时尚属哀公二十年。这就造成一个比较特殊的现象：就鲁历而言，赵简子卒年与赵襄子元年同在鲁哀公二十年，即公元前475年。（参见钱穆：《先秦诸子系年赵简子卒年考》，中华书局，1985年。）白国红通过襄子降于丧食，特别是古礼三年之丧时间的考订认为，越围吴之年，为鲁哀公二十年，此时赵襄子刚刚结束为父亲所守三年之丧，又因吴国被围而恢复父丧期间的简朴生活饮食。所以楚隆才问赵襄子说："三年之丧，亲昵之极也。主又降之。"由此可以推定，赵简子卒年不应在鲁哀公二十年，而应该在此年之前的鲁哀公十八年九月，从此月下延二十五个月（前后三个年头），正是鲁哀公二十年十月，是月大祥。赵襄子居父丧结束。此后的下一个月，就是发生"越围吴"事件的鲁哀公二十年十一月。" 鲁哀公十八年，当公元前477年，是年赵简子卒。则赵襄子元年应该在鲁哀公十九年，即公元前476年，赵国纪年应该从此年开始。"参见白国红：《春秋晋国赵氏研究·赵襄子元年辨证》，中华书局，2007年。

我们说“越围吴”之年，即前475年为襄子元年可信，那么《赵世家》包括《六国年表》关于赵简子死于晋出公十七年（前458）记载就是错误的了。[4]

至于太史公《史记·赵世家》记载中的错误描述，据钱穆考证，是太史公误读《左传》一文所致。“左氏哀二十七年《传》有云：‘悼之四年，晋荀瑶帅师围郑，将门，知伯谓赵孟入之，对曰：‘主在此。’知伯曰：‘恶而无勇，何以为子？’赵襄子由是惎知伯。’杜注：‘简子废嫡而立襄子，故知伯言其丑且无勇，何以立为子。’余疑史公误读此文，以为知伯讥其何以为子，当在简子未卒前，故《赵世家》又云：‘晋出公十一年。知伯伐郑，赵简子疾，使太子毋恤将’。晋出公十一年，即悼公四年，同记一事，而史特增简子疾使太子将云云，以弥缝《左传》何以为子之语。其后又增知伯归，因谓简子使废毋恤，简子不听，此亦非左氏所有”。[5]

对简子除三年之丧的记载。钱穆也认为，如果是记载定公死，简子为定公除三年之丧，则应记在《晋世家》中，今记在《赵世家》中，且前边已经记载越灭吴，后边又记越围吴，显见冲突，很可能是错简或后人参入造成的。参考《吕氏春秋·长攻》中赵简子病重时交代赵襄子“我死，已葬，服衰而上夏屋之山以望”的记载，“赵简子卒在晋定公三十七年（前475）。此则据吕览校史记而可定者”。[6]钱穆并“重写《史记·赵世家》原文如下：‘定公三十七年（卒）而简子卒，（襄子）除三年之丧，期而已”。[7]由此可见，《赵世家》所谓“简子除三年之丧”“襄子降丧食”的记载，实际就是《左传》“越围吴，赵孟降于丧食”的翻版，记述的都是一件事；甚至有可能是太史公采《左传》之文入《史记》，只是太史公即囿于襄子卒于出公十七年的错误认识，又有《左传》“越围吴，赵孟降于丧

④《史记·赵世家·正义》：“《左传》云哀公二十年，简子死，襄子嗣立，以越围吴故，降父之祭馔，而使楚隆慰问王，为哀公十三年。简子在黄池之役，与吴王质言曰“好恶同之”，故减祭馔及问吴王也。而赵世家及六国年表云此年晋定公卒，简子除三年之丧，服期而已。按：简子死及使吴年月皆误，与左传文不同。”中华书局标点本。

⑤钱穆：《先秦诸子系年·赵简子卒年考》，中华书局，1985年。

⑥钱穆：《先秦诸子系年·赵简子卒年考》，中华书局，1985年。

⑦钱穆：《先秦诸子系年·赵简子卒年考》，中华书局，1985年。

食”的记载，只能两而存之，形成了同一篇《赵世家》中记述前后矛盾的现象。

不过，太史公以公元前475年（应该也是“赵襄子元年”）作为六国开始之年还是表现出一代史家的卓识，可以说它是太史公有关春秋战国史上的点睛之笔。它意味着赵国纪年的开始，同时也宣告中国历史上一个新时代——战国时代的来临。

东周历史中“春秋”“战国”两个时代名称，是以《春秋》《战国策》两书而得名。有关春秋战国之交的界限，主要有三种说法：1.鲁哀公十四年，即公元前481年。公羊、穀梁二氏传《春秋》即终于此年。2.周元王元年，即公元前475年。这是以周王室为标准的划分。周敬王死，其子元王即位，一个新的王年开始。司马迁《史记·六国年表》即以此年开始，现代史学家郭沫若的古史分期也采用这一年限。3.周威烈王二十三年，即公元前403年。周王承认魏、赵、韩三家为诸侯。宋代司马光《资治通鉴》即采用这一年代。

春秋、战国之交，是我国奴隶社会向封建社会的转变时期，是“古今一大变革之会”。由于各诸侯国发展不平衡，变革的时间有先后，因此无论确定哪一个具体年代作为它们的分界线，总有顾此失彼之虑。如果说一定要选择一个时间点作为标志的话，那么前475年应该是一个比较合适的选项。其一，春秋时代虽然因《春秋》书名而来，但“春秋三传”终止年代不同[⑧]，以哪一个为准？而周元王元年，即公元前475年，天下共主周敬王死，其子元王继位，标志着一个新时代的开始，这一时间点与《春秋》一书终止年也十分接近。其二，襄子元年前后，中原各诸侯国接连发生了一系列具有划时代意义的重大事件。如前481年，齐国田常杀死姜姓齐国的国君齐简公，即所谓“田氏代齐”，标志着齐国政权的实际易手；前458年，晋国知氏、赵氏、韩氏、魏氏共分范、中行氏领地，前453年，韩、赵、魏三家又共灭智伯，瓜分智氏领地，即所谓“三家分晋”。其三，战国七雄之一——赵国君主赵襄子以此年——公元前475年接替其父成为赵氏宗主，同时也意味着赵国的建立，它无疑是战国时代来临的一个标志性事件，

---

⑧《公羊传》《穀梁传》终于鲁哀公十四年（前481），《左氏传》终于鲁哀公十六年（前479）。

宣告着战国时代的来临。

对于太史公将赵襄子继立作为赵氏立国的标志，清代学者梁玉绳表示“殊难意解”，他认为“《赵世家》谓赵烈侯追尊献子为献侯，《竹书》称赵献子，是献未称侯矣。献未称侯，将溯而上之，若桓、襄、简三子，均不称侯无疑矣。既不称侯，其不得纪年审矣”。从而认定：“三家纪年，必在周威烈王二十三年初命为侯之时，当魏文侯二十二年，韩景侯六年，赵烈侯六年。”甚至认为“若依史法，方应贬削不书，迟至晋灭以后”。[⑨]如果说以周威烈王二十三年（前403）作为三家包括赵国纪年的开始，还有几分道理的话，那么韩、赵、魏三国纪年“迟至晋灭以后”的说法，则显得拘泥不化。

先秦文献中，从赵襄子开始，对知、赵、韩、魏四氏已经以“国”相称，对其执政者也已经以“君”相称，并将其与其他诸侯国并列，视为同等的国家。如《战国策》记知伯率知、韩、魏联军以攻赵是“三国之兵乘晋阳城”，襄子谋臣张孟谈欲策反韩、魏二氏时则曰：“臣请见韩、魏之君。”又记“韩、魏、齐、燕负亲以谋赵”，张孟谈则请赵襄子“君其负剑而御臣以之国”，终使“四国疑而谋败”。类似的记载也频频出现于《韩非子》及《吕氏春秋》等先秦诸子书中。可见，战国时人包括政治家、纵横家及各学派的学者已将襄子之立作为赵氏开国的标志。

事实上，襄子即位时期，晋君在晋国的地位已微不足道。表现在《史记·晋世家》和韩、赵、魏三国世家史书中，晋君从事政治活动的记载不但少之又少，而且错乱百出，公室之卑由此可见一斑 。相反，四卿的记载则明显增多且各自为政，俨然四个独立政权。他们无论进行政治活动还是发动军事行动，都是自作主张，而不再征得晋君同意，也不再借用晋君名义，获得的成果也全归各家所有，不再与晋君分享。如：赵襄子即位伊始，就以阴谋手段吞并代国，代国灭亡后其疆域直接纳入赵氏版图。更有甚者，赵襄子将这块新占领地封赐给自己的侄子赵周，立之为代成君，赵襄子是晋卿中敢于分封封君的第一人，显然已经以赵氏国家君主身份自居。在赵简子当政时，范、

⑨梁玉绳：《史记志疑》，中华书局，1981年。

中行氏被灭之后，赵氏仅占据了具有重要战略地位的邯郸及柏人二邑，"余邑入于晋"，可见晋君当时还有一定地位。而到晋出公十七年，赵襄子与智、韩、魏三家，自作主张瓜分了范、中行氏故地，完全无视晋君存在。晋出公愤于四卿的专横，欲借齐、鲁之师讨伐之，四卿"遂反攻出公，出公奔齐，道死。"执政者智伯遥立晋昭公曾孙骄为国君，是为晋哀公（亦称晋懿公）。晋君已是卿大夫的木偶道具。到晋幽公时，其国土仅有绛与曲沃二邑，"余皆入三晋"，晋君"反朝韩、赵、魏之君"，君臣秩序已完全颠倒。

正因如此，太史公才在《史记·赵世家》中赫然写道："赵襄子元年，越围吴。襄子降丧食，使楚隆问吴王。"又在《史记·六国年表》中记曰："襄子元年，未除服，登夏屋，诱代王，以金斗杀代王。封伯鲁子周为代成君。" 可见将襄子继立作为赵氏国家建立的标志，不但于史有证，也符合当时历史发展的实际。至于前403年 "周威烈王赐赵、韩、魏，皆命为诸侯"，只是对既成事实一种名义上的追认，现代学者一般不把它当作赵、韩、魏三国建立的开始，也不将其作为战国时代开始的标志。

二、四卿争雄

襄子继立之时，晋国国内政治形势十分严峻。

自公元前633年晋文公创立"三军六卿"制度以来，虽然中间也出现过"三军三行""四军八卿""五军十卿""六军十二卿"等变体，但三军六卿制一直是晋国的基本政体。特别是公元前560年晋悼公撤销新军之后，这个体制就再也没有动摇过。赵简子和范、中行二氏决战时，按照执政者荀（智）跞当初计划，驱逐荀寅、士吉射之后，由梁婴父、士皋夷补阙，仍然是六卿制。前493年，执政卿荀跞去世，赵简子执掌晋国政务，梁婴父和士皋夷成为晋国卿大夫的愿望也随之成为泡影。梁婴父作为荀跞心腹，赵简子的不二之臣董安于就死在他的计谋之下，赵简子自然不会让他占据卿位。而士皋夷作为范氏一支，虽然和士吉射有矛盾，但赵氏与范氏殊死战斗7年，结下深仇大恨，赵简子也断然不会允许范氏一族继续在晋国为卿，给赵氏树立一个潜在的敌人。前492年10月，赵简子杀死士皋夷，三年后范氏、中行氏被灭，"赵竟有邯郸、柏人。范、中行余邑入于晋"。前475年，在位37年的晋定公姬午去世，其子凿即位，是为晋出公。与此同时，晋国执政卿赵简子也离开人间，由智伯瑶继任执政。晋国政治从六卿擅权变成智、赵、魏、韩四卿争雄的时代。

智伯瑶（？—前453），又称智伯（知伯），死谥襄，后人亦称其为智襄子。由于智氏出自荀氏，故《左传》又称之为荀瑶。

战国秦汉以来，论者多把智伯与吴王夫差相提并论，将其看作骄傲轻敌、极武而亡的两个典型案例。《战国策·秦策四》说："智氏见伐赵之利，而不知榆次之祸也；吴见伐齐之便，而不知干隧之败也。此二国者，非无大功也，设利于前，而易患于后也。吴之信越也，从而伐齐，既胜齐人于艾陵，还为越王禽于三江之浦；智氏信韩、魏，从而伐赵，攻晋阳之城，胜有日矣，韩、魏反之，杀智伯瑶于凿台之上。""智伯瑶残范、中行，围逼晋阳，卒为三家笑；吴王夫差栖越于会稽，胜齐于艾陵，为黄池之遇，无礼于宋，遂与句践禽，死于干隧。"⑩西汉淮南王刘安《人间训》中，将智氏与秦朝的覆灭看作是同一缘由："秦王赵政兼吞天下而亡，智伯侵地而灭。"

事实上，智伯瑶是春秋末期晋国涌现出来的一位才干出众、智谋过人的政治领袖。在其执政期间，极力扩大智氏家族势力，在晋国一时形成力压三卿、独代晋宗的局面。司马光在《资治通鉴》中评价智伯瑶时说道："智伯之亡也，才胜德也。夫才与德异，而世俗莫之能辨，通谓之贤，此其所以失人也。夫聪察强毅之谓才，正直中和之谓德。才者，德之资也；德者，才之帅也。云梦之竹，天下之劲也，然而不矫揉，不羽括，则不能以入坚；棠溪之金，天下之利也，然而不熔范，不砥砺，则不能以击强。是故才德全尽谓之圣人，才德兼亡谓之愚人，德胜才谓之君子，才胜德谓之小人。凡取人之术，苟不得圣人、君子而与之，与其得小人，不若得愚人。何则？君子挟才以为善，小人挟才以为恶。挟才以为善者，善无不至矣；挟才以为恶者，恶亦无不至矣。愚者虽欲为不善，智不能周，力不能胜，譬之乳狗搏人，人得而制之。小人智足以遂其奸，勇足以决其暴，是虎而翼者也，其为害岂不多哉！夫德者人之所严，而才者人之所

⑩诸祖耿：《战国策集注汇考·秦策五》，江苏古籍出版社1985年。

爱。爱者易亲,严者易疏,是以察者多蔽于才而遗于德。自古昔以来,国之乱臣,家之败子,才有余而德不足,以至于颠覆者多矣,岂特智伯哉!故为国为家者,苟能审于才德之分而知所先后,又何失人之足患哉!”一代史家因智伯而发出才为德之资,德为才之帅,德才兼备为圣人,有德无才为君子,无德无才为愚人,有才无德为小人。用人之道在德才兼备,如果不得圣人、君子,则与其得小人,不如得愚人之感叹,发人深省。

史书中不乏智伯瑶有关史迹的描述。

智伯瑶晋升为执政卿后,立即显露出过人才干。在晋国内部,他率领赵、韩、魏三家瓜分范、中行二氏故地。[11]当初赵简子灭二氏后,地归晋君。而今四卿分之,其实质就是瓜分晋君的土地。“出公怒,告齐、鲁,欲以伐四卿。四卿恐,遂反攻出公。出公奔齐,道死。故知伯乃立昭公曾孙骄为晋君,是为哀公。……当是时,晋国政皆决知伯,晋哀公不得有所制。知伯遂有范、中行地,最强”。[12]

此次瓜分土地,获利最多的显然是智氏家族。

在晋国树立起绝对权威的同时,智伯又多次对齐、郑等诸侯国用兵。晋出公三年(前472),智伯率师伐齐,与齐军在犁丘(今山东临邑县)展开决战。战前,智伯亲自出马查看齐军营垒,不巧马匹受惊。智伯临变不乱,将计就计,他认为:“齐人知余旗,其谓余畏而反(返)也。”乘势驱马到齐军营垒前沿,观察清楚敌情,返回本营。临战前,大夫长武子请示占卜吉凶,智伯说:“以辞伐罪足矣,何必卜!”坚信可以战而胜

⑪《战国策·赵策一》“知伯帅赵、韩、魏而伐范、中行氏,灭之。”按:《赵世家》《六国年表》记此事于襄子四年(前454),恐误。《战国策·赵策一》《韩非子·十过》等均言四家灭范、中行二氏后曾“返归休兵数年”,而智、韩、魏围晋阳三年,于(前453)韩、赵、魏三家反灭智伯,两件事从时间顺序看,明显冲突。《史记·晋世家》系此事于晋出公十七年(前458),应为史实。参见杨宽:《战国史料编年辑证·卷一》第88、89页,上海人民出版社,2001年。《史记·晋世家》系此事于晋出公十七年(前458),为是。

⑫《晋世家·索引》引《纪年竹书》云:“出公二十三年奔楚。”则晋出公出奔在韩、赵、魏晋灭智氏后,而非《史记》之《晋世家》《赵世家》《六国年表》等所言在四卿分范、中行二氏之后。参见杨宽:《战国史料编年辑证·卷一》,上海人民出版社,2001年,第88、89页。

之。果然“齐师败绩，知伯亲禽颜庚”。[13]

史书中对智伯处心积虑图谋卫国有形象记述。

刘向《说苑》记载：吴国使节赤市出访晋国智伯时，向卫国人借道通行，卫国大臣宁文子不但答应借道，还向他赠送了“纻三百制”的厚礼。赤市顺利来到晋国，拜访完智伯后准备返国。智伯命人将船连在一起造成浮桥让他通过，赤市不禁怀疑：“大夫渡河，两条船相并就可以了。现在智伯对我一个使臣如此敬重，其中必有缘故。”于是派人查看，结果发现后面布置着大批晋军，准备突袭卫国。想到卫国对自己的好处，赤市于是装病暂时留下，同时命人赶到卫国报信。智伯发现偷袭不成，终止了袭卫计划。[14]

一计不成，又生一计。智伯假装逐出太子，让他逃奔卫国。南文子说：“太子颜堪称君子，智伯又很宠爱他，他没有犯什么大罪却逃亡出来，这其中必有蹊跷。”南文子派人到边境迎接智伯太子，并叮嘱属下：“如果太子的兵车超过五辆，就要慎重，千万不要让他入境。”智伯听说后，无可奈何，只好打消了偷袭卫国的念头。[15]

假装驱逐太子不成，又改成送礼于卫国。智伯派人送给卫国国君四匹良马和一枚白璧。卫君十分高兴，群臣都来庆贺，南文子却面带愁容。卫君说：“举国都很高兴，而你却愁眉苦脸，这是为什么呢?”文子说：“没有功劳就受到赏赐，没费力气就得到礼物，不可以不慎重对待。四匹良马和一枚白璧，这是小国应该送给大国的礼物，

---

⑬《十三经注疏·春秋左传正义· 哀公二十三年》，中华书局影印本，1980年。

⑭刘向《说苑·复恩》：“吴赤市使于智氏，假道于卫，宁文子具纻絺三百制，将以送之。大夫豹曰：‘吴虽大国也，不壤交，假之道，则亦敬矣，又何礼焉！’宁文子不听，遂致之。吴赤市至于智氏，既得事，将归吴，智伯命造舟为梁，吴赤市曰：‘吾闻之，天子济于水，造舟为梁，诸侯维舟，大夫方舟。方舟，臣之职也，且敬大甚，必有故。’使人视之，则用兵在后矣，将以袭卫。吴赤市曰：‘卫假吾道而厚赠我，我见难而不告，是与为谋也。’称疾而留，使人告卫，卫人警戒。智伯闻之，乃止”。

⑮《战国策·宋卫策》：“智伯欲袭卫，乃佯亡其太子，使奔卫。南文子曰：‘太子颜为君子也，甚爱而有宠，非有大罪而亡，必有故。’使人迎之于境，曰：‘车过五乘，慎勿纳也。’智伯闻之，乃止。”

而如今大国却将这种礼物送给我们，您还是慎重考虑为好。”卫君把南文子的这番话告诉边防人员，让他们加以戒备。智伯军队偷袭卫国边境发现卫军已有戒备，只得返回。智伯失望地说：“卫国有能人，预先知道了我的计谋。”⑯

智伯几次谋卫，无功而返，终于在计取仇犹国时获得成功。

仇犹在古文献中亦作仇由、仇繇、仇首、厹繇，等等，为白狄一支，故址约在今盂县一带。其建国约在公元前500年前后，公元年前457年前后为智伯所灭。前453年，智伯为赵氏所灭，仇犹归赵。

古代文献关于仇犹国记载十分缺乏，主要为智伯灭仇犹故事。对此《战国策·西周策》《吕氏春秋·权勋》《韩非子》《史记·樗里子传》等都有大同小异的记载，而以《吕氏春秋》最为详尽。其记曰：“中山之国有厹繇者，智伯欲攻之而无道也，为铸大钟，方车二轨以遗之。厹繇之君将斩岸堙溪以迎钟。赤章蔓枝谏曰：‘《诗》云：‘唯则定国。’我胡则以得是于智伯？夫智伯之为人也，贪而无信，必欲攻我而无道也，故为大钟，方车二轨以遗君。君因斩岸堙溪以迎钟，师必随之。’弗听。有顷，谏之，君曰：‘大国为欢，而子逆之，不祥。子释之。’赤章蔓枝曰：‘为人臣不忠贞，罪也；忠贞不用，远身可也。’断毂而行，至卫七日而厹繇亡。”东汉高诱注：“厹繇，或作仇酋，国之近晋者也 。”

---

⑯《战国策·宋卫策》：“智伯欲伐卫，遗卫君野马四，白璧一。卫君大悦。群臣皆贺，南文子有忧色。卫君曰：“大国大欢，而子有忧色何？”文子曰：“无功之赏，无力之礼，不可不察也。野马四，白璧一，此小国之礼也，而大国致之。君其图之！”卫君以其言告边境。智伯果起兵而袭卫，至境而反，曰：“卫有贤人，先知吾谋也。”《说苑·权谋》：“ 智伯欲袭卫，故遗之乘马，先之一璧。卫君大悦，酌酒，诸大夫皆喜，南文子独不喜，有忧色。卫君曰：‘大国礼寡人，寡人故酌诸大夫酒。诸大夫皆喜，而子独不喜，有忧色者，何也？’南文子曰：‘无方之礼，无功之赏，祸之先也。我未有往，彼有以来，是以忧也。’于是卫君乃修梁津而拟边城。智伯闻卫兵在境上，乃还。” 所记故事与《战国策》相近但同书同卷又记曰：“赵简子使人以明白之乘六，先以一璧，为遗于卫。卫叔文子曰：‘见不意，可以生，故此小之所以事大也。今我未以往，而简子先以来，必有故。’于是斩林除围，聚敛蓄积，而后遣使者。简子曰：‘吾举也，为不可知也。今既已知之矣，乃辍围卫也。’”。故事又与前两则相仿佛，唯智伯变成赵简子，岂智伯效法简子哉。似为一故事之不同版本。

一般认为仇犹国故址在今之盂县。《地括志》:“并州盂县外城,俗名原仇。亦名仇犹,戎翟之国也。”[17]《山西历史地名通检》:“仇犹,春秋时夷狄小国,故治在今盂县。”[18]

今盂县城东北北关、水泉村之间古城坪有古城遗址,1987年,刘有祯对古城址调查发掘。由于城墙破坏严重,“现存城址仅留几处断壁,已不能找到对应的四面城墙。大约由不很规整的两个长方形组成。城的东部地形高出西部。至于城的建制,已无从辨认。……《永乐大典》(卷5204)说‘仇犹城周九里六十步’,当是符合实际的。……古城始建年代至迟也在公元前480年。……古城废弃在公元前450年左右,使用年限仅为三四十年左右”。[19]对于古城性质,作者认为,遗址为“厹由故地的说法,最早见于《隋书·地理志》。……从出土遗物看,厹由主要受晋文化的影响,但同时汇合交流不同区域性的文化。……《汉书·地理志》说赵的分野:‘定襄、云中、五原本戎狄地,颇有赵、齐、卫、楚之徙。’定襄与厹由相邻,此说是符合实际的”。[20]

不过对北关古城为仇犹城址的说法也有不同看法。

2003年夏秋,考古工作者调查发掘北关古城及北关东周墓地。发掘者研究认为:“《今本竹书纪年》载周贞定王十二年(前457)‘智瑶伐中山,取穷鱼之丘’。《水经注卷十二》‘涞水又东北,迳西射鱼城东南,而东北流,又迳东射鱼城南。……《竹书纪年》曰:‘荀瑶伐中山,取穷鱼之邱。’穷、射字相类,疑即此城也,所未详矣。’……疑“穷鱼”“仇犹”发音接近,穷鱼可能就是仇由。”而“涞水即拒马河,在今河北涞源、易县一带,入永定河,属海河水系。东周时期的中山国,据已发现的考古资料和有关的研究成果,在今河北的灵寿、平山、行唐、新乐一带,拒马河在古平山国之北一百余公里,晋在古中山国西南,智瑶伐中山由太原盆地出娘子关下井陉是捷径,而断无逾句注山绕代地长途奔袭之理,况且,代地当时新为赵所征服,赵襄子与智伯又不睦。而仇由国正

⑰《史记·樗里子甘茂列传》,《正义》引。

⑱刘纬毅:《山西地名通检》,山西教育出版社,1990年。

⑲刘有祯:《山西盂县东周仇由遗址调查》,《考古》,1991年第9期。

⑳刘有祯:《山西盂县东周仇由遗址调查》,《考古》,1991年第9期。

好在晋与中山之间，是伐中山的必经之地，先取仇犹，此属合理……若确，则仇犹国被灭时间当为是年(前457)”。对盂县北关古城址和墓葬，他认为：“前453年，韩、赵、魏三家灭智氏，原属于智氏的仇由之地归赵，赵在原仇由国故地建原仇城，并于原仇城以东二十里又筑置皋牢城。秦庄襄王三年，秦将蒙骜攻赵，得赵之榆次、狼孟、新城等三十七城，置太原郡统领，原仇城、皋牢城归太原郡管辖。赵之‘原仇’可能有‘原仇由之地也’之意……北关东周墓地的时代相当于战国早、中期，墓地文化内涵属以晋文化为主体的中原文化系统，同时有少量非中原文化的因素。北关古城的时代为东周，因资料原因其上下限不详，但从其地理位置看，它应和墓地有密切关系，时代及文化性质应和墓地相当，也应是战国早、中期城，时代及地理位置均与赵所置的原仇城吻合，应是原仇城，至于春秋时期的仇由故城所在地……在县城以东约15公里的‘曲曲城’有座古城，据调查的资料，有春秋时期的陶片，其时代、内涵及性质值得关注，或许与仇由故城有关。”[21]

智伯不但兼并仇犹这样的戎狄小国，而且也向与其势力相扳的韩、魏、赵等索取土地。《战国策·赵策一》：“知伯帅赵、韩、魏而伐范、中行氏，灭之。休数年，使人请地于韩。韩康子欲勿与，段规谏曰：‘不可。夫知伯之为人也，好利而鸷愎。来请地，不与，必加兵于韩矣。君其与之。与之，彼狃，又将请地于他国，他国不听，必乡之以兵；然则韩可以免于患难，而待事之变。’康子曰：‘善。’使使者致万家之邑一于知伯。知伯说。”《战国策·魏策一》：“知伯索地于魏桓子，魏桓子弗予。任章曰：‘何故弗予？’桓子曰：‘无故索地，故弗予。’任章曰：‘无故索地，邻国必恐；重欲无厌，天下必惧。君予之地，知伯必骄。骄而轻敌，邻国惧而相亲。以相亲之兵，待轻敌之国，知氏之命不长矣！《周书》曰：‘将欲败之，必姑辅之；将欲取之，必姑与之。’君不如与之，以骄知伯。君何释以天下图知氏而独以吾国为知氏质乎？’君曰：‘善。’乃与之万家之邑一。知伯大说”。

㉑吉琨璋、韩利忠、赵培青：《盂县东周遗存及相关问题研究》，赵培青：《盂县讲坛》，三晋出版社，2010年。

韩、魏两家不情愿地将城邑交给智伯时，提到智伯的一个人性缺点——“好利而鸷愎”，既贪图货利而又凶狠暴戾、刚愎自用。这的确是智伯一个致命的性格缺陷。早在智宣子欲立智伯为继承人时，族人智果就指出了智伯的这一缺陷。对此《国语》有精辟描述：“智宣子将以瑶为后，智果曰：‘不如宵也。’宣子曰：‘宵也佷。’对曰：“宵之佷在面，瑶之佷在心。心佷败国，面佷不害。瑶之贤于人者五，其不逮者一也。美鬓长大则贤，射御足力则贤，伎艺毕给则贤，巧文辩惠则贤，强毅果敢则贤。如是而甚不仁。以其五贤陵人，而以不仁行之，其谁能待之？若果立瑶也，智宗必灭。”弗听。智果别族于太史为辅氏。及智氏之亡也，唯辅果在。”[22]《国语》记载智果预见到智氏之灭而别出为辅氏。《战国策》对此也有相近记载：张孟谈“因朝知伯而出，遇知过辕门之外。知过入见知伯曰：‘二主殆将有变。’君曰：‘何若？’对曰：‘臣遇张孟谈于辕门之外，其志矜，其行高。’知伯曰：‘不然。吾与二主约谨矣，……旦暮当拔之而飨其利，乃有他心不可？子慎勿复言！’知过曰：‘不杀，则遂亲之。’知伯曰：‘亲之，奈何？’知过曰：‘魏宣子之谋臣曰赵葭，康子之谋臣曰段规，是皆能移其君之计。君其与二君约，破赵则封二子者各万家之县一，如是则二主之心可不变，而君得其所欲矣。’知伯曰：‘破赵而三分其地，又封二子者各万家之县一，则吾所得者少，不可！’知过见君之不用也，言之不听，出，更其姓为辅氏，遂去不见。”[23]知过应即知果亦即智果，其更姓为辅氏的原因和时间两书记载略有不同，孰是孰非，难以断定。但有一点，智氏之灭和智伯的贪横暴戾、刚愎自用不无关系。

智伯从韩、魏二国顺利得到城邑后，又转向赵国。赵国此时已是襄子当政，其势力强于韩、魏二氏，与智氏相差无几。襄子本人素怀大志，且与智伯夙衔仇怨。而智伯这次索要的是赵国的蔺和皋狼之地。皋狼、蔺，均位于今山西吕梁山以西，蔺为赵西部大邑，皋狼更是赵氏祖先发祥地[24]，赵襄子自然不会将它拱手让人。智、赵两家多

㉒王树民、沈长云：《国语集解·晋语九》，中华书局，2002年。

㉓诸祖耿：《战国策集注汇考·赵策一》，江苏古籍出版社 1985年

㉔《史记》：“孟增（赵氏之祖）幸于周成王，是为宅皋狼。”徐广曰：“或云皋狼地名，在西河。”《索隐》：“按：如此说，是名孟增号宅皋狼。而徐广云‘或曰皋狼地名，在西河’。按地理志，皋狼是西河郡之县名，盖孟增幸于周成王，成王居之于皋狼，故云皋狼 。”

年累积下的矛盾一触即发。

三、继祧赵宗

赵襄子(？—前425),即赵毋恤,春秋战国之际晋国赵氏的封君,战国七雄之一赵国的开创者。生年不详,卒于周威烈王元年(前425)。卒谥襄,史称赵襄子。

中国古代确定继承人主要实行嫡长子继承制。所谓嫡长子继承制,是中国古代宗法制度一项基本原则,即王位由嫡妻(正妻)所生长子继承。夏商时期王位继承以父死子继为主,辅之以兄终弟及。西周初年,周公制礼作乐,始行嫡长子继承制。周朝统治阶级内部大致划分为天子、诸侯、卿大夫、士等级别。各个等级中,继承职位者必须是嫡妻长子;如果嫡妻无子,则立庶妻中地位尊贵的妾之子。即所谓“立嫡以长不以贤,立子以贵不以长”。[25]历史上,在选定继承人时,除立嫡常例之外,还有“立贤”与“立爱”的变体,而每一次变体的产生,都意味着一场斗争,甚至是国家的动乱。

赵襄子母亲为赵简子从妾,又是翟人之女,处于庶子地位,非嫡非贵;按照宗法制,赵氏嗣君之位断非襄子所有。然而雄韬伟略、目光深远的赵简子却舍嫡长子伯鲁不用,以狄婢之子毋恤为赵氏宗主。我们在赵简子一节中说明其主要原因是“赵襄子最能够领会赵简子的‘北进战略’思想,所以简主才决意改立其为继承人”。

春秋时期,宗法制度严谨,人们的嫡庶贵贱观念十分浓厚。在赵氏已有嫡长子伯鲁为嗣的状况下,行废立之举,需冒很大风险,鲁莽行之,非但无益于巩固和发展赵氏基业,相反还有可能动摇赵氏根基,为赵氏家族带来无妄之灾。赵简子巧妙地利用了当时人们对“天”的迷信与崇拜心理,依靠“天所授,虽贱必贵”这一上“天”决定,完成了废嫡立庶的政治决策。赵襄子的命运因此又被罩上一层神秘色彩,不仅弥补了他出身低贱的缺憾,而且在无形之中提升了他的威信。虽然如此,太子伯鲁被废与襄子被立这一违反嫡长子继承制的做法,在赵襄子心头,在赵氏宗族中依然是一个潜在问题。赵襄子也一直在努力化解这一危及赵氏政权的危险。襄子即位不久,攻灭代国,

㉕《十三经注疏·春秋公羊传注疏·隐公元年》,中华书局影印本,1980年。

即把太子伯鲁之子封为代成君。赵襄子自己虽然有五个儿子，也不肯立为继承人，而是把伯鲁之孙浣立为太子，是为赵献侯。可见传统宗法势力在当时所具有的能量是多么强大，亦可见赵简子为实现政治抱负所担风险之高。

总之，赵襄子得立为嗣意义重大：就他个人而言，从此他的人生轨迹发生重大改变；就赵氏家族而言，志向高远的赵襄子将带领赵氏完成几代人的心愿，缔造战国七雄之一——赵国。

四、平中牟 并代国

襄子即位后所做的第一件大事，是收复叛离赵氏的中牟。中牟（今河南省鹤壁市）[26]本属赵邑，其地近卫。当赵简子与邯郸赵氏等争斗之时，中牟邑宰佛肸乘机叛赵。晋定公二十二年（前490），简子打败范、中行氏之后讨伐卫国，同时攻取中牟。[27]现在简子尸骨未寒，中牟再次反叛。《韩诗外传》卷六记载战事经过说："昔者，赵简子薨而未葬，而中牟叛之。既葬五日，襄子兴师而攻之，围未匝，而城自坏者十丈。襄子击鼓而退之。军吏谏曰：'君诛中牟之罪而城自坏，是天助也，君曷为而退之?'襄子曰："吾闻之于叔向曰：'君子不乘人于利，不厄人于险。"使修其城然后攻之。中牟闻其义而请降"。

中牟邑宰很可能属于邯郸赵氏系统或者与范氏、中行氏关系密切。他们与晋阳

㉖关于中牟的具体地理位置，过去曾有不同说法，除河南鹤壁说以外，尚有河南中牟说（今河南中牟县，《汉书·地理志》主之）、漯水之北说（约在今河南浚县以东，此《史记集解》引臣瓒之说）、河北说（《史记索隐》，清顾栋高《春秋大事表》卷九"列国地形口号"具体指为今河北邢台至邯郸之间）等。此数说经学者辨证，认为河南鹤壁说理由更为充分。考古工作者于60年代初在鹤壁市西鹿楼乡故县村西发现一面积达84000平方米的古遗址，中有冶铁工场，分布有密集的炼炉，并有镰、犁铧、镢、锛等铁工具及矛、剑、戟等兵器出土；此后，又于80年代末在此遗址的中部发掘出堆积深厚的战国至汉代文化层，从而证明此遗址为战国城址的一部分。参见孙继民、郝良真：《战国赵都中牟琐见》，《河北学刊》，1987年，第5期。

㉗《左传·哀公五年》："春，晋围柏人，荀寅、士吉射奔齐。"《说苑·立节》："简子屠中牟，得而取之……夏，赵鞅伐卫、范氏之故地，遂围中牟。"

赵氏积怨颇深,因此一叛再叛。所谓攻人攻心,赵襄子在攻取中牟时,汲取了其父简子"围并屠之"的教训,在中牟城墙突然自行垮出一个10丈长的豁口后,不是乘机进攻,而是鸣金后退,等里面的人修好城墙再行围攻。还美其名曰"君子不乘人于利,不厄人于险",结果感动了中牟叛军,不战而屈人之兵。

中牟反叛之前,邑宰佛肸曾经在大庭支起一口大鼎,召集士大夫,宣布背叛赵氏,并郑重警告:"顺我者封邑,逆我者烹!"士大夫都顺从了佛肸。轮到田卑,他义正词严:"为义而死,绝不避斧钺之罪;为义而穷,绝不受轩冕之服。无义而生,不仁而富,还不如被烹了算了!"说着牵起衣服就往鼎边走,佛肸赶紧跑过来拉住,不觉中把鞋子都跑掉了。赵襄子进城之后,听到这件事,准备封赏田卑,田卑拒绝道:"不可啊!您赏了我,就等于说原来屈服于佛肸的那些人都有罪了。表彰一个人而令万夫获罪,智者不为;赏一人而令万夫羞惭,义者不取。现在一旦我接受了您的赏赐,就会使广大中牟之士蒙上羞耻与不义的名声啊!"最终,田卑背着老母南徙于楚,楚王高其义,以为司马。[28]

为收买人心,襄子还释放了中牟叛军首领佛肸之母。《列女传》:"赵佛肸母者,赵之中牟宰佛肸之母也。佛肸以中牟叛。赵之法,以城叛者,身死家收。佛肸之母将论,自言曰:'我死不当。'士长问其故,母曰:'为我通于主君,乃言;不通,则老妇死而

㉘刘向《新序·义勇第八》:"佛肸以中牟叛,置鼎于庭,致士大夫曰:'与我者受邑,不吾与者烹!'大夫皆从之。至于田卑,曰:'义死不避斧钺之罪,义穷不受轩冕之服。无义而生,不仁而富,不如烹!"'褰衣将就鼎,佛肸脱屦而生之。赵氏闻其叛也,攻而取之。闻田卑不肯与也,求而赏之。田卑曰:'不可也,一人举而万夫俯首,智者不为也;赏一人以惭万夫,义者不取也。我受赏,使中牟之士怀耻不义。'辞赏从处,曰:'以行临人,不道,吾去矣。'遂南之楚。"又刘向《说苑·立节》:"佛肸用中牟之县畔,设禄邑炊鼎曰:'与我者受邑,不与我者其烹。'中牟之士皆与之。城北余子田基独后至,祛衣将入鼎,曰:'基闻之,义者轩冕在前,非义弗受;斧钺于后,义死不避。'遂祛衣,将入鼎。佛肸播而止之。赵简子屠中牟,得而取之,论有功者,用田基为始。田基曰:'吾闻廉士不耻人。如此而受中牟之功,则中牟之士终身惭矣。'遂襁负其母,南徙于楚。楚王高其义,待以司马。"故事相同。唯田卑作田基,襄子作简子,未详孰是。

已。’士长为之言于襄子，襄子出，问其故，母曰：‘不得见主君则不言。’于是襄子见而问之曰：‘不当死何也？’母曰：‘妾之当死亦何也？’襄子曰：‘而子反。’母曰：‘子反，母何为当死？’襄子曰：‘母不能教子，故使至于反，母何为不当死也？’母曰：‘吁，以主君杀妾为有说也，乃以母无教邪！妾之职尽久矣，此乃在于主君。妾闻子少而慢者，母之罪也。长而不能使者，父之罪也。今妾之子少而不慢，长又能使，妾何负哉！妾闻之，子少则为子，长则为友，夫死从子，妾能为君长子，君自择以为臣，妾之子与在论中，此君之臣，非妾之子。君有暴臣，妾无暴子，是以言妾无罪也。’襄子曰：‘善，夫佛肸之反，寡人之罪也。’遂释之。君子曰：‘佛肸之母，一言而发襄子之意，使行不迁怒之德，以免其身。’《诗》云：‘既见君子，我心写兮。’此之谓也。”[29]佛肸之母可谓善辩者。她以少年之养在母亲，成年之用在君长，佛肸之叛是君有暴臣，妾无暴子，将责任一股脑儿推给了赵襄子。赵襄子何等精明，焉能不知其中窍要；但释放佛肸之母，既收中牟人之心，又获闻善而从之美誉，何乐不为。

中牟既已收复，赵无恤选择深为自己信赖的王登为中牟令。不久，王登报告赵襄子：“中牟之士中章、胥已，二人人品端正，学识渊博，君何不重用二人呢？”无恤当即答复：“您出面推荐吧，我将任命他们为中大夫。”有家臣谏阻：“中大夫，在晋国也算高级官员了，现在二人无功而受如此高官，恐怕晋国的群臣不会满意。况且，您也只是耳听为虚，何不眼见为实之后再作决定呢？”无恤不以为然：“我选拔王登的时候，是亲自耳闻目睹考察过的；王登选拔的人才，也是他亲自耳闻目睹考察过的。他的耳目就是我的耳目！”王登返回，一天之内便接见了两位士人，按襄子的意见授予他们官职，还给予他们田宅。于是“中牟之人弃其田耘、卖宅圃而随文学者，邑之半”[30]。赵襄子知

㉙刘向：《列女传·辩通》。

㉚《韩非子·外储说左上》：“王登为中牟令，上言于襄主曰：‘中牟有士曰中章、胥已者，其身甚修，其学甚博，君何不举之？’主曰：‘子见之，我将为中大夫。’相室谏曰：‘中大夫，晋重列也。今无功而受，非晋臣之意。君其耳而未之邪！’襄主曰：‘我取登，既耳而目之矣，登之所取又耳而目之，是耳目人绝无已也。’王登一日而见二中大夫，予之田宅。中牟之人弃其田耘、卖宅圃而随文学者，邑之半。

人善任，用人不疑的品质由此可见一斑；更重要的是，它在一定程度上起到了稳定与鼓舞中牟人心的作用。

中牟地处太行山东南麓，齐桓公称霸诸侯时所筑，后属晋，是晋国争霸中原的重要据点。所谓“三国之股肱，邯郸之肩髀”[31]，收复中牟使赵氏获得向中原发展的重要前沿阵地。襄子之后，赵献侯即从晋阳徙都中牟，后迁邯郸，逐鹿中原。由此可见赵襄子收复中牟后，采取一系列巩固中牟措施的良苦用心。

避开人口密集但容易与诸卿产生矛盾的晋国中心区域，代之以向边远地区戎狄之地开拓疆土，即“北进战略”，这是赵简子为赵氏家族发展而确立的战略目标，为此他不惜废除嫡长子伯鲁改立庶子毋恤为继承人。而兼并代国则是这一战略的首要目标，赵襄子对此可以说是心领神会。

代国是春秋战国之际活动于今河北省西北部、山西省东北部，以戎狄族为主体建立的国家。《史记·赵世家》记赵简子言其梦曰：“吾见儿在帝侧，帝属我一狄犬。”当道者为其释梦曰：“狄犬者，代之先也。”由是可知，代之祖先属于狄族。《后汉书·西羌传》则称“代国为戎，并称“代戎，即北戎也”。戎狄是春秋时期北方民族中最为强大，也最为活跃的民族，活动于山西、陕西、河南、河北、山东等地，足迹遍及大半个中国。公元前541年，晋国卿大夫中行穆子带兵越过霍山险道，“败无终及群狄于太原”，北戎一部渐次融合于晋；一部向东北移徙，与“三胡”部族融合。赵武灵王胡服骑射所破林胡、娄烦等，其中就包含部分戎狄族成分，他们后来又成为鲜卑族的重要组成部分。还有一部分戎狄部族被压迫至常山（今恒山）以北地区，被称为“代戎”。

代戎建立国家年代不详，明人尹耕《代国考》认为，恒山北之代国（故都即今蔚县代王城遗址），始至商汤，战国初被赵襄子所灭后，封伯鲁子代成君。战国末年邯郸被秦攻下后，赵嘉自立于代而称王。秦汉之际，赵王歇、陈余相继称王于此；汉初，蔚县

㉛《韩非子·外储说左下》：“中牟无令，三平公问赵武曰：‘中牟，晋国之股肱，邯郸之肩髀，寡人欲得其良令也，谁使而可？’”

代王城短暂成为文帝之兄刘喜的代王都。而汉文帝刘恒为代王时所居都城，则已迁至今太原、平遥，是为山南之代。[32]春秋战国之际，代国的疆域范围大约在今天河北怀安、蔚县以西，山西阳高、浑源以东一带。今河北省蔚县东北的代王城遗址，被认为是东周代国都城遗址。城址呈椭圆形状，东西长3400米，南北长2200米。[33]在山西北部地区发现一批东周时期铜器墓葬，其时代为春秋晚期到战国早期。研究者将这一批铜器墓葬分为忻州地区（包括忻州、定襄、原平、代县一带）、昔阳地区和浑源地区。这批墓葬中既有大量晋系青铜器的文化因素，也包含有北方戎狄文化因素，还有一些包含燕式青铜器风格。此外在原平峙峪、浑源等地出土了诸如吴王光剑等吴越风格的青铜器。对山西北部出土的这批春秋铜器墓族属，或以为"浑源铜器墓的族属当属代国无疑……多年的考古发现与发掘证明，在太行山东麓的河北西部和北部发现了多处春秋战国时期的鲜虞墓葬……鲜虞属我国北方民族白狄，故忻州、定襄、原平刘庄、代县铜器群的族属为白狄无疑"。[34]而昔阳铜器墓也应为鲜虞白狄人，很可能就是文献所载鲜虞肥国的文化遗存。需要说明的是，这批铜器墓中大量晋文化因素的存在，一方面说明戎狄族和晋文化有着广泛交往，另一方面也是这些地区在战国早期已经纳入赵国统治区域的证明。至于在远离吴、楚的山西北部忻定盆地集中发现诸如吴

㉜"代自入汉以来，其国数易，大抵有三，曰山北也；山南也；山东也。山北之代，旧国也，始于商汤，历代因之，是故齐桓之所服，赵襄之所并，代成、安阳之所封，公子嘉之所奔，赵歇、陈余之所王，夏说之所守，刘喜之所弃，陈豨之所监，皆是也，所谓蔚之废城也。山南之代，徙都也，始于文帝十一年分山北为郡，而稍割太原地益之以自为国，是故文帝之始封，中都之所徙，入继之所自，临幸之所复，以及子武、子参之新分，后武徙淮阳，子参之所合，皆是也，所谓晋阳、中都也。山东之代，再徙也，始于武帝元鼎中汉广关以常山为阻，徙代于清河，后王莽继绝改号广宗，是故王义之新都，子年之所废，如意之所复，皆是也，所谓清河也。"参见尹耕《代国考》，乾隆二十二年订补重刊本《宣化府志》卷37《艺文志》。

㉝或认为代王城遗址为秦、汉代国遗址。赵襄子所灭代国可能是位于蔚县的将城或东代城。参见孙继民"《赵桓子都代考》，《河北学刊》，1999年第1期。

㉞宋玲平《山西中北部东周时期青铜器及相关问题》，山西省考古学会等：《山西省考古学会论文集（三）》，山西古籍出版社，2000年。

王光剑、吴王夫差鉴等具有典型吴国文化特征的遗存,说明这批器物的主人曾经和吴国有着十分密切的关系。揆诸文献,春秋晚期,晋、吴两国关系密切;赵简子与吴王会盟于黄池,吴国灭亡前,赵襄子派使臣楚隆前往慰问;吴灭后,许多大臣逃亡晋国定居。"吴季札封于延陵,后人改姓延陵氏,在战国时期逃亡晋国的延陵氏曾被赵国分封在今雁北地区,西汉时尚存县名……据《史记·匈奴列传》记载,赵襄子逾句注而破并代以邻胡貉。其后既与韩、魏共灭智伯,分晋地而有之,则赵有代、句注之北,忻定盆地在晋阳和句注之间,其地已属赵氏当无疑问矣。"[35]《战国策·赵策一》记载赵襄子退守晋阳时"乃召延陵生将车骑先至晋阳。"[36]此延陵生或与吴国延陵氏同族,他是赵国大将,或者就生活在忻定盆地。吴国器物出土于此,正是赵襄子兼灭代等戎狄国家后,将其纳入赵国版图的实物证据。

兼灭代国是赵简子、赵襄子父子"通力合作"的结果。

《史记·赵世家》"襄子姊前为代王夫人"。赵简子生前为笼络代王,已经与之通婚,病重时也不忘提醒赵襄子"我死,已葬,服衰而上夏屋之山以望。"襄子也没有辜负乃父期望,在服丧期间,不顾群臣反对,北登夏屋之山(今山西代县东北),以观察代地风土人情,并请代王相见,代王毫无戒备前来赴会;酒宴上,襄子早已安排下埋伏陷阱;斟酒者行斟时,趁机用斟酒用的铜勺刺杀代王及其从官。代王一死,赵军随即兴兵伐代,一举占领代国,将其领土并入赵氏版图。[37]伐灭代国不久,赵襄子即遣新稚穆子由代地出发南伐中山,夺取了鲜虞中山国的左人及中人(今河北省唐县)。

赵襄子使用阴谋手段灭代国,代王夫人(即襄子之姊)闻讯后,泣而呼天,拔下发笄自刺而死。代人为纪念她,将她自杀之山名之为摩笄之山(今河北蔚县东南)。

襄子灭代以后,因伯鲁早死,把代封给伯鲁之子周镇守,号称代成君,又专为代地封君配备"相"职,辅助封君治理。赵襄子是最早实行封君制的国君。这种封建虽然

㉟贾志强等:《忻定盆地春秋铜器墓主的文化族属问题》,山西省考古学会等:《山西省考古学会论文集(三)》,山西古籍出版社,2000年。

㊱《战国策·赵策一》延陵生作延陵王,从杨宽《战国史料编年辑证》改。

不同于过去实行的分封制度，但亦显示了代地的特殊地位。战国时，平原君、信陵君等封君都脱胎于赵襄子的代地封君制。

代国东接燕，南连中山（国），北边匈奴，而与娄烦、林胡接壤，具有重要的战略地位。代地并入赵国版图，对赵国发展具有十分重要的意义。它大大扩张了赵国疆域的规模，加快了这一地区少数部族与华夏民族的融合。从此，代地的人力物力资源直接为赵国所用。代地出马，对于战争连年不断的国家来说，它无疑是最为重要的战略资源。《史记·赵世家》记载，赵武灵王伐取中山，其部队中有“代”军，是代地军民已构成赵国武装部队的组成部分。赵武灵王伐中山，取娄烦、林胡等地，皆以代国为出发地。战国名将李牧镇守代地雁门郡，匈奴以李牧为怯，数十年不敢犯赵境，既保证了赵国北边的安全，也给代地带来和平与发展。[38]战国末年，赵都邯郸被秦攻破，赵王迁被掳后，赵公子嘉逃到代地自立为王，支撑数年之久。

五、水灌晋阳

㊲《史记·赵世家》：“简子既葬，未除服，北登夏屋，请代王，使厨人操铜枓以食代王及从者。行斟，阴令宰人各以枓击杀代王及从官，遂兴兵平代地。其姊闻之，泣而呼天，摩笄自杀。代人怜之，所死地名之为摩笄之山。”又《吕氏春秋·长攻》：“赵简子病，召太子而告之曰：‘我死，已葬，服衰而上夏屋之山以望。’太子敬诺。简子死，已葬，服衰，召大臣而告之曰：‘愿登夏屋以望。’大臣皆谏曰：‘登夏屋以望，是游也。服衰以游，不可。’襄子曰：‘此先君之命也，寡人弗敢废。’群臣敬诺。襄子上于夏屋以望代俗，其乐甚美，于是襄子曰：‘先君必以此教之也。’及归，虑所以取代，乃先善之。代君好色，请以其弟姊妻之，代君许诺。弟姊已往，所以善代者乃万故。马郡宜马，代君以善马奉襄子，襄子谒于代君而请觞之，马郡尽，先令舞者置兵其羽中数百人，先具大金斗。代君至，酒酣，反斗而击之，一成，脑涂地。舞者操兵以斗，尽杀其从者。因以代君之车迎其妻，其妻遥闻之状，磨笄以自刺，故赵氏至今有刺笄之证与‘反斗’之号。”按照《吕氏春秋》的说法，将襄子姐嫁于代王事是襄子所为。恐不确。

㊳《史记·廉颇蔺相如列传》：“李牧者，赵之北边良将也。常居代雁门，备匈奴。以便宜置吏，市租皆入莫府，为士卒费。日击数牛飨士，习射骑，谨烽火，多间谍，厚遇战士。为约曰：‘匈奴即入盗，急入收保，有敢捕虏者斩。’匈奴每入，烽火谨，辄入收保，不敢战。如是数岁，亦不亡失。”

平定中牟，兼并代国，攻略鲜虞中山国，瓜分范氏、中行氏故地，“北进战略”在赵襄子这个以庶出而继祧赵宗的国君手中顺利贯彻执行。其忍辱负重的优良品质（这是赵襄子得立为嗣的又一重要原因），也在襄子开拓巩固赵国基业的过程中显现出来。

据《左传》晋出公九年（前466）记载，智伯瑶、赵襄子率兵包围郑国都城。智伯瑶让襄子率先领军攻城，襄子则用外交辞令推脱，让智瑶先出兵。智伯瑶极具挑衅性地对赵襄子说道：“你相貌丑陋，懦弱胆怯，赵简子为什么立你为继承人？”襄子回答道：“我想一个能够忍辱负重的继承人对赵氏宗族并没有什么坏处吧。”[39]不亢不卑的回答，避免了矛盾进一步升级。《史记·赵世家》也记载了赵襄子随智伯出征时发生的一件事：“晋出公十一年，知伯伐郑。赵简子疾，使太子毋恤将而围郑。知伯醉，以酒灌击毋恤。毋恤群臣请死之。毋恤曰：‘君所以置毋恤，为能忍詬。’然亦愠知伯。’”面对智伯一次又一次的羞辱和挑衅，襄子部下已是群情激奋，要求杀掉智瑶以洗刷耻辱，赵襄子依然牢记自己的使命，隐忍不发。

《说苑·建本》记载：“赵简子以襄子为后。董安于曰：‘毋恤不才，今以为后，何也？’简子曰：‘是其人能为社稷忍辱。’”[40]在四卿争斗激烈的晋国，执政者智伯才智过人且又贪利暴戾，“能为社稷忍辱”是特殊环境下一个政治家生存发展的必备品格。当然忍辱目的是为了更大的利益，所谓小不忍则乱大谋。当智伯瑶索要蔺、皋狼两座军事要地，事关赵国社稷安危之时，赵襄子则表现出了他果敢无畏的英雄本色，不惜与智氏公然对敌，断然拒绝。

---

[39]《左传·哀公二十七年》：“晋荀瑶帅师围郑。未至，郑驷弘曰：‘伯愎而好胜，早下之，则可行也。’乃先保南里以待之。伯入南里，门于桔柣之门。郑人俘酅魁垒，赂之以政，闭其口而死。将门，伯谓赵孟：‘入之。’对曰：‘在此。’伯曰：‘恶而无勇，何以为子？’对曰：‘以能忍耻，庶无害赵宗乎！’怕不悛，赵襄子由是惎伯，遂丧之。”

[40]杨宽认为此段记载是刘向附会《左传·哀公二十七年》赵襄子自称“以能忍耻，庶无害赵宗乎”一文而“虚构之故事耳。”参见杨宽《战国史料编年辑证》，上海人民出版社，2001年，第85页。

智氏家族自智伯于公元前475年继赵简子成为晋国执政卿后，经过20年的内争外战，势力大增。“知伯遂有范、中行地，最强”，“当是时，晋国政皆决知伯”。此次索地，智伯也采取了先弱后强，分化击破的策略。他先向势力较弱的韩、魏两家索地，韩、魏二家权衡得失后，向智氏献地，这在某种程度上意味着两家对智氏领导地位的认可。挟韩、魏“俯首”之威，智伯又向与其势力相当的赵氏索要城邑。当赵氏拒绝后，智伯又“三使韩、魏”，即通过韩、魏两家向赵氏施压。赵襄子拒绝智伯，也就等于拒绝了韩、魏。通过这一计策，智伯分化离间了赵、魏、韩三家的传统友谊，智、韩、魏三家暂时结成了统一联盟。

当是时，智、赵两家势力相近，智氏尚占有一定优势。与三家联盟相抗衡，对赵国来说，形势自然是分外凶险。然而赵襄子如果要将“北进战略”顺利推进，要想巩固和发展赵氏化家为国的成果，那么与智氏家族的决战则是迟早都要面对的。

春秋晚期的晋国，诸卿势力中以智、赵两家最为强大，两家的明争暗斗也最为剧烈。早在公元前497年，赵简子与范氏、中行氏争斗时，时任晋国执政卿的智跞（也称智文子、荀跞）曾计划将包括赵氏在内的三卿一网打尽。他向晋君进言：“君命大臣，始祸者死，载书在河。今三臣始祸，……请皆逐之。”[41]当韩、魏二氏向晋君求情免除赵氏罪责时，智跞不与。杨伯峻一针见血地指出：“知氏主逐范、中行，而不与韩、魏之为赵请，则其心可以知矣。”[42]赵氏归绛都后，智跞又趁赵氏危难之际逼杀赵简子重要谋臣董安于，以削弱赵氏力量。因为“不杀安于，使终为政于赵氏，赵氏必得晋国”。[43]赵氏对智氏也是时刻警惕。铁之战大捷后，赵简子喜形于色，谋臣傅傁立刻告诫赵简子“犹有知在，忧未艾也”。[44]智跞去世后，赵简子接任执政卿，进行了一系列政治经济改革，军事外交上也取得了重要成果。赵氏已逐渐具备取代晋国的实力，敏锐的政治家

㊶《十三经注疏·春秋左传正义·定公十三年》，中华书局影印本，1980年。

㊷杨伯峻：《春秋左传注》定公十四年，中华书局，1981年，第1595页。

㊸《十三经注疏·春秋左传正义·定公十四年》，中华书局影印本，1980年。

㊹《十三经注疏·春秋左传正义·哀公二年》，中华书局影印本，1980年。

们已预感到晋国将“归焉”。赵简子去世后，智伯瑶继任晋国执政，“知伯遂有范、中行地，最强”。其势力凌驾于三家（赵、韩、魏）之上，雄心勃勃，“欲尽并晋”。一山难容二虎，一个是欲将晋国归入赵家，一个是欲将晋国并入智家，矛盾与冲突自然在所难免。

智、赵二氏战略目标发生冲突也是两家矛盾加剧的重要因素。赵简子制定了以晋阳为中心，借此向北部戎狄之地发展的“北进战略”。赵襄子继立后，积极推进这一战略。其后人赵武灵王指出，赵襄子在北部边境筑“无穷之门，所以昭后而期远也”。[45]“北进战略”，“计胡、翟之利”的计划可谓长远。

而智氏也有通过兼并晋国北部戎狄之地扩大势力的举措。前边我们已经讲述了智伯设计伐灭仇犹的故事。仇犹为中山属国，智氏将中山鲜虞这样的戎狄之国视为进取目标，不可避免地要与赵氏的发展战略发生冲突。

智氏索取赵氏的蔺与皋狼二地，也与其北进目标相关联。蔺与皋狼地处赵氏政治中心晋阳西侧，此前智氏已夺取的仇犹（今盂县）则在晋阳东侧。蔺与皋狼一旦易主，智氏就会对晋阳形成东西夹击之势。一旦失去晋阳，北进取得的成果也有可能化为乌有。更何况，皋狼作为赵氏先人所封故地，其精神与象征性意义重大，赵襄子断然不会将其拱手让人。

然而赵氏的力量与智氏联军相比，仍然处于弱势地位。他们无法在晋国的中心地带与三家联军相抗衡，于是历史又一次重演：赵襄子带着赵家军退保晋阳。

退保晋阳之前，赵襄子君臣关于退往何方曾起争执。有人主张前往长子（今山西长治市附近），因为那里距离绛都很近，况且城墙厚实完整；有人提议去邯郸，因为那里仓库库藏充实。而赵襄子认为长子虽然城墙完厚，但“修城墙已经将老百姓的力气用尽了，还要他们拼死守城，谁会陪我们拼命呢？”至于邯郸城，虽然府库充足，但“榨取民脂民膏填充了仓库，现在又要他们去拼死抵抗，哪还有人肯陪我拼命？”而晋阳是“先主曾经嘱咐过的，又有尹铎曾经在那里施行的宽厚和民政策，百姓必定会与我们

㊺诸祖耿：《战国策集注汇考·赵策二》，江苏古籍出版社 1985 年。

同心勠力的。”谋臣张孟谈也认为晋阳经过名臣董安于多年经营，尹铎也按照他的方略治理，他们的政治教化至今犹存。还是应该退守晋阳。襄子“乃走晋阳”。㊻

赵襄子走保晋阳途中，家臣原过落单。他独自赶路经过王泽时(位于今山西省新绛县)遇见三位神人，神人让原过把一根只有两节的竹竿转交赵无恤，无恤斋戒三日，亲自剖开竹子，里面现出一张朱书文字：“赵无恤，我们是霍泰山阳侯的天使。三月丙戌那天，我们将让你反灭智氏。你要在一百座城邑里为我们立建庙宇，我们将赐你林胡之地。”㊼通过天神意旨来加强君臣战胜敌人决心，是先秦时期的普遍现象。应当注意的是，这里出现的霍太山之神，再一次说明赵氏与霍太山的关系之深。

晋阳城是赵氏世代经营的战略重镇，董安于和尹铎都曾主政晋阳并大规模营建之。董安于营建晋阳城情况我们前文已经论及；尹铎是继董安于之后治理晋阳的又一重要人物，我们借助有限史料，对其治理晋阳城情况做一梳理。

首先是尹铎营建晋阳城的大体时间。

《国语·晋语九》：“赵简子使尹铎为晋阳。请曰：‘以为茧丝乎？抑为保障乎？’简子曰：‘保障哉！’尹铎损其户数。简子戒襄子曰：‘晋国有难，而无以尹铎为少，无以晋阳为远，必以为归。’”同书又记曰“赵简子使尹铎为晋阳，曰：‘必堕其垒培。吾将往

㊻《国语·晋语九》：“晋阳之围，张谈曰：‘先主为重器也，为国家之难也，盍姑无爱宝于诸侯乎？’襄子曰：‘吾无使也。’张谈曰：‘地也可。’襄子曰：‘吾不幸有疾，不夷于先子，不德而贿。夫地也求饮吾欲，是养吾疾而干吾禄也。吾不与皆毙。’襄子出，曰：‘吾何走乎？’从者曰：‘长子近，且城厚完。’襄子曰：‘民罢力以完之，又毙死以守之，其谁与我？’从者曰：‘邯郸之仓库实。’襄子曰：‘浚民之膏泽以实之，又因而杀之，其谁与我？其晋阳乎！先主之所属也，尹铎之所宽也，民必和矣。’乃走晋阳”。

㊼《史记·赵世家·正义》：“括地志云：‘三神祠今名原过祠，今在霍山侧也。’”而榆次亦有原过祠。《元和郡县图志·河东道二》，第367页：“原过祠，俗名原公祠，在县东九里。《史记》曰：智伯率韩、魏攻赵，赵襄子惧，乃奔保晋阳。原过从，后，至于王泽，见三人，自带以上可见，自带以下不可见。与原过竹二节，莫通。曰：‘为我遣赵毋恤。’原过既至，以告襄子。襄子斋三日，亲自剖竹，有朱书曰：‘赵毋恤，余霍泰山山阳侯天使也。三月丙戌，余将使汝反灭智氏。汝亦立我百邑。’襄子再拜，受三神之令。既灭智氏，遂祠三神于百邑，使原过主之。”

焉,若见垒培,是见寅与吉射也。'尹铎往而增之。简子如晋阳,见垒,怒曰:'必杀铎也而后入。'" 这是有关尹铎营建晋阳的两条资料。李孟存、李尚师认为上述两条资料"不是一件事情的两种记载,前者显然发生在范、中行氏乱前,后者发生在乱后,所以晋阳的营建在公元前六世纪的末年"。[48]晋阳城营建于公元前6世纪末,应无异议。但说尹铎在晋阳"损其户数"事发生在范氏、中行氏乱前,亦即前497年之前,则有未按。首先,前引两段材料相连,第一句话行文完全相同,说明它们所记载的,都是赵简子对尹铎前往晋阳担任邑宰时的嘱托。其次,《国语》虽是以"记言"为特点的史籍,但每卷内容编排基本以时间先后为序。《晋语·九》,"董安于辞赵简子赏"首言"下邑之役,董安于多",叙述董安于晋阳之战中所建功勋事;接着下一段就是我们前文征引的尹铎治理晋阳事,说明尹铎治理晋阳应在公元前497年晋阳解围之后;再下一段叙述赵简子要求尹铎在营建晋阳城时,毁去荀寅、范吉射围攻晋阳时构筑的壁垒,因为他一见到这些壁垒就如同见到荀寅和范吉射本人一般,显见也是晋阳解围以后事。此外,董安于被杀,尹铎接任,也是顺理成章。此一节点应是尹铎营建晋阳城时间上限。《晋语·九》于尹铎治理晋阳之后接记"铁之战"赵简子等三人夸功,表明尹铎营建晋阳应在"铁之战"以前。"铁之战"发生于鲁哀公二年(前493),则尹铎营建时间下限不会晚于公元前493年。可以说,尹铎治理营建晋阳城约在公元前497年至公元前493年之间。[49]

董安于和尹铎营建的晋阳城规模宏大。《战国策·赵策一》记载襄子一行退到晋阳城后:"行城郭,案府库,视仓廪。召张孟谈曰:'吾城郭之完,府库足用,仓廪实矣。无矢,奈何?'张孟谈曰:'臣闻董子之治晋阳也,公宫之垣,皆以荻蒿苫(楛)楚廧之,其高至丈余,君发而用之。'于是发而试之,其坚则箘簬之劲不能过也。君曰:'足矣。吾铜少,若何?'张孟谈曰:'臣闻董子之治晋阳也,公宫之室,皆以炼铜为柱质,请发而用之,则有余铜矣。'君曰:'善。'"荻、蒿是草本植物,楛、楚是木本植物。宫室的墙垣所

---

⑱李孟存、李尚师:《晋国史》,山西古籍出版社,1999年,第276页。

⑲孙继民、郝良真:《先秦两汉赵文化研究·赵都晋阳杂考》,方志出版社,2003年。

用材料以荻、蒿、楛、楚为之，而且高达“丈余”，足见宫室主体建筑的壮观。又，“公宫之室，皆以练铜为柱质”。柱质即柱础，以铜质柱础作为建筑材料，某种程度上反映了宫室主体建筑的豪华和讲究。构筑墙垣之用的荻、蒿、楛、楚用来制作箭杆，铜质柱础用来制作箭镞（箭头）或兵器并有剩余，这既说明宫室及墙垣使用的木质和铜质材料之多，亦反映出晋阳城及宫室建筑的营建规模之大。

晋阳城的布局结构起码包括城郭、府库、仓廪。赵襄子“行城郭，案府库，视仓廪”，并说：“城郭之完，府库足用，仓廪实矣。”可见晋阳建有完备的城郭防御体系，城郭内建有一定面积的仓储区，仓储区分别建有府库和仓廪，用以储备粮食和各种物资。《韩非子·十过》记载赵襄子“行城郭及五官之藏，城郭不治，仓无积粟，府无储钱，邑无守具”，战备情形与《战国策》记述完全相反。但纵观《说难》一文可以看出，其所记述是为了突出尹铎治理晋阳时藏富于民的思想，极而言之，不足为据。后文“君夕出令，明日仓不容粟，府无积钱，库不受甲兵。居五日而城郭已治，守备已具”[50]，就是最好的说明。此外还有“公宫之室”“五官之藏”等，亦即宫廷区、官署区，当然也应有居民区。尹铎对晋阳城的营建，在规模上应超过董安于。从上引《国语》看，赵简子要求尹铎“堕其垒陪”，而尹铎却“往而增之”，尹铎连敌对壁垒设施都加以增修，足以说

[50]《韩非子·十过》：“襄子召张孟谈而告之曰：‘夫知伯之为人也，阳规而阴疏，三使韩、魏而寡人不与焉，其措兵于寡人必矣。今吾安居而可？’张孟谈曰：‘夫董阏于，简主之才臣也。其治晋阳，而尹铎循之，其余教犹存，君其定居晋阳而已矣。”君曰：“诺。”乃召延陵生，令将年车骑先至晋阳，君因从之。君至，而行其城郭及五官之藏，城郭不治，仓无积粟，府无储钱，库无甲兵，邑无守具。襄子惧，乃召张孟谈曰：“寡人行城郭及五官之藏，皆不备具，吾将何以应敌？’张孟谈曰：‘臣闻圣人之治，藏于民不藏于府库，务修其教不治城郭。君其出令，令民自遗三年之食，有余粟者入之仓；遗三年之用，有余钱者入之府；遗有奇人者使治城郭之缮。’君夕出令，明日，仓不容粟，府无积钱，库不受甲兵。居五日而城郭已治，守备已具。君召张孟谈而问之曰：‘吾城郭已治，守备已具，钱粟已足，甲兵有余，吾奈无箭何？’张孟谈曰：‘臣闻董子之治晋阳也，公宫之垣皆以荻蒿楛楚墙之，其高至于丈，君发而用之，有余箭矣。’于是发而试之，其坚则虽菌干之劲弗能过也。君曰：‘吾箭已足矣，奈无金何？’张孟谈曰：‘臣闻董子之治晋阳也，公宫公舍之堂，皆以炼铜为柱质，君发而用之。’于是发而用之，有余金矣。”

明尹铎的营建规模大于董安于。晋阳的城郭以高大坚固为特点。智伯率“三国攻晋阳,岁余,引汾水灌其城,城不浸者三版”。晋阳城在如此长的时间内能够固守,并且城墙经过浸泡和城内进水而不垮塌,足见城郭的坚固。所谓版,胡三省《通鉴音注》:“高二尺为一版;三版,六尺。”在智伯遏晋水以灌城的情况下,晋阳城郭还能保持不低于水面6尺的高度,可见城墙之高大。[51]

晋阳城如此规模宏大,城墙坚固,赵襄子也“号令以定,守备以具”。智伯率领着智、韩、魏三国军队浩浩荡荡杀奔晋阳。一场决定智、赵两家命运,并影响中国前途的大决战在晋阳城下展开。

智伯联军与赵家军激战三月,未能攻下固若金汤的晋阳。见强攻不能奏效,智伯改变战术,将军队分开,对晋阳构成包围之势,然后蓄决晋水,以图淹没晋阳城。赖晋阳城墙高峻厚实,河水仅差三个版筑的水位而未能攻破城池。但由于断绝了给养,经过长期包围,到第三个年头[52](即前453年),城内已是“巢居而处,悬釜而炊,财食将尽,士卒病羸”。眼看不能再支持下去,襄子考虑向三家投降。他向张孟谈试探说:“粮食匮,城力尽,士大夫病,吾不能守矣,欲以城下(投降),何如?”张孟谈成竹在胸:“我听说,国家灭亡不能使他复存,国家危险不能使他安定,那以后就不要再看重谋臣智士了。请你打消投降的念头,再不要说这样的话。臣请见韩、魏之君。”张孟谈想到了试图利用韩、魏两家素来与赵氏的友好关系及与智氏的矛盾,说动他们反戈一击,以解救危难中的赵氏。

---

[51]孙继民、郝良真:《先秦两汉赵文化研究·赵都晋阳杂考》,方志出版社,2003年。

[52]关于智伯与赵襄子在晋阳决战时间,《史记·赵世家》“三国攻晋阳,岁余,引汾水灌其城。”而《韩非子·十过》《战国策·赵策一》均谓三国之兵攻晋阳“三月不能拔,因舒军而围之。绝晋水而灌之,围晋阳三年。”与《史记·赵世家》不同。杨宽:《战国史料编年辑证》第98页,案:“知伯率韩、魏围攻赵晋阳,三年未能攻克,赵阴约韩、魏联合反攻,共灭知伯。事在晋出公二十二年,即周贞定王十六年,则知伯开始围晋阳,当在周贞定王十四年。”上海人民出版社,2001年。

韩、魏两家与智氏联合，本就是迫于智伯强势而做出的无奈之举。智伯为笼络两家，答应破赵之后，与之三分其地，但两家均不相信智伯的允诺，他们看出智伯贪鄙的野心，绝不仅限于灭亡赵氏而后满足。史籍记载，眼见晋阳被水所困，“城不浸者三版”，赵氏指日可灭，智伯踌躇满志，带着魏桓子、韩康子巡视水情，智伯忘乎所以地说：“始吾不知水可以灭人之国，吾乃今知之。汾水可以灌安邑（魏都，今山西夏县西北），绛水可以灌平阳（韩都，今山西临汾市西北）。”魏桓子和韩康子听了这话，心下顿时一寒，魏桓子用胳膊肘暗捅韩康子，康子踩了一下桓子的脚背，二人心领神会，已包藏着反戈一击的杀心。[53]

张孟谈潜出晋阳城，见韩、魏二国之君，向他们指出：“臣闻，唇亡则齿寒，今知伯率二国之君伐赵，赵将亡矣，亡则二国之君次矣。”张孟谈的分析与韩、魏二君的感受不谋而合。其实他们早有联合之心，只是担心机事不密，谋未遂而被智伯知晓，招致灾祸。张孟谈向他们保证：“谋出二君之口，入臣之耳，人莫之知也。”两家随即与张孟谈约定，三家同时举兵，反攻智伯。张孟谈趁夜潜回晋阳城报告襄子密约情况，“襄子迎孟谈而再拜之，且恐且喜”。[54]

赵襄子紧锣密鼓地准备着反攻智伯的大计。智伯军中对赵襄子的计划也有所觉察，而智伯满以为大功告成，对此浑不在意。

谋臣郄疵向智伯进言：“韩、魏之君必反矣，”智伯不解，郄疵解释道，我们已经和两家约好，攻灭赵氏，三分其地。现在晋阳城马上就要攻破，两家之君面无喜色，反而有忧虑之态，大概是害怕赵氏灭亡之后，两家步其后尘，如果出于这样的考虑，那是一定要反

---

[53]此段故事，《战国策·秦策四》《韩非子·难三》《史记·魏世家》《说苑·敬慎》等都有相近记述。先儒也对汾水、绛水能否分别灌安邑和平阳讨论之。“程恩泽《国策地名考》又谓：‘汾水在安邑之西北，并非西南，其中隔闻喜县，相距尚远，谓可以灌安邑，颇觉难通——’程说至确。此乃后人任意编造之故事，不知地理形势而妄说者，《资治通鉴》以此为韩、魏反而与赵共灭知氏之主因，不可信据”。参见杨宽：《战国史料编年辑证》，上海人民出版社，2001年，第107页。

[54]《韩非子校注·十过》，江苏人民出版社，1982年。

的。智伯不但不信郄疵之言，并且将他的话转告了魏桓子和韩康子，这或许包含有试探和警告两人之意，魏、韩二君当然矢口否认。智伯也就心安理得，自以为灭赵在即。

向智伯提出警告的还有同族人智过。据《战国策》：张孟谈“因朝知伯而出，遇知过辕门之外。知过入见知伯曰：‘二主殆将有变。’君曰：‘何如？’对曰：‘臣遇张孟谈于辕门之外，其志矜，其行高。’知伯曰：‘不然。吾与二主约谨矣，……旦暮当拔之而飨其利，乃有他心不可？子慎勿复言！’知过曰：‘不杀，则遂亲之。’知伯曰：‘亲之，奈何？’知过曰：‘魏宣子之谋臣曰赵葭，康子之谋臣曰段规，是皆能移其君之计。君其与二君约，破赵则封二子者各万家之县一，如是则二主之心可不变，而君得其所欲矣。’知伯曰：‘破赵而三分其地，又封二子者各万家之县一，则吾所得者少，不可！’”智伯又一次错过了消除隐患的机会。《说苑》因此评价智伯：智伯的厨师丢失一盒烤肉他都能知道，但对韩、魏将反这样生死攸关的大事却浑然不知。

相反，赵襄子君臣则同心协力。张孟谈对襄子说：“臣遇知过于辕门之外，其必有疑臣之心，入见知伯，出更其姓。今暮不击，必后之矣。”襄子曰：“诺。”使张孟谈见韩、魏之君曰：“夜期杀守堤之吏，而决水灌知伯军。”襄子军乘夜幕攻杀知伯守护河堤的官吏[55]，决开堤防，引水倒灌智伯军队。智军大乱，韩、魏二国乘势从两翼攻击智军，襄子亲率赵军，从前方正面迎击智军。智军大败，智伯为赵军生擒后杀死于凿台。[56]“赵襄子最怨智伯，而将其头以为饮器”。[57]

水灌晋阳之战以赵氏大胜而结束。韩、赵、魏共分智氏之地，而“赵氏分则多十城”。晋出公二十三年（前452），智开率族人逃奔秦国，活跃一时的智氏（荀氏）从此离开了晋国的政治舞台（战国后期赵国人荀况应为荀瑶一族后人）。

智伯国破、身死，成为天下笑柄，为其复仇的侠士豫让则名高千古。

豫让，晋人，豫氏出于毕氏，故《战国策》称豫让为毕阳之孙。[58]其始事范氏、中行

---

[55]《韩非子·十过》“赵氏杀其守堤之吏而决其水灌智伯军。”《淮南子·人间训》亦言赵氏杀守堤之吏。但《战国策·赵策一》作赵襄子“使张孟谈家见韩、魏之君，至于期日之夜，杀守堤之吏而决水灌智伯军”。

氏不得意，转而事智伯，智伯对他分外尊崇。及三晋分智氏，赵襄子最恨智伯，将其头以为饮器。豫让遁逃山中，感叹道："嗟乎！士为知己者死，女为悦己者容。吾其报知氏之雠矣。"他先是改变姓名，冒充罪犯，混进宫廷，企图借整修厕所之机，以匕首刺杀

㊺《元和郡县图志·河东道二》第367页："凿台，在(榆次)县南四里。《水经注》曰：'洞过水西过榆次县南，水侧有凿台，智伯瑶刳腹绝肠，折颈摺頣之处。'《史记》曰：'智氏信韩、魏从而伐赵，攻晋阳，韩、魏杀之于凿台之下。'《说苑》曰：'智氏见伐赵之利，不知榆次之祸。'皆谓此也。今按其台为洞过水所侵，无复遗迹"。李吉甫引《史记》说韩魏杀(智伯)于凿台之下。查中华书局标点本《史记·春申君列传》作："智氏之信韩、魏也，从而伐赵，攻晋阳城。胜有日矣，韩、魏叛之，杀智伯瑶于凿台之下。"并未言明智伯为韩、魏所杀。而《史记》之文应出自《战国策·秦四》"智氏信韩、魏，从而伐赵，攻晋阳之城，胜有日矣，韩、魏反之，杀智伯瑶于凿台之上。"亦未言明智伯为韩、魏所杀。又，《国语》："晋阳之难。段规反，首难，而杀智伯于师，遂灭智氏。"则又说是韩国段规杀智伯。广义而言，智伯为赵、韩、魏三家所杀，狭义而言，则只能为一家所杀。结合史料襄子断智伯头为饮器的记载，智伯为襄子所杀的可能性更大。

㊼《战国策·赵策一》《史记·刺客列传》《韩非子·难三》等均言以智伯头为饮器，《吕氏春秋·义赏》：赵襄子"与魏桓、韩康期而击智伯，断其头以为觞"。觞即饮器。而《韩非子·喻老》："知伯兼范、中行而攻赵不已，韩、魏反之，军败晋阳，身死高梁(今临汾市东)之东，遂卒被分，漆其首以为溲器。故曰：'祸莫大于不知足'。"溲器者，夜壶也，不确。饮器即头盖杯，历史上流行头盖杯风俗者，主要为欧亚大陆北方草原的游牧民族，诸如斯基泰人、匈奴、蠕蠕、印第安人等。河北涧沟龙山文化较早时期遗址(距今约4300年)中发现多例被砍下的头骨，研究认为他们不只是简单猎头风俗的反映，而应是制作头盖杯的实物。至商周时期，华夏民族仍然不时有制作头盖杯的事例。将敌人的头颅割下制成饮器，一方面说明对敌人的仇恨，另一方面也表明自己的英勇无敌。参见严文明：《涧沟的头盖杯和剥头皮习俗》，《史前考古论文集》，科学出版社，1998年。赵氏的渊源我们曾将其追溯到新石器时代大汶口文化，并认为河北龙山文化中也曾留有他们的遗迹。赵襄子以智伯头颅为头盖杯，虽然与涧沟遗址时代相隔久远，未必有必然联系，但还是为我们提供了赵氏一族从东徂西，流布发展的想象空间。

㊽豫让或为中都比氏之后人。《侯马盟书》中，比氏为打击的主要对象之一，在盟书记载的九氏二十一家中，比氏占八家。盟辞："中都比强之孙、比木之孙。"说明中都属于比氏。中都位于晋中盆地，与赵之晋阳相近。在赵简子与范氏、中行氏、邯郸赵氏的决战中，比氏属于赵简子的敌对方。赵氏胜利，比氏失败，中都后归赵。如此豫让刺杀赵襄子，就不只是报智伯知遇之恩，还有宗亲复仇的意味在内。

襄子。赵襄子如厕时，突然有所警觉，命令手下将豫让搜捕出来。赵襄子随从想要杀死豫让，赵襄子以豫让肯为故主报仇，乃有义之人，将其释放。而豫让一心只想着复仇。他又漆身为厉，灭须去眉，自刑以变容貌，装扮成乞丐回到家中。其妻子奇怪道："怎么容貌不像我的丈夫，声音却那么像?"豫让又吞炭为哑，变其声音，最终连他的妻子也认不出来。他的朋友劝他："你的做法太难成功了。说你有勇气是真的，说你有智略则未必。凭您的才能，假装投靠赵襄子，赵襄子一定会重用、亲近你，那你岂不就有机会报仇了吗? 何必要这样虐待自己呢?"而豫让以为，既然投靠了对方，就应该对其忠诚，绝不能虚情假意，为先知报后知，为故君杀新君。他慷慨陈词："且夫委质而事人，而求弑之，是怀二心以事君也。吾所为难，亦将以愧天下后世人臣怀二心者。"这一次豫让埋伏于桥下，准备再行刺杀。然而行动又一次为赵襄子觉察，豫让又一次被捉。赵襄子责备豫让说："你以前不是事奉过范氏和中行氏吗，智伯灭了他们，你没有为他们报仇，反而委身事奉智伯；现在智伯已经死了，你为什么唯独要给智伯报仇呢?"豫让说："臣事范、中行氏，范、中行氏以众人遇臣，臣故众人报之；知伯以国士遇臣，臣故国士报之。"襄子感叹道："嗟乎，豫子！豫子之为知伯，名既成矣，寡人舍子，亦以足矣。子自为计，寡人不舍子。"豫让自知死期已至，他对赵襄子说："臣闻明主不掩人之义，忠臣不爱死以成名。君前已宽舍臣，天下莫不称君之贤。今日之事，臣故伏诛，然愿请君之衣而击之，虽死不恨。非所望也，敢布腹心。"襄子为豫让义举所感动，将自己的衣服交给豫让，豫让拔剑三跃，呼天击之曰："可以报知伯矣。"遂伏剑而死。[59]

豫让是战国早期名冠三晋的侠义之士，"是一个忠贞不贰、知恩图报、舍生取义、

---

[59]豫让之事，《战国策》《吕氏春秋》《韩非子》《史记·刺客列传》《新序》等战汉史料多有记载。但未言明豫让伏何处桥下刺杀襄子。后世方志遂多附会。山西、河北等处即有多座豫让桥，记刺襄子事。如太原晋源镇赤桥村、晋阳县东汾桥，邢台翟村豫让桥，定襄县，赵城县(今归洪洞县)，襄垣县等处。石力：《豫让桥考》论证豫让刺襄子事发生于太原，可以参阅。文见霍润德：《三晋文化研究·第六集》，三晋出版社，2012年。

为知己而死的中国有骨气的士的典型形象。”[60]其报答知遇之恩，以行动证明人间道义、气节和忠义的侠义之举，感动了一代代志士仁人。“士为知己者死”“以国士遇臣，臣故国士报之”，也成为千古传诵的警句箴言。后人吟咏豫让报恩诗文不绝如缕，唐代胡曾《豫让桥》诗：“豫让酬恩岁已深，高名不朽到如今。年年桥上行人过，谁有当时国士心？”发聋振聩，令人深思。

豫让之友青荓的所作所为也可歌可泣。

据《吕氏春秋·王道》所载，当赵襄子在苑囿中游玩，转到大桥跟前，乘马却步不前，襄子派青荓前往搜查，发现豫让卧于桥下，佯装死人。豫让见已暴露，呵责青荓：“一边去！我有大事要办。”青荓对答：“我俩自小为友，今天你要做大事，如果我说出来，违背交友之道；然而你要刺杀我的君主，而我不言，是失为人臣之道。看来我只有一死了之。”乃退而自杀。青荓为坚守人臣之节、交友之道，不惜以生命为代价，与豫让亦可谓志同道合。

刘向《新序·义勇第八》还记载了一个和豫让相类的故事：“智伯嚣（瑶）之时，有士曰长儿子鱼，绝智伯而去之。三年，将东之越，而道闻智伯嚣之见杀也，谓御曰：‘还车返，将吾死之。’御曰：‘夫子绝智伯而去之三年矣，今返死之，是绝、属无别也。’长儿子鱼曰：‘不然，吾闻仁者无余爱，忠臣无余禄。吾闻智伯之死，而动吾心，余禄之加于我者至今尚存，吾将亡依之。’返而死 。”

坚守道义、慷慨赴难，三晋岂少狭义之士哉。

晋阳之战是春秋晚期晋国四卿决定命运的一场大决战。由于史料记载简约，水灌晋阳这一重要历史事件，留给后人许多困惑。特别是智伯用哪条水灌城，研究者莫衷一是。我们略做梳理。

《国语》：“（襄子）乃走晋阳，晋师围而灌之。”没有提到引哪条河水。《战国策》说：“三国之兵乘晋阳城，遂战。三月不能拔，因舒军而围之，决晋水而灌之。”但《史记·

---

⑥⓪霍润德、郑学诗：《豫让精神与中国士思维》，霍润德：《晋阳文化研究·第二集》，山西古籍出版社，2007年。

赵世家》却说:“三国攻晋阳,岁余,引汾水灌其城,城不浸者三版。”而同出自《史记》的《魏世家》又说:“决晋水以灌晋阳之城。”后世治史者发现了太史公说法的矛盾,也进行了一番辨证。不过言人人殊,迄无定论。

近年来,晋阳古城遗址的考古工作取得很大进展,找到了东周时期晋阳城的遗迹,也为水灌晋阳疑案的解决提供了一些线索。

从东周晋阳城所处地理环境来看,其地势西北高、东南低,西城墙下地表海拔约795米,东城墙处地表海拔770米,高差近25米。考古调查得知,城墙遗迹的分布随地势起伏,现存西部城墙高出地表5米多(据发掘资料,战国西城墙基址地表以下存约2米,地上部分应在10米左右),东部城墙据调查已埋在地表以下10余米。可见当时东西城墙之间落差应在35米左右。而汾水从城东流过,现存海拔767米,当时海拔应比现在更低。以汾水灌城,无论是在下游筑坝,还是在上游掘沟,要想冲灌晋阳城,特别是西城墙,都得筑起高约40米以上的堤坝,这在当时无论是人力或者财力都是不可想象的。而晋水发源于晋阳城西南海拔1400米的悬瓮山下,源头海拔810余米,显而易见,引晋水易而汾水难,且晋水至今犹名智伯渠,遗迹尚存,文献中也多有记载。“城西又有晋水入城”[61];“晋赵襄子保晋阳,智氏防山以水灌之,不没者三版。其渎乘高西入晋阳城以周灌溉,东南出城注于汾(阳)也”。[62]既曰“防山”,又曰“乘高”,都与晋水相符。因此,“晋水说”应更符合晋阳城的历史地理环境。即使如此,文献记载的“城中巢居而处,悬釜而炊”也有文学描述成分在内。试想当时晋阳城的地理环境,城市地面东西落差达35米,水从西边乘高灌入,自然会从东边低处流走,正如《史记·正义》所说晋水:“其渎乘高西注入晋阳城,以周灌溉,东南出城注于汾(阳)也。”因此城内被淹部分主要应在东部,西部应无大碍。

关于水灌晋阳城,古城西风峪沟之水也应考虑。风峪沟汇集了周边的山水,借助山势,一泻千里,其余威甚至可以波及至几千米以外的五府营、小站等村。晋阳之战

---

[61]《元和郡县图志》河东道二,中华书局,1983年,第365页。

[62]《括地志辑校》卷二并州,中华书局,1980年,第73页。

时，即便山水不多，而风峪之地势也可利用。将晋水蓄积至风峪沟口，借助山势，一时掘开，自然威力倍增。智伯围晋阳三年，既引晋水，焉能舍易就难、舍近求远，不用风峪之水？然而文献无载，考古工作也仅仅是个开始，一切疑问，只有依靠今后考古发现来解决了。[63]

水灌晋阳之战，赵氏最终取得胜利。根本原因在于他是春秋末期晋国新兴地主阶级的典型代表，改革最为彻底，是晋国最富有活力的一支力量。早在晋平公十四年（前544），吴国政治家季札出访晋国后，已经预见了晋国政局的发展趋势。"晋国之政卒归于韩、魏、赵矣。"晋定公时（前511—前475），吴国著名军事家孙武在同吴王阖庐的对话中，全面分析了晋国六卿实力优劣及发展趋势，并预言：范、中行氏先亡，智氏次之，韩、魏又次之，"赵毋失其故法，晋国归焉"。

苦心经营晋中盆地，也是赵氏取胜的关键因素。

赵简子奔保晋阳前，赵氏在晋中盆地的地位并不稳固。《左传》昭公二十八年（前514）："分祁氏之田以为七县……司马弥牟为邬大夫（今平遥西南），贾辛为祁大夫（今祁县东南），司马乌为平陵大夫（今交城西南），魏戊为梗阳大夫（今清徐），知徐吾为涂水大夫（今榆次），韩固为马首大夫（今寿阳南），孟丙为盂大夫（今阳曲北）。"距离晋阳最近的梗阳，便属魏；涂水则属智氏。赵简子确定"北进战略"，以晋阳为战略大后方，灭范氏、中行氏，多年执掌晋国政务。虽然文献不见赵简子经营晋中盆地的具体记载，但从其处心积虑兼并代国的举动看，他对晋中盆地应该已有较强的控制。到赵襄子时晋中迤北已多为赵氏所有；而代国的攻取则对赵襄子保卫晋阳起到了重要作用。晋阳之战后，赵氏对太原盆地的控制更加牢固。从沈长云《赵国史稿》中"赵国初建时期（前453年）疆域示意图"可见，晋阳之战结束后，涂水、梗阳等已归赵氏。这些疆土一些是瓜分战败者的领土，一部分是卿大夫间领土互换调整的结果。文献中多

---

[63]龙真：《风峪沟明清堤堰小考》，霍润德《晋阳文化研究（第六集）》，三晋出版社，2012年。

有三家互换城邑的记载。如梁惠成王九年(前362),魏以涂水、阳邑(今太谷东)换取了赵国的泫氏(今高平)。从中可窥见赵氏控制太原盆地的战略始终没有改变。此外与晋阳城呈掎角之势的长子"城厚完",邯郸"仓库实",也是晋阳保卫战胜利的重要因素。有这样两座城邑遥相呼应,一方面大大增强了城内军民的抗敌决心,另一方面也迫使智伯不能够将全部兵力投放到攻取晋阳城战事之中。

完固的城市防备和强悍尚武的民风,是晋阳保卫战取胜的又一因素。

晋阳作为赵简子封邑,谋臣董安于和尹铎苦心经营。董安于为这座城邑准备了充足的武器兵械,所谓"坚甲利兵,劲弩强弓,尽在郭中"。[64] 后人赞叹董安于说:"董治晋阳,筑兵宫而人不见,缉矢垣而邻国不备。"[65]尹铎为晋阳邑宰后,增其"垒培""城厚以高"。 在继续完善这座城市设施的同时,尹铎还注意发展晋阳的经济民生。他"损其户数"、减轻税赋,宽以待民、藏富民间。即《战国策》所谓"圣人之治,藏于民不藏于府库,务修其教不治城郭"。赵襄子决定退保晋阳,也是基于晋阳乃"尹铎之所宽也,其民必和"。[66]当赵襄子下达"民自遗三年之食,有余粟者入之仓;遗三年之用,有余钱者入之府;遗有奇人者使治城郭之缮"的战备动员令后,其结果是:"君夕出令,明日,仓不容粟,府无积钱,库不受甲兵。居五日而城郭已治,守备已具。""晋师围而灌之,沈灶产蛙,民无叛意。"[67]"赵氏在治理晋阳的过程中,先是扩大亩制,以减轻租税;进而'损其户数'再度减轻田租;最后实行'无税'政策,将田租和军赋尽行免除。这一系列减免赋税政策的实施,使得赵氏在晋阳赢得了巩固的民心"[68],也使得晋阳地区经济更加繁荣富庶。

此外,太原位当汉胡杂处之地,"人性劲悍,习以戎马",具有边塞民族粗犷豪放、

64《尉缭子兵书》,北京燕山出版社,1996年。

65《七国考·赵宫室》,中华书局,1956年。

66王树民、沈长云:《国语集解·晋语九》,中华书局,2002年。

67王树民、沈长云:《国语集解·晋语九》,中华书局,2002年。

68马小红:《赵氏减负政策与晋阳之战》,《河北大学学报(哲学社会科学版)》,2010年第4期。

坚韧刚烈、尚武任侠的文化特性。在晋阳城下，历史上发生过多次保卫战，每一次总是那么慷慨激越，悲壮惨烈。水灌晋阳之战，城中“悬釜而炊，易子而食”；宋末张孝纯守太原，城中“毁屋取木，燃骨充爨”；“妻男将毙，虽慈父义夫，无不亲食其肉，不暇相易，恐斤两轻重，人之不等”；“薛王出降民不降，屋瓦乱飞如箭镞”。太原人民面对强敌，那种顽强不屈、殊死抗争的民族文化属性，在战争中的作用不可忽视。

虚心纳谏、任用贤臣，也是赵襄子取胜因素之一。

赵襄子派大夫稚穆子伐狄，连取二邑。襄子听到胜利消息后，并未喜形于色，侍者问其原因，赵襄子说：“我听闻，德行不纯而福禄并至，这叫作侥幸。侥幸毕竟不是福泽，没有德行不能承受福禄，真正的福禄不是靠侥幸得来的。得到也未必是幸事。我所以感到害怕”。[69]

赵襄子对自己的道德言行严格要求，他的臣属也敢于犯颜直谏。

有一次赵襄子饮酒五日五夜而不醉，他得意地对侍者说：“我诚邦士也。夫饮酒五日五夜矣，而殊不病。”侍者优莫说：“主君你继续努力吧，再有两天就赶上商纣王了。纣王七日七夜，现在君王你已经五日了。”襄子心头一惊，问优莫：“这么说我也要灭亡了？”优莫答道：“不亡。”襄子又问：“不及纣二日耳，不亡何待？”优莫说：“夏桀和商纣王灭亡，是因他们分别遇到了商汤和周武王。现在天下的君主都是夏桀，而您是商纣。夏桀和商纣同时在世，怎么能互相使对方灭亡呢？但是也很危险了。”[70]赵襄子周围笼聚的就是诸如张孟谈、高赫、原过、新稚穆子、延陵生，包括侍者优莫等这样一些忠臣、谋士、武将；而关键在于，对这些人才，赵襄子也能推心置腹，知人善任。

---

⑥⑨《国语·晋语九》：“赵襄子使新稚穆子伐狄，胜左人、中人，遽人来告，襄子将食，寻饭有恐色。侍者曰：‘狗之事大矣，而主之色不怡，何也？’襄子曰：‘吾闻之：德不纯而福禄并至，谓之幸。夫幸非福，非德不当雍，雍不为幸，吾是以惧。’”

⑦⑩《新序·刺奢第六》：“赵襄子饮酒五日五夜，不废酒，谓侍者曰：‘我诚邦士也。夫饮酒五日五夜矣，而殊不病。’优莫曰：‘君勉之，不及纣二日耳。纣七日七夜，今君五日。’襄子惧，谓优莫曰：‘然则吾亡乎？’优莫曰：‘不亡。’襄子曰：‘不及纣二日耳，不亡何待？’优莫曰：‘桀、纣之亡也遇汤、武，今天下尽桀也，而君纣也，桀、纣并世，焉能相亡，然亦殆矣’”。

从赵襄子与张孟谈的君臣际遇中,我们可见一斑。

张孟谈,生卒年不详。司马迁为避其父讳,作“张孟同”。在水灌晋阳之战中,赵襄子与张孟谈君臣协力,利用智氏与韩、魏两家矛盾,以唇亡齿寒的道理说服韩、魏两君,出其不意,内外夹攻,一举灭掉智伯。此役中张孟谈出谋划策、内外联络,为赵国最终战胜智氏起到关键作用。史称其“固赵宗,广封疆,发五霸”,对赵氏可谓劳苦功高。功成之后,他极力引退。张孟谈对赵襄子说:“先君简主治理赵国有遗训说:‘五霸之所以能够统帅诸侯的原因是约束得当,让国君的权势足以控制臣下,不能让臣下的权势控制国君。所以尊贵为列侯地位的人,不能让他身居相国之位;有将军以上地位的人,不能让他担任大夫。’如今我的声誉已很显赫,地位也很尊贵,权力重大而众人服从;我愿意捐弃功名,抛弃权势而离开众人。”赵襄子回绝了张孟谈。张孟谈闷卧三天之后使人对赵襄子说:“晋阳的政务,臣下不听命怎么办?”襄子回答说:“杀掉。”张孟谈回答说:“我作为左司马被国家使用,为了赵国的安定,不避死亡,以成就他的忠诚,君王还是动手(杀死我)吧。”襄子无奈,答应了张孟谈的要求。张孟谈躬耕于负亲之丘(赵地名,今地不详)。 三年之后,韩、魏二国借口赵氏多分了智伯十座城邑,联合齐、燕二国图谋对付赵氏。襄子到负亲之丘面请张孟谈,张孟谈毫不犹豫表示出山。他要襄子亲自为他驾车,安排他在庙堂住下,其属吏亦授予大夫称号,以示对他的尊显。襄子言听计从。随后张孟谈派遣自己的妻室及三个儿子分别出使到韩、魏、齐、燕四国。四国知张孟谈重新执掌赵政,又因张孟谈分派使者到各国,相互猜疑,谋赵计划不攻自破。[71]

反观智伯,当时三家兵临晋阳城下,城中“悬釜而炊,易子而食”“财食将尽,士卒病羸,”襄子“不能守矣,欲以城下”,时机一派大好。但结果却是张孟谈密联韩、魏,反戈一击,智伯“身死,国灭,卒为天下笑”。究其原因,与智伯骄傲轻敌,刚愎自用不无关系。

---

⑰诸祖耿:《战国策集注汇考·赵策一》,江苏古籍出版社 1985年。

韩、魏两家迫于智氏强势，无奈献地于智氏之时，就抱着避其锋芒，“免于患难，待事之变”的意图。智氏联军的组成基础可以说是极不稳固，韩、魏两家围攻赵氏的消极态度亦可想而知。当智氏越是接近胜利，两家的危机感也就越强烈。“唇亡齿寒”的道理，对他们来说不言自明。而此时的智伯，满以为城破在即，志得意满。《战国策》载智伯说：“始，吾不知水之可亡人之国也，乃今知之。汾水利以灌安邑，绛水利以灌平阳。”狂妄之态可见一斑。虽然有研究者认为它是“后人任意编造之故事，不知地理形势而妄说者，《资治通鉴》以此为韩、魏反而与赵共灭知氏之主因，不可信据”。[72]但从文献记载智伯一贯盛气凌人、刚愎自大的表现看，似不可遽然否定。智伯屡次侮辱赵襄子的故事，上文已经介绍。史书还记载了智伯戏辱韩康子及其相国段规的故事：“三卿宴于蓝台，智襄子戏韩康子而侮段规。智伯国闻之，谏曰：‘主不备，难必至矣。’曰：‘难将由我，我不为难，谁敢兴之！’”其狂妄自大如此。以水围城，在中国战争史上可谓首创，智伯与韩、魏二君观察被大水围困的晋阳城，面对自己的杰作，说出“始，吾不知水之可亡人之国也，乃今知之”，应是顺理成章的事情。当然，聪明如智伯，也不会当着二君之面大谈“汾水利以灌安邑，绛水利以灌平阳”等话语。颇疑“汾水利以灌安邑”云云，乃战国策士为强化说服力随意而加，也未可知。无论如何，韩、魏二君与智伯貌合神离，反意日盛则是可以肯定的。智伯军中敏锐地感觉到这一严峻形势的不止一人。智过、郗疵等良臣智士，多次警告智伯，韩、魏二君将反，并提出了分给魏宣子之谋臣赵葭、韩康子谋臣段规各万家之县，借以分化、拉拢韩、魏君臣的计策。只可惜智伯言不听、计不从。[73]结果“晋阳之难。段规反，首难，而杀智伯于师，遂灭智氏”。[74]

晋阳之战，是春秋战国之交的重大事件，在中国历史上具有划时代意义。当时正值中国奴隶社会制度瓦解，封建社会制度确定的时期，新兴地主阶级登上历史舞台，推动了社会的变革和进步。晋阳之战，对土地和人口的争夺贯穿于战争的全过程，“是战国初期一场具有封建兼并性质的战争。它标志着战争史上封建兼并战争时代的到来”。[75]

通过晋阳之战，新生的赵氏政权经受住了一次严峻考验。三家对智氏土地瓜分中，赵氏多得10城。赵襄子也接替智瑶成为晋国执政卿，赵国实力进一步增强。《史记·赵世家》称："于是赵北有代，南并知氏，强于韩魏。"至此，晋国领土实际上被三家瓜分殆尽，晋国已是名存实亡，晋君反而沦为三国的附庸。前433年晋幽公继位之时，所拥有的地盘仅只有绛、曲沃二邑，余皆入于三家，晋君"反朝韩、赵、魏之君"。晋阳之战，奠定了"三家分晋"的局面，意味着一个旧时代的结束，拉开了战国七雄并立的时代帷幕。一些研究者因此将晋阳之战作为东周时期春秋与战国的分界点。

晋阳之战是东周时期持续时间较长、规模较大的战事之一，也是一场以弱胜强、败中取胜的城市防御战。

赵襄子退守城防坚固、战具充备的晋阳城。智伯联军长途远征，合围晋阳下，争战几达3年。智伯又别出心裁，引水灌城。城中悬釜而炊，易子而食，这一波澜壮阔的战争场面，以往的战争史中不多见，即使是争战频仍的战国时代也属空前惨烈。而战争中敌对双方智谋之士如：赵氏张孟谈、魏氏任章、韩氏段规、智氏郄疵、智过等，他们出谋献策，合纵连横，对战争的进程和结局都起到了重要作用。智囊人物在战争中发挥其才智与作用，成为战国军事史上的一个重要现象。

---

⑫杨宽：《战国史料编年辑证》，上海人民出版社，2001年，第107页。

⑬《战国策·赵策一》：张孟谈"因朝知伯而出，遇知过辕门之外。知过入见知伯曰：'二主殆将有变。'君曰：'何如？'对曰：'臣遇张孟谈于辕门之外，其志矜，其行高。'知伯曰：'不然。吾与二主约谨矣，破赵，三分其地，寡人所亲之，必不欺也。子释之，勿出于口！'知过出，见二主，入说知伯曰：'二主色动而意变，必背君，不如今杀之。'知伯曰：'兵着晋阳三年矣，旦暮当拔之而飨其利，乃有他心不可？子慎勿复言。'知过曰：'不杀，则遂亲之。'知伯曰：'亲之，奈何？'知过曰：'魏宣子之谋臣曰赵葭，康子之谋臣曰段规，是皆能移其君之计。君其与二君约，破赵则封二子者各万家之县一。如是，则二主之心可不变，而君得其所欲矣。'知伯曰：'破赵而三分其地，又封二子者各万家之县一，则吾所得者少，不可！'知过见君之不用也，言之不听，出，更其姓为辅氏，遂去不见。"

⑭王树民，沈长云《国语集解·晋语九》，中华书局，2002年。

⑮罗琨、张永山等：《中国军事通史·第三卷》，第162页，军事科学出版社，1998年。

晋阳之战后，赵氏在太行山以东取得大片土地，列强兼并、各国争夺重点也转移至中原一带。晋阳已经成为赵国的大后方，其作为赵氏之都的使命也告一段落。襄子去世后，本应由襄子确立的嗣君献子继位，但襄子之子桓子逐走献子，自立于代。一年后，桓子死，国人认为桓子的自立非出于襄子之意，“乃共杀其子而复立献侯”。献侯遂正式即位，时在公元前423年，并迁都中牟（今河南鹤壁西）。公元前386年赵敬侯又迁都邯郸，与晋阳成首尾相应、互为表里之势。从此晋阳与邯郸这种表带山河、攻守一体的战略格局迄战国而至北朝、隋唐不改。“推想赵国都城自晋阳迁至邯郸之后，晋阳旧有的神学地位和宗法地位亦不会明显消弱。晋阳原本据有的‘赵山北’地方的区域领导地位，也不会动摇”。[76]

---

⑯王子今：《公元前3世纪至公元前2世晋阳城市史料考议》，《晋阳学刊》，2010年第1期。

赵都晋阳说与赵武灵王灭楼烦戎

一、赵都晋阳说

"都",即国都,作为国家政治中心城市——首都的主要称谓,乃战国以后事。春秋已远的王国,包括各诸侯国之首都,一般称作"国"。而"都"在当时含义较广,可指称行政区划,《管子·度地》:"故百家为里,里十为术,术十为州,州十为都,都十为霸国";也可指称城邑,《左传·庄公二十八年》:"狄之广漠,于晋为都。"《左传·隐公元年》:"先王之制,大都不过参国之一。中,五之一,小,九之一";还可指称首都,"大致封君自己住的地方,有城墙作为防御工事,而且也有封建宗法制下象征宗法地位与权威的宗庙,则这种邑称为'都'。据《左传》庄公廿八年'凡邑有宗庙先君之主曰都,无曰邑。邑曰筑,都曰城。''都'是行政中心,宗教中心与军事中心的三一体,也可能有较多的人口。"[①]我们说晋阳为赵之首都,即以此为前提。

赵之称国,如果以周天子承认赵氏诸侯地位算起,则晚至周威烈王二十三年(前403)。是年为赵烈侯在位第六年,"周威烈王赐赵、韩、魏,皆命为诸侯"。[②]事实上,赵氏立国可早到公元前475年。关于此问题,前文赵襄子继祧赵宗,多有论及,兹不赘述。而晋阳作为赵氏宗邑,亦即首都,则更在襄子之前。

《史记·赵世家》晋定公二十一年(前491)谈到赵简子当政时的晋国形势说:"赵竟有邯郸、柏人。范、中行余邑入于晋。赵名晋卿,实专晋权,奉邑侔于诸侯。"赵氏当时虽无诸侯之名,却有诸侯之实。赵武灵王实行胡服骑射时就说"简、襄主之烈,计胡、翟之利"。在赵氏子孙心目中,赵简子才是赵氏建国的肇始者。

---

①许倬云:《周代都市的发达与商业的发达》,杜正胜:《中国上古史论文选集》,华世出版社,1979年,第890页。

②《史记·晋世家》,中华书局标点本。

当赵简子时,赵氏宗邑应在晋阳。

从文献记载来看,赵氏宗邑并不固定,而是随着时间和形势的不同发生转移。周穆王时“赐造父以赵城,由此为赵氏”,传七世至叔代之时,“周幽王无道,去周如晋,事晋文侯,始建赵氏于晋国”,再五世至赵夙时因军功被献公赐以“耿”。这是赵氏进入晋国后所受的第一个封邑,此时赵氏之宗邑无疑当在“耿”(今山西省河津市)。赵衰从亡归国后,赵氏内部实现了大小宗易位,赵衰封邑“原”应是此时赵氏之宗邑,“耿”地则为赵夙后裔所继承。赵盾时期,赵氏宗邑所在地不详,此时“原”邑已属赵同,但赵同并非赵氏宗主,故而“原”邑其时不应为赵氏宗邑。赵武复兴赵氏后,其宗邑在“温”(今河南省温县),《左传》昭公元年有赵武在“温”地主持家族祭祀的记载,“温”地当为赵氏宗邑无疑。赵简子时期,有温大夫赵罗,赵罗为赵简子伯父赵获之孙,可知“温”地为赵获一支所继承,赵简子时已非赵氏宗邑。赵简子时,赵氏宗邑应在晋阳(今山西省太原市西南)。[③](鲁)定公十三年赵鞅索卫贡五百家,准备“舍诸晋阳”,杜预注:“晋阳,赵鞅邑。”[④]《国语·晋语九》:“赵简子使尹铎为晋阳”韦昭注亦称:“晋阳,赵鞅邑”[⑤],都认为晋阳是赵简子的奉邑。据《史记·赵世家》,赵简子于晋顷公九年(前517)继为赵氏宗主,则晋阳为赵氏宗邑时间当在此年以后。而晋阳城创建者董安于死于定公十三年(前497),那么晋阳开始为赵氏宗邑——首都的时间当在公元前517—497年之间。

赵简子时赵氏宗邑在晋阳,则晋阳事实上也就是赵国最初的都城。在战汉时期人们心目中,持此观点者不乏其人。

《战国策·齐策》国子称:“安邑者,魏之柱国也;晋阳者,赵之柱国也;鄢、郢者,楚之柱国也。故三国欲与秦壤界,秦伐魏取安邑,伐赵取晋阳,伐楚取鄢、郢矣。”所谓柱

---

③白国红:《春秋晋国赵氏研究》,中华书局,2007年,第134、135页。

④《春秋左传正义》,《十三经注疏》下册,中华书局,1980年,第448页。

⑤上海师范学院古籍整理组校勘:《国语·晋语》下册,上海古籍出版社,1978年,第491页。

国,姚本注称:“柱国,都也。”安邑曾是魏国的都城,鄢、郢曾是楚国的都城,将晋阳与安邑、鄢、郢并称“柱国”,显然是将晋阳比作赵都。国子为齐国大夫,他的这番议论,应在公元前248年以后。此时赵国迁都邯郸已逾百年,说晋阳为赵之“柱国”,表明在当时人心目中,晋阳就是赵国旧都。《元和郡县图志·河东道》太原府条引东汉人颍容语称:“赵简子居晋阳,至成公居邯郸。”明人董说《七国考》卷三《赵都邑》引《列国纪闻》亦称:“赵简子居晋阳。”[⑥]所谓“居”包含有“建都”“定都”意蕴。战国史官所撰《世本》有《居篇》,所列内容都是帝王诸侯大夫定都、迁都之事。如《太平御览》卷一五五《州郡部》引《世本》语称:“(周)平王即位,徙居洛”;“(周)敬王东居成周”。可见在颍容等战、汉人心目中,晋阳和邯郸一样,都是赵国都城。

晋阳作为赵都具有一个鲜明特点,即不像其他都城那样,是政治权力、政治活动中心所在地,而是赵国经济、军事实力积聚的大本营,是应付危难局面的根据地。赵简子、赵襄子平时并不常驻晋阳,他们大部分时间居于晋宫室所在地绛都(今山西侯马),但绛都毕竟不是赵简子、赵襄子的领地。相反晋阳虽不是他们平时活动的主要场所,却是他们实力的渊薮和宗室安危的可靠保障。他们先后派董安于、尹铎两度营建晋阳,足见对晋阳的重视。事实也证明,赵氏正是凭借晋阳才使本家族免于危亡。

作为赵都的晋阳城,故址在今太原市西南晋源镇一带,可谓定论。不过因为史料记载晋南也有一晋阳,而生出些许是非。

《史记·魏世家》哀王十六年(前307):“秦拔我蒲阪、阳晋、封陵。”司马贞《史记·索隐》于此条下曰:“《纪年》作‘晋阳、封谷’”。张守节《史记·正义》则称:“阳晋当作‘晋阳’也,史文误。《括地志》云:‘晋阳故城今名晋城,在蒲州虞乡县西三十五里。’表云:‘魏哀王十六年秦拔我杜阳、晋阳’,即此城也。”阳晋一名,据《史记·索隐》所引《竹书纪年》,应作“晋阳”。《说苑·卷六·复恩》:“楚魏会于晋阳,将以伐齐。齐王患之,使人召淳于髡”。淳于髡,战国中期人。楚魏所会晋阳,肯定在魏地。说明魏国确有晋

⑥缪文远:《七国考订补》上册,上海古籍出版社,1987年,第276页。

阳。所以《资治通鉴·卷三》于周慎靓王十二年(前303)径记此事曰“秦取魏蒲坂、晋阳、封陵”。胡三省《资治通鉴·卷一》周威烈王二十三年(前403)于“简子使尹铎为晋阳”下注曰:“韦昭曰:晋阳,赵氏邑……班志曰:‘故诗唐国,周成王灭唐,封弟叔虞,龙山在,西晋水所出东入汾。’臣瓒曰:‘所谓唐,今河东永安县是也,去晋四百里。’《括地志》曰:‘晋阳故城,今名晋城,在蒲州虞乡县西。’”似乎晋阳城不在太原,而在晋南。所以胡三省又讨论说“今按《水经注》,晋水出晋阳县西龙山。昔智伯遏晋水以灌晋阳,其水分为二流,北渎即智氏故渠也。同过水出沾县北山,西过榆次县南,又西到晋阳县南。榆次县南水侧有凿台,《战国策》所谓‘智伯死于凿台之下’,即此处也。参而考之,晋阳故城恐不在蒲州。”[7]胡三省通过征引《水经注》《战国策》等说明晋阳不在蒲州,唐、晋同为一地。言外之意主张赵简子时期的晋阳应在今太原市西南。胡氏所言底为确论;但他对臣瓒所言和《括地志》记述的指摘似无必要。臣瓒只是认为唐国在东汉曹魏的河东郡永安县地(今山西霍州市),与晋阳并非一地,并没有否认赵简子营建的晋阳当今日之太原地区。至于《括地志》的观点,它确实说晋阳故城在蒲州虞乡县西,但在短短的辑佚文里,我们也没有看出这个晋阳故城与赵简子封邑晋阳有什么联系。而它在太原县下记曰:“并州太原,地名大明城,即故晋阳城,智伯与韩、魏攻赵襄子于晋阳,即此城也。”[8]胡三省显然也知道《括地志》所说的晋阳故城是指战国时代魏国晋阳城,他在《资治通鉴》“秦取魏蒲阪、晋阳、封陵”条下注道:“晋阳,按《史记·世家》作阳晋。其地当在蒲阪之东,风陵之西,大河之阳,且本晋地也,故谓之阳晋。”春秋战国时期,同名异地现象并不鲜见。[9]一些名称或因

---

⑦《资治通鉴·卷一·周记一》,上海古籍出版社,1987年,第2页。

⑧贺次君辑校:《括地志辑校》,中华书局,1980年,第73页。

⑨比如卫国有称阳晋者。《战国策·齐策一》《苏秦为赵合从说齐宣王》:“今秦攻齐则不然,倍韩、魏之地,至闱阳晋之道。”注释:“卫:指原卫国。卫,姚本作‘闱’,鲍本作‘卫’,从鲍本。阳晋:在今山东曹县。原属卫国,此时已归魏国。”王守谦等译注:《战国策译注》,贵州人民出版社,1992年。

史料简略、年代久远而一时难以辨清。但就赵简子所创晋阳城在今日之太原来说，2500年来，鲜有他论。[⑩]

总之，晋阳之为赵都，应以赵简子确定晋阳城为宗邑算起。简子之前，赵氏曾先后获封于赵城、耿、原等地。虽为赵氏宗邑，但赵氏当时只是晋国一卿大夫，与独霸一方的诸侯国不可同日而语。那些所谓宗邑，还不具有一方区域政治、军事中心的地位。到了赵简子时期，随着赵氏领地的扩大，政治军事实力的增强，以及晋公室的衰落，赵氏才实现了由依附性卿大夫向事实上具有独立性的诸侯的转变，因而晋阳也才具有了赵氏政治中心——首都的意义。

晋阳为赵氏首都的起始时间，应在赵简子继位（前517）和晋阳城营建者董安于死亡之日（前497）之间的20年间。对此问题，我们目前也只能给出这么一个大致时间，即公元前6世纪末。[⑪]而其结束时间，史有明文。《史记·六国年表·第三》于周威烈王元年（前425）记曰："襄子卒"，二年记曰："赵桓子元年"，三年记曰："赵献侯元年"，而《史记·赵世家》则记曰："献侯少即位，治中牟。"是赵献侯于公元前423年即位后，将国都从晋阳迁往中牟。[⑫]

从赵简子以晋阳为都，即公元前6世纪末，到赵献侯迁都中牟，即公元前423年，晋阳作为赵都时间达80年左右。[⑬]

二、赵武灵王胡服灭娄烦

公元前425年，赵襄子去世，其子赵浣即位，史称赵献侯。献侯继位时，尚在少年，无力控制政局。其叔父赵嘉逐献侯，自立于代地（今河北蔚县），史称赵桓子。桓子在位一年即逝，赵国人以桓子之立非襄子意，乃共杀其子而复迎立献侯。前409

⑩任振河：《晋卿封地与赵鞅在晋南建晋阳城时间考》，《太原理工大学学报（社会科学版）》，2009年6月第2期。提出赵简子"约于公元前513年秋，在自己封地赵邑（即赵伊）境内破土动工建边秦城堡晋阳城。"所论既对史料缺乏考据，又无考古遗迹遗物支撑，仅凭所谓传说和猜测立据，结论不可取。

⑪杨光亮：《论晋阳城的创建与毁灭》，《城市研究》，1987年第4期。

年，献侯卒，其子籍继位，是为赵烈侯。赵烈侯六年（前403），周天子正式册命韩、赵、魏为诸侯。烈侯之后，武公继立，公元前387年，武公卒，赵敬侯立，武公子朝作乱，败后逃奔魏国。"赵始都邯郸"。中牟从赵献侯于公元前425年定都，至赵敬侯公元前

---

⑫或以为赵襄子曾从晋阳迁耿，而献侯自耿迁中牟。《汉书·地理志》河东郡："皮氏，耿乡，故耿国，晋献公灭之，以赐大夫赵夙。后十世献侯徙中牟。"（中华书局标点本第1550页）《汉书·地理志·上》河南郡中牟县条下记曰："赵献侯自耿徙此。"（中华书局标点本，第1555页）《水经注》第二十二卷潧水条下亦曰：沫水"东北流，径中牟县故城，昔赵献侯自耿都此。"关于耿之地望，春秋时晋献公灭耿以赐赵夙，地在今河津市南。但此耿非献侯所迁之耿。"（一）战国赵都之耿即赵都之邢，它既非位于今山西河津市境的耿城（耿乡），亦非位于今河南温县境的邢丘，而是位于今河北邢台的古邢之地。（二）赵都之耿（邢）应迁自晋阳，时在赵襄子统治期间。立都于耿（邢）的时间，上限不过公元前453年的晋阳之战，下限在公元前421年赵献侯迁都中牟之前。（三）襄国一名含义的本身和邢台一带自古以来流传的赵国故事，尤其是赵襄子故事以及战国时期邢县设置的事实，在某种程度上反映或印证了今邢台即赵都之耿（邢）的推断。"参见孙继民、郝良真：《赵都考略》，《先秦两汉赵文化研究》，北京：方志出版社，2003年。

⑬或以为晋阳为赵都达150年。李兴河：《赵国都邑迁徙考略》："去周如晋，筑'都'晋阳。叔带到晋国传五代至赵夙时，因军功被献公赐以"耿"。这是赵氏进入晋国后所受的第一个封邑。耿的故址在今山西河津市南汾水南岸。赵夙之孙赵衰，晋文公时'居原，任国政。'原的故址在今河南济源市西北。赵衰四世孙赵鞅，于公元前六世纪初命家臣董安于主持筑造了新城——晋阳。在赵氏封侯之前，晋阳实际上成为赵氏的'都城'。晋阳故址，位于今太原市古城营。晋阳作为赵氏的统治中心约150余年。"揣摩文意，李文所谓"董安于主持筑造了新城——晋阳"则晋阳城肇筑为公元前497年，是则"公元前六世纪初"初为末之误。然则"晋阳作为赵氏的统治中心约150余年"亦误。参见李兴河：《赵国都邑迁徙考略》，《赵国历史文化论丛》河北人民出版社，1989年。又，张午时、冯志刚：《赵国史》"叔带到晋国传五代至赵夙时，因军功被献公赐以'耿'。这是赵氏进入晋国后所受的第一个封邑。耿的故址在今山西河津市南汾水南岸。赵夙之孙赵衰，晋文公时"居原，任国政。"原的故址在今河南济源市西北。赵衰四世孙赵鞅，于公元前六世纪初命家臣董安于主持筑造了新城——晋阳。在赵氏封侯之前，晋阳实际上成为赵氏的'都城'。晋阳故址，位于今太原市古城营。晋阳作为赵氏的统治中心约150余年。"也说"晋阳作为赵氏的统治中心约150余年"，系照抄《赵国都邑迁徙考略》原文，可置不论。参见张午时、冯志刚：《赵国史》河北人民出版社，1996年。又，沈长云等《赵国史稿》："除了邯郸城外，赵国还有两座旧都，即晋阳和中牟。古晋阳城位于现在山西省太原市西南，春秋末年，赵简子的

386年迁邯郸,为赵都约40年。

迁都邯郸是赵国逐鹿中原的必然选择。

邯郸位于河北省南端,西依太行山,东接华北大平原。“北通燕、涿,南有郑、卫”,位处太行山东麓的南北通衢,又邻太行山八陉之一滏口陉之边。这里背靠太行山,南临漳河水,交通发达,且靠近中原,邻接齐、魏,可谓“四战之地”,是赵国进取中原,争霸天下的战略重地。简、襄之时,赵氏发展目标为夺取公室及其他贵族领地及占领代地。范氏、中行氏、智氏、代国之灭,便是这个战略方针的具体实施;赵都晋阳也是实施这一战略方针的需要。到公元前5世纪后期,赵氏的战略中心已转至中原。迁都中牟即为适应这一目标。公元前403年,赵国取得诸侯名分,倾全力投入诸侯之间的兼并战争。为达到这一目的,需选择一靠近中原,便于发展,拥有一定经济物质基础和优越地理位置的城市作为都城。这样,地理位置优越,经济实力雄厚,农业、手工业发达的邯郸就成为赵国首选。

迁都邯郸后,赵国经历了敬候、成侯、肃侯等的扩张争战。其中对卫、齐、秦等国战争胜多负少,但与魏国的战争却屡屡受挫。特别是公元前353年,邯郸城被魏国攻破,史称“邯郸之难”。期间,齐将田忌与军师孙膑率师驰援赵国,因此成就了经典战例——围魏救赵。魏军被迫议和,邯郸复归赵国。

家臣董安于就开始在这里筑城,后来尹铎继续治理晋阳,把它建成了赵简子发展自己势力的重要基地(《国语·晋语九》)。赵襄子时,知、韩、魏三家联合攻赵,曾引汾水灌过晋阳(《史记·赵世家》,《战国策·赵策一》),在这次战役中知伯死,于是奠定了韩、赵、魏三家分晋的基础。古晋阳城的历史悠久,使用的时间也较长,从周敬王二十三年(前490)到北宋太平兴国四年(979)宋太宗平北汉止,共经历了一千四百七十余年,历代均为繁华的城市——其实晋阳在赵氏封侯以前便成为赵的‘都城’了,如果从这时算起,到赵献侯迁都中牟,晋阳作为赵都已有将近一百五十多年的历史。虽然赵都迁走,但晋阳城却没有被废弃,正如上文所述,一直到宋代它都是一座繁华的城市。”沈文也从赵简子家臣董安于筑晋阳城为赵都之始,赵献侯迁都中牟为结。则晋阳为赵都约80年。但沈文也说“晋阳作为赵都已有将近一百五十多年的历史”,亦不知所以然。参见沈长云等:《赵国史稿》:中华书局,2000年,第264—266页。

经过“邯郸之难”，魏、赵两个中原强国势力受到严重削弱。赵国调整战略思路，将发展重点重新投向北方戎狄。公元前325年，赵武灵王继立，赵国也因此走向中兴。

赵武灵王(约公元前340—前295)，名雍，赵肃侯之子。历史上又称赵主父、武侯等。

公元前325年，赵武灵王少年即位，因年纪尚小，未能听政，以阳文君为赵相，另设博闻师3人，左右司过3人，共同管理赵国国政。武灵王亲政后，首先求教于先王贵臣肥义，增加其爵秩。国中三老年八十以上者“月致其礼”，初步显示了治世之王的英明与魄力。

赵国当时面临的周边环境十分险峻。它西邻韩、秦、林胡、楼烦，北接燕、东胡，东与齐国隔黄河为界，南连魏国，并有中山在其腹心。这些毗邻的国家与部族，都对赵国的国家安全构成威胁。赵肃侯二十二年，张仪相秦，赵疵与秦战，败，秦杀疵于河西，取赵蔺、离石。武灵王即位当年，赵将韩举与齐、魏交战，战死桑丘。赵武灵王九年，联合韩魏与秦战，大败，赵国死者八万众。十年，秦又攻赵，侵入晋中盆地，取中都、西阳诸城。

面对严峻的国际国内形势，武灵王力排国内守旧势力阻挡，毅然变法图强。《史记·赵世家》记载武灵王欲胡服，招楼缓谋曰：“中山在我腹心，北有燕，东有胡。西有林胡、楼烦、秦、韩之边。吾欲继襄主之迹，开胡、翟之乡。”又曰“虽趋世以笑我，胡地中山，吾必有之。”变法之决心可见一斑。

赵武灵王最显著的变法措施是胡服，其变法思想也主要集中在服饰礼俗变革方面。实施胡服改革，一方面是为了教化赵国百姓，《赵世家》所说“吾将胡服骑射以教百姓”;《淮南子》也说“赵武灵王具带鵕鸃而朝，赵国化之”。而另一方面便是为了招募胡人骑兵，直接用于赵国的对外战争，《赵世家》“遂胡服，招骑射”，武灵王“西遇楼烦王而致其兵”。

赵武灵王依靠胡服骑射改革后所建立的强大骑兵队伍，出兵灭中山国。中山国，其先为北方狄族鲜虞部落，位于赵国东北部，地方五百里，号称千乘之国。赵国领土因之而南北分割，成为赵国的心腹之患。赵武灵王灭中山，千乘之国被赵独吞，赵国势力大增。《战国策·秦策》评论说："中山之地方五百里，赵独擅之，功成名立利附，天下莫能害"。

西攘楼烦胡，是赵武灵王的又一功绩。

楼烦胡，又称楼烦戎，与林胡、东胡并称三胡。三胡活跃于战国时期，为燕、三晋的主要敌国，又因其主要族源为戎狄，故战汉时人多以"胡"来代表北方诸戎狄部族。

楼烦戎初时占地甚广，绵亘燕、赵及匈奴之间，大致活动于今河北北部到山西西北吕梁山一带。《史记·匈奴列传》叙述春秋时戎狄情况说："而晋北有林胡、楼烦之戎。"《战国策·齐策五》："胡人袭燕楼烦数县，取其牛马。"《国策·燕策一》苏秦北说燕曰："燕东有朝鲜辽东，北有林胡楼烦，西有云中九原。"可见林胡楼烦，于赵肃侯世尚在燕北。到武灵王时，楼烦胡主要活动在山西西北。《史记·赵世家》记载武灵王欲胡服，招楼缓谋曰"中山在我腹心，北有燕，东有胡。西有林胡、楼烦、秦、韩之边"。《赵世家》又言："（赵武灵王）二十年，王略中山地至宁葭。西略胡地至云中，林胡王献马，二十六年，复伐中山，攘地北至燕代，西至云中九原。二十七年立王子何以为王，是为惠文王。武灵王自号为主父。二年，主父行新地遂出代，西遇楼烦王于西河而致其兵。"并置雁门、代郡。经过武灵王的多次征伐，到秦汉时楼烦戎已退至河南地（今内蒙古河套南鄂尔多斯市一带）。随着匈奴崛起于蒙古草原，林胡、楼烦成为匈奴联盟的一部分，并追随匈奴一起南下征战。战国后期李牧守代、雁门两郡，"大破杀匈奴十余万骑"，"灭檐褴""降林胡"，林胡从此在历史上消失。楼烦随匈奴退却，活动于今内蒙古鄂尔多斯一带，仍为匈奴附庸。

楼烦人性强悍，习骑射，以骁勇善战著称。赵武灵王胡服目的之一为"致其兵"，即招募收编楼烦兵为己所用，赵国也因此强势一时。楚、汉相争，双方多用楼烦人组织独立军队。《高祖功臣侯年表》："阳都候丁复，以赵将从起邺，至霸上，为楼烦将。"《史记·项羽本纪》载："汉有善骑射者楼烦。"《集解》："楼烦，胡也，今楼烦县。"《史记·

灌婴传》:"击破拓公王武,斩楼烦将五人,攻龙且,生得楼烦将十人。击项籍军陈下,斩楼烦将二人。攻黥布别将于相、斩楼烦将三人。"可见楼烦从军之众。西汉初年,楼烦河南白羊王数次与匈奴南侵。直到汉武帝时"击胡之楼烦白羊王于河南,……走白羊楼烦王,遂以河南地为朔方郡。"[14]从此楼烦戎在历史记载中消失。

战国中晚期,山西北部吕梁山一带是楼烦戎主要活动地区。

"秦始皇十三年移楼烦县于善无县(今山西右玉县)"。[15]《汉书·地理志下》雁门郡下设楼烦县(今山西朔州市朔城区东南五十里夏关城村)。《史记·匈奴列传》《正义》:"《风俗通云》:故楼烦,胡地也。"《通典·州郡典》:楼烦郡"岚州……晋灭之后为胡地,有楼烦王居焉。其后赵武灵王破楼烦而取其地……隋炀帝置楼烦郡,大唐为楼烦州或为楼烦郡。"隋置楼烦郡于今宁武县,唐天宝以后将楼烦郡置于今岚县北二十五里岚城一带。《元和郡县图志》岚州静乐县:"服戎城,在县北八十里,隋楼烦郡所理也。"可见晋北吕梁山一线是楼烦戎的重要活动区域,而春秋战国古城址在这一带多有发现。

楼烦古城遗址位于娄烦县马家庄乡新城东沟村附近,为山西省重点文物保护单位。现残存城墙呈"Π"形,周长约3500米,总面积约24万平方米。裸露于地表部分的南城墙被南川河冲刷成东西两段。西端城墙位于距河约100米处,长53米,宽3—5米,高6米。东端城墙位于皇帝峁(又名石爷坡)山上,海拔高度1385米。城墙长约1000余米,宽3—5米,高约4—11米。从裸露部分可以看出,城墙由版筑而成,层次明显,夯层约0.12米,有的还能看到明显的夯窝与圆形柱洞,夯窝直径约0.06米。城的南、北、西三面原来有护城河,宽约5米,深约3米。20世纪70年代末至80年代初,水利工程建设挖掘河道时,暴露出文化层,文化层厚约0.6—0.7米,出土了大量文物。器物有:绳纹筒瓦、板瓦、涡云纹瓦当,陶盆、陶罐、陶鼎、甑、陶鬲,青铜剑、戈、箭

⑭《史记·匈奴列传》,中华书局标点本。

⑮《元一统志》,中华书局,1966,第106页。

镞、带箭头的战马骨骼等。城址年代约当春秋战国时期。不过,城址未经考古发掘,是否为楼烦戎城址,还需进一步研究考订。

三、赵国在晋中盆地的疆域及建置考

战国时期赵国疆域因连年战争而变幻不定。武灵王时期,赵国广阔疆土常被后人视为战国时期赵国的疆域范围之标准。东汉史学家班固《汉书·地理志》,对赵国疆域做过具体描述:赵分晋,得赵国。北有信都(今河北省冀州市)、真定(今河北省正定)、常山(今河北省元氏县)、中山(今河北省唐县),又得涿郡之高阳(今河北省高阳县)、鄚(今河北省任丘市)、州乡(今河北省河间市)。东有广平、巨鹿、清河、河间。又得渤海郡之东平舒(今河北省大城县)、中邑(今河北省沧县)、文安(今河北省文安县)、束州(今河北省河间市)、成平(今河北省交河县)、章武(今河北省沧县),河以北也。南至浮水、繁阳(今河南省内黄县)、内黄(今河南省内黄县西北)、斥丘(今河北省成安县),西有太原郡(今山西省中部)、定襄(今内蒙古自治区托克托附近)、云中(今内蒙古自治区萨拉齐附近)、五原(今内蒙古自治区河套平原)、上党(今山西省东南部)。皆赵之分也。班固所描述的赵国疆域,除代地(今河北省蔚县)、邯郸未有述及,所述上党在赵孝成王时期曾一度属赵外,其余基本为赵武灵王时期的赵国疆域。后人提到战国七雄之赵国,较明确的疆土概念便是指赵武灵王时期的赵国疆域。

而赵国西北部的疆域,特别是山西部分,在赵襄子之时已基本奠定。

赵襄子即位之时,赵国已是一个有着相当规模的国家。他通过收复中牟,兼并北方代国,与智、韩、魏三家共分范、中行氏故地,又与韩、魏二家共分智氏土地等一系列活动,基本上奠定了赵国的疆界。当时赵国疆域"自今陕西省的东北部,过黄河有今山西省的中部,更延伸向东北部、东南部,兼有今河北省的东南部,并涉及今山东省西边的一角和今河南的北端"。[16]

中国历史上,春秋战国之际史料十分欠缺。昔日顾炎武就曾指出,自《春秋左传》

⑯杨宽:《战国史》,上海人民出版社,2008年,第279页。

之终，至六国以次称王的百十年间，“史文阙轶，考古者为之茫昧”。如晋之智、赵、韩、魏如何瓜分范、中行氏的土地，赵、魏、韩三家瓜分智氏领地之情形，各史均无具体记载，仅有的一些记载也语焉不详，如上党、代郡等只有郡辖县数，却无具体县名。秦庄襄王三年，蒙骜“攻赵榆次、新城、狼孟，取三十七城。……初置太原郡。”三十七城，亦不详名称。加之战国时代各国相互攻伐，割让频繁，一些城邑往往多次易手，更增加了考察建制的难度。我们依据相关文献及考古资料，对赵国在晋中盆地的建置作一初步探讨。

襄子时期，赵氏领有的城邑有皋狼、赵城、耿、原、屏、楼、温、长子、蔺、晋阳、邯郸、柏人、中牟和平阳(代地除外)。其中邯郸、柏人、中牟及平阳皆为所谓“东阳”(太行山以东)地，原本属于赵氏支族赵穿后嗣所领有，简子平服邯郸赵氏及范、中行氏的叛乱后，陆续归入简子及襄子手中。当韩、赵、魏三分晋国之时，彼此间或曾对个别属邑做过交换或调整，如赵氏原有的耿可能就给了魏国，即魏的皮氏邑；赵城大约也划给了魏氏，这两个地方后来都不见有赵氏管辖的迹象。

上述赵邑中位于最西边的几座是皋狼、楼、蔺。它们的分布比较集中，其中楼的位置最南，皋狼稍北，但亦相去不远，并均位于今山西吕梁山以西，晋陕间黄河东岸的中段。在它们之间，尚有离石、中阳等几座城邑，它们无疑也属赵氏领有。战国赵国铸造的布币有出自蔺，亦有出自离石、中阳者，可资证明。因此，说战国初期赵国西部边界起自今山西西部晋陕间黄河的中段，是符合实际的。至于当时赵国势力是否越过了黄河深入到今陕西境内，目前尚未有明确证据。

皋狼、蔺、离石、中阳、楼以东，跨吕梁山脉，赵尚领有兹氏(今山西省汾阳市)、大陵(今山西省文水县)、梗阳(今山西省清徐县)中都(今山西省平遥县)等邑；而汾河以东，在赵晋阳邑以南的原晋国腹心地带，则基本为魏、韩二国所领有。其时晋阳东南附近的榆次、阳邑(今山西省太谷县)二邑尚不属赵。据《纪年》，到魏惠王九年(前361)，魏国与赵国换土转入赵国。整个襄子时期，晋阳仍是赵的政治中心。赵武灵王十年，秦攻取赵中都、西阳；十三年，秦拔赵蔺，赵国在西部边疆地区失去大片领土，赵国西部边境暂时退缩到汾水流域一带。

在晋阳以北，赵国据有代地，而使其版图向北扩展至今大同盆地，其北部疆界已深入今内蒙古境内。赵在晋北包括今内蒙古南部设代、雁门、云中郡。其中代郡辖县36。

公元前222年，赵国灭亡，共经历十二代13位国君，存在223年。在这短短的200多年中，赵国经历了一个由初步发展到强盛，直至最后灭亡的过程。在赵国的初步发展阶段，其国君锐意进取，赵国蓬勃发展，充满了无限活力。到赵武灵王改革后的最强盛时期，东控强齐，西压强秦，赵国成为影响战国格局的重要国家。到孝成王时期开始衰落，长平惨败，使赵一蹶不振。

而此时邻国强秦如日中天，加快了对赵国的兼并步伐。晋中盆地首当其冲。

公元前259年10月，秦国挟长平大战余威，兵分三路攻赵，大将司马梗"北定太原，尽有上党郡"。赵孝成王十八年(前248)，秦将蒙骜攻赵，定太原。二年，依秦制，"初定太原郡"，但在赵、韩、魏、齐等五国联军的攻击下，退出晋中盆地。前246年，秦王嬴政即位。是年，蒙骜再攻晋阳，复置太原郡，郡治晋阳城，下辖37城。晋中盆地自此纳入秦国版图。前221年，七国一统，秦分天下为三十六郡，太原为其一郡，郡治晋阳。太原从赵氏建城，到嬴秦设郡，作为山西行政中心，地位从此确立，历2500年而不改。

图书在版编目(CIP)数据

先秦太原研究 / 常一民著. --太原 : 三晋出版社，
2019.11

ISBN 978-7-5457-1956-7

Ⅰ. ①先… Ⅱ. ①常… Ⅲ. ①太原—地方史—研究—
先秦时代 Ⅳ. ①K292.51

中国版本图书馆CIP数据核字(2019)第269987号

先秦太原研究

著　　者:常一民

责任编辑:张　婷

出 版 者:山西出版传媒集团·三晋出版社(原山西古籍出版社)

地　　址:太原市建设南路21号

邮　　编:030012

电　　话:0351-4922268(发行中心)

0351-4956036(总编室)

0351-4922203(印制部)

网　　址:http://www.sjcbs.cn

经 销 者:新华书店

承 印 者:山西雅美德印刷科技有限公司

开　　本:787mm×960mm　1/16

印　　张:22

字　　数:360千字

版　　次:2019年12月　第1版

印　　次:2019年12月　第1次印制

书　　号:ISBN 978-7-5457-1956-7

定　　价:58.00元
